KB122559

오십부터
시작하는
나이공부

THE BOOK ABOUT GETTING OLDER

Copyright © Lucy Pollock, 2021
First published as The Book About Getting Older in 2021
by Michael Joseph an imprint of Penguin Books.
Penguin Books is part of the Penguin Random House group of companies.

Korean translation copyright © 2022 by Will Books Publishing Co.
Korean translation rights arranged with Random House UK
through EYA Co, Ltd.

이 책의 한국어판 저작권은 EYA Co, Ltd.를 통해
Random House UK와 독점 계약한 ㈜윌북이 소유합니다.
저작권법에 의하여 한국 내에서 보호를 받는 저작물이므로
무단 전재 및 복제를 금합니다.

세 번에 한 번은 죽음을
이야기해야 합니다

오십부터
시작하는
나이 공부

루시 폴록 지음
소슬기 옮김

윌북

앤서니 폴록을 추모하며

차
례

2020년 2월, 나는 책상에 앉아 과제를 완성했다는 것을 어떻게 보여줄지 고민했다. 내가 수십 년 동안 쓰고 싶었던 책이자, 내 환자와 환자를 사랑하는 사람들을 도울지도 모르는 책이며 이전 세대보다 훨씬 긴 삶을 살게 될 우리 모두를 도울 수도 있는 책의 마지막 장을 쓴 뒤였다.

나는 '끝'을 여러 가지 서체로 입력했지만, 무엇도 만족스럽지 않았다. 내가 일을 제대로 해냈다면, 나는 책의 끝이 아니라 대화의 시작에 도달했을 터였다.

1년이 채 지나기도 전에, 코로나바이러스COVID-19가 모든 걸 바꿔놓은 느낌이다. 코로나바이러스는 우리가 누구와 어떻게 사는지를 바꿨다. 어디서 일하고, 무엇을 입고, 누구를 만나고, 어떻게 서로 인사하는지도 바꿨다. 미래를 바꿨고, 관계를 부서뜨리고 다시 만들어냈다. 사회적 거리 두기, 자가 격리 같은 새로우나 반갑지 않은 어휘를 가르쳐주었으며 우리에게 고통, 외로움, 상실을 가져다주었다.

하지만 나이를 먹는 일과 관련해서는 코로나바이러스가 유행하기 이전에 가장 문제였던 것들이 지금도 여전히 문제이다. 이런 것들에 관해 이야기하기가 쉬워졌을까? 아마 많은 사람한테는 아닐 것이다. 두려움, 다급함, 잘못된 정보가 상황을 흐렸을지도 모른다. 대화는 더 중요해졌을까? 물론이다. 이제 그 어느 때보다 조심스레 발을 내디뎌 서로를 존중하고 친절한 자세로 솔직하고 부드럽고 명확하게 이야기할 시간이 됐다. 우리는 까다로운 주제에 관해 이야기하는 법을 알아내야 한다. 우리 사회가 어떤 형태로 변할지 조사하고, 긴 삶을 이용해서 기회를 최대한 누릴 수 있도록 해야 한다. 자신감 있고 굳건하게 나이를 먹어가면서 우리가 어떻게 하면 미래로 걸어나갈 길을 힘을 합쳐 닦을 수 있는지 곰곰이 생각해야 한다.

이 책을 읽는 독자에게

이 책에 나오는 노인과 그 가족, 친구, 돌보미와 같은 등장인물들은 나에게 실재하는 사람과
도 같다. 나는 이 사람들의 버릇, 옷, 표정도 떠올릴 수 있다. 에메랄드 반지, 줄무늬 타이, 구
겨진 손가방을 볼 수 있고, 떨림을 느끼고, 말이나 웃음소리도 들을 수 있다. 하지만 그중 어
느 것도 실재하지는 않는다. 여러 사람의 삶을 이루는 천에서 저마다의 현실을 담은 가느다
란 실을 뽑아서 엮은 것일 뿐이다. 경험, 희망, 걱정을 상상하여 생각해낸 등장인물이지만 나
는 이들이 견고하고 믿음직해 보이길 바란다. 각자 할 이야기가 있기 때문이다. 하지만 책에
나오는 내 동료들은 전부 실재한다. 다만 그들이 당황하지 않도록 이름을 바꾸었다.

일러두기

1. 외국의 인명, 지명 등은 국립국어원의 외래어 표기법에 따랐습니다. 다만 일반적으로 통
   용되는 경우에는 관용에 따랐습니다.
2. 국내에 출간된 책은 『번역서명』으로, 미출간된 책은 『번역원서명』으로 표기하였습니다.
3. 의학 용어는 모두 붙여쓰기하였습니다.
4. 옮긴이 주는 '—옮긴이'로 별도 표기하였습니다.

1
나이가 든다는 것

오늘은 여러분의 생일이다. 케이크에 꽂아둔 초를 불어서 끄려는 찰나, 다음 생일까지 살아 있을 가능성이 절반도 되지 않는다는 걸 깨닫는다. 몇 살이 되면 이런 일이 일어날까? 몇 살이 되면 한 해를 더 살 가능성이 절반 아래로 떨어질까?

내가 가르치는 의대생들한테 이 질문을 하면 학생들은 추측하기 시작한다. "70세요?" 학생들은 아주 젊고, 나는 한쪽 눈썹을 추켜세우는 것으로 틀렸음을 지적한다. "81세요." 학생들은 이 나이가 영국의 평균 기대수명임을 알고는 슬며시 말해본다. 나는 더 높여보라고 학생들을 밀어붙인다. 정답이 되는 나이는 영국 인구 통계 자료에서 남녀를 통틀어 평균을 낸 것이다.

질문을 다른 식으로 해보자. 90세 노인들을 모아 파티를 벌인다면, 우리는 그중 절반이 내년에는 이 자리에 없을 거라는 걸 예상할 수 있을까? 학생들은 얼굴을 찡그리며 열심히 생각해보지만, 아무도 답을 말하지 못한다.

정답은 104세이다.

1995년 어느 늦은 밤, 런던의 한 병원에서 마일드메이 할머니를 막 보고 난 뒤였다. 나는 비상 대기 중인 전공의였고, 할머니는 심한 기침과 악화되는 정신착란 증세로 그 주 초에 입원한 상태였다. 항생제를 투여하고 수액을 주입하는데도 혈압은 떨어져만 갔다. 신장은 제 기능을 다한 듯 보였으며 산소 수치도 끝끝내 안 올라갔다. 80대 후반에 치매에 걸린 할머니는 몇 년 전 할아버지가 돌아가신 뒤로는 계속 혼자 살아왔다.

나는 할머니의 아들인 존과 앉았다.

"정말 안타깝습니다… 환자분이 평온해 보이시지만 저희 치료가 효과가 있는 것 같지는 않네요. 폐렴이 아주 심각해서 곧 마음의 준비를 하셔야 할 것 같습니다."

존은 괴로워 보였다. 나는 존의 팔에 손을 얹었다. 존은 고개를 숙이고 어깨를 구부렸다.

"죄송합니다, 선생님. 그냥… 그러니까, 아버지는 심부전과 당뇨병으로 돌아가셨고, 이제 어머니는 치매랑 폐렴에 걸렸습니다. 자연적인 원인이면 덜했을 텐데, 이런 병들을 생각하니 정말로 우울합니다."

당시 나는 속으로 웃을 수밖에 없었다. 존은 노인이 무엇 때문에 죽는다고 생각했을까? 폐렴이나 심부전이 아니라면 무엇이 '자연적인 원인'일까? 나이가 아주 많은 노인들과 그 가족들을 25년 동안 더 돌보고 나서야 나는 존이 무엇을 이야기하는지 이해할 수 있었다.

우리는 긴 삶을 산다. 예방접종을 하고, 영양분을 잘 섭취하고, 깨끗한 물을 공급받고, 대개 전쟁과 폭력을 걱정할 필요가 없는 시대이기에 과거에 너무 일찍 우리 조상의 목숨을 앗아갔던 재앙들에게서도 보호를 받는다.• 학생들을 집중시키기 위해 사용하곤 했던 104세라는 특정한 나이가 거짓말은 아니다(그렇다고 전체 인구 중 절반이 104세까지 살 거라는 뜻도 아니다. 극히 일부만 가능한 이야기다). 이 나이는 통계를 이용한 장난에 가깝긴 하지만, 우리가 아주 긴 삶을 살 거라는 기대가 합리적일 수 있음을 다시금 알려준다. 80세 생일을 맞이하는 사람 100명 중 4명만이 81세가 되기 전에 사망할 것이다. 2018년 기준 영국 여성은 주로 89세, 남성은 86세에 세상을 떠나는 편이었다(통계청에 따르면, 2020년 기준 대한민국 여성의 평균 기대수명은 86.5세, 남자는 80.5세이다 – 옮긴이).

• 코로나바이러스가 전 세계를 빠르게 휩쓰는 지금도 우리는 동시에 두 가지 생각을 해야 한다. 코로나바이러스로 사망하는 사람은 대부분 노인이지만, 코로나바이러스에 감염된 노인 대부분은 심지어 8, 90대라도 코로나바이러스 때문에 죽지는 않는다는 것이다. 감염된 노인 상당수는 심하게 앓지도 않는다. 무시무시한 통계와 가슴 아픈 죽음들이 있지만 이 바이러스가 우리의 집단 수명을 크게 줄이지는 않는다.

공중보건 전문가들은 기대수명이 늘어나는 것을 열렬하게 환영하는데, 이런 수치는 국가 전체의 건강과 관련된 중요한 사실을 잘 보여주기 때문이다. 60대의 건강을 개선하고 80대 노인이 정정하게 지내도록 힘쓰지 않았다면, 더 많은 사람이 90세 이상 살 것이라고 기대할 수도 없었을 것이다. 몇 년 전 영국 정부는 잉글랜드 남서부 지방의 기대수명을 비슷한 크기의 여느 유럽 지역보다 높이겠다는 목표를 발표했고, 2013년 무렵 그 목표를 달성했다.

하지만 내가 이런 이야기를 해도 친구들, 특히 나이 든 친구들은 그다지 기쁘지 않아 보인다. 오히려 얼굴을 찡그리고 걱정을 내비친다. 81세에도 기운이 넘치는 내 친구 비비언 할머니는 묻는다.

"왜 내가 100살이 되고 싶겠어? 암울하게 들리는걸."

고령을 곰곰이 생각하다 보면 종종 무서워서 몸이 떨리기도 한다. 아프고, 외롭고, 무엇보다도 독립성을 잃게 될지도 모른다는 것. 그것은 비비언과 내가 이야기할 때 반갑지 않은 망령이 되어 우리 옆을 맴돈다.

기대수명이 도달하는 골대, 즉 목표 지점은 이동해왔다. 갓 전문의가 된 1990년에 내가 돌봤던 병원 환자 중 100세는 한 명도 없었다. 100세가 넘는 사람 자체가 드문 데다가 있다고 해도 그들은 요양원에서 살고, 축하받고, 죽었다. 몇 년 뒤, 열정적인 한 지역 보건의가 100세 여성을 입원시킨 적이 있는데, 언제나처럼 병원에서 세상을 떠났다. 2000년대에는 자기 집에서 실려온 100세 환자도 있었다. 그중 일부는 호전되기도 했다. 물론 이런 환자는 입원 생활은 견뎌냈지만 집으로 돌아갈 만큼은 아니어서 결국 요양원으로 가야 했다. 하지만 골대는 계속 움직인다. 지난겨울 우리는 낙상으로 입원한 도라 할머니를 돌봤다. 할머니는 며칠 머무르며 감염에서 회복한 뒤 원래 살던 집으로 돌아갔는데, 당시 나이가 108세였다. 104세였던 새뮤얼 할아버지와 103세였던 윌킨스 할머니도 모두 우리 병실에서 집으로 돌아갔다.

노년 인구를 위한 영국 자선단체 에이지유케이Age UK에서 묘사하는 영국의 노인은 '활발하고 회복이 빠르다'. 매우 생산적으로 활동하거나 과거를 만족스럽게 회상하며 살아가는 멋진 90대 노인들도 있다. 많은 노인이 헌신적인 배우자와 가족한테서 사랑과 도움을 받는다. 어느 환자의 딸 조앤이 아버지의 담당 의료진을 두고 말하는 것처럼 "천사 같은 직원들이 아버지한테 날 듯이 달려가는" 요양원에서 살기도 한다. 하루하루를 생존하는 것이 거의 불가능해 보이는 노인도 대개는 젊은 구경꾼이 추측하는 것보다 자기 삶의 질을 훨씬 좋게 여긴다.

하지만 솔직할 필요도 있다. 나이가 아주 많이 든 채로 지내는 건 힘겨운 일이다. 어렵고 슬픈 일이 많이 일어나니 행복하지 않은 노인도 많다. 가족과 간병인은 자주 지치고, 걱정이 많으며 화가 난다. 나이가 아주 많이 든 채로 지내는 건 언제나 도전이다. '아주 많은 나이'가 70세인 시절에조차도 그랬다. 하지만 무언가가 바뀌었다. 여러 해 동안 의학, 특히 심장마비나

암 같은 거물 살인마를 치료하는 방법이 크게 발달했다. 1세기 전에 내과 의사인 윌리엄 오슬러가 '인류를 죽음으로 인도하는 대장'이라고 불렀던 폐렴도 이젠 아주 심각한 몇몇 사례를 제외하면 전부 치료할 수 있다. 하지만 부끄럽게도 무력함을 유발하는 다음 질환과 관련해서는 놀랄 만한 치료법이 나오지 않았다. 흔히 발생하는 관절염과 요통, 좀처럼 나아질 기미가 보이지 않는 가려움증과 진절머리 나는 다리궤양, 대소변을 참기 어려워지는 난처한 문제, 재발이 잦고 겉보기엔 가벼워 보여 젊은 사람에게는 대수롭지 않게 여겨지지만 기력이 쇠한 노인을 삶이라는 선로에서 완전히 밀어낼 수도 있는 감염증, 피로와 낙상, 그리고 낙상에 대한 두려움. 물론 최강 보스도 빼놓을 수 없다. 가차 없이 잔인하게 진행되는 치매 말이다.

유럽 전역에서 각 정부는 기대수명뿐 아니라 '건강 기대수명' 또는 독립적이고 건강상의 불편함 없이 얼마나 오래 살 수 있을지를 보여주는 이와 유사한 척도를 측정했다. 영국을 포함한 여러 나라에서 건강상의 불편이 없는 기대수명이 증가하긴 했지만 전체 기대수명만큼 증가하지는 않았다. 그 결과 우리가 불편함을 안고 사는 기간은 더 길어졌다고 할 수 있다. 사실 이런 수치는 실제보다 더 과장해서 장밋빛 그림을 그리는 것일지도 모른다. 건강상의 불편함은 보통 특정한 일상적 활동이 가능한지로 측정되는데, 20세기 후반에 일어난 두 가지 중대한 기술 혁신을 통해 우리는 독립적으로 살기 위해 꼭 필요한 몇 가지 일을 획기적으로 수행할 수 있게 됐다. 그저 샤워기와 전자례인지에 불과한 혁신이라 특별히 대단하진 않지만, 누군가는 이 기술을 통해 스스로 살아갈 더 나은 기회를 얻는다. 그리하여 더 많은 사람이 불편함을 안고 더 오래 살아가며 동시에 더 많은 사람이 이전에는 몸이 불편한 사람으로 여겨졌으나 이제는 '비장애인'으로 재분류된다. 어떻게 생각하든 많은 사람에게 노년의 삶이 더 어려워진 것처럼 보일 것이다. 우리를 죽이는 질환에서 도망친다는 것은 삶을 힘겹게 만드는 것들과 함께 살아가야 한다는 뜻이다.

약 30년 동안 나는 나이가 아주 많은 사람들한테서 배움을 얻었다. 노인의학 전문의는 전부 이런 질문을 받는다.
"우울하지 않으세요?"
이런 말도 듣는다.
"저는 선생님이 하시는 일은 못 할 거예요."
하지만 나는 내 일을 사랑한다. 갓 수련의가 된 순간부터 사랑했다. 어느 현명한 과장님은 언짢게 듣지 않으면 좋겠다면서 내게 노인의학을 전공해보는 것이 어떻겠냐고 말한 적이 있었다. 나는 곧 그 과장님이 옳았음을 깨달았다. 노인은 흥미롭기 때문이다. 노인은 지루하기도, 유쾌하기도, 심술궂기도 하다. 차분하나 성질이 급하다. 재밌지만 불평이 많으며, 이기적이면서도 관대하고, 태평스럽다가도 금세 초조해한다. 이것저것 많이 요구하고 자주 고마워한다. 따뜻하고 행복한 가족이 있는가 하면 무섭도록 화가 많은 가족이 있고, 가족이 전혀 없기도 하다. 고양이와 개가 있고, 새와 말이 있고, 남자 친구가 있고, 모형 철도가 있고, 미노르카 섬에 집이 있다. 그들은 과거에 지도를 그렸고, 전쟁에서 싸웠으며, 바닥을 걸레질하거나 유물을 발굴했고, 쓰레기통을 비웠고, 갈 곳 없는 아이들을 맡아 키우기도 했다.

노인은 상황이 안 좋은 쪽으로 복잡하다. 병이 많고, 각종 치료 약마다 주의를 기울여야 하며 평소와 다른 혈액 및 엑스레이 검사 결과는 때에 따라 중요할 수도 있고 그렇지 않을 수도 있어서 올바른 치료 방법을 찾는 것이 상당히 어렵다. 또 각자 기대하는 것, 바라는 것, 두려워하는 것이 있음에도 그것이 무엇인지 의사에게 이야기할 마음이나 능력은 없을 수도 있다. 그리고 나이가 너무 많으면 극도로 쇠약해서 상태가 좋아지기보다는 나빠지기가 훨씬 쉽다. 왜 노인의학 전문의가 되고 싶지 않겠는가?

다행히 점점 더 많은 의사가 이런 복잡한 일과 씨름하려는 열정을 공유하고 있다. 이 일을 시작한 지 얼마 안 됐을 때 나는 이 분야 개척자들이 지시하는 대로 따랐다. 당시 이분들은 노인 차별에 맞서고 우리의 연구를 뒷받침하는 과학적 증거 기반을 닦았다. 최근에 나는 젊은 수습생이 '노인의학'에서 매력적인 점을 발견하는 모습을 기쁘게 지켜보며 내 분야가 꽃을 피우고 성장하는 것을 봤다. 아직 20대에 불과한 나이에 이 분야를 수련하겠다고 결정하는 의사들은 무엇에 매력을 느끼는 것일까? 나도 그렇지만 아마도 그들 대부분은 복잡한 과학과 예측할 수 없는 인간성이 결합하는 모습에서 매력을 느끼는 것 같다. 우리는 혈액검사 결과가 어떤 의미일지 알아내고, 치료 권고를 뒷받침하는 연구를 살펴보는 걸 좋아한다. 그만큼 손주나 농장, 세상을 떠난 좋은 남편에 관해 듣는 일 역시 사랑한다. 항상 의욕을 불어넣어주는 동료 린지는 몇 년 전 내게 말했다.

"좋은 노인의학 전문의가 되려면 정말로 꼬치꼬치 따지길 좋아해야 해요."

우리는 세부 사항을 꼼꼼하게 살펴보길 좋아한다("소듐 수치가 정확히 얼마나 낮은가요? 아주 조금인가요, 아니면 지금 일어나는 일을 설명하기에 충분한 정도인가요?"). 뛰어난 탐정이 되려고도 노력한다("최근에 정신착란에 빠진 할머니가 복용 중인 다른 13가지 약 이외에 그 특정한 약을 정확히 언제 받았나요?"). 전체 그림을 파악했다고 느끼면 행복하다("하디 할아버지가 〈테스트 매치 스페셜〉이라는 라디오 스포츠 프로그램이 끝날 때까지는 의사 결정을 못 한다는 걸 깨달았어요"). 그리고 우리는 환자를 대신해서 분노하길 무척 좋아한다 ("환자가 93세라는 이유만으로 혈관 조영술을 못 받게 할 수는 없어요!").

나이가 아주 많은 노인을 돌보는 데 관심을 가지기 시작한 의대생들과 더불어 노년에 더 나은 삶을 사는 방법을 연구하는 여타 전문가(간호사, 물리치료사와 작업치료사, 병원 경영자, 사회복지사와 요양원 직원, 약사, 연구자) 집단도 성장하고 있다. 내가 운 좋게 만난 치료사는 어떤 말 못 할 두려움 때문에 환자가 다음 단계로 넘어가지 못하고 있는지를 정확히 예상할 줄 알았고, 요양원 직원은 입원했던 할머니의 장례식 날, 할머니가 머물렀던 빈방에 장미꽃잎을 뿌려주었다. 그리고 나는 과학을 적용하는 방법, 한번에 십여 가지 질병을 앓는 사람을 대상으로 하는 의료 행위, 기상천외한 약물 상호작용을 배웠다. 뜻밖의 사실도 배웠는데, 이를테면 파킨슨병 환자는 냄새를 다르게 느낄 뿐 아니라 미묘하게 다른 냄새를 풍긴다는 것, 베개 밑에 감자를 두면 쥐가 안 나게 하는 데 도움이 될 수도 있다(그렇지 않을 수도 있다)는 것들이었다. 심각한 치매에 걸린 누군가가 요양원에 절대 가지 않겠다는 다짐 말고 아무것도 기억하지 못할 때, 2005년에 제정된 의사결정능력법이 어떻게 작용하는지도 배웠다. 나는 배우자와 동반자뿐 아니라 자신과는 전혀 상관없는 타인을 분노와 다정함과 애정을 담아 보살피는 사람들을 보면서 배웠다. 우리는 우리가 꼭 해야 하는 대화를 피한다는 사실을 배웠으며, 우리가 용기를 내어 그런 대화에 참여할 수 있다면 모든 것이 좋아지리란 걸 배웠다. 무엇보다 나이를 아주 많이 먹는다는 것이 어떤 일인지 우리가 충분히 이야기하지 않는다는 걸 배웠으며, 그렇기에 나는 이 책이 그런 상황을 바꾸는 데 도움이 되길 바란다.

　노인은 그저 우리가 성장한 모습일 뿐이다. 지난 100년 동안 수명이 급격히 늘어나면서 우리는 전례 없는 기회를 얻었다. 더 건강해지고, 독립성을 유지한 채 이 특별한 행성에서 더 많은 시간을 보낼 기회 말이다. 하지만 때로는 상황이 너무 빨리 변하는 듯한 느낌이 든다. 우리 삶이 이렇게 바뀐 것이 불안하기도 하다. 새로 얻은 이 긴 삶에서 무엇을 원하는지, 또는 어떻게 하면 서로 긴밀하고 낙관적이며 공정한 사회를 조성하여 모든 세대가 행복하면서 최대한 많은 사람에게 성취감을 누릴 기회를 제공할 수 있을지 아직 알아내지 못했다. 우리는 어떤 단어를 사용할지조차 해결하지 못했다. 일부 영어권에서는 '노년elderhood'을 선호하지만, '연세가 드신elderly'의 집합명사인 '어르신들the elderly'은 이제 사어가 되었다. 단어는 중요할 뿐 아니라 잘못된 고정관념을 강화하기 쉽다. 이 점을 인지하며 '노쇠frailty'라는 단어도 그 말뜻만큼이나 조심스럽게 다루어야 하는데, 노쇠한 분들이 처한 어려움도 인정해야 하지만 모든 노인이 노쇠할 리는 없기 때문이다. 그렇지만 내가 속한 영국노인의학회도 몇 년마다 협회 이름을 재고하면서 어려움에 빠진다. 폭넓고 다양한 의료 전문가가 참여하며, 의학적인 사실뿐 아니라 삶의 전체 모습과 의미에도 주목해야 하는 이 분야가 자랑스러운데 '노인의학'이라는 단어가 부정적인 의미를 함축하는 것이 당황스럽기 때문이다.

　이 책은 내 환자와 비슷한 문제를 안고 사는 사람을 위한 것이다. 고령인 사람과 그를 사랑하는 사람을 위한 책이다. 운이 좋다면 노인이 될 우리 모두를 위한 책이기도 하다. 섬세한 질문을 어떻게 하는지, 그렇게 얻은 대답으로 무엇을 할지, 상황이 어려워지면 무엇을 할지를 노련하고 친절한 동료한테서, 가족한테서, 아주 특별한 환자한테서 내가 배운 것을 담은 책이다. 이 책은 어떻게 나이를 먹는지 내가 배운 것을 설명한다.

어느 날 아침에 차를 몰고 출근하는데, 라디오에서 어느 정원사가 묘목을 공격하는 새로운 애벌레에 대해 이야기하고 있었다. 정원사는 웃으며 말했다.

"어떤지 알잖아요. 삶이 있는 곳에 문제도 있죠."

나는 문제를 아주 좋아한다. 함께 떠나보자.

2
중요한 질문

아이린 할머니와 나는 할머니를 치료할 방법에 관해 이야기를 나누고 있었다. 아니 그보다 말은 대부분 내가 했고, 아이린 할머니는 정중하게 고개를 끄덕이면서, 가능한 한 빨리 병상을 벗어나 집으로 돌아갈 수 있도록 흉부 염증을 치료하겠다는 내 계획에 동의했다. 할머니는 지난 며칠 동안 기침을 했고 걷는 것이 매우 불안정해졌다. 전날에는 저녁을 준비하러 부엌에 가는데 다리에 '그냥 힘이 빠져버려' 바닥에 주저앉았다. 할머니는 심장에도 이상이 있었다. 또 매일 이뇨제를 두 알씩 먹지 않으면 숨이 차고 발목이 부어오른다. 할머니는 내게 자신이 늘 얼마나 힘든지 말했다.

"그냥… 바보처럼 들리겠지만 나는 빈 버터 접시를 보면서

'나한테 이 접시를 닦을 힘이 있을까? 아니면 그냥 새 버터를 담을까?' 생각해요."

아이린 할머니는 지금까지 넘어진 적이 두 번 있다. 작년에는 그저 냉동고 문을 잡아당겼을 뿐인데 고관절이 부러졌다. 문이 갑자기 확 열리면서 뒤로 넘어진 것이다.

"내일은 좀 나아지실 거예요."

할머니는 나를 흘깃 보더니, 창밖을 바라본다.

안타까웠다. 내 진부한 말은 사실일 수도 있지만 아이린 할머니가 언젠가 완전히 건강해진다는 뜻은 아니다. 할머니도 그걸 안다. 할머니는 이미 위태로운 심장을 위해 받을 수 있는 최상의 치료를 받고 있었으나, 할머니의 활력을 되찾아 줄 약은 없었다.

"죄송해요. 괜한 말을 했나 봐요."

나는 할머니의 손가락 아래로 내 손을 넣으며 말한다. 항생제를 주입하고 있는 관이 할머니의 손목 뒤에서 위태롭게 달랑거리고, 얇은 피부에는 보라색 멍이 선명하게 번져 있다. 하지만 손톱은 깔끔하게 다듬어져 있고 결혼반지와 약혼반지는 울퉁불퉁한 손가락 관절 사이에서 느슨하게 걸려 반짝인다. 머리는 최근에 염색하고 모양을 냈다.

"저… 아이린 할머니, 제가 뭘 좀 여쭤봐도 될까요?"

할머니는 나를 되돌아보고는 고개를 끄덕이며 살짝 찡그린다. 나는 말을 이어간다.

"밤에 잠자리에 들면서 그대로 아침에 깨지 않기를 바랄 때가 있나요?"

아이린 할머니가 크게 미소 지으며 나를 똑바로 바라본다.

"내 기분이 바로 그거요!"

우리는 인류 역사에서 더 많은 사람이 아주 오래 살게 되는 시점에 와 있다. 하지만 우리는 어떻게 나이를 먹는지 제대로 모르며 그렇게 나이가 많은 사람을 돌보면서 어울려 살기에 가장 좋은 방법을 알았던 적도 없다. 우리는 노쇠라는 큰 문제를 마주할 때 무엇을 생각해야 하는지도 모른다. 이런 건 누구나 곱씹어보고 싶은 주제가 아니다. 나이를 아주 많이 먹는다는 것을 생각해야 하는 상황에 부닥치거나 나이가 아주 많은 사람을 사랑할 때 우리는 어찌할 바를 모른다. 파도가 바위투성이로 된 만에 들이치듯 수많은 질문이 요동치는데도 우리는 이런 질문을 정직하게 하는 방법을 모른다. 이런 질문을 해도 괜찮을까? 이런 질문을 떠올려도 괜찮을까?

이 책은 우리가 나이를 아주 많이 먹을 때까지 살기 때문에 마주칠 수 있는 중요한 질문을 다룬다. 그 질문이 무엇인지, 그 질문을 어떻게 해야 하는지, 정답은 무엇인지에 관해서 말이다. 어떤 질문들은 무엇 때문에 하기가 어려운지, 이런 질문을 가로막는 장벽을 통과하고 나면 삶이 훨씬 좋아지는 이유에 대해 살펴볼 것이다.

아이린 할머니와 나는 이제 제대로 대화를 나눈다. 나는 할머니가 얼마나 오래, 눈을 감고 세상에서 사라지고픈 그런 기분을 느꼈는지 묻는다.

"아마 6년 정도 됐지. 남편이 죽고 난 다음부터니까."

"결혼 생활을 오래 하셨겠네요?"

"59년이요."

할머니는 자랑스레 미소를 지었다.

"분명 남편분이 몹시 그리우시겠죠. 좋은 분이셨나요?"

"최고였지!"

우리는 아이린 할머니가 할아버지를 만났던, 전쟁 직후에 열린 무도회 이야기를 한다. 할머니는 할아버지가 해군에 복무할 당시에 함께 다녔던 여행과 할아버지가 보여준 친절을 말해준다. 나는 무엇이 할머니를 웃게 하는지 묻는다. 할머니는 근처에 살면서 매일같이 들르는 딸들과, 이따금 켄트에서 내려오는 아들을 보는 것이 좋고, 손주와 그 약혼자가 방문하는 것도 즐겁다고 한다. 할머니는 잘 자고("사실 너무 잘 자는 게, 하루 중 반을 자기도 한다오") 충분히 먹는다. 매일 6시 30분에 셰리주를 아주 조금씩 즐기기도 한다. 우울한 상태가 아닌 것이 아주 명확했다.

"나는 살 만큼 살았어. 멋진 삶을 살았지. 이젠 피곤해. 남편과 있고 싶어요."

모든 걸 당장 끝낼 수 있는 약이 있다면 먹겠냐고 내가 묻자 할머니는 답한다.

"아니."

할머니는 내가 그런 말을 해서 꽤 화가 난 것처럼 보인다.

"안 그럴 거예요. 가족들도 속이 상할 테고, 어쨌든 그건 잘못된 일이니. 나는 내 차례를 기다릴 수 있어요. 다만… 그러니까… 매일 밤 잠자리에 들고, 자식들한테 가벼운 키스를 날리고, 내가 바라는 건 그냥… 알잖아요…."

할머니의 손가락이 떨린다.

이제 우리 대화는 모든 면에서 더 쾌활해졌다. 중요한 질문 하나를 처리했으니 말이다. 작은 여행 가방에서 선물 꾸러미를 꺼내듯 질문을 꺼내어 포장을 벗기고, 함께 볼 수 있게 우리 사이에 있는 담요 위에 펼쳐둔 느낌이었다. 이제 우리는 아이린 할머니가 정말 회복해서 집으로 돌아갈 수 있을지도 이야기할 수 있다. 내 생각에는 그럴 수 있을 것 같다. 오후에는 물리치료사도 할머니를 만날 것이다. 우리는 최선을 다할 것이다. 하지만 여러분이 92세라고 생각해보라. 치료가 효과를 보일지는 절대로 확신할 수 없다.

우리는 할머니의 상태가 나빠지면 무엇을 해야 하는지 논의한다. 무슨 일이 일어나든 할머니가 집중치료실만큼은 가지 않기를 바란다는 쪽으로 의견을 모은다. 항생제 주사가 어떻게 듣는지 지켜보고, 나아진다면 계속할 테지만 나빠진다면 할머니의 연명의료를 중단하기로 다 함께 결정한다. 그러면 할머니는 더는 나아지지 않을 것이고, 잠이 점점 더 길어질 것이고, 어느 순간 평온하게 숨이 멎어 다시 깨어나지 않을 것이다.

중요한 질문("정말로 더 살고 싶으세요?" 역시 그중 하나지만 이걸 더 세심하게 묻는 방법은 나중에 다루겠다)을 하면 나머지 대화를 더 정직하게 나눌 수 있다. 우리가 함께 풀어보았던 아이린 할머니의 고민거리는 할머니한테 의미 있는 것은 무엇인지, 할머니의 미래는 어떻게 되는 건지, 그 미래에 무엇을 통제할 수 있을지에 관한 것이다. 할머니한테 이런 이야기를 할 시간을 주는 것은 중요하다. 지금 나와 이런 대화를 나누지 않은 채로 할머니 건강이 나빠진다면, 할머니의 바람이 반영되지 않은 결정을 내리게 될 수도 있다.

내가 막 나가려던 참에 할머니의 딸 캐시가 도착한다.

"따님한테 우리가 무슨 이야기를 하고 있었는지 설명해도 될까요?"

내 물음에 할머니가 고개를 끄덕였고 나는 우리가 내린 결정을 캐시에게 이야기했다.

"선생님이 그렇게 말씀하시는 게 놀랍지 않네요."

온화한 얼굴로 캐시가 말한다. 캐시는 엄마를 닮았다. 반짝이는 눈과, 찡그려서 생긴 게 아니라 웃어서 생긴 주름이 똑같다. 캐시는 엄마 손을 토닥인다.

"아버지가 돌아가신 날부터 아버지랑 함께 있고 싶으셨죠, 엄마? 우리 모두 알아요."

나는 캐시가 어머니의 바람을 알게 돼서 기쁘다. 아이린 할머니는 분명 스스로 결정을 내릴 수 있고, 법적으로는 나와 나눈 대화를 가족에게 알릴 필요가 없다. 하지만 아이린 할머니가 건강이 너무 나빠져서 말을 못 할 지경이 되거나 정신착란에 빠지면(이런 일은 쉽게 일어날 수 있는데, 나이 든 뇌는 아무리 재기 넘쳐도 연약하기 때문이다), 할머니가 어떤 수준으로 치료를 원하는지 결정할 때 캐시와 나머지 가족에게 도움을 요청해야 한다. 영양관을 삽입할지, 호흡을 도와줄 장치를 사용할지 같은 일에 관해서 말이다. 캐시는 이런 것들을 미리 이야기해두지 않아도 어머니가 바라는 걸 짐작할 수 있을지도 모른다. 하지만 치료를 계속해야 할지 멈춰야 할지 결정하는 일에는 부담감을 느낄 가능성이 크다. 솔직히 말하면 의사가 아무리 조심스럽게 말해도, 캐시는 자기의 말 한마디에 어머니를 살리거나 죽이는 결정이 달려 있다고 믿는 상황에 놓일 수 있다. 나는 이런 상황에 놓인 여러 가족과 이야기를 나누어봐서 이런 대화가 평생 각자의 양심에 무겁게 매달려 있다는 걸 안다. 더 터놓고 질문하면 그렇지 않을 것이다. 이런 질문은 마지막에 무슨 일이 일어나는지에 관한 것, 죽음에 관한 것만이 아니다. 우리가 고령으로 살아가는 동안 생기는 문제에 관한 것이다.

여기 입 밖에 내지 않는 중요한 질문이 몇 가지 있다. 누군가가 치매에 걸렸는지 어떻게 알까? 내가 치매에 걸렸는지는 어떻게 알까? 그 수술을 받아야 할지 말아야 할지 어떻게 결정할까? 이 약은 먹을 가치가 있을까? 어머니가 약을 안 먹으면 어떻게 될까? 나는 요양원에 들어가야 할까? 그렇게 되면 끔찍할까? 어머니가 요양원에 들어가야 하는데 보내지 않으면 나는 어머니가 계단에서 떨어져 고관절이 부러졌을 때 얼마나 죄책감이 들까? 의사는 아버지를 살리기 위해 열심히 노력할까? 그 노력은 지나칠 정도일까? 나는 정말로 아직 운전해도 괜찮을까? 아버지의… 그 부분에 관해 간호사와 이야기하려고 할 때 무슨 단어를 써야 할까? 남편의 폐렴을 치료하지 않아도 괜찮은지 의사한테 어떻게 물어볼까? 내가 그 질문을 하면 사람들은 내가 남편을 사랑하지 않는다고 생각할까? 의사가 해야 하는 것은 무엇일까?(그런데 히포크라테스선서는 무슨 의미일까?) 의사는 누군가를 치료하지 않아도 될까? 그것은 존엄사일까? 죽는다는 두려움을 누군가한테 어떻게 말할까? 죽기를 바라도 괜찮을까? 이 모든 것보다 더 어려운 질문이 있다. 진정으로 사랑하는 사람이 죽기를 바란다고 말하는 것이, 그렇게 생각이라도 하는 것이 괜찮을까?

우리는 이런 질문을 하기가 거북하다. 여기에 관해 솔직하게 대화할 수 없기에 질문은 걱정거리가 된다. 89세인 내 이모도 이런 걱정 때문에 밤을 지새운다. 어느 딸은 출근길에 이런 걱정 때문에 속이 심란하고, 어느 나이 든 남편은 이런 걱정을 아내에게 털어놓지 못한다. 램즈게이트에 있는 노인지원주택에 사는 어머니를 둔 어느 아들은 터키에서 사업을 하면서 이런 걱정을 한다. 이런 질문 하나하나는 우리가 묻고 이야기하고 공유해야 하는 더 많은 질문을 낳는다.

이를테면 이런 질문들이다. 나이가 많은 것에 거부감이 드는 것을 인정해도 괜찮을까? 실금이라는 개념에 대처하지 못하겠다는 것도? 거의 60년을 함께한 사랑하는 남편이 젊은 돌보미한테 계속 성관계 이야기를 했다는 걸 어떻게, 누군가에게, 아무에게라도 털어놓을 수 있을까? 여러분이 고려할 수 있는 모든 질문, 여러분이 말할 수 없다고 느끼는 모든 것은 다른 사람도 걱정했던 질문이며 물어야 하는 질문이다.

내가 아주 좋아하는 만화에는 커다란 코끼리가 법정 피고석에 침울하게 앉아 있는 장면이 나온다. 변호사는 코끼리를 향해 열변을 토한다.

"피고가 줄곧 방에 있었다면, 어떻게 피고의 이야기를 입증해줄 목격자를 단 한 명도 찾을 수 없을까요?"

우리가 고령이라는 새롭고 낯선 세계를 제각기 탐험하는 동안, 각 방에는 엄청난 코끼리 무리가 쿵쾅거리고 있다. 우리는 이 코끼리에 관해 이야기하는 방법을 알아내야 한다. 가장 중요한 질문을 못 하도록 가로막는 장벽은 무엇일까?

수년 전 어느 여름날, 아이들을 학교에서 데려오는 길이었다. 어린아이들은 더워하며 자동차 뒷좌석에 달라붙어 있었다. 집으로 가는 길에 어느 마을에 있는 임시 신호등에서 멈췄는데, 나이가 아주 많은 할머니가 인도를 따라서 우리 쪽으로 오는 것이 보였다. 할머니는 보행 보조기를 이용해서 느리게 움직였다. 몸이 앞쪽과 옆쪽으로 모두 굽었고, 왼쪽 어깨는 너무 내려가서 보행 보조기에 닿을 지경이었다. 작은 장바구니가 보행 보조기에 매달려 흔들렸다. 할머니는 해가 쨍쨍한데도 모직 모자를 써서 얼굴에 그늘이 져 있었는데, 그래도 우리와 가까워지자 보행 보조기를 들기 직전에 눈을 감는 것이 보였다. 느리게 눈을 깜빡이고… 보행 보조기를 들고… 내려놓고… 발을 끌며 느릿느릿 앞으로 가고… 그것을 반복했다. 할머니 뒤로는 다리가 세 개뿐인 작은 개가 목줄을 맨 채 즐겁게 깡충거리며, 벽과 배수로에서 풍기는 향기로운 냄새를 정신없이 맡고 있었다. 몸이 뒤틀린 이 할머니가 차 쪽으로 천천히 다가오자 뒷좌석에서 울음이 터져 나왔다.

"엄마, 보세요! 강아지가 불쌍해요!"

우리가 노인을 외면하고 그 목소리에 귀를 닫는 것도 문제 중 하나다. 그들을 외면하고 그들의 목소리를 듣지 않는 것은 세 가지 큰 장벽 때문이며, 한번 생겨난 장벽은 쉽게 사라지지 않는다. 먼저 두 가지는 편견과 두려움이며 이 둘은 서로 뒤얽혀 있다. 세 번째는 가장 큰 장벽으로, 잠시 후에 다루기로 하자.

첫 번째 버려야 할 장벽은 편견이다. 우리는 아주 오랫동안 편견에 사로잡혔던 듯하다. 그리스 신화와 그림 형제 동화만 봐도 못생기고 늙고 사악한 마녀를 아주 쉽게 찾아낼 수 있다. 멍청하거나 탐욕스럽거나 둘 다여서 도무지 좋아할 수 없는 늙은 남자는 로마 시대 희극에서부터 디킨스의 소설에 이르기까지 사방에서 튀어나온다. 셰익스피어도 노인한테 호의적이지는 않았다. 이런 편견이 타당한지 나는 잘 모르겠다. 작가와 극작가는 오래전부터 인간의 특성을 조롱해왔던 만큼 무책임한 젊은이, 고압적인 어머니, 터무니없는 폭군의 좋지 않은 이야기들을 퍼뜨릴 준비가 되어 있다. 하지만 우리 사회의 핵심을 다 같이 솔직하게 들여다본다면, 우리가 실제로 노인을 부담스럽게 여긴다는 걸 인정하게 될지도 모른다.

국가 차원에서부터 그렇게 생각한다. 경제학자, 정치인, 언론인은 고령화의 '부담', '인구 시한폭탄', 국가의 지갑을 두툼하게 채우기는커녕 무섭게 털어가는 '비경제활동인구'를 언급한다. 연이은 정부는 적정한 노인돌봄 재정에 관한 질문을 미루고 또 미뤘는데, 이 문제는 밀려날 때마다 다루기 힘들다는 인상을 남긴다. 중등교육 자격시험에서 사회과를 선택한 학생은 '기대수명이 증가하면 어떤 점이 좋을까?'가 아니라 '고령화에 어떻게 대처할 수 있을까?'라는 질문을 받는다. 긍정적인 면에는 거의 집중하지 않는다. 실제로 조부모가 아이를 돌봐주면 생산가능인구의 기여도가 늘어 경제적 이익이 생긴다. 은퇴자는 소비를 즐기는 편이며 자선단체, 지역 역사 동호회, 쓰레기 줍기 모임 같은 봉사활동을 하는 사람도 있다. 나이가 많은 친척은 특히 분열된 가족한테 경험과 지혜와 사랑을 나눠줄 수 있다. 9시부터 6시까지의 근무에서 벗어나 자유롭게 시간을 보내는 은퇴 후 생활이 몇 년 늘어난 것 자체도 기쁜 일이다. 이는 성공적으로 나이를 먹으면 나오는 두둑한 배당금이므로 절망하며 손을 떨기보다는 축하할 만한 일이다. 우리는 깃발을 내다 걸고 국민의 장수를 축하해야 한다.

개인 차원에서도 모두가 편견을 갖고 있다. 우리는 종종 나이가 아주 많은 사람과 있기를 불편해한다. 나이 많은 사람은 우리와 다른데, 다른 것을 좋아하는 사람은 없다. 우리는 이상하게 말하거나 정신이 온전하지 않은 것 같은 사람을 싫어한다. 어색하고 당황스럽기 때문이다. 노인이 인종차별주의자이거나 성차별주의자일 것을 걱정하기도 한다. 일부 노인은 실제로 그렇다. 하지만 대부분의 노인은 우리가 주춤할 만한 언어를 분별없이 사용하면서도 그 말이 자기한테 없는 가치관을 전달한다는 걸 대체로 인지하지 못한다. 내 새아빠는 해군에서 동성연애자의 권리를 옹호했고, 여자도 바다에서 복무할 수 있게 해달라며 싸웠지만 평소 지갑과 다이어리를 넣어 다니는 가방을 두고 애정을 담아 '호모 가방'이라고 부른다. 그리고 우리는 자주 이렇게 말한다. 나이 든 사람은 운전을 느리게 한다! 계산할 때 동전을 찾는 데 오래 걸린다! 기다리는 사람이 많은데 화장실을 한참 사용한다!

물론 나이 차에서 비롯된 편견은 눈에 띄진 않지만 반대편에도 은근히 존재한다. 젊은이는 생기 있고, 힘 있고, 침대에서 벌떡 일어나는데, 나이가 아주 많은 사람은 다시는 그렇게 될 수 없다는 것을 생각해보면 "내 딸은 너무 바쁘게 살아", "우리 옆집 사람은 늘 이리저리 급하게 뛰어다녀"처럼 익숙한 말의 저변에는 질투가 있다. 그들의 눈에 젊은이는 늘 전화만 붙잡고 있고, 옷을 제대로 입을 줄도 모르고, 남자와 여자의 역할도 불분명하다. 구부정하게 걸으며 웅얼거리고, 형편없이 말하고, 눈을 안 마주친다. 감사 편지도 안 쓰고, 요리도 못하고, 교회도 안 간다. 이렇다 보니 세대 간의 의사소통에 문제가 있는 것이 썩 놀랍지 않다.

우리 대화를 방해하는 다음 장벽은 두려움이다. 두려움 역시 대규모와 소규모로 일어난다. 국가 차원에서는 나이가 아주 많은 사람을 돌보다가 경제가 무너지거나 적어도 정치적 보복이 따를 것이라는 두려움이 있다. 또 정부는 어떤 사회복지기금 구조를 제안하든 가장 홀대받는다고 느끼는 계층에서 반발이 거세게 일어날 것을 두려워한다. 그러면 수장은 밀려날 것이고, 투표는 질 것이고, 정당은 권력에서 축출될 것이다. 그러니 그들 입장에서는 돌봄 및 지원 자금 마련에 관한 보고서는 묻어버리고, 정책백서는 미루고, '치매세'는 포기하는 것이 낫다.

우리 각자도 개인적인 관계 속에 인지하지 못하는 두려움이 있다. 나이가 아주 많은 사람과 함께 지내면 깊이 생각하기 싫은 신체 문제를 마주해야 할 수도 있다. 털이 빽빽한 콧구멍과 수염이 삐죽 돋아난 턱을 봐야 하며 울퉁불퉁한 발에 양말을 신는 걸 돕고 라텍스 장갑을 사야 한다. 나는 부끄럽지만, 의대생 시절에 나이가 아주 많은 할아버지 입속을 처음으로 자세히 들여다보았던 때를 기억한다. 눈앞에 보이는 모습에 나는 티 나게 움찔했고 내가 기억하는 게 맞다면 헛구역질 소리도 냈다.

30년 뒤, 딸아이를 학교까지 태워다주는 길이었다. 아이는 중등교육 자격시험을 대비해 생물 과목을 복습하고 있지만, 의사가 될 의향은 없다고 이미 명확하게 밝혔다. 아이가 핸드폰으로 문제를 보다가 고개를 들었다.

"엄마, 신장에서 노폐물을 밖으로 내보내는 게 뭐예요, 요관 아니면 요도?"

나는 이런 질문을 정말 좋아해서 설명을 시작했다.

"자, 얘야. 그건 요관이야. 하지만 요도도 굉장히 흥미롭단다. 특히 여자의 요도에는 설계 실수 같은 게 있어서 감염되기가 쉽지. 요도는 너무 짧아서 세균이 쉽게 방광으로 올라올 수 있으니 수분을 충분히 섭취하고, 소변을 신경 써서 끝까지 다 보고, 아래는 늘 앞에서 뒤로 닦아야 해. 아무튼, 시험 때 뭐가 뭔지는 어떻게 기억할래? 음, 요도는 한 개니까 '도'에 자음이 하나, 요관은 신장에 하나씩 있어서 두 개니까 '관'에 자음이 두 개라고 하면 어때. 도움이 될 것 같니?"

사랑스러운 딸은 창밖을 빤히 쳐다보며 중얼거렸다.

"진짜 싫어. 죽어도 그렇게 안 외워야지."

나는 이제 아무렇지 않게 신체 결함을 대하지만, 많은 사람은 그러기 쉽지 않고 앞으로도 절대 그러지 못할 것이다. 일부는 신체 작용에 관한 이야기조차 메스꺼워한다. 이런 불쾌한 감정은 젊은 사람이 노인을 어떻게 느끼는지뿐 아니라 나이가 아주 많은 사람이 자신을 어떻게 느끼는지에도 영향을 미친다. 보기 싫은 생물학적 세부 사항을 깊이 생각하길 꺼리는 마음이 나이를 먹는다고 바뀌지는 않기 때문이다. 엄마 친구인 마거릿 아주머니는 친구들의 이야기를 침울하게 전했다.

"우리는 모든 모임을 장기臟器자랑으로 시작해. 다들 이번에는 어느 장기가 고장 났는지 말이야. 내가 좋아하는 주제는 아니야."

나이가 아주 많은 사람이 겪는 어려움을 이야기하려면 거부감이 드는 신체 문제와 마주해야 하는데, 이때 용기가 필요한 사람이 많다. 당연히 죽을 날만 바라볼 미래에 대한 공포도 있다. 어떤 사람한테는 미래가 공포로만 가득하다. 심연을 들여다보는 것처럼 말이다. 그와 달리, 사랑하는 내 이모 같은 사람은 독립성을 잃는 것을 두려워한다. 이모는 이렇게 말하고 몸을 떨었다.

"나는 지금처럼도 괜찮아. 죽고 난 다음에도 무슨 일이 일어날지 걱정되지 않고. 하지만 그사이 애매한 시간 동안은…."

나는 아일랜드 서부에 있는 조니오네 술집에서 바에 기대어 주인 모린한테 투덜거리고 있었다. 방금까지 한 통화에서 엄마는 우리가 언제 휴가를 마치고 돌아올 건지 캐물었다. 그래야 우리 아이들이 새 노인 철도 카드를 온라인으로 주문해줄 수 있고, 최근에 시작된 로열앨버트홀(런던에 있는 유명 연주회장—옮긴이)과의 분쟁에서 내가 심판을 봐줄 테고, 이미 찌는 듯이 더운 부엌이긴 하지만 열기가 더 잘 향하도록 라디에이터 뒤에 설치할 반사판을 남편이 설계해줄 수 있기 때문이다. 내가 이런 사정을 털어놓자 모린은 행주로 유리잔을 닦고서 편하게 말했다.

"글쎄, 내 자식들이 말하더라고요. '어머니, 우리는 어머니가 할머니를 흉보면 안 들을 거예요. 왜냐면 어머니도 당연히 할머니처럼 될 거니까요.'"

말조심해요, 모린! 당신은 우리 엄마를 만난 적이 없잖아요! 하지만 모린이 한 말, 아니 모린의 자녀들이 한 말이 마음에 남았다. 나는 우리 엄마에 관해, 엄마가 하는 일 중 내가 사랑하는 것과 엄마가 하는 일이지만 내가 정말 싫어하는 것에 관해 생각해야 했다. 엄마와 내 안에 깊이 새겨진 패턴이 있는데, 이것을 알아차리는 과정에서 마음은 그리 편하지 않았다. 부모님과 조부모님은 우리를 바라보며 표정으로 말하곤 한다. "여기 있는 내가 네 미래다." 그리고 우리는 이 사실 때문에 겁에 질릴 수도 있다.

어떻게 하면 노화와 관련한 중요한 문제를 사람들이 스스럼없이 이야기하도록 할 수 있을지를 물었을 때, 연장자 노인 의학 전문의 선배인 새미는 우려를 표하며 말했다.

"나는 노인의학 전문의가 이 프로젝트에 참여할 수는 없다고 생각해요. 그건 너무…."

"너무…?"

새미가 말꼬리를 흐리자 내가 되물었다. 새미는 훌륭한 의사다. 대화를 섬세하게 풀어나가며 사람들을 안정시키는 능력이 그 누구보다 뛰어나다. 그런데 왜 새미는 사람들이 마음을 열도록 격려하고 이런 중요한 문제를 이해하도록 돕는 데 우리가 참여하면 안 된다고 생각할까? 새미는 확신이 없어 보였다.

"내가 보기에… 사람들은 우리가 포기를 부추긴다고 생각할 거예요. 그러면 우리는 신뢰를 잃을 수도 있어요. 우리가 더는 자기들 편이 아니라고 생각할 수도 있으니까요."

새미의 견해를 듣고 나는 크게 낙담했다. 노인의학 전문의는 매일같이 환자나 그 가족과 대화한다. 나 역시 거의 30년 동안 수많은 노인과 그를 사랑하는 사람들이 가장 중요하게 여기는 것을 함께 이야기했다. 그 귀중하고 사적인 논의에 참여하는 특권을 누린 것이다. 우리가 이렇게 배운 내용을 공유하는 것이 왜 좋은 생각이 아닌 걸까?

그때 나는 이 과정에서, 두려움과 편견이 뒤섞여 대화를 막는 치명적인 장애물이 된다는 걸 깨달았다. 우리가 중요한 말을 안 하는 이유는 사람들이 우리를 두고 편협하거나 이기적이라고 생각할까 봐 두렵기 때문이다. 헌신적인 아내는 남편을 요양원으로 보낼지를 성인이 된 자녀와 이야기하는 것이 자기의 부담을 덜려는 욕심처럼 보일까 봐 두려울지도 모른다. 새미는 노인의학 전문의가 더 자세한 사전돌봄계획을 요구하는 것이 환자가 응급실과 병실을 덜 찾아오게 만들려는 바람처럼 해석될까 두려워한다. 우리 의사들은 모두, 노화 때문에 생기는 어려움을 이야기하면 사람들이 우리를 곧장 탐욕스럽고 인색하다고 여길까 봐 두려워한다. 그래서 우리는 편견과 두려움 때문에 중요한 대화를 피하기도 한다. 하지만 그걸 두려워하면 중요한 문제를 전혀 다룰 수 없게 될 때가 많다. 따라서 우리는 그 문제를 이야기하는 법을 알아내야 한다. 나는 나이가 아주 많은 사람과 그 가족을 오랫동안 돌보면서 이런 문제는 담아둘수록 불행, 걱정, 분노를 일으켜 우리를 짓누른다는 것을 알게 되었다. 이런 문제는 양지로 끌어와야 우리가 안심할 수 있고 새롭게 신뢰를 쌓을 수 있다.

우리 의사들은 솔직해야 한다. 나는 치료 가능한 것을 어떻게 구분하는지 설명할 것이고, 생존과 회복, 고령에도 더 행복하게 지내기 위해 할 수 있는 현실적인 일들에 관해 이야기할 것이다. 물론 치료를 중단하는 일, 투약을 멈추는 일, 헛된 노력을 알아채는 일에 관해서도 말할 것이다. 법에서 어떻게 명시하는지도 설명할 것이다. 우리가 따르는 윤리 원칙도, 나이 든 사람과 그 가족이 의료진한테 걱정과 희망을 터놓고 대화하고자 할 때 어떻게 말을 꺼내야 하는지도 이야기할 것이다. 공감, 독창성, 활력, 공정함을 추구하는 열정 등에 기반하여 사회구조를 세우고, 지금처럼 압박, 긴급상황, 두려움에 떠밀려 결정하는 일이 사라지도록, 한 사회로서 우리가 협업하는 방법을 설명할 것이다.

나는 내가 지닌 편견과도 계속해서 맞서야 했다.

병원이 미치도록 바쁜 낮이었고, 끔찍한 밤이 오고 있었다. 우리 수련의들은 24시간 교대근무를 했는데, 지역 보건의한테서는 오는 전화는 물론이고, 검사가 필요한 환자와 관련하여 응급실에서 오는 전화까지 전부 받으면서 도착한 환자를 살폈다. 한 사람은 뇌척수막염에 걸린 듯했고 다른 사람은 뇌졸중이었다. 약물남용으로 이미 몇 시간 전에 사망한 것이 분명한 중년에게 의미 없는 소생술을 시도하기도 했다. 낙상을 당한 사람, 호흡곤란인 사람, 가슴 통증이 있는, 최악의 경우 박리

성대동맥류일지도 모르는 사람도 있었다. 오후 9시 무렵에는 남는 병상이 없었고, 환자들은 응급실에 있는 이송용 병상으로 몰렸다. 이미 몇 시간 동안 쉴 새 없이 울려댄 호출기로 또 다른 호출이 왔다. 지역 보건의가 보호시설에서 PEG영양관[•]이 막힌 열아홉 살짜리 어린 환자를 이송하고 있다고 설명했다.

"심각한 뇌성마비를 앓아서 의사소통이 안 되고, 대소변을 못 가려요. 밀착 간호가 필요합니다. 삼키는 건 위험할 수 있고 마실 수도 없는 데다가 24시간 동안 영양관으로 아무것도 넣지 못했어요. 죄송합니다. 환자는 지금 가고 있어요."

나는 전화를 끊고서 병동으로 가는 이송용 병상이 드나드는 통로의 콘크리트 기둥에 기댔다. 비참한 쪽으로 생각이 흘렀다. 의미가 뭐지? 무슨 의미란 말이야? 왜 그 사람을 살려두려고 애쓰느라 내 시간을 낭비해야 하지? 그 사람은 삶의 질이 아주… 형편없는데. 호출기가 다시 울리고 나는 그 환자에 관한 생각을 지웠다. 몇 시간 뒤, 응급실에서 전화가 왔다.

"PEG 환자가 도착했어요."

나는 쿵쿵대며 병동에서 내려갔고 커튼을 홱 젖혔다. 환자는 이송용 병상에 걸터앉아 있었다. 작고, 나뭇가지처럼 비틀린 까만 팔다리는 부서지기 직전인 까마귀 둥지 같았다. 조그마한 몸통은 여섯 살 아이만 했다. 그리고 얼굴에는! 바다처럼 넓은 미소가 떠올라 있었고, 갈색 눈은 즐거움으로 반짝였다.

• PEG영양관은 갈비뼈 아래 피부를 뚫고 삽입하여 위에 직접 영양분을 공급한다.

바로 그때 나는 결심했다. 절대로, 다시는, 어떤 사람의 정신이나 신체 기능을 근거로 그 사람의 삶의 질을, 그 삶과 살 권리를 판단하지 않겠다고. 당연히 나이를 근거로도 말이다. 나는 수년 동안 나 자신을 포함해서 의료진, 돌보미, 가족과 같은 사람들이 다른 사람의 만족감은 물론이고 바람이나 희망에 관해서도 쉽게 결론 내리는 모습을 자주 봤다. 편견은 존재한다. 따라서 우리는 우리 안에서 편견을 찾아내고 용감하게 인정해야 한다. 그래야만 솔직한 대화를 위해 최선을 다할 수 있으며, 사람들이 무엇을 중요하게 여기는지를 우리 의사들에게 말해주거나 보여줄 수 있다.

나이가 아주 많은 사람이 사랑하는 이와 나누는 대화, 그리고 우리가 노인을 어떻게 대해야 하는지를 좌우하는 사회구조는 편견과 두려움이 만든 울타리로 제약과 방해를 받는다. 하지만 이런 울타리를 발견할 수 있다면 우리는 그것을 넘는 방법도 찾을 수 있다. 이 뻣뻣한 장애물을 돌아갈 수 있는 몇 가지 방법에 관해서도 차차 살펴볼 것이다. 그러나 아직 어쩌면 세 가지 중에서 가장 크다고 할 수 있는 마지막 장벽이 남았다.

조지 할아버지는 위독했다. 노인지원주택에서 몇 년 동안 살다가 입원한 참이었다. 노인지원주택 직원이 할아버지의 복약 기록을 보내줬다. 컴퓨터로 뽑아보니 세 쪽이 나왔는데, 할아버지는 11가지 약을 하루에 네 번씩 복용하고 있었다. 수액을 여러 팩 주입했는데도 혈압이 떨어졌다. 손가락은 파랗고 코는 차가웠다. 강한 항생제를 투여한 뒤 고유량산소요법을 시행하는 중이었다.

나는 가장 가까운 가족에게 전화를 걸었다. 조지 할아버지의 딸인 니나가 받았다. 할아버지가 얼마나 아픈지, 지금까지 우리가 무엇을 했는지 설명했다.

"아버지와 있었다면 좋았을 텐데!"

니나는 수 킬로미터 떨어진 랭커셔로 딸과 막 태어난 첫 손주를 보러 가는 중이라고 설명했다.

"너무 상심하지 마세요. 조지 할아버지는 아무것도 알아보지는 못하시지만 평온하세요. 저는 그저 저희가 할아버지 곁에서 옳은 일을 하고 있는지 확인하고 싶을 뿐이에요. 음… 솔직히 말씀드리면, 할아버지가 위독하셔서 뭘 하든 이번 고비를 넘기기는 매우 힘들 것 같아요. 할아버지가 원하시는 게 저희가 계속 노력하는 것인지 아니면 차라리 편안하게 모시는 데만 집중하는 것인지 궁금하네요."

니나가 손수건을 찾아 뒤지는 소리가 들렸다. 니나는 코를 풀고 말했다.

"사실 아버지는 이렇게 될 걸 아셨던 것 같아요. 지난주에 아버지를 봤는데 건강해 보였어요. 그러니까, 아버지가 할 수 있는 한에서는요. 우리는 언제나처럼 이런저런 이야기를 나눴는데, 아버지가 느닷없이 말하길…."

니나는 잠시 멈춰 몇 초간 조용히 있다가 말을 이었다.

"아버지는 '니나, 너도 이제 어른이지…'라고 했어요. 장담하는데 아버지는 이 말을 하기가 정말로 힘들었을 거예요. 우리는 이런 이야기는 절대 안 하거든요. 하지만 그때 아버지는 "나는 네가 잘 이겨낼 수 있으리라 생각한단다"라고 했죠. 본인한테 주어진 시간은 끝났다고 생각한다면서 개의치 않는다고, 떠날 준비가 됐다고 했어요."

니나와 나는 이야기를 조금 더 나눴다. 니나가 전화를 끊은 뒤, 나는 전화를 쥔 채 잠시 앉아 있었다. 조지 할아버지 담당 간호사 에일리시가 할아버지가 있는 병실에서 나오자 나는 할아버지가 니나에게 했다는 말을 들려주었다.

에일리시는 볼이 빨개지더니 눈을 깜박이면서 들고 다니던 약품 차트로 얼굴에 부채질했다.

"이런… 죄송합니다…."

에일리시가 천천히 숨을 내쉬었다.

"다정하신 분…."

아, 조지 할아버지, 용감한 분. 정확히 해야 할 일을 하셨어요. 가장 중요한 걸 이야기하지 못하게 하는 거대한 장벽을 넘으신 거예요. 사랑으로 쌓은 장벽을요.

어떻게 자신이 떠나는 이야기를 사랑하는 자녀들과 나눌 수 있을까? 다른 사람 일이라면 치매, 신체와 관련하여 존엄성을 잃는 일, 치명적인 질병, 이별에 관한 것이라도 추상적으로나마 대화할 수 있을지도 모른다. 하지만 사랑하는 사람, 친구, 남편과 아내, 부모와 자녀의 일이라면, 우리는 하지 못한다. 우리가 이야기를 나눠야 하는 바로 그 사람은, 우리가 대화를 시작조차 못 한 사람인 것이다. 우리는 이런 상황을 바꾸어야 한다. 더 잘해낼 수 있다. '사랑하기 때문에 그런 이야기를 못 하겠어'라는 생각을 계속해서는 안 된다. '사랑하기 때문에 그런 이야기를 할 거야'라고 해야 한다.

3
곡선을 사각형으로 만들기
-멋지게 사는 법

나는 의대생 세 명한테 그림을 그려 보인다. 우리 삶이 어떤 모양인지 보여주는 그래프다. 세로축은 독립성을, 가로축은 나이를 나타낸다. 위로 휙 선을 그으며 그래프를 그리기 시작한다.

그래프를 그리며 설명한다.

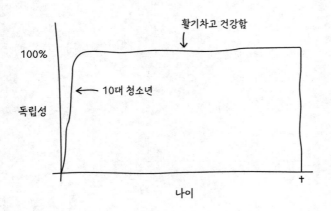

"여기 우리 집 10대 애들이 있네요. 운전하는 법을 배우고, 돈 관리하는 법을 알아내고, 자기 삶을 꾸려가는 법을 익히느라 바쁘죠." (어느 정도까지는 말이다. 대학에 입학해 얼마 전 집을 떠난 아들이 남편과 주고받은 문자를 최근에 봤다. 엄마한테 생일 축하 카드 보냈니? 오늘 보낼게요. 아무 말 없이 몇 시간이 흐른 뒤, 아들에게서 이렇게 문자가 왔다. 그런데 카드는 어떻게 보내요? 그러니까, 우표를 사고 그러는 것 말이에요.)

"대다수 사람이 바라는 것은 독립성을 100퍼센트 유지하면서 활기차고 건강하게 지내는 것인데…."

수평선을 그으며 말을 잇는다.

"활기차고 건강하게, 활기차고 건강하게, 활기차고 건강하게… 그러다 사망."

나는 아래로 뚝 떨어지는 수직선을 긋고 작은 십자가를 덧붙여서 사망 시점을 표시한다.

"백신, 항생제, 수술이 존재하지 않았던 옛날에는 삶이 이렇게 생겼어요. 문제는 2세 때 디프테리아로, 15세 때 장티푸스로, 23세 때 주석 광산에서 짓뭉개져서 갑자기 죽음을 맞이할 수도 있다는 거였죠."

나는 수직선을 더 그렸다.

"이제 우리는 이런 죽음을 피하는 데 능숙해졌고, 그래프에서 보이는 것처럼 기대수명을 더 늘렸죠. 하지만 이때도 말년이 되면 보통은 상당히 빨리 끝을 맞이했어요. 20세기 후반에 수술과 화학요법이 발달하기 전에 암에 걸리거나, 투석요법

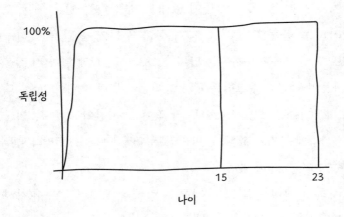

이 발달하기 전에 신부전에 걸리거나, 혈액 희석제가 발달하고 심장병 전문의가 스텐트와 벌룬으로 마술 같은 일을 펼치기 전에 심근경색에 걸리면 오래 못 살았어요."

학생들이 고개를 끄덕인다.

나는 다른 쪽에 그래프를 다시 그린다.

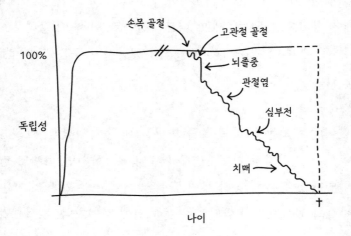

"오늘날에는 삶이 이렇게 생겼습니다."

'독립성 100퍼센트'를 유지하던 선에서 아래로 늘어지듯 내려오는 선을 그린다.

"여기는 손목 골절과 고관절 골절."

선을 두 번 획획 튕긴다.

"뇌졸중…"

선이 조금 아래로 떨어진다.

"관절염과 심부전과 치매. 이쯤 되면 요양원에 가야 할 수도 있고…."

이제 곡선은 바닥에 가까워지고, 구불구불하게 이어지다가 마침내 기준선과 만난다.

"여기가 끝이에요."

나는 그래프의 오른쪽 바닥 구석을, 독립성이 낮고 나이가 많은 지점을 가리킨다.

"여기서 사람들은 매우 어려운 상황에 부닥칠 수 있어요. 물론 모두가 어려움을 겪지는 않을 테고, 그래프의 이 부분에서도 분명히 행복할 수 있으니, 각자 무엇을 원하는지를 물어보지도 않고 판단할 수는 없죠. 그래도 건강에 문제가 많고 다른 사람한테 의지해서 돌봄을 받는 상황은 대다수가 원하지 않아요. 추가로 몇 해 더 살날을 얻는다고 해도 매우 의존적이거나 누군가가 계속 돌봐주어야 상태라면, 전체 인구의 기대수명을 늘려봐야 무의미하다는 것에 우리는 대체로 동의해요. 그런데 그냥 21세인 상태에 2년을 더 보태는 식으로 기대수명을 연장할 수는 없으니까요."

의대생들은 행복해 보인다. 21세로 지내는 건 멋진 일이다. 나는 문제를 낸다.

"그러면 우리는 어떻게 이 '곡선을 사각형'으로 만들 수 있을까요? 어떻게 노쇠함을 나타내는 곡선을 제거하여 모두가 '100퍼센트 활기차고 건강하게' 지내도록 돕고, 초고령에도 더 오랫동안 건강하고 독립적으로 지낼 수 있게 보장할까요?"

이는 '축소된 이환 기간'이라는 개념이다(이환이란 건강하지 못한 상태를 말한다). 공중보건의와 정부는 예전부터 이 문제를 고민했다. 나이가 들어서 생기는 골치 아픈 일을 최대한 마지막으로 미루기 위해 무엇을 할 수 있을까?

학생들은 영리하지만 내가 무엇을 묻는지 확신하지 못한다. 나는 조금 더 재촉한다. 말년에 고관절이 부러지는 사고를 어떻게 피할 수 있을까? 한동안 머뭇거리다가 한 학생이 골다공증 약을 먹는다는 답을 내놓는다. 틀렸다. 그건 너무 미미하고 늦기 때문이다.

나는 학생들과 실제로 변화를 만드는 일을 이야기한다. 젊을 때 시작하기! 노년에 튼튼한 뼈를 얻는 방법은 아동기와 청소년기에 가능한 한 뼈를 튼튼하게 만들어놓는 것이다. 달리기와 뜀뛰기, 골량 대부분을 얻는 14세에서 19세 사이에 네트볼하기(따라서 1980년대 도시에서 학교 운동장에 새 건축물을 많이 지었던 일은 범죄나 다름없다). 활발하게 움직이고, 금연하고, 칼슘을 충분히 섭취하고, 여름마다 몇 시간씩 햇살 아래에서 소매를 걷어 올린 채 화상을 입지 않을 정도로 볕을 쬐며 비타민 D를 적정량 얻으면, 나중에도 최대한 튼튼하게 유지할 수 있다. 골다공증 약도 도움이 될 수 있지만, 선택지가 있다면 처음부터 뼈가 튼튼한 채로 출발하는 게 당연히 낫다.

사실 여러 조건을 고려하면 우리는 건강하게 나이 들기 위한 활동을 태어나기 전부터 시작해야 한다. 체중이 적당하고 담배를 안 피우거나 과음하지 않으며, 어쩌면 채소를 권장량만큼 먹고 임신 초기에 매일 엽산을 한 알씩 복용하는 어머니가 있어야 가장 좋은 기회를 얻고 출발할 수 있을 것이다. 그리고 건강하게 태어나야 한다. 그다음에 몇 가지 소아 예방접종을 해서, 옛말처럼 들리겠지만 사라지지 않은 전염병으로 피해를 보지 않아야 한다. 하지만 그러고 나면 정치적으로 인정하기 힘든 진실이 존재한다.

마이클 마멋은 『건강 격차The Health Gap』에서 어떻게 정부가 보건 기구보다 기대수명에 더 영향을 미치는지 그 방식에 대한 연구를 진행했다. 질 좋은 교육은 도움이 된다. 전일제로 학습하며 1년을 보낼 때마다 삶의 마지막 시간은 늘어난다. 직업이 있는 것도 몹시 중요하다. 인종, 사회적 약점, 빈곤은 지독하게 얽혀 있으며 애석하게도 줄어든 수명과 연관이 있다. 돈이 많으면 놀랍도록 격차가 벌어진다. 기대수명은 1달러를 더 벌 때마다 천천히 꾸준하게 늘지만, 척도 맨 꼭대기에 다다르면 점진적으로 증가하던 수명은 갑자기 훌쩍 뛰어오르고, 아주 부유한 사람들은 이를 누린다. 내 친구이자 지역 보건의인 클로다는 말한다.

"진짜 부유한 노인은 뭐가 있는 거야? 절대 죽지를 않아!"

정부 정책은 어릴 때 하는 행동을 선택하는 데도 영향을 미친다. 따라서 우리가 10대를 엉망으로 보내지 않도록 법으로 장려하는 것은 도움이 된다. 신경에 재앙을 초래할 수 있는 위험한 약물이나 교통사고를 피하도록 교육하는 것은 당연히 좋은 생각이다. 금연은 기대수명에 직접적인 영향을 주며, 중년이나 노년 초반에 금연을 시작하는 것도 마찬가지다. 이런 일들에 관해 의사가 끊임없이 말을 늘어놓는 것도 어느 정도 효과가 있긴 하지만, 안전벨트와 담배 광고, 학교 급식 품질에 관한 법을 제정해야 하는 것은 정부다.

나이가 들수록 의료 행위가 더 직접적으로 영향을 미친다. 혈압과 콜레스테롤 수치를 조절하면 도움이 된다. 중년부터 복용이 늘기 시작하는 혈압약과 콜레스테롤 합성 저해제도 기대수명 상승에 크게 공헌했다. 심근경색의 조기 발견과 치료는 수많은 돌연사를 막았고, 이렇게 살아남은 사람들은 대개 아주 높은 삶의 질을 누린다. 이제 더 많은 사람이 암을 극복한다. 심근경색이나 뇌졸중이 발생한 뒤에는 피를 덜 끈적하게 하기 위해 아스피린을 복용하는데, 응급처치 뒤에는 이렇게 간단한 약물로도 재발 확률을 확실히 낮출 수 있다. 이런 약은 '예방'약으로, 고통을 덜어주는 약과는 반대다. 초고령에도 예방약을 복용할 가치가 있는가 하는 문제는 논란이 더 많다. 이 논란은 뒷장에서 다루도록 하겠다. 우리는 무엇을 먹느냐에 관해서도 비숫한 대화를 나눠야 한다.

나는 몇 년 전에 리오폴드 트레버 할아버지를 만났다. 할아버지는 꼼꼼한 분이었고, 유니테리언교 전도사였다. 아내인 마틸드 할머니는 몇 달째 입원 중이었다. 마틸드 할머니는 심각한 희귀병을 앓아 전문의한테 치료를 받기 위해 서식스에서 런던으로 온 참이었다. 리오폴드 할아버지는 일주일에 두세 번씩 병실에 있는 아내를 보기 위해 런던에 올라왔다. 차를 얻어 타고 역에 가서 기차를 타고, 다시 지하철을 타야 하는 긴 여정이었다. 할아버지는 단정하고 색이 어두운 정장을 입고, 데이지 무늬가 있는 빛바랜 70년대 손가방을 들고 다녔다. 하루는 할아버지가 가방을 여는 모습을 지켜봤다. 흰 종이상자에 든 초콜릿에클레어는 할머니 몫이었다. 비닐봉지에는 젖은 두루마리 휴지로 줄기를 감싼 작은 제비꽃다발이 들었는데, 살짝 뭉개져 있었다. 여러 책갈피와 주석을 쓴 메모지가 삐져나와 있는 성경책도 보였다. 리오폴드 할아버지는 의자를 찾아 몸을 돌리다가 비틀거렸고, 나는 할아버지 팔을 잡았다. 모직 너머로 뼈가 만져졌다.

"트레버 할아버지, 궁금한 것이 있는데… 몸무게가 좀 주셨어요?"

할아버지는 유감스럽다는 듯이 미소를 지었다.

"다이어트를 조금 하고 있지요."

"다이어트요? 어째서요?"

"협심증이 약하게 있어서 지역 보건의가 나를 심장병 전문의한테 보냈는데, 그 의사는 내 콜레스테롤 수치가 높은 편이라고 하더군요. 치즈나 달걀, 크림은 먹지 말래요."

"그런 잔인한 일이!"

"아쉬운 노릇이죠. 나는 치즈를 정말 좋아하거든. 하지만 어쩌겠어요. 의사 명령인데!"

순간 나는 너무 화가 나서 그 심장병 전문의를 데려와 어깨를 붙잡고 소리치고 싶었다. '리오폴드 할아버지는 86세라고! 게다가 아내는 희귀병과 싸우고 있다고! 당신 뭐 하는 짓이야?'

내 머릿속에서는 장황한 비난이 이어졌다. '이렇게 음식을 통제하는 게 앞으로 일어날 일을 조금이라도 바꿀 수 있다고 어떻게 장담할 수 있지? 그 멍청하고 거만하고 옹졸한 지시를 뒷받침할 증거를 대봐! 이분은 친절하고 공손해서 당신이 말한 모든 걸 지키려 최선을 다할 텐데 당신 지시가 무엇을 어떤 식으로 좋아지게 한다는 거야?'

나는 서둘러 리오폴드 할아버지에게 의자를 찾아주고, 다른 환자를 보러 다니면서 분노가 서서히 가라앉게 두었다. 내가 보기에 그 조언은 리오폴드 할아버지에게 분명히 해를 끼칠 만한 것이었다. 나는 할아버지를 보호하고 싶었지만, 할아버지가 심장병 전문의에게 가지고 있는 믿음을 약하게 만들고 싶지는 않았다. 여러 의사한테서 상반된 조언을 들으면 불안하기 마련이다. 특히 리오폴드 할아버지처럼 자세한 부분까지 신경써서 올바르게 하려는 열의가 강한 사람은 더욱 그럴 수 있다. 그리고 어쨌거나 리오폴드 할아버지는 내 환자가 아니었다. 그

래도 나는 무척 화가 났다! 나중에 리오폴드 할아버지가 마틸
드 할머니의 경과를 들으러 안내처에 왔을 때, 나는 할아버지
의 건강과 줄어든 몸무게에 관해 이야기했다.

할아버지는 걱정이 되는 듯 보였다.

"나는 심근경색에 걸리고 싶지 않아요. 그러면 아내를 보
러올 수 없을 테니까. 그래서 식단을 엄격하게 지키고 있죠. 선
생님은 어떻게 생각합니까?"

어째선지 리오폴드 할아버지는 심장병 전문의와 상담하면
서 이런 저지방 식단을 반드시 고수해야 한다고 믿는 것 같았
다. 브리치즈 한 조각이 가슴 중앙 부위에 지독한 통증을 유발
할 수도 있다는 듯이 말이다. 상황이 무언가 잘못된 것 같았다.
나는 직업 때문에 느끼는 거리낌을 걷어치웠다.

"지금은 무엇보다 튼튼하게 지내시는 게 우선인 것 같아
요. 먼 길을 아주 열심히 오가시고…."

리오폴드 할아버지는 자기가 오가는 시간은 별것 아니라
는 듯이 앙상한 손을 내젓더니 나를 향해 눈을 크게 뜨며 계속
하라는 신호를 보냈다.

"그리고 제 생각에는 균형을 맞춰야 할 듯한데… 치즈와
크림 같은 것을 안 먹는다고 할아버지가 앞으로 심근경색에 걸
릴 확률이 크게 줄어드는 건 아니에요. 그러니 치즈를 적당히
는 드셔도 될 것 같아요."

할아버지는 미소를 지으며 내 팔을 토닥였다.

"그리고 치즈를 드실 때는 죄책감을 느끼시지 말고 그냥

즐기세요. 할머니를 보러 오시려면 힘이 있어야 하니까요. 가끔 초콜릿에클레어 같은 것도 즐기시고요."

　　우리는 노화 과정을 통제하고픈 갈망을 타고난 덕분에 완벽한 항노화 식단이나 치매를 예방할 마법 같은 건강보조식품, 영양제 판매점이나 인터넷 구석에서 발견할지도 모르는 젊음의 영약을 찾아다닌다. 하지만 우리는 지루한 소식을 들을 각오를 해야 한다. 진실을 밝히자면, 그 어떤 과학자도 한 가지 식단이나 건강보조식품이 건강하게 오래 살 확률을 높인다고 확실하게 증명한 적은 없다.

　　가장 좋은 조언은 무엇일까? 우리는 일찍 사망한 사람들이 먹었던 동물성 지방으로 가득 찬 '서구식' 식단과 아주 오래 사는 사람들이 먹었던 '좋은' 식단을 살펴볼 수는 있다. 하지만 올리브유, 견과류, 과일 및 채소 비중이 높은 지중해식 식단이 실제로 장수에 도움이 된다고 증명하기는 어렵다. 식단을 정확히 시험하는 일은 정말로 힘들다. 연구자는 한 가지 식단이나 다른 식단을 시험하는 데 사람들을 배정할 수는 있지만, 효과가 나타나려면 몇 년이 필요하고, 참가자가 그동안 엄격하게 식단을 지키기란 어려운 일이다. 예컨대 딸기류가 치매를 물리칠 수도 있다는 말을 들으면 참가자는 식단에 딸기류를 추가할지도 모른다. 이 참가자가 속한 집단에 딸기류를 먹일 셈이 아니었다면 결과는 왜곡될 것이다. 따라서 식단에 관한 많은 연구는 관찰연구에 근거한다. 연구자는 그저 참가자가 무엇을 먹는지 가능한 한 정확하게 기록한 다음, 무슨 일이 일어나는지 살펴본다. 예를 들어, 한 중요한 연구에서는 마인드MIND라고 부르는 식단을 살펴봤는데, 이는 미국 시카고의 연구자들이 치매 위험을 줄일 수 있을지 알아보고자 만들어낸 식단이다.

마인드 식단은 심장질환과 뇌졸중 위험을 낮추는 일과 관계있다고 알려진 두 식단을 결합한 것이다. 통밀, 생선, 콩류, 과일, 채소에 기반한 지중해식 식단과 고혈압을 낮추기 위한 식단 접근법인 대쉬DASH 식단이다. 대쉬 식단은 혈압 조절을 위해 구성된 것으로, 지중해식 식단과 비슷하지만 염분 섭취를 줄이는데 더 집중한다.

마인드 식단 연구는 참가자한테 무엇을 먹을지 지시하지는 않지만, 참가자가 먹었다고 보고하는 모든 음식에 점수를 매겼다. 잎채소와 딸기류를 섭취하면 추가 점수를 주었는데, 이런 음식들이 두뇌 기능 향상과 연관이 있을 수도 있다는 연구에 따른 것이었다. 결과는 명확했다. 약 5년이 지난 뒤, 이상적인 마인드 식단에 가장 근접한 식단을 고수했던 사람의 신체 나이는 마인드 식단을 가장 덜 따라 한 사람보다 7.5년 젊었다. 모든 기억력 검사에서 앞섰고, 치매 진단을 받을 가능성도 낮았다.

하지만 이들 집단 사이에는 다른 차이도 존재했다. 이상적인 마인드 식단에 가장 가까웠던 사람들은 교육을 더 많이 받은 사람들이었다. 그들은 조금 더 젊어 보였고, 살이 덜 쪘으며, 연구를 시작할 시점에 당뇨병에 걸릴 확률이 낮았다. 혈압도 더 낮은 상태에서 출발했다. 말하자면, 식단이 '가장 훌륭한' 사람들은 가장 건강한 상태로 시작했으며 어쨌거나 치매에 걸릴 최소한의 가능성만을 가지고 있었다.

따라서 시카고 연구진은 참가자의 삶에서 나타나는 다른 양상이 아니라 식단 자체가 치매 감소와 부분적으로나마 관계가 있음을 보여주기 위해 영리한 통계적 수법을 사용해야 했다. 연구자들은 주장을 과장해서 내세우지 않고자 주의했다. 그리하여 이렇게 썼다. "마인드 식단 점수를 활용한 이 유망한 연구에서 제공하는 증거에 따르면, 전반적으로 식사 패턴을 더 잘 지킴으로써 알츠하이머병이 진행되는 것을 예방할 수 있을지도 모른다." 안전하고 괜찮은 결론이다. 이 정도면 나도 내 식단을 약간 수정하기에 충분했다. 그리고 포용할 가치가 있는 긍정적인 속임약효과('나는 시금치를 먹으면 더 똑똑해지는 느낌을 받는다.')도 존재한다.

막연한 지중해식 식단에서 얻는 확실한 혜택을 넘어, 특정 음식과 건강보조식품에 관한 주장은 계속 맹위를 떨칠 것이다. 내가 책을 쓰는 동안 달걀은 다시 정밀 조사를 받는 중이다. 한동안 달걀은 악이었다. 콜레스테롤을 침착시켜 동맥을 막는, 토실토실하게 살찐 밀수꾼과도 같은 존재였다. 그다음에는 영양분이 가득한 단백질 덩어리로 부활했다. 이번 주에 달걀은 다시 총구 앞에 섰다. 어느 관찰연구에서 다시금 주장하는 바에 따르면 달걀을 많이 먹으면 심장병 발병률이 높아질 수도 있다고 했기 때문이다. 하지만 이 연구는 베이컨에 관해서는 살펴보지 않았다.

안타깝게도 과학이 상반되는 메시지를 보내는 것은 온갖 터무니없는 가능성에 문을 열어주는 격이다. "딸기류에는 제아잔틴이 들어 있는데, 이 식물성 화학물질은 눈 건강을 유지하는 데 도움이 된다!" 같은 주장은 경계할 필요가 있다. 설령 이 말이 사실일지라도 딸기류를 먹으면 시력이 좋아진다는 의미는 아니기 때문이다. 더 나쁜 것은 "철저하게 단식하면 몸을 재설계할 수 있다!" 같은 발언이다(이게 도대체 무슨 의미일까? 정말 몸을 '재설계'하길 바라나?).

미국의 환경운동가 마이클 폴란은 합리적인 식단과 관련한 조언을 일곱 어절로 요약했다. "음식을 먹되 지나치게는 말고 대체로 식물을 먹자." '음식을 먹는다'라는 말은 채소, 과일, 통밀, 소량의 육류 및 생선 등 가공하지 않은 음식을 먹는다는 뜻이다. 폴란은 '지나치게는 말'라고 한다. 우리는 비만이 여러 면에서 장수를 위협한다는 사실을 알고 있다. 비만은 실제로 어떤 것에도 도움이 안 된다. 암, 심장병, 당뇨병에 걸릴 위험을 높일 뿐 아니라 무릎을 아프게 하고 서서히 움직임을 느리게 만들기 때문이다. 마지막으로 '대체로 식물을 먹자'는 말은 고기의 비율이 높은 '서구식' 식단에서 고기를 곡물, 콩류, 과일, 채소로 더 바꾸기만 해도 혜택을 볼 수 있다는 뜻이다. 결국, 건강하게 장수하는 삶과 폴란이 제시한 것과 같은 식단 사이에는 무시할 수 없는 강한 상관관계가 있다. 이런 식단은 심장학회, 암센터, 알츠하이머병협회에서 홍보하는 것과 같은 종류다. 채소를 먹자. 일리 있는 말이다.

하지만 초고령에 도달하고 나면 그때는 어떤 규칙을 따라야 할까? 일부 나이 든 사람은 움직임이 느려지면서 살이 찌지만 리오폴드 할아버지처럼 살이 빠지는 것이 대체로 더 위험하다. 직설적으로 말하면 무엇보다 초고령 노인은 건강한 식단에서 이익을 볼 만큼의 시간이 안 남았을 수도 있다. 당뇨병 환자가 혈당 수준을 조절하기 위해 식단을 엄격하게 지키고 여러 가지 약을 먹는다고 해도, 75세 이후부터 이런 변화를 시도한다면 얻는 이익이 적은 것으로 나타났다. 아마 몇 주 정도 더 살 것이다. 게다가 다른 여러 문제도 진행 중이어서 케일 한 접시를 챙겨 먹는다는 것은 지나친 야심에 불과할 수도 있다. 초고령 노인이 되면 건강하게 살기 위해 따라야 하는 여러 가지 규칙이 전부 깨지기 마련이다. 하나만 빼고.

나는 부동산 관리자로 일했던 93세 제프리 할아버지한테 그렇게 건강해 보일 수 있는 비결을 물었다. 할아버지는 잠시 생각하더니 교과서 같은 답을 내놓았다.

"담배는 피운 적 없고, 술은 적당히 마시고, 밖에서 일하면서 계속 활발하게 움직였다오. 우리 집은 채소를 전부 키워서 먹지. 그리고 좋은 여자랑 결혼했고."

제프리 할아버지는 모든 면에서 옳았다. 혼인 여부까지도 말이다. 기혼 남자는 미혼 남자보다 실제로 더 오래 산다. 여자는 반대인데, 단순히 남편과 함께 사는 것이 힘들어 일찍이 무덤으로 몰렸다기보다는 역사적으로 출산 때문에 위험에 노출된 탓이 더 크다. 대개는 그렇다. 어쨌든 제프리 할아버지가 내놓은 답에는 장수뿐 아니라 건강을 얻는 비밀이 들어 있었다. 할아버지는 계속 활발하게 움직였다.

2005년, 호주의 한 연구진은 75세 이상 남자로 이루어진 집단의 걸음 패턴을 살펴보기 시작했다. 시드니 출신 남자 1,705명을 모은 대규모 집단이었는데, 연구진은 각 인원이 연구에 참여할 당시 얼마나 빨리 걷는지를 측정했다. 그다음에 5년 동안 주시하며 기다렸다. 그 기간에 266명이 사망했다. 연구에 참여할 당시 남자들은 평균 걸음 속도가 초당 0.88미터, 시간당 약 3킬로미터였다. 어떤 사람들은 훨씬 더 빠르게 걷기도 했는데, 놀랍게도 초당 1.36미터, 시간당 5킬로미터 이상으로 걸을 수 있는 남자는 한 명도 사망하지 않았다. 연구진이 인상 깊게 남긴 말처럼 "빠를수록 죽음은 멀어진다. 빨리 걷는 사람은 사신과 안전거리를 유지할 수 있기 때문이다." 이 사람들은 사신이 걷는 속도를 이미 알아챈 것이다.

게다가 수많은 다른 연구에서 지적하길, 활발하게 움직여서 얻는 혜택은 단순히 생명을 유지하는 것 이상이다. 흡연, 음주, 콜레스테롤 합성 저해제 복용, 치실 사용 등에 관한 유용한 메시지는 모두 '이환 기간을 축소하는' 효과를 가져오지는 못한다. 우리가 더 오래 살도록 돕긴 하지만 반드시 우리를 건강하게 만들어주지는 않는다. 지금까지 우리의 기대수명을 지속적으로 높이는 동시에 그렇게 조금 더 얻은 시간을 건강하게 보낼 수 있게 해주는 유일한 요인은 엉덩이를 떼는 일이다.

운동! 대부분은 그 말을 들으면 안락의자로 깊숙이 파고들고 싶을 테지만, 운동은 가볍게 시도해볼 가치가 있다. 삶의 마지막을 향해 가면서도 건강하고 독립적으로 지낼 수 있게 도와주기 때문이다. 또 기준이 아주 낮은 채로 시작하기 때문에 그렇게 많이 하지 않아도 의미 있는 차이를 만들어낼 수 있다. 인간은 정말 믿기 어려울 만큼 게으르다. 몇 시간씩 내리 꼼짝도 안 하는 사람이 많다. 그러니 때때로는 그냥 일어서기만 해도 훌륭한 시작이 될 것이다.

여러 가지 정보가 전 인류적인 목소리가 되어 우리가 움직이기를 촉구한다. 내 동료 랍 앤드루스가 속해 있는 한 연구진은 사무실 직원의 식후 혈당 수치를 관찰했다. 연구진이 밝힌 바에 따르면 계속 앉아 있는 사람들보다 20분마다 2분씩 일어나 있는 사람들의 혈당이 더 안전한 수치로 떨어졌다. 그 2분 동안 조금 걸어 다니면 혈당은 더 떨어졌다. 좋은 일이다. 혈당 수치뿐이 아니다. 브라질부터 뉴질랜드에 이르는 여러 연구에 따르면, 나이가 아주 많은 사람도 운동을 하면 낙상과 낙상에 대한 두려움까지 줄일 수 있다. 특히 근육을 강화하고 균형감각을 키우는 활동에 집중하면 더욱 그렇다. 다시 호주로 가보자. 디놉타DYNOPTA라는 또 다른 연구 기관에서는 앉아 있는 것과 돌아다니는 것의 차이가 훗날 신체적 불편함을 안고 살아가는 기간에 영향을 미치는지 알아보는 중이다.

안심되는 점은, 사소한 변화로 가장 큰 혜택을 얻는 사람은 운동을 제일 덜 한 사람이라는 것이다. 그보다 더 위로되는 점은 이미 초고령에 접어들었어도 신체 활동을 늘리면 차이를 만들 수 있다는 것이다. 활발하게 움직이면 건강을 유지하고 독립성을 지키는 데 도움이 된다.

내가 이 장 초반에 보여줬던 '삶 곡선'으로 돌아가자. 지난 수십 년 동안 전반적인 기대수명은 오른쪽으로 이동했다. 하지만 곡선은 늘어난 기대수명을 따라가지 못했다. 조금 움직이긴 했지만, 충분치는 않다. 그리하여 더 많은 사람이 많은 나이와 낮은 독립성을 보여주는 그래프의 오른쪽 구석, 상황이 곤란해지는 그 부분에서 불편함을 안고 늘어난 삶의 시간을 보낸다.

뉴캐슬의 캐럴 재거 교수 연구진은 우리가 어떻게 더 오래 사는지 살펴보면서, 65세인 사람의 기대수명이 어떻게 변했는지 연구했다. 1991년에 65세 여자는 16년을 더 살 것이라 예상할 수 있었다. 20년이 지난 2011년에는 비슷한 조건에서 기대수명이 20년까지 늘어났다. 거의 4년에 달하는 '보너스'가 생긴 셈이다. 65세 남자는 4년 반이라는 더 큰 보너스를 추가로 얻었다. 연구진은 옷 입기나 요리처럼 다양한 일상 과제를 얼마나 잘 해결할 수 있는가로 신체적 불편함을 측정했는데, 결과는 그리 좋지 않았다. 여자가 특히 그랬다. 2011년 집단에 속한 여자는 살게 될 보너스 시간을 통틀어 건강하게 지내는 기간은 단 6개월뿐이었고, 나머지 3년 반은 어느 정도 신체적 불편함을 안고 보낼 것이었다. 남자든 여자든 이러한 문제가 없이 사는 기간은 대체로 그 비율이 20년 동안 감소했다.

긍정적이기로 유명한 뉴캐슬 연구진은 데이터를 더 주의

깊게 살펴보면서 신체적 불편함을 가벼운 수준과 심각한 수준으로 구분했고, 더 늘어난 '거동이 힘든 기간'에는 대부분이 그렇게 심각하지 않은 수준의 불편함을 안고 지낸다는 것을 발견했다. 또 영국 통계청이 수집했던 자가 인식 건강 수준 자료를 조사하면서 사람들이 자기 자신을 어떻게 평가하는지도 합리적으로 살폈다. 긍정적인 점은 신체적 불편함이 늘긴 했지만 2011년 집단은 1991년 집단보다 자기 건강을 더 낫다고 평가했다는 것이다.

하지만 요즘 고령에 접어드는 사람들은 2, 30년 전에 살았던 노인보다 건강하지 않다는 사실에서 벗어날 수는 없다. 뉴캐슬에서 홍콩에 이르기까지 전 세계에서 수집한 증거에 따르면 상황은 더 나빠지는 듯하다. 주로 앉아서 지내고 지나치게 많이 먹는 생활 방식을 전적으로 탓해야 할 것이다. 따지고 보면 새로운 소식은 아니다. 키케로는 2000년도 더 전에 말했었다.

"무절제하고 제멋대로 젊음을 보내면, 노년에 노쇠하고 닳아빠진 몸을 얻을 것이다."

여기에 계획이 있다. 핏비트(미국의 웨어러블 기기 제조업체 – 옮긴이)와 라이크라 원단(신축성과 탄력성이 좋은 원단의 상표명 – 옮긴이) 이야기는 아니다. 사실, 아주 활동적으로 지내면 무척 좋긴 하지만 평소에도 활동이 많았던 사람은 더 움직여봤자 얻는 것이 별로 없다. 오히려 그렇지 않은 나머지 사람을 거의 아무것도 안 하던 상태에서 조금 더 움직이도록 했을 때 가장 큰 이익이 발생한다. 초고령에는 다른 사람한테 도움받지 않고 일어설 수만 있어도 모든 것이 달라진다. 뛰어난 공중보건의인 뮤어 그레이는 『꼴 보기 싫은 70대!Sod Seventy!』라는 유쾌한 책에서 운동에 관한 합리적이고 현실적인 제안을 많이 담아냈다. 그러나 핵심은 무엇을 하는지는 사실 중요하지 않고 그저 운동을 조금 더 해야 할 뿐이라는 것이다. 움직이자. 그리고 조금 더 움직이자. 그러면 된다.

성공적인 노년이 그저 건강한 신체에만 달려 있는 건 분명히 아니다. 나이가 든 채로 잘 지내는 사람도 있다. 나는 병원에서 다이애나 할머니를 몇 번 만나 류마티스성다발근통이 퍼붓는 공격을 해결할 방법을 찾았다.• 할머니는 70대 초반에 자동차 사고로 다쳤고, 그 뒤로 줄곧 휠체어를 타고 다녔다. 할머니는 81세였고, 자신감이 넘쳐났으며, 눈에 넣어도 안 아픈 손주들 사진이 담긴 핸드폰을 내게 보여줬다("저 아이는 에린인데 아

• 류마티스성다발근통은 밝혀진 것이 별로 없는 질환이다. 이 질환이 왜 생기는지는 아무도 모르며, 일부 의사는 그 존재 자체를 안 믿는다. 동료들이 증상을 설명해줄 다른 진단을 못 내렸다고 생각한다. 그래도 대표적인 설명에 따르면, 어깨와 대퇴근이 단 며칠 만에 심각하게 아파오고 뻣뻣하게 굳기 시작한다. 이는 아침에 일어나자마자 겪는 최악의 일이며 대개는 식욕부진과 갑작스러운 기분 저하 등 다른 증상과도 관련이 있다. 혈액검사를 하면 염증 수치가 높게 나오지만 감염된 흔적은 없고, 증상은 스테로이드에 빠르게 반응한다. 문제는 다발근통 진단은 틀리기 쉽다는 점이다. 통증은 다양한 요인으로 발생하며, 스테로이드를 투여하면 조금 나아지는 데다가 노인은 종종 다른 이유로도 염증 수치가 높아질 수 있다. 진단을 잘못 내리면 큰일이다. 스테로이드를 장기간 투여하면 여러 부작용이 발생하며 그중 다수는 되돌릴 수 없기 때문이다.

주 열정적인 독서가고, 이 아이는 조노인데 나는 이렇게 친절한 젊은이를 본 적이 없어요"). 나는 할머니가 SNS로 손주와 연락을 주고받고 고민을 들어주는 모습에 감탄했다. 할머니는 말했다.

"나는 좋은 할머니가 되려고 노력해요. 그리 좋은 엄마는 아니었거든."

나는 반박했다. 할머니가 완벽한 어머니상에서 벗어난 모습은 상상조차 하기 힘들었다. 하지만 할머니는 그만하라고 손을 내저었다.

"아니, 솔직히… 나는 결혼 생활에 지나치게 몰두했고, 여행을 다니거나 하면서 행복한 시간을 보내느라 아이들은 그냥 기숙학교에 보내버렸어요. 아이들이 싫다고 하는데도 나는 그 학교가 아이들한테 좋다고 말해줬는데… 지금 돌이켜보면 내가 도대체 무슨 짓을 한 건지 모르겠어요."

나는 다이애나 할머니가 하는 말을 듣고 사람마다 잘 지내는 나이가 종종 다르다는 것을 깨달았다. 막 걸음마를 뗀 사고뭉치나 엄마를 괴롭히는 골칫덩이는 활동적이고 위험을 감수하는 기업가로 자랄 수도 있다. 우울하고 내성적이고 고스족처럼 차려입은 10대 소녀는 통찰을 얻어가는 어려운 과정을 제 발로 통과하여 사려 깊고 이해심 많은 선생님이 될 수도 있다. 정반대로 학교에 다닐 때는 인기 있던 학생이 꿈을 못 이루고 실망하여 중년에는 무기력해질 수도 있다. 그리고 고령으로 지내는 데 소질이 있어 보이는 사람들도 있다. 많은 사람한테 이는 자연스러운 진화 결과일 것이다. 걱정하길 꺼리고 재치 있게 유머 감각을 발휘하려는, 깊이 내재된 우리의 이러한 성향은 상황이 힘들어질 때 유용할 테니 말이다.

좋은 소식은 나이 들어 더 행복해지는 경향이 전 세계에서 자연스럽게 나타나는 듯하다는 점이다. 조너선 라우치는 자신의 책 『행복 곡선The Happiness Curve』에서 여러 나라에서 진행한 연구를 설명한다. 인간은 원칙적으로 20대에는 적당하게 행복하고, 중년에는 덜 행복해졌다가, 나이가 들면서 다시 쾌활해진다는 것을 보여준다(영국에서 행복 곡선은 49세 부근일 때 가장 바닥이라서 이 책은 50번째 생일 선물로 주기에 좋다). 라우치가 말하길 평균적으로 반세기를 살고 나면 모든 것이 더 낫다고 느껴지기 시작한다. 하지만 이 책에 등장하는 연구는 75세 부근에서 멈춘 듯하며 그 뒤로는 무슨 일이 일어나는지 분명하지 않다.

병 때문에 행복을 느끼기 힘든 사람이 있는가 하면, 가장 암울한 내과 질환에도 햇살처럼 웃으며 견디는 사람도 있는 듯하다. 많은 사람이 믿는 이론에 따르면 성격 특성은 나이가 들수록 더 두드러진다. 따라서 너무 세심할 정도로 깔끔한 사람은 강박적으로 변하고, 심술궂고 사람들과 어울리길 꺼리는 사람은 더 적극적으로 은둔하려 하지만, 늘 그렇지는 않다. 물론 치매는 좋은 쪽으로든 나쁜 쪽으로든 성격을 완전히 바꿀 수 있다(마샤는 정해진 일상을 엄격하게 지키던 아버지가 건망증이 심해지면서 '태평하다 싶게' 변한 일을 설명했다). 하지만 더 중요한 점은 얼마나 잘 나이 들어갈지를 우리가 각자 선택할 수 있다는 점이다. 우리는 신체적으로 자신을 돌볼 수 있을 뿐 아니라 세상을 긍정적으로 받아들이기로 마음먹을 수 있다. 그러면 우리 자신과 우리가 사랑하는 사람한테 더 좋은 상황을 만들 수 있다.

나는 고령 환자한테 건강하게 장수하는 비결이 뭐냐고 자주 묻는다. 그러면 되풀이되는 주제가 있다. 걱정하지 말아라. 만족해라. 계속 활발하게 움직여라. 환자들은 십자말풀이, 스도쿠, 단어 찾기 게임을 보여주고 계획이나 열정에 관해서 이야기해준다. 우리 병원에서 실시하는 표준 기억 검사 중에는 환자한테 문장을 쓰도록 요구하는 부분이 있다. 나는 펜을 건네며 말한다.

"아무거나 원하는 걸 적으시면 돼요."

동사와 명사를 포함하는지, 의미가 통하는지 등 문장에 점수를 매기는 방법은 지루하지만 이 문장들은 문법에 맞는지보다는 정신건강에 관한 통찰을 제공한다. '날씨가 좋다' '나는 검사가 싫다' '정원에 있으면 좋았을 텐데' 데릭 할아버지는 아주 오래 걸려 쓴 문장을 넘겨주었다. '나는 이 검사가 오래 걸리지 않기를 바란다. 달걀이 들어간 템페라 물감을 이용해서 15세기 이탈리아 그림을 재현하는 중인 작업실로 돌아가야 하기 때문이다.' 이 진술은 외로움이나 저조한 기분이 넌지시 드러나는 한편 지적이면서 육체적인 활동, 흥미, 기쁨을 전달한다.

내 환자들이 사용했던, 초고령에도 건강할 뿐 아니라 행복하게 사는 데 도움이 되는 다른 방법으로는 무엇이 있을까? 이 목록에는 아마 누가 봐도 당연한 것이 들어갈 소지가 있다. 또 상당수는 분명히 말은 쉬워도 실천하기가 어려운 것들이지만, 내가 들었던 비법 일부를 소개하겠다.

나는 이런 말을 반복해서 들었다. 하루하루를 있는 그대로 받아들일 것, 걱정을 멈출 것. 미래 계획을 잘 세우라는 조언도 들었다. 유언을 쓰고, 책상을 정리하고, 생명보험 약관을 어디서 찾을 수 있는지 가족에게 알려주라고 말이다. 휴가를 갈 것, 덜하기보다는 더할 것, 새 기술에 지지 않게 노력할 것. 세실 할아버지는 스마트폰 사용법을 이해하느라 얼마나 오래 걸렸는지를 설명했는데, 이제는 로스앤젤레스에 사는 아들네 가족이랑 영상통화도 할 줄 알았다. 앤 할머니는 딸과 더 가까이 있는 것에 안도하며 "적절한 때에 이사하길 망설이지 말라"고 말했지만, 찰스 할아버지는 "나는 내 집에 머무르기 위해 끝까지 싸울 준비가 됐다"라고 말하고는 몇 주 뒤, 본인이 태어났던 방과 불과 몇 미터 떨어진 곳에서 세상을 떠났다.

도움을 기꺼이 받을 것, 할 수 없는 일을 인정할 것과 같은 이야기도 들었다. 하지만 이런 이야기는 늘 배우자, 딸, 돌보미가 될 사람들한테 들었다. 도움을 받을 의지가 없는 사람이 이를 악물거나 눈을 번득이는 동안 그들은 말해주었다. 그러니 어쩌면 '도움을 주는 것이 불가능할 수도 있음을 받아들일 것'이 나에게 적절한 조언일지도 모른다. 매우 듣기 힘든 말이지만 말이다. 해리 할아버지는 이렇게 조언했다. 숙적과 화해할 것, 일을 바로잡을 것.

　가장 유용한 조언은 잭 할아버지한테서 나왔던 것 같다. 할아버지는 끔찍한 관절염으로 인해 낙상을 두 번 당하고 나서 병원에 방문했을 때 그 비밀을 알려주었다. 할아버지는 허리를 구부린 채 울퉁불퉁한 양손에 지팡이를 하나씩 집고 몸을 좌우로 흔들며 진찰실로 들어왔다. 할아버지가 앉을 때 무릎에서 오도독 소리가 났다. 트위드 재킷, 격자무늬 셔츠, 크리켓 클럽 넥타이, 연파란색 브이넥 양털 스웨터. 우리는 할아버지 상태를 신중하게 점검했다. 의식을 잃거나 기절할 듯한 조짐은 보이지 않았다. 심장과 폐는 정상인 것처럼 보였고, 발은 울퉁불퉁하지만 기능에 크게 문제가 있는 것 같진 않았으며 복용 중인 약도 없었다. 아들과 며느리는 반대편에 꼿꼿하게 앉았다. 96세인 잭 할아버지는 농장을 운영했고, 남들처럼 인근에서 여러 가축을 섞어서 키웠다. 육우 무리와 젖소 무리 조금, 양 몇 마리와 수만 제곱미터에 이르는 건초와 사일리지도 있었다. 할아버지는 그중에서도 소를 가장 좋아했다. 우리는 할아버지가 앓는 관절염과 관절치환술의 장단점을 이야기했지만, 할아버지는 관심이 없었다. 특히 관절이 전부 충격적일 만큼 심각한 상태여서 정형외과 의사도 어디부터 손을 대야 할지 확신하지 못했다. 나는 치료 팀이 할아버지네 집에 이것저것 필요한 것들을 살펴보러 방문할 거라고 했다. 변기 옆 난간, 샤워실 의자, 침대 지렛대(매트리스 안으로 밀어넣으면 뻐근한 몸으로 하루를 시작하려고 할 때 매달릴 수 있는 손잡이가 생긴다)라고 부르는 깔끔한 조립 용품 같은 것들을 말이다.

"관절 말고는 상태가 굉장히 좋으세요. 비법이 뭔가요?"

할아버지는 활짝 웃고 턱을 씰룩이며 천장을 쳐다보는 며느리를 힐끗 봤다. 그러고는 몸을 앞으로 숙였다.

"선생님한테는 알려드릴게."

할아버지가 목소리를 낮추는 바람에 나도 할아버지 쪽으로 몸을 기울여야 했다. 할아버지의 밝은 녹청색 눈이 반짝였다. 할아버지가 아주 천천히 말했다.

"나는 단 한 번도 술이나… 담배나… 여자를 건드려본 적이 없다오. …열 살 때까지는."

4
"좋은 소식이다!"

사람들은 가슴에서 조이는 듯한 통증이 느껴지고, 격하게 활동하면 더 심해지고, 팔이나 턱 통증과도 관련이 있다면 협심증일지 모르니 심장병 전문의에게 가야 한다는 것을 안다. 고관절 통증이 커지면 얼른 지역 보건의를 찾아가 정형외과 전문의에게 보내달라고 요청한다. 성생활 진료소 대기실에 있는 다양한 사람들도 그곳에 가야 한다는 것을 알고 선택하는 것이다. 다시 말해, 이런 사람들은 어느 전문의를 찾아가야 하는지 안다.

하지만 노인의학 전문의와 만나기를 요청하는 사람은 없다. 우리 병원에 도착하는 환자는 이미 태도가 방어적이며, 노인의학과(또는 노령의학과, 노인돌봄과 등 효과 없는 완곡한 이름을 사용하는 다른 과)에 진료를 받으러 오라는 편지를 받아 매우 불안해한다. 지역 보건의가 환자에게 우리 병원에 소개해주겠다고 제안하면서 사실을 전부 털어놓지 않은 것이 확실해 보일 때도 많다. 환자는 아마 '전문의 검진'이나 '철저한 건강검진'을 제안받았을 것이다. '노인의학'에 관해서는 언급도 없이 말이다. 우리 과로 보내졌다는 사실을 안 좋게 여기기도 한다. 또 지독히 위중한 상태로 응급실에 도착한 환자가 근처 병상에 있는 다른 환자를 둘러보고는 가족에게 이렇게 털어놓는 경우도 있다.

"직원은 친절한데, 여기 있는 사람은 전부 나이가 많구나."

우리 환자는 종종 노인의학 전문의가 무슨 일을 하려는지 전혀 갈피를 못 잡는다. 우리가 몹시 나쁜 소식을 전할 것이라거나 환자를 요양원에 보내려고 계획을 꾸민다거나, 둘 다라고 생각할 수도 있다. 이렇게 경계심이 존재하므로 우리는 믿음을 쌓아야 한다. 노인의학 전문의는 무슨 일을 할까?

"좋은 소식이다!"

엄마가 큰소리로 알렸다. 나는 기다렸다. 꼭 좋은 소식은 아닐 수도 있었다.

"코스타리카에서 휴가를 보내려고 예약했단다!"

엄마는 금방이라도 시리얼 그릇으로 쏟아질 것 같은 신문 더미 맨 위의 작은 책자를 가리켰다. 광택이 나는 노란 표지에는 선명한 초록청개구리 사진이 있었다.

당시만 해도 사랑하는 새아빠는 89세였고, 건강했다. 그보다 두 해 전, 두 분은 우즈베키스탄에 가서 새를 관찰하고 모스크를 방문했다. 그 뒤로 새아빠는 키가 조금 줄었고, 점심을 먹고 낮잠을 청했다가 깨어난 직후에 다소 어리둥절한 표정을 짓기도 했다. 그래도 심박조율기를 주기적으로 점검했고, 《타임스》지를 사러 매일 가게까지 걸어갔다. 어쩌면 코스타리카를 여행해도 괜찮을지 모른다. 쉬엄쉬엄 다닌다면 말이다.

엄마가 말을 이어갔다.

"모험을 떠나는 휴가야! 해변부터 시작해서 거북이를 구경한 다음, 울창한 숲속에서 며칠 머물 거야. 도보 관광이랑 밧줄 다리도 있단다."

"그것참… 흥미롭네요."

나는 책자를 봤다. 엄마는 자기가 고른 휴가 일정이 나온 쪽의 모서리를 접어두었고 몇 가지 선택 상품에 동그라미를 쳐놨다. '맹그로브숲에서 카약 타기'는 '돌고래 관찰'과 함께 강조 표시를 해뒀다. 짚라인이랑 폭포 라펠은 그냥 넘겼다.

엄마는 새아빠보다 열두 살 어렸지만, 그 이상의 내과 질환을 겪었다. 70대 초반에는 눈 뒤쪽 깊숙한 곳에서 종양이 자라 복시가 생겼다. 종양은 방사선치료로 재빨리 제거했지만, 방사선은 뇌하수체를 파괴했다. 뇌 중앙에 자리 잡고 호르몬 작용을 관리하는 이 작은 기관이 없어져 이제 엄마는 매일 대체 호르몬을 복용하여 물질대사를 관리하고, 스테로이드를 복용하여 삶을 연명하는 수준의 아드레날린을 유지해야 했다. 하지만 스테로이드는 피부를 라이스페이퍼만큼 얇고 약하게 만

"좋은 소식이다!"

들었고, 엄마는 종이를 만질 때면 베이지 않기 위해 장갑을 껴야 했다. 게다가 몇 십 년 전에는 척추가 작정하고 이상하게 움직이기 시작했는데, 아랫부분이 오른쪽으로 비틀리면서 윗부분은 왼쪽으로 비틀리고 앞으로도 기울었다. 척추 수술 팀에 있는 내 동료 중 하나가 티타늄 기둥, 판과 나사로 뼈대를 만들어 구불구불하게 흐트러진 척추뼈를 고정시키는 용감한 시도를 했지만, 수년이 흐르자 나무껍질로 뒤덮인 고대 장미 줄기가 울타리를 밀어젖히듯 척추뼈는 다시 제 길을 찾아 티타늄 뼈대를 비틀고 떨어져 나왔다. 엄마는 키가 컸지만, 이제는 내 가슴팍을 안 넘고 허리가 하도 굽어서 고개를 숙이고 몸을 옆으로 기울여야 눈을 맞출 수 있을 지경이다.

나는 항공편 정보를 확인하려 다시 아래를 흘끗 쳐다봤다.

개트윅국제공항, 6월 27일, 07:00.

"전부 다 했어."

엄마가 장갑 낀 손으로 책자를 두드리며 단호히 말했다.

"게다가 특별한 조류 사파리도 보여준대."

7월 초에 나는 병원 복도에서 엄마를 담당하는 내분비 전문의 에드먼드와 마주쳤다. 영리하고 세심한 에드먼드는 엄마의 뇌하수체 대체물이 계속 잘 분비되도록 복용량을 변경해가며 수년 동안 호르몬 치료에 신경 써주었다.

"어머니는 어떠세요?"

에드먼드가 물었다. 나는 엄마가 멀리 있다고 설명하면서 여행 일정을 간단하게 이야기했다. 에드먼드의 두 눈썹이 금테 안경 위로 휙 치솟았다.

"코스타리카라니? 맙소사, 코스타커피라는 카페에 가시는 게 더 나을 듯하네요."

나이가 아주 많거나 노쇠한 누군가를 두고 독립성을 논할 때면 이상한 일이 벌어진다. 사람들은 '매섭게 독립적'이라는 표현을 안 쓰고는 못 배기는 듯한데, 특히 여자를 이야기할 때면 더욱 그렇다. 사실 왜소한 할머니일수록 이 꼬리표가 따라올 확률이 더 높다. 아마도 그런 할머니는 더 온순하고 노화에 더 순응해야 한다는 암시가 깔려 있는지도 모른다. 가족과 전문가들은 우리가 돌보는 초고령 노인의 건강과 취약성을 걱정한다. 에드먼드만 내 부모님을 걱정한 것은 아니다. 두 분이 떠난 여행 때문에 나머지 가족도 신경이 곤두섰다.

나이 든 사람을 두고 그 주변에서 '매섭게 독립적'이라고 묘사할 때 그것이 사실은 '이기적으로 독립적'이라거나 '어리석게 독립적'이라는 의미일 때도 있다. 노쇠한 아버지가 습관처럼 낚싯바늘에 손가락을 찔리거나 정원에서 거센 모닥불을 피우는 모습을 보고 내 친구 샐리가 낙담하며 솔직하게 말했듯, "그러다 다치기라도 하면 아주 골치가 아프다." 하지만 우리는 그런 독립성을 존경하기도 하며, 우리도 미래에 독립성을 원하리라는 것을 안다.

당연히 독립성을 보존하는 일은 대개 의사가 해주는 것이 아니라 각자가 그저 자기 삶을 충실히 살아가는 동안 시작된다. 우리는 어떻게 나이를 먹는지에 관한 조언이 필요 없다. 자연스럽게 그렇게 되는 것 같으니 말이다. 우리는 개를 산책시키거나 혼자서 세계를 항해하고, 늦게까지 깨서 〈매스터즈〉골프 경기를 시청하고, 교회나 모스크, 회당에 참석하고, 지역 신문사에 격분하여 편지를 보내고, 섬이나 도시의 단체관광을 싸게 예약한다. 80대는 새로운 60대라는 말도 들리는데, 말년으로 가면 까다로운 점이 있긴 해도 20세기에 획득한 긴 삶 중 대부분을 건강한 상태로 보내니, 실제로 그렇다고 할 수 있다.

저널리스트 리비 퍼브스가 말하듯, "때때로 알프스산맥에서는 산악자전거를 타는 은퇴한 교장 선생님을 피해서 막대기를 던지기가 거의 불가능하다." 122세까지 살았던 잔 칼망 할머니의 일화도 있다. 할머니는 많은 생일날 중 한 번, 건방지게 묻는 젊은 기자에게 대답했다.

"내년 이맘때 제가 다시 할머니를 인터뷰할 수 있었으면 좋겠어요."

"안 될 이유를 모르겠군. 자네는 꽤 건강해 보이는데."

하지만 대부분은 나이를 먹으면서 독립성을 위협받기 마련이다. 유아기부터 우리를 살려주고 보호해준 인체의 복구 기전은 무한정 작동하지 않는다. 따라서 우리가 독립성을 지키고자 맹렬하게 노력해야 한다면, 우리는 협력자를 얻어야 마땅하다.

독립성을 보존하는 의료 행위는 대체로 1차 진료에서 시행한다. 지역 보건의와 그 팀원들은 혈압을 적정 범위 내로 유지하고, 쇠약해지는 원인 중 되돌릴 수 있는 것을 찾아 치료하면서 노화하는 신체를 안전선 안에서 신중하게 보살피며 이끈다. 하지만 장기적인 문제들이 점점 늘어날 것이고, 지역 보건의들이 아무리 복잡한 문제를 가진 사람을 돌보는 일에 조예가 깊다고 해도 어느 시점에는 이런 문제를 10분짜리 일반 진료만으로 관리하기가 불가능해질 것이다. 새로운 사건이나 증상이 나타나서 1차 진료로는 진단이 어렵고 전문 지식이 필요한 문제임을 암시할 것이다. 어쩌면 낙상 사고일 수도, 떨림일 수도, 노쇠일 수도 있다. 기억 문제거나 대소변을 참는 데 생기는 어려움일 수도 있다. 호흡곤란이나 체중감소일 수도 있다.

노인의학과에서 받는 첫 번째 진료는 길다. 최소 30분이고 보통 45분이다. 노인의학 전문의는 복잡한 문제와 씨름할 시간을 얻는다. 우리는 물리치료사, 작업치료사, 언어치료사, 사회복지사, 정신과 간호사, 영양사, 대소변 실금 전문가, 약사, 파킨슨병과 심부전과 뇌전증에 해박한 간호사 등 동료를 전부 모아둔 명단에도 접근할 수 있다. 방문해서 격려해주고 슬픔과 웃음을 공유하고 간병인을 도와줄 자원봉사자 연락처도 자세하게 알고 있다. 노인의학은 궁극적으로 팀 단위에 기반한 전문 분야인 것이다.

독립성을 보존하는 것과 크게 충격을 받은 노인 환자를 원래대로 되돌려놓는 일은 별개다. 우리는 응급 상황으로 입원한 상태가 심각한 환자를 많이 보는데, 이때 우리가 하는 역할은 종종 '수색 구조'와 비슷하다. 머리가 세고, 피부가 축축한 우리 환자에게 패혈증이나 다발성장기부전이라는 늑대들이 바짝 쫓아와 뒤꿈치를 물려는 상황이니 빠른 판단이 필요하다. 그렇게 구조 임무가 끝난 다음에는 독립성을 되찾는 일과 관련하여 더 길고 복잡한 과정을 거쳐야 할 수도 있다.

캐슬린 그레이엄 할머니가 지역 병원에 도착했다. 우리는 할머니를 며칠 동안 기다리는 중이었다. 할머니는 다른 지역에 있는 친구를 방문했다가 고관절이 부러졌는데, 집과 가까운 이 병원까지 할머니를 이송하는 구급차 비용을 누가 내느냐를 두고 말다툼이 있었다.

나는 병실을 지나가며 안을 흘낏 봤다. 할머니는 병상을 세워 몸을 받치고, 턱을 가슴에 얹은 채 아직 잠들어 있었다. 치수가 하나로 통일돼서 아무에게도 안 맞는 분홍색 병원복을 입고 있었다. 개인 물품 보관함 옆에 있는 여행 가방은 아직 풀지 않았다. 할머니는 어제 긴 여행을 했다.

나는 간호사 책상 밑에 가방을 걸고 320킬로미터 떨어진 병원에서 보낸 의료 기록을 휙휙 넘겨 봤다. 캐슬린 할머니는 거기서 거의 10주를 보냈다.

낙상, 왼쪽 NOF, DHS.

할머니는 일반적인 고관절 골절인 대퇴골경부골절NOF을 당했고, 압박고나사DSH를 이용하여 부러진 곳을 붙였다.

CAP, AKI

이 문제는 나이가 상당히 많고 주요 부위가 골절을 당한 사람한테서 흔하게 나타난다. 캐슬린 할머니도 입원했을 때 지역사회성폐렴CAP이 있었는데, 어쩌면 이 폐렴이 낙상을 유발했을 수도 있다. 급성신부전AKI도 있다. 할머니는 신장 기능에 타격을 받았다. 아마 혈액 손실과 감염, 어쩌면 복용하는 약 중 일부가 종합적으로 영향을 미친 것으로 보인다. 나는 계속 읽었다.

폐렴 치료. AKI 해결.

잘 됐다.

UTI, 섬망.

이건 좋지 않다. 할머니는 요로감염UTI에 걸렸고, 정신착란을 겪게 되었다는 것이다.

병실 내 낙상, 오른쪽 경골고평부골절, 12주 동안 체중 부하 금지.

나는 당혹스러워 움찔했다. 가여운 캐슬린 할머니. 통증과 불행이 오래 계속된다는 소리였다. 경골고평부는 무릎관절을 지지하는 평면을 구성한다. 우리가 일어서면 여기에 몸무게가 전부 실려서, 다치면 고치기 어렵다. 보통 치료는 캐슬린 할머니 사례처럼 그저 쉬는 것, 즉 관절에 압력이 가해지지 않도록 하는 것이다. 할머니는 12주 동안 몸에 체중을 실으면 안 된다. 더 건강한 사람이라면 목발을 짚고서 한발로 껑충껑충 뛰어다닐 수도 있을 테지만, 할머니는 다른 쪽 고관절 골절 때문에 그러기 힘들 것이다. 나는 할머니의 배경 이력도 빠르게 훑었다.

독립적. 혼자 살며, 여전히 운전함.

나이가 상당히 많은 사람이 크게 아프거나 다쳤을 때는 회복 가능성을 계산하기가 까다로울 수 있다. 그래도 많은 사람이 고관절 골절 같은 사고를 이겨내고, 좋은 돌봄과 행운 덕에 합병증을 피하고 며칠 내로 집에 돌아가 다시 자신감을 모은다. 더 평탄치 않은 길을 가는 사람도 있다. 누군가는 골절상으로 몇 년 동안 서서히 나아가던 내리막 여정에 종지부를 찍는다. 이런 사람은 이미 생명 줄이 거미줄처럼 얇아져 있으며, 그 줄은 고관절만큼이나 확실하게 끊어진다. 이렇게 매우 노쇠한 사람은 병원에서 사망할 수도 있다. 기존에 문제가 있는 또 다른 사람한테 골절은 심각하지만 극복할 수 있는 어려움에 해당한다. 장기간에 걸쳐 회복하면서 신경을 잘 써주는 팀의 세세한 보살핌을 받으면, 천천히 꾸준하게 좋아진다. 캐슬린 그레이엄 할머니처럼 순전히 운과 싸워야 하는 상황에 놓인 사람도 있는데, 이들이 승자가 될 수 있을지는 불분명하다.

그 뒤에 나는 간호사 리브와 병실 회진을 돌다가 캐슬린 할머니한테 도착했다. 할머니는 이제 깨어 있었다. 누군가가 여행 가방을 풀어놓았지만 할머니는 여전히 고개를 앞으로 숙이고 있었는데, 어딘가 지쳐 보였다. 병상 프레임 옆에 쪼그리고 앉으니 달아놓은 소변 주머니가 팔꿈치에 스쳤다. 나와 리브를 소개하고 캐슬린 할머니의 손을 만졌다.

"할머니께서 그 고생을 하셨다니 제 마음이 정말로 안 좋네요. 많이 힘드셨죠?"

할머니가 고개를 천천히 들었다. 회색빛이 도는 녹색 눈에는 점막 분비물이 끼어 있고, 높은 아치 모양의 눈썹 아래에 난 속눈썹은 숱이 적었다. 코에서 양쪽 입가까지 깊은 도랑이 패

여 있으며 양쪽 입가에서부터 아래로 빨갛게 갈라진 부분이 쓰
라려 보였다. 할머니는 눈을 감은 채 단 한 번, 고개를 저었다.
그리고 속삭였다.

"이건 못 하겠어."

메리 티네티 박사는 예일대학교 의학전문대학원 노인의학
과 학과장이다. 그는 초기부터 노인의 낙상에 크게 영향을 미
치는 요인을 연구했는데, 노인의학 개척자들이 주로 영국에서
진행했던 연구를 기초로 했다. 1994년에 티네티 팀이 밝혀낸
바에 따르면 특정한 약을 중단하거나 운동으로 힘을 기르는 것
과 같은 적절한 조처로 낙상 위험을 줄일 수 있다. 이 연구는 중
요한 과학적 사실을 다루는 것으로도 유명한 명망 높은 학술지
《뉴잉글랜드 의학저널》에 실렸다. 함께 실린 다른 여러 논문에
는 희귀한 유전 질환의 DNA를 분석한 실험과 크론병을 치료
하는 데 다양한 스테로이드가 보이는 효능을 비교한 연구도 있
었다. 티네티가 쓴 논문은 이 중에서도 중요했는데, 무엇보다
예전에는 나이를 먹으면 피할 수 없는 부분이라 여겼던 낙상을
어느 정도는 예방할 수 있다는 걸 결정적으로 보여줬기 때문이
다. 티네티 팀은 노화에 관한 연구가 꼭 노화 염색체에서 나타
나는 구조적 특징(나이가 들면서 우리의 유전물질이 어떻게 달라
지는지)이나 노화하는 신장에서 나타나는 약물동태학적 변화
(신장이 약물을 어떻게 처리하는지)에 기초하지 않아도 된다는
것을 보여주었다. 이것들이 중요하긴 하지만 말이다. 티네티

팀은 실생활에 단순하고 현실적인 변화를 주었을 때 얻는 효과를 엄밀하게 연구할 수 있음을 보여준 것이다.

후기 연구 무렵, 많은 상에 이름을 올리게 된 티네티 교수는 노인의학 전문의가 무슨 일을 하는지 설명해달라는 요청을 받고 당황했다. 티네티는 우리가 하는 일을 어떻게 간단명료하게 설명했을까?

티네티는 다섯 가지 'M'을 맨 위에서부터 하나씩 말했다. 첫 번째 'M'은 '정신Mind'으로, 정신작용(생각)을 망라하며 노인의학 전문의가 씨름해야 하는 고약한 세 가지 'D', 치매Dementia, 섬망Delirium, 우울증Depression을 포함하는 것이다. 다음 'M'은 '이동성Mobility'인데, 활동 능력을 유지하는 일이 중요해 환자가 똑바로 설 수 있도록 우리가 일정 부분 돕는다는 것이다. 세 번째 'M'은 '약물 치료Medication'로, 노인의학 전문의는 약이 무조건 좋은 게 아니며 나이가 아주 많거나 노쇠한 사람일수록 의사가 내린 처방에서 얻을 것도 잃을 것도 가장 많음을 인지하는 것이다. 네 번째 'M'으로는 '다중복잡성Multicomplexity'을 찾아냈는데, 티네티는 이 길고 어려운 단어에 좋은 의사가 될 필요성을 담았다. 정확한 진단(대개 우리 환자는 서너 가지 진단이 나온다)에 도달할 수 있는 지식과 인내심뿐 아니라, 이런 진단을 개인이 처한 상황에 맞게 적용할 만한 상식이 있어야 한다. 티네티는 '다중이환'이라는 흔한 용어보다는 '다중복잡성'을 사용함으로써 인간의 '생물-심리-사회' 복잡성이라고 부르는 자신의 개념을 정립했다. 정확한 진단은 좋은 치료에 꼭 필요한 요소지만, 환자가 가족 친지와 어떤 관계인지, 어떻게 사는지 고려하지 않은 채 그저 병만 고치려는 태도는 좋지 않다. 그렇다면, 마지막 'M'은 무엇일까?

특별 치료실로 돌아오자 내 뒤에 있는 세면대 쪽에서 리브 목소리가 들렸다. 리브가 캐슬린 할머니의 안경을 닦고 있는 중이라는 건 안 봐도 알 수 있었다. 나는 캐슬린 할머니한테, 이제 진찰을 할 건데 오래 걸리지는 않을 것이며 치료 계획을 세우기 위해 하는 거라고 설명했다.

할머니가 지금 자신이 있는 곳을 아는지 확인했다. 할머니는 우리가 있는 작은 병원의 이름은 잘 기억하지 못했지만 본인이 사는 동네에 돌아온 것을 알고 있었고, 생일과 나이와 올해가 몇 년도인지는 말할 수 있었다. 나는 이 바보 같은 질문을 더는 하지 않겠다고 약속하고 할머니 손을 들어 맥박을 느꼈다. 할머니의 손톱은 가장자리가 거칠고 울퉁불퉁했으며 지저분한 무언가가 끼어 있었다. 내가 입을 벌려달라고 부탁하자 캐슬린 할머니는 작게 입을 벌렸다. 입가가 아프게 갈라진 것이 보였다. 혀는 매끄럽고 반들거렸다. 리브는 내 어깨 너머로 몸을 구부려 캐슬린 할머니의 입속에 펜처럼 생긴 손전등을 비췄다. 안쪽에 흰 반점이 여기저기 흩어져 있었다. 나는 할머니의 머리를 돌려서 목정맥을 살펴봤다. 목정맥은 심장 상태를 알려주는 압력계처럼 쇄골 바로 위에서 가냘프게 고동쳤다. 금목걸이 줄에는 로켓과 아기 예수를 업은 성 크리스토퍼를 새

긴 작고 둥근 보석이 걸려 있었다. 브이자로 파인 분홍색 잠옷의 목 부분에 손을 집어넣어 부드럽고 평평한 왼쪽 가슴 밑에 갖다대자 손끝 아래서 강하고 규칙적인 맥박이 느껴졌다. 목에 건 이름표 줄과 엉켜 있는 청진기를 푸는 동안 캐슬린 할머니는 다시 고개를 떨궜다. 청진기를 할머니의 가슴에 대고, 심장 잡음을 주의 깊게 들었다. 딱딱한 빗자루로 돌바닥을 쓰는 듯한 소리였다. 청진기를 목 옆으로 옮겼다. 거기서도 좁아진 대동맥판막 소리가, 심장에서 나온 혈액이 좁아진 부위를 빠르게 지나면서 나는 그 시끄러운 소리가 들렸다. 캐슬린 할머니는 눈을 감았다. 잠이 든 것일까, 아니면 그저 이 과정을 피하는 것일까?

리브와 나는 캐슬린 할머니의 잠옷을 걷어 배를 살펴봤다. 접힌 피부에는 십자가 모양과도 같은 작은 선이 있었다. 자세히 보니 선명한 빨간색 점이 흩뿌려져 있었고, 점 하나는 지름이 2밀리미터가량 됐다. 캠벨드모건혈관종(런던 동부에 사는 어느 흉부 전문의는 은퇴하기 직전에 내게 이것이 '지혜의 표시'라고 알려주었다)이라고 하는데, 해로운 건 없고 나이가 들면서 나타나는 것들이다. 내 손 밑에 있는 할머니의 배는 부드러웠지만, 할머니의 이마는 주름져 있었다.

"가장 최근에 대변을 보신 건 언제인가요?"

내가 묻자 할머니가 날 쳐다봤다.

"잘 모르겠는데… 며칠 전이었나?"

"제대로 보셨나요?"

할머니는 고개를 저었다. 리브가 이불을 걷었고, 우리는 할머니의 다리를 살폈다. 왼쪽 고관절은 완벽하게 나은 상태였다. 5센티미터 정도밖에 안 되는 분홍색 선과 그 양옆으로 수술용 스테이플러가 피부를 뚫었던 자리에 남은 희미한 점이 있었다. 하지만 오른쪽 다리는 케이지에 갇힌 것처럼 두꺼운 네오프렌 천과 찍찍이, 무릎 양옆의 철제 받침대로 구성된 보조기에 고정되어 있었다. 부러진 관절을 뒤덮은 오래된 회녹색 멍이 벌어진 천 사이로 보였다. 보조기 아래쪽 끝부분은 발목 바로 위에서 부푼 피부를 짓누르고 있었고 그 부분을 만지자 부종 때문인지 마시멜로같이 부드러운 느낌이 났다. 왼쪽 다리도 마찬가지였다. 액체 쿠션 아래 있는 발목뼈는 구별이 잘 안 되었고, 내 손가락이 지나간 종아리 뒤쪽 피부에는 움푹 들어간 자국이 남았다.

나는 얼굴을 가슴께로 떨군 할머니를 계속 올려다봤다.

"할머니, 다리를 살살 들어 올릴게요."

리브와 나는 할머니의 다리를 한쪽씩 차례로 들어 올리면서 고개를 숙여 뒤꿈치 아래에 생긴 짙은 자주색 동그라미 모양의 상처를 슬쩍 봤다. 캐슬린 할머니의 다리 무게에 에어 매트리스 한곳이 무겁게 눌리면서 혈액 공급을 방해할 만큼 높은 압력을 유발했고, 발꿈치뼈를 덮은 연약한 세포에 손상을 입혔다. 왼발은 피부가 이미 망가졌다. 구멍이 나고, 흰 고리 모양으로 피부가 죽고, 맑은 노란색 액체가 줄줄 흘렀다. 우리는 고개를 들어 똑바로 섰고, 리브는 병상 아래에 달린 브레이크를 발로 걸어 올렸다.

"할머니, 거의 끝났어요. 조금 더 반듯하게 눕혀드린 다음 살짝만 옆으로 밀게요. 돌아누우실 수 있도록요. 심장 소리를 듣고, 엉덩이가 까지지 않았나 확인할게요."

캐슬린 할머니는 동의한다는 뜻으로 엄지를 들었다. 우리는 병상을 벽에서 떼어내 윗부분의 높이를 낮추고 할머니가 돌아누울 수 있도록 밀었다. 앙상한 갈비뼈 사이로 쉬익거리는 숨소리가 들렸다. 리브와 함께 엉덩이 피부를 확인했다. 진한 분홍색이지만 손상되지는 않았다. 이번엔 할머니 어깨 뒤에 베개를 거꾸로 된 브이 모양으로 다시 배치한 뒤 할머니를 똑바로 눕혀 상체가 올라가게 했다. 우리가 진찰 결과와 약물을 기록한 차트를 집는 동안 할머니는 다시 눈을 감았다.

나는 리브와 일하면서 캐슬린 할머니한테 말했다.

"지금은 혈압이 낮은 편이니, 드시는 약 두 가지를 끊을게요. 파라세타몰이라는 진통제를 규칙적으로 드시면 좋겠어요. 통증이 오기를 기다렸다가 드시지 말고요. 알약이 삼키기 힘드시면 물약으로 드릴게요. 필요하실까 봐 더 강한 것도 써둔 참이에요. 하지만 더 강한 진통제는 전부 심한 변비를 일으키니 변비약이 필요하실 거예요. 음식을 안 드셔도 장은 계속 움직여야 하거든요. 장 문제 해결에 힘을 실어줄 연료도 약간 드릴 거예요."

할머니의 얼굴을 살폈다. 할머니는 한쪽 입가를 살짝 씰룩였다. 나는 변비약과 함께 항생물질이 흔히 남기는 구강칸디다

증의 치료법을 적었고, 비타민 수치와 철분 공급 상태를 확인할 수 있는 페리틴 수치 등을 알아보기 위해 혈액검사 요청도 집어넣었다. 리브는 고무 신발 한 켤레를 가져왔는데, 할머니가 아파하는 부분에 압력이 가해지지 않도록 굽을 잘라내 만든 것이었다.

나는 다시 캐슬린 할머니 옆에 쭈그리고 앉아 할머니의 손을 만졌다. 할머니는 다시 한 번 억지로 눈을 떴다.

"할머니는 정말 힘든 일을 겪으셨어요. 그렇지만… 리브 씨와 제가 생각하기에 할머니는 좋아지실 수 있어요."

캐슬린 할머니는 고개를 툭 떨어뜨렸다. 나는 할머니 너머로 정원을 잠시 내다봤다. 작업치료사 존이 걸어둔 새 모이통에 푸른박새 한 마리가 거꾸로 매달려 있다.

"캐슬린 할머니, 뭘 좀 여쭤볼게요. 지금 가장 걱정하시는 게 무엇인가요?"

할머니의 시선이 내 어깨 너머를 향했고, 나는 고개를 돌려 병상 옆 작은 탁자를 봤다. 은색 액자 안에 들어 있는 흑백 사진 속에서는 작은 배에 탄 한 남자가 한 손은 키에 두고 다른 손으로는 난간을 잡고 있다. 파이프를 물고 있는 사진 속 남자의 머리카락이 물결쳤고, 두 눈은 흥분과 기쁨으로 빛났다.

캐슬린 할머니는 속삭였다.

"그냥 집에 가고 싶어요."

티네티 박사가 제안한 마지막 'M'은 '무엇이 가장 중요한

"좋은 소식이다!"

가What Matters Most'이다. 이렇게 첨단 의술, 복잡한 치료 선택, 위급 상황 및 치료 알고리즘, 패혈증 묶음 치료, 병원에 도착한 뒤 약물 치료까지 걸리는 시간 같은 수많은 요소가 판을 치는 세상에서는 무엇이 가장 중요한지를 잊어버리기 쉽다. 아툴 가완디 역시 공감을 불러일으키는 훌륭한 저서 『어떻게 죽을 것인가』에서 '무엇이 가장 중요한가'라는 질문이 얼마나 중요한지를 인정한다. 이 책의 부제는 '현대 의학이 놓치고 있는 삶의 마지막 순간'이다. 가완디는 자기 아버지를 포함한 여러 사례연구를 통해 의료 결정이 명백하지 않은 때가 얼마나 잦은지 설명한다. 우리가 생각보다 얼마나 더 자주 선택의 순간에 직면하는지 자세히 이야기하고, 희망, 두려움, 목표에 솔직해질 수 있을 때만 올바른 길을 선택할 수 있다고 설명한다. 현재 미국 의료서비스개선협회에서도 의료진은 '무엇이 문제인가?'보다는 '무엇이 중요한가?'를 알아내는 것이 중요하다고 강조한다.

옳은 진단에 도달하는 일은 중요하다. 환자가 고령이라는 점이 엉성한 진찰을 해명해주지는 않는다. 노인의학 전문의는 요로감염이라는 '습관적인' 진단에 지쳐서 한숨을 짓기도 하는데, 시간에 쫓기는 수련의는 이 진단을 애용하지만 자주 틀린다. 환자한테 정확히 무엇이 문제인지 알아내는 데 실패하면 많은 불행과 고통을 초래하고 자원을 낭비할 수 있다.

그런데 환자한테 무엇이 중요한가에 관해서는 첨단 정밀 검사가 없다. 무엇이 가장 중요한지를 알아내는 일은 말로만 하는 것이 아니며 그저 질문하고 대답을 듣기만 하는 것이 아니다. 진짜 답은 숨어 있을지도 모른다. 나이가 아주 많은 할머니가 왼손 위에 오른손을 포개어 결혼반지를 만지는 움직임 속에, 할머니가 집에서 가져온 인도식 콩조림을 열어볼 때 딸과 아버지가 주고받는 시선 속에, 할머니의 쾌유를 바라며 증손자가 써준 카드에서 병상 옆 탁자로 떨어지는 반짝이 속에 답이 있을 수 있다. 무엇이 가장 중요한지는 넌지시 비추어질 수도 있다. 화학요법이 필요할 수도 있다는 말에 지친 두 눈을 옆으로 돌리는 모습에서, 또는 약을 먹어 신경을 진정시켜야겠다고 느끼는 일이 얼마나 자주 있는지 물었을 때 재빨리 핸드백을 흘깃 보는 시선에서 말이다.

간호사와 의료보조원은 종종 나보다 더 빨리 이것을 알아챈다. 홀로 남겨지는 두려움을 긴 밤 동안 말없이 표현하는 것을 보며, 시트를 교체하는 동안 건강을 되찾아 가장 친한 친구의 90번째 생일 파티에 참석하고 싶다는 고백을 들으며 눈치챈다.

노인의학과에서 일하는 치료사도 가장 중요한 것을 아는 것의 중요성을 이해한다. 치료사는 자기가 중요하다고 생각하는 것과 환자가 중요하다고 생각하는 것이 다르면 자기가 들인 노력이 헛된 것임을 안다. 치료사는 '목표 설정'을 중심으로 대화를 구성한다. "오늘은 침대 가장자리에 5분 동안 앉는 것을 목표로 하죠. 내일은 의자에 앉으실 수도 있을 거예요. 다음 주에는 계단을 연습하고, 차도 끓여 봐요." 매우 통찰력 있는 치료사는 자기 목표가 환자의 목표와 미묘하게 멀어지는 것을 알아채는 능력을 키우며, 상황을 다시 되돌려놓기 위해 탐색하거나 설명하고, 회유하거나 타협한다.

티네티가 말하는 '무엇이 가장 중요한가'에는 부가적인 뜻이 있다. 환자가 바라는 목표도 정말 중요하지만, 노인의학 전문의는 길게 나열된 많은 문제 중 어느 것에 먼저 개입할지 정해야 한다. 우리는 진단만을 위한 진단을 하려는 의사로서의 본능과 우리가 제안하는 검사나 치료가 환자한테 혜택을 주지 않을 수도 있다는 사실을 인지하는 일 사이에서 균형을 잡아야 한다. 흔히들 하는 타당한 말이 있다. 과학으로서 의료가 '무엇을 할지 아는 것'이라면, 예술로서 의료는 '언제 안 할지를 아는 것'일 수도 있다. 어떤 것은 고칠 필요가 없다.

여러 해 동안 나는 현장에서 이뤄지는 재활치료를 볼 수 있도록 의대생들을 차로 태워다주곤 했다. 내가 조수석에서 《영국 의학저널》과 어린이용 사인펜을 주워 모아 치우고 나면 학생들은 조심스레 차에 탔다. 15분이 걸리는 길을 절반쯤 가면 학생들은 거의 매번 앞 유리에 별 모양으로 간 금을 가리키며 내 주의를 끌었다.

"여기에 금이 간 것 아셨어요, 교수님?"

"수리받으셔야 할 것 같아요."

그럴 때마다 나는 그 금은 몇 년 전에 생겼지만 길을 보는 것에 방해가 되지 않는다고, 차는 여전히 안전하며 자동차 안전 검사도 무사히 통과했다고 설명한다.

길고 느린 회복이 두 번째 주에 접어들 무렵, 의대생 한 명이 캐슬린 할머니를 만났다. 학생은 할머니의 심장 잡음을 들은 뒤, 대동맥판막협착증 및 이와 관련하여 실신하거나 갑자기 사망할 위험에 관해서 나와 이야기를 나눴다. 우리는 무엇을 할 수 있을지 논의했다. 대형 병원으로 돌아가서 심초음파검사로 심각성을 판단한 다음, 개심술을 할지 아니면 더 최신식이고 칼을 덜 대는 경피적대동맥판막치환술을 할지 결정할 수도 있는데, 두 수술 모두 100킬로미터가량 가면 나오는 지역 흉부외과에서 받을 수 있었다.

우리는 다시 캐슬린 할머니와 이야기를 나눴다. 학생은 네오프렌 천과 철로 된 케이지에 갇힌 할머니의 다리를 보더니 혈액 속 단백질 수준이 여전히 정상 수준보다 훨씬 낮다는 사실을 또한 깨달았다. 그때 할머니가 재채기하고 휴지에 손을 뻗자, 학생은 할머니가 휴지를 한 장 뽑을 힘조차 없다는 사실을 깨달았다. 따라서 계획은 심장 잡음을 평가하기 위해 심초음파검사를 하는 데까지로 돌아가야 했다. 잡음은 중요한 문제일 수도 있지만 당장은 그렇지 않으며, 가장 중요하지도 않다.

환자한테 무엇이 중요한지를 전부 안다는 듯한 태도는 끔찍한 오만일 것이다. 나는 나와 환자 사이가 얄팍하고 일시적일 수밖에 없긴 하지만, 엄청난 결과를 초래할 수 있다는 것을 안다. 노인의학에서 얻는 즐거움 중 하나는 일을 제대로 하기 위해 환자의 정보를 모으는 일이다. 반쯤 읽은 빽빽한 역사 전기나 화병 아래 끼워둔 기도문 쪽지, 뜨개질 조각, 말, 시선. 물론 이런 관찰 내용이 중요한 결정을 내릴 때 근거로 쓰이지는 않지만, 길에 떨어진 단서가 될 수는 있다. 판단할 대상은 않지만, 아마 대화에 물꼬를 터줄 것이며 적어도 희망과 두려움은 얼핏 보여줄 것이다. 나는 무엇이 가장 중요한지를 결코 진정으로 알지는 못할 테지만, 어느 정도는 이해하려고 노력할 것이다.

그다음 주에 캐슬린 할머니는 의식이 혼미했고, 병실을 휩쓴 노로바이러스 때문에 병상에서 일어날 수조차 없었다. 탈수 증세를 보여 수액을 주입했지만 상태가 심각해 보였고, 할머니가 회복할 수 있을지 확신할 수 없었다. 그러다 내가 2주 동안 휴가를 떠나게 됐고, 어느 화요일에 의대생과 함께 지역 병원으로 돌아왔다. 나는 학생과 간호사실로 들어가면서 병실 안을 흘깃 봤다. 캐슬린 할머니는 책을 읽는 중이었다. 갇힌 다리를 쭉 뻗어 발 받침대에 놓았고, 탁자에는 커피잔, 부르봉 비스킷, 교구에서 발행하는 잡지가 어수선하게 널려 있었다. 할머니 뒤로 작고 반짝이는 무언가가 창턱에서 움직였다. 작은 플라스틱 인형이었는데, 아주 작은 태양광판이 발치에서 전력을 공급하면 구불거리는 검은 머리카락과 엉덩이를 흔들며 훌라 댄스를 추었다.

학생과 나는 캐슬린 할머니와 이야기를 나눴다. 할머니는 꽃무늬 개 모양 아플리케 장식이 달린 운동복 상의를 걸쳤고, 바퀴가 달린 거대한 보행 보조기가 병실 한구석에 서 있었다. 넓게 패드를 댄 팔걸이가 있어서 할머니가 몇 초씩 왼쪽 다리로 서는 연습을 할 때 기댈 수 있었다. 카테터를 착용하는 동안 구강칸디다증이 사라졌고 장도 마침내 안정을 찾았지만, 여전히 식욕은 없고 힘도 거의 없었다. 게다가 몇 주가 더 지나고 나서야 오른쪽 다리에 무게를 실을 수 있을 터였다.

"조금 나아 보이시네요."

내가 말하자 할머니는 침울하게 나를 쳐다봤다.

"구역질 나는 기분이요. 나를 들어 올리는 기계도 질색이고, 전부 맛이 끔찍하고."

"화이트와인을 약간 드리면 도움이 될까요?"

내가 묻자 학생은 깜짝 놀란 듯했지만 캐슬린 할머니는 어깨를 으쓱이고는 말했다.

"시도해볼 만하겠죠."

나는 그렇게 '화이트와인 소량'이라고 적으면서 캐슬린 할머니한테 말했다.

"하루에 한 번, 20밀리미터 정도만요. 티스푼으로 네 숟가락 정도고, 식욕을 돋우는데 '필요해서' 드리는 거예요."

(나는 이렇게 해도 되는지를 두고서 조제실과 늘 다소 논쟁을 벌인다. 하지만 내가 이렇게 하지 않으면, 어떤 간호사는 할머니네 가족이 화이트와인을 가져올 때조차 할머니가 마시면 안 될까 봐 걱정하리라는 것을 안다. 그렇기에 나는 이런 처방을 내리고, 우리는 그럭저럭 해나간다)

리브가 우리를 지나쳐서 차트를 살펴보더니 용기와 투지를 대량으로 처방해달라고 부탁했다. 학생은 캐슬린 할머니를 쳐다보더니 할머니한테는 이미 용기와 투지가 있는 것 같다고 말했다. 할머니는 학생을 올려다보며 윙크하고 미소를 지었는데, 나는 이 학생이 앞으로 의사로서 남은 시간 동안 그 미소를 잊지 않길 바란다.

5
낙상에 관한
네 가지 사실

내가 의대생 세 명에게 일어서달라고 하자, 세 사람은 파일과 공책을 내려놓고 자리에서 일어난다. 찰리와 함께 사용하는 어지러운 사무실이다. 문서 보관함에는 지도안, 교원 평가 형식, 시험 일정이 꽉 차 있고 찰리가 파킨슨병 환자용으로 준비해둔 정보 전단이 서랍에서 흘러넘치며 공책과 편지와 포스트잇과 올해 수련 과정에 있는 의사들 사진이 책상에 쌓여 있다.

세 학생은 똑바로 서 있으려면 무엇이 필요한지 생각한다. 우리가 아는 바에 따르면 인류는 두 발로 서기까지 수백 만년에 걸쳐 진화했다. 그러나 두 발로 서면 비틀거리기 마련이다. 학생들은 자기가 꼼짝도 하지 않고 서 있는 것이 아님을 깨닫는다. 두 발로 서는 건 계속해서 근육이 움찔거리고 조금씩 변하는 자세에 적응하면서 의식적인 생각 없이 각 신체 부분을 끊임없이 수직으로 잡아 세우는 것이다. 학생들은 해부학 및 생리학 수업을 기억해내고, 뇌가 받는 신호에 관해 이야기한다. 작은 위치 탐지기인 고유감각기가 발과 무릎 주변과 여러 작은 척추 관절에서 보내는 신호, 내이에 있는 섬세한 전정기관이 보내는 신호, 시각 신호에 관해서 말이다. 내가 눈을 감으라고 하자 학생들은 자세가 불안정해지고 똑바로 서고자 더 열심히 집중한다. 학생들은 완벽하게 균형을 잡으려면 눈, 귀, 발에서 뇌로 메시지를 보내는 길, 즉 신경을 따라 척수를 타고 오르는 길이 전부 온전해야 함을 알아챈다. 뇌도 작동해야 한다. 정보를 전부 모아서 해석한 다음 다시 한 번 온전한 길을 따라 메시지를 돌려보내 근육을 움직여야 하기 때문이다. 학생들이 이번에는 두 발로 서려면 근육이 튼튼해야 하고 무게를 지탱하는 관절도 믿음직해야 함을 알게 된다. 근육, 신경, 두뇌에도 에너지를 잘 공급해야 하는데, 그러려면 심장이 제대로 작동해야 한다. 충분한 압력을 만들어 기능하는 동맥을 통해 혈액을 보내야 하기 때문이다. 동맥 자체도 미세하게 끊임없이 수축하고 이완하면서 혈액 흐름을 완벽하게 유지한다.

이제 학생들은 왜 낙상에 관한 몇 가지 수업을 들어야만 하는지, 왜 의사가 되어 나이 든 낙상 환자를 진찰하는 일이 그저 멍과 골절을 확인하는 것 이상으로 훨씬 복잡한 문제가 되는지 이해할 수 있다. 환자와 환자를 사랑하고 걱정하는 사람은 낙상에 관해 또 무엇을 알아야 할까? 무엇을 해야 하고, 무엇을 예상해야 할까?

엘런 할머니는 짜증이 나 있었다. 우리 병원 응급실 병상 옆에 앉아서 내게 이야기했다.

"정원에서 넘어졌을 뿐인데 아주 야단법석이에요. 물리치료사가 간호사한테 말하는 걸 들었는데, 내가 낙상을 입었다고 하더군요. 나는 '낙상을 입은 것'이 아니라 그저 넘어졌을 뿐인데요. 낙상이라고 하는 건 내가 늙었다는 소리 같잖아요."

나는 엘런 할머니의 생년월일을 흘끗 봤다. 할머니는 92세였다. 할머니는 왼팔 아래쪽에 깁스를 둘렀다. 할머니는 넘어지면서 손목이 부러졌고, 응급실 의사는 공책에 'FOOSH'라고 썼다. 'Fall Onto OutStretched Hand'의 줄임말로 손을 쭉 뻗은 채 낙상을 당했다는 뜻이다. 응급실 의사가 본래 그러하듯이 의사도 급했던 것이 분명하다. '기계적 낙상'이라고 휘갈겨 썼고, 심장과 폐 상태를 간략하게 설명한 다음 '이상 없음'이라고 썼다. 엘런 할머니는 집에 가길 간절히 바랐고, 나도 할머니만큼이나 할머니를 집에 보내야 한다는 생각이 강했다. 물리치료사가 할머니를 진단했는데, 할머니는 침대를 오르내릴 수 있고 계단을 오르는 것도 수월했다. 심장병 연구소로 향하는 계단을 조심조심 올라가는 어느 가엾은 중년보다 나은 정도였다. 작업치료사 조디도 엘런 할머니를 살펴봤다(물리치료사와 작업치료사의 차이를 간단히 말하자면, 물리치료사는 여러분이 할 수 있는 동작을 찾아서 개선하고, 작업치료사는 여러분이 할 수 있는 동작으로 실제 무슨 일을 할 수 있는지에 집중한다). 엘런 할머니는 깁스를 한 채로 잽싸게 옷을 입고 벗을 수 있다는 것을 보여주었다. 조디는 할머니가 '요리를 처음부터 함'이라고 기록했는데, 엘런 할머니한테는 이 말이 그저 수프에 넣을 부추와 감자를 씻는다는 뜻이 아니라 키우기까지 한다는 뜻이라고 존경을 담아 말했다.

하지만 나는 엘런 할머니를 당장 보내고 싶지는 않았다. 더 물어볼 게 있었다.

수련의 재즈는 지난 늦은 밤 응급실에서 올라온 엘런 할머니를 만났고 나한테 할머니 사례를 보고했다.

"할머니가 왜 낙상을 당하셨는지 확실치 않아요."

남색 야간 수술복을 입고 약간 우울해 보이는 얼굴로 재즈가 말했다. 재즈는 집에 돌아가서 다음 근무 전에 조금이라도 자야 했지만, 엘런 할머니를 꼼꼼하게 진찰했다.

"할머니는 사실 정확히 무슨 일이 일어났는지 기억하지 못하세요. 정원에 있었는데, 그다음엔 바닥에 있었대요. 진찰로는 별다른 걸 찾을 수 없었고, 할머니는 혈액검사 결과도 아주 좋아요."

재즈는 화면을 보여주었다. 혈액검사 결과는 전부 파란색이었다. 30세한테서도 흔치 않을 결과였다(엉뚱하게 정상 범위에서 약간 벗어난 게 늘 하나쯤은 있기 마련이다). 그러니 92세라면 매우 인상적인 결과인 셈이다. 재즈는 말을 이어갔다.

"관찰 결과랑 심전도도 괜찮아요. 누웠을 때랑 일어섰을 때 혈압도 쟀고요."

　재즈와 내가 함께 엘런 할머니를 보러 가자 할머니는 이야기를 다시 들려주었다. 할머니는 낙상을 당한 직후의 상황을 이야기하려 했다. 자신이 딱딱한 길바닥에 쓰러져 있다는 걸 깨닫고서 충격을 받은 일, 곧장 고통이 밀려와 팔이 부러졌다는 것을 알게 된 일, 오랫동안 도움을 기다린 일, 아기를 유아차에 태우고 지나가던 이웃을 만난 일. 나는 그 이야기를 들어주면서 엘런 할머니가 몹시 태연한 편임에도 얼마나 무서웠을지부터 이해해야 했지만, 내가 정말로 알고 싶은 건 낙상 이후가 아니라 이전에 일어난 일이다. 할머니는 보통 어떻게 걷나? 어딘가 안 좋은 곳이 있었나? 전조는 없었나?

　"발을 헛디딘 게 분명해요."

　할머니는 이렇게 말했지만, 발을 헛디딘 건 아닐 것이다.

　"할머니, 실제로 땅에 부딪치던 그 순간을 기억하세요?"

　할머니가 재즈를 쳐다봤다.

　"그럼요. …실은 아니, 그 순간은 기억이 안 나요. 그냥 땅바닥에 있었지."

　"잠깐 정신을 잃었던 것 같으세요? 단 몇 초라도요."

　"그랬을 수도."

　할머니는 수긍한다.

　"이런 일이 전에도 있었나요?"

　엘런 할머니는 몇 주 전 당했던 낙상을 이야기했다. 그때는 거실에서였다("그냥 아래로 내려가려 했는데, 눈 떠보니 카펫에 있었지”). 할머니는 말하면서 광대뼈에 남은 흔적을 만지작거렸다. 햇볕에 탄 얼굴에는 왼쪽으로 죽 긁힌 듯한 분홍색 흉터가 있었다.

"따가우셨겠어요. 낙상 사고가 일어난 다음에 의사를 만나보셨나요?"

엘런 할머니는 얼굴을 찌푸렸다.

"요란을 피우는 건 질색이에요."

우리는 나이를 먹으면서 본질적인 문제에 부딪치게 된다. 그건 바로 우리 신체에 무엇을 기대해야 하는지 알아내는 것이다. 이 통증은 정상일까? 다들 밤에 소변을 보러 일어날까? 오븐에 오렌지주스를 넣어둔 것을 발견했는데 괜찮은 걸까? 무엇이 불가피할까? 무엇이 되돌릴 수 있는 걸까? "그래, 이건 흔히 있는 일이야"라고 말해야 할까? 아니면 법석을 떨어야 할까?

노화와 함께 찾아오는 일들은 대부분 흔해 보인다. 다시 말해, 우리는 삼촌, 인척, 동호회에서 만난 친구 등 주변에서 이런 문제를 겪는 사람들을 여럿 봐왔기에 이것이 '흔히 있는 일'이라는 점을 알고 있으며 우리한테 이런 일이 일어나도 놀라지 않는다. 그러나 나이가 들면서 찾아오는 어려움들은 흔하지만, 불가피하지는 않다. 이런 어려움이 정상은 아니라는 것이다. 그러니까, 치매는 흔한 문제지만 노화에 정상적으로 속하는 부분은 아니다. 대소변을 참기 어려워하는 문제도 흔하지만 정상은 아니다. 몸무게 감소, 발목 부종, 우울증. 이 모든 것이 흔하지만 정상은 아니다. 낙상도 마찬가지다. 낙상에는 원인이 있으며 원인은 찾을 수 있다. 어쩌면 힘을 모아 무언가를 해볼 수도 있을 것이다.

1999년, 당시만 해도 노인의학 전공의였던 재클린 클로스는 어떻게 하면 낙상이 발생한 뒤에 다시 낙상을 당할 위험을 줄일 수 있을지 조사하고자 실험을 했다. 클로스는 런던 남부에 있는 킹스칼리지 병원에서 근무 중이었고, 낙상을 당해서 응급실에 온 65세 이상 환자들을 살펴봤다. 크기가 같은 두 집단에 환자를 무작위 배정한 다음, 실험집단에는 치료에 적극적으로 개입하고 통제집단에는 '일반적인 치료'만 했다.

12개월 뒤, 일부 환자는 추적에 실패했지만 대다수 환자는 클로스의 자료 수집에 공헌했다. 총 보고된 낙상 사고의 수를 보니, 실험집단이 183건인 데 반해 통제집단은 510건이었다. 실험집단에서는 한 번 더 낙상을 당할 위험이 극적으로 감소했고, 반복해서 낙상을 당할 위험은 그보다 더 많이 떨어졌다. 게다가 병원에 입원할 확률도 실험집단이 낮았으며 통제집단은 일상생활 능력이 현저히 나빠졌다. 클로스 박사와 동료들은 그때 어떤 개입을 했을까?

클로스는 실험집단에 배정된 환자 152명을 진료소에서 하나하나 직접 만나 낙상을 당했을 때 무슨 일이 있었는지 신중하게 질문했다. 환자를 진찰하고, 누웠을 때와 일어섰을 때의 혈압을 측정하고, 한쪽 발로 서게 하고, 시력을 검사했다. 복용하는 약과 기분에 관해 물었고 짧은 인지력 검사도 했다. 작업치료사인 마거릿 엘리스는 실험집단에 속한 환자를 집집마다 방문하여 줄일 수 있는 위험 요소나 도움이 될 만한 개선책을 찾았고, 환자가 스스로 할 수 있는 일을 기록했다. 클로스와 엘리스는 여러 가지 제안을 하기도 했다. 그에 따라 몇몇 환자는 약을 중단하거나 바꿨고 어떤 환자는 심박조율기를 달았다. 많은 환자한테 안경원에 방문하길 권했다. 잘 움직이는 깔개는 치우거나 고정했으며 미끄러운 슬리퍼는 쓰레기통에 버렸다. 난간도 설치했다. 그러니까 거의 모두한테 어떤 개입을 한 것이다. 통제집단은 일반적인 치료만 받았다. 응급실에서 상처를 임시로 치료한 다음 입원하거나 집으로 돌아갔다.

이 실험은 무척 유의미했다. 실험 결과가 얼마나 강력한지, 즉 결과에서 주장하는 내용이 얼마나 주목할 만한지는 흔히 'p값'으로 측정하고 이 p값은 낮을수록 더 좋은데, 클로스가 한 이 실험에서 낙상 감소와 관련한 p값은 0.0002였다. 이 결과가 순전히 우연으로 발생했을 가능성은 5000분의 1이라는 뜻이다. 인상적인 발견이라고 할 수 있다. 5년 전에 티네티가 했던 연구처럼 재클린 클로스가 한 실험도 《란셋》이라는 명망 높은 학술지에 등장했다. 티네티와 마찬가지로 의대 교수가 된 클로스는 시드니로 가서 낙상 자체는 물론 낙상이 현기증, 치매, 부상, 운동과 어떤 관련이 있는지에 대한 수준급 연구를 내놓았다.

클로스는 기능에 집중한다. 클로스 팀은 어떻게 나이 든 사람이 독립성과 즐거움을 유지하도록 도울 수 있을지를 집중해서 연구한다. 낙상을 당한 사람들을 돌볼 때는 진단에 적극적으로 주의를 기울여야 하며, 동시에 실생활을 잘 지켜보고 창의적으로 대응해야 한다. 즉, 우리 각자가 어떻게 땅에 단단히 발을 딛는지, 똑바로 서려면 무엇이 필요한지, 발걸음이 우리를 어디로 데려가길 바라는지 알려면 팀 단위로 노력해야 한다.

다시 응급실 병동으로 돌아오자. 재즈와 나는 엘런 할머니와 이야기를 나누고 할머니가 낙상을 당한 것이 실신, 즉 '일시적인 의식상실' 때문인 듯하다고 설명했다. 할머니는 병원에 있을 필요가 없지만, 우리는 왜 낙상 사고가 일어나는지 알아내기 위해 할 일이 조금 더 남았다. 엘런 할머니의 심장은 너무 빠르거나 너무 느리게 뛸 때가 있다. 아주 짧은 순간이긴 해도 뇌로 혈액을 보내는 것에 이상이 생기기엔 충분한 시간이다. 바닥에 쓰러질 때쯤에야 심장박동이 정상으로 돌아올 테니 낙상 사고가 일어난 다음에는 심전도에 확인할 것이 없을 것이다. 아니면 혈압이 갑자기 떨어질 수도 있다. 나는 할머니에게 나이를 먹으면서 이런 문제가 흔히 발생한다고 설명했다. 젊은 시절에 탱탱했던 혈관은 그 벽이 새로 산 팬티에 든 고무줄 같아서 우리가 일어서면 혈액이 계속 뇌로 이동하도록 수축하지만, 나이가 들면서 뻣뻣해져버린 혈관은 앉아 있을 때 혈압이 정상이거나 심지어 높더라도 의자나 침대를 벗어나면 곤두박질칠 수 있다.

엘런 할머니와 나는 계획을 하나 세웠다. 나중에 나는 낙

근무 담당 전공의한테 경동맥동마사지를 하는 법을 보여줄 것이다. 엘런 할머니 목을 5초간 문질러서 혈압이 높아질 때처럼 심장이 천천히 뛰게끔 할 건데, 이때 만약 할머니 심장이 아주 쉽게 느려지는 편이라면 아마 이 속임수에도 그렇게 반응할 것이다. 심전도계에 할머니가 낙상을 입었을 때와 같은 심장 상태가 기록될 수도 있다. 경동맥동마사지로 아무것도 확인할 수 없다면, 할머니는 집으로 가서 며칠 동안 심장 감시 장치를 달고 지낼 것이다. 목욕할 때만 빼고 이 장치는 항상 그 자리에서 조용히 할머니의 심장 상태를 지켜볼 것이다. 추측건대 할머니의 심장이 느려지거나 심지어 몇 초간 완전히 멈추는 때를 포착하게 될 것이고, 심장병 전문의는 심박조율기를 이용해서 이 문제를 기꺼이 고쳐줄 것이다. 나는 엘런 할머니도 클로스 교수의 실험에 참여했던 일부 환자처럼 의료진이 적극적으로 치료에 개입해 낙상 위험을 크게 낮출 수 있기를 바란다.

재클린 클로스가 연구에서 했던 가장 중요한 일은 노인의학 전문의가 가장 좋아하는 질문을 한 것이다. '왜?'라고 말이다. '왜?'라는 간단한 질문은 '흔한 일'인지 '정상인 일'인지를 결정하는 난제와 씨름할 때 우리가 사용하는 가장 유용한 도구다. 성정이 온화한 이 사람은 왜 기억도 못 하는 난폭한 꿈으로 배우자의 마음을 어수선하게 만들까? 고상한 이 사람은 왜 실금이라는 모욕적인 시련을 경험할까? 정확히 이 사람은 왜 낙상을 당하고 병원에 올 정도로 심하게 다친 걸까? 왜 낙상 사고가 일어나는지 제대로 생각한 다음에야 우리는 낙상에 관해 무언가를 하는 단계로 넘어갈 수 있다.

그러니 엘런 할머니, 요란을 피우세요. '낙상'은 설명이지 진단이 아니에요. 할머니는 진단을 받으셔야 해요.

좌절감이 드는 사실이 있다. 클로스가 실험을 진행한 지 20년이나 지났고, 세부적인 것들을 잘 평가하고 주의 깊게 살피면 차이를 만들 수 있음을 보여주는 후속 연구가 풍부한데도, 낙상을 당하고 응급실에 오는 사람들은 재클린 클로스와 마거릿 엘리스가 했던 것 같은 진료를 보장받지 못한다는 점이다. 낙상을 당한 사람들을 능숙하고 종합적으로 평가하는 병원들도 있긴 하지만, 많은 병원이 그렇지 않으며 의식상실보다 더 복잡한 문제는 다루지 않기도 한다. 우리는 종종 낙상이 복합적인 요인 때문일 수도 있다는 사실을 깨달으면서도 여기에 관해 충분히 해결하지 못하고 사람들을 낙담하게 만든다(물리적으로도 사람들을 쓰러지게 만든다). 흔히 '기계적 낙상'이라고들 쓰는데, 이는 '실신이나 심근경색, 뇌졸중이나 전염병이 아닌 그저 발을 헛디딘 정도'라는 뜻이 담긴 꼬리표다. 여기서 문제는 이 꼬리표가 '그래서 더 해야 할 일이 없음'을 암시한다는 것이다. 고령에 발을 헛디디는 일은 흔할 뿐 아니라 정상이라고 말이다.

윌프 할아버지는 84세이며 음악가로, 선상 악단에서 트럼펫을 연주했다. 할아버지가 바닥에서 하룻밤을 보낸 뒤에야 구조대가 왔는데, 윌프 할아버지는 구조대원에게 깔개에서 발을 헛디뎠다고 말했다. 할아버지는 덩치가 크고, 당뇨병과 심부전을 앓았다. 나는 전공의 댄한테서 할아버지가 무슨 일이 겪었는지 들었다. 댄과는 몇 차례 같이 대기한 적이 있는데, 기계에서 나오는 탁한 공기가 가득 찬 붐비는 진료소에 함께 서 있을 때면 댄은 나를 성가시게 굴곤 했다.

"'기계적 낙상'이라고 하길 바라시는 건 아니죠? '다인성 낙상'이라고 써도 될까요?"

"15가지 원인과 그걸 어떻게 할지 말할 수 있다면요."

댄은 자신 있고 빠르게 원인을 짚어간다. 윌프 할아버지는 당뇨병이 있으니 혈당이 높아지거나 더 심각한 경우에는 낮아지기도 쉬울 것이며, 그러면 혼미하고 휘청일 수 있다. 당뇨병은 백내장이나 망막 손상을 초래하여 시각에도 영향을 미쳤을 가능성이 있다. 또 당뇨병은 신경병증, 즉 신경 손상을 동반하기 때문에 윌프 할아버지는 다리 감각이 잘 안 느껴졌을 수도 있다. 신경 손상은 혈압을 조절하는 데도 영향을 미치는데, 신경이 혈관으로 신호를 보내면서 수축할지 이완할지 지시하기 때문이다. 따라서 혈압이 앉았을 때는 괜찮지만 일어서면 떨어질지도 모른다. 심부전 치료제 중 일부도 이런 증상을 악화시킬 수 있다. 나는 댄 이야기를 들으며 수를 센다. 지금까지 일곱 가지 요인을 나열했으며, 그중 일부는 우리가 다룰 수 있다. 댄이 계속 이어간다. 심부전은 발을 붓게 만드는데, 이 점도 감각에 영향을 미칠 것이다. 이제 여덟 개다. 할아버지는 다리가 크고 체액이 차서 무겁다. 부종이다. 따라서 다리를 움직이기가 힘들 것이다. 아홉 개. 할아버지는 폐에도 물이 차므로, 근육과 뇌로 산소를 잘 전달하지 못할 것이다. 열 개. 댄은 할아버지가 복용하는 약물 목록을 집어 든다. 할아버지는 혈압을 낮추는 심부전 약뿐 아니라 항우울제인 시탈로프람도 복용 중인데, 모든 항우울제는 기립성저혈압을 악화할 수 있다. 열한 개. 댄이 계속하자 나는 손가락이 모자랐다. 월프 할아버지는 관절염 때문에 마약성진통제인 코데인을 복용한다. 어쩌면 코데인이 정신을 혼미하게 만들 수도 있는데, 댄은 걷기가 매우 인지적인 활동임을 안다. 똑바로 서는 일은 우리가 끊임없이 의식하지는 않더라도 뇌를 많이 쓴다. 어떤 일이 뇌를 괴롭혀서 혼란을 초래하면 넘어지기도 더 쉽다. 이제 열두 개다. 월프 할아버지는 당뇨병성신경병증 때문에 가바펜틴을 복용한다. 이 약에서는 같은 계열 약품인 프레가발린과 마찬가지로 운동실조, 즉 균형감각이 떨어지는 부작용이 가장 흔히 나타난다.

댄은 잘하고 있다. 월프 할아버지의 심전도를 보여주는데, 그리 좋지 않다. 어쩌면 심장병이 심박을 너무 빠르거나 너무 느리게 만들었을 수도 있다. 열넷, 열다섯. 우리는 혈액검사 결과도 살펴본다. 월프 할아버지가 꼭 먹어야 하는 이뇨제 때문에 신장이 포타슘을 내보냈는데, 포타슘 수치가 낮으면 근육이 약해진다. 열여섯 개. 아직 월프 할아버지의 무릎, 요실금, 호르몬과 비타민과 무기질 수치, 부엌과 화장실과 거실 사이에 낮은 턱이 여러 개 있는 집, 가파른 계단, 커스터드크림이 주를 이루는 식습관, 할아버지 조카가 방문하고 나서야 알게 된, 다소 의외인 커피리큐어 사랑에 관해서는 건드리지도 않았다.

댄과 나를 만나고서 윌프 할아버지는 낙담했다. 낙상이 이번이 처음이 아니었다. 할아버지는 팔에 퍼지는 보라색 멍을 내려다보더니 의자에서 몸을 살짝 들썩이다가 댄을 향해 미소 지으며 말했다.

"그중 하나 때문이라는 거군요."

하지만, 윌프 할아버지, 이번에는 '그중 하나 때문'이 아니에요. '많은 것 때문'이고, 몇 가지는 우리가 더 낫게 만들 수 있어요. 우리는 할아버지의 약을 바꾸고, 다리 부종을 개선하고, 혈액 성분을 바로잡을 수 있어요. 혈당 수치가 떨어지는 것을 막고, 상황을 바꾸어서 혈압이 너무 낮아질 위험도 줄일 수 있고요. 근력과 균형감각도 나아지도록 노력할 수 있지요. 할아버지가 쓰는 안경에 관해서 생각해볼 수 있고, 할아버지를 댁으로 모셔다드릴 수도 있는데, 거기서 치료사는 할아버지가 무엇을 할 수 있는지 찾아보고, 그 깔개를 옮기고, 난간을 달고, 변기를 높이고, 싱크대 앞에서 걸터앉을 수 있도록 등받이 없는 의자를 드릴 것이에요.

윌프 할아버지, 우리가 무엇을 하든 다시 넘어지실지도 몰라요. 이렇게 바꾼 것들이 변화를 불러온대도 그중 어떤 것이 변화를 불러오는지도 알 수 없고요. 하지만 우리가 대응한다면, 적극적으로 살펴보고 문제를 해결한다면, 할아버지가 다시 낙상을 당할 가능성은 줄어들 것이라고 확신해요. 할아버지는 자세한 평가와 조치를 받아 마땅해요.

고관절이 부러진 사람한테는 상황이 더 가혹하다. 이러한 조치를 취하고 안 취하고의 차이가 사망으로 이어질 수 있기 때문이다. 왕립외과협회에서는 국가고관절골절데이터베이스를 구축했고, 정형외과 의료진이 노인의학 전문의와 협동하여 치료를 개선하도록 독려했다. 효과가 있었다. 국가고관절골절데이터베이스 팀은 자료를 발간하여 잉글랜드와 웨일스와 북아일랜드에 있는 모든 병원에서 매년 고관절 골절 환자 대부분을 어떻게 치료하는지 설명한다(스코틀랜드에서는 독자적으로 이런 일을 한다). 또 자금을 지원하는 임상위원회와 협업하면서 병원이 더 나은 서비스에 투자하도록 장려했는데, 환자가 골절 고정술을 신속하게 받을 수 있게 보장하고, 주말에도 물리치료사를 만날 수 있게 하고, 새로운 양상을 보인다거나 그 증세가 더 심한 정신착란을 발견하는 등 특정 기준을 충족하면 병원은 추가 자금을 얻는다. 수술 뒤 종종 가족들도 놀랄 만큼 빨리 환자를 병상에서 내려오게 하거나 단백질 공급을 늘리는 보조제를 제공하는 등의 간단한 일들도 실제 이익으로 변한다. 병원에 짧게 머물수록 집에 돌아갈 확률은 커지는 것이다. 추가 재정을 확보하려면 병원은 노인정형외과 전문의가, 즉 골절상을 입은 노인을 전문으로 치료하는 의사가 각 환자를 만났음을 보여주어야 하고, 노인정형외과 전문의는 복잡한 의료 문제에 주의를 기울이며 낙상 원인을 생각하고 또 다른 골절 위험을 줄이기 위해 뼈를 강화시키는 전략을 세운다.

이런 복잡한 치료를 올바르게 이해할 가치가 있다는 인식은 전 세계에 퍼져 있다. 국가고관절골절데이터베이스 팀이 이룬 성과에서 영감을 받아 이제는 글로벌취약성골절네트워크가 생겼다. 여기서는 인도, 중국, 말레이시아, 브라질에서 상황을 개선하고자 애쓰는 열정적인 활동가를 연결해준다. 호주와 뉴질랜드에 있는 병원은 국가고관절골절데이터베이스 팀이 하는 일을 그대로 하기도 했는데, 2017년에 발견한 바에 따르면 가장 훌륭한 성과를 거둔 병원에서는 고관절 골절로 입원한 환자 대부분이 120일 안에 집으로 돌아갔다. 가장 성과가 좋지 않은 병원에서는 고작 절반이 조금 넘는 환자만이 집으로 돌아갔다. 영국에서는 가장 성과가 좋은 병원에서 치료받은 환자는 3퍼센트만이 30일 안에 세상을 떠났고, 가장 성과가 좋지 않은 병원에서는 열 명 중 한 명이 사망했다.

당근과 채찍에 가까운 국가고관절골절데이터베이스 팀의 이러한 접근법은 기준을 끌어올렸지만, 영국에 있는 모든 병원이 이 기준을 맞추지는 못한다. 최근에는 이전까지 꾸준하던 향상 곡선이 흔들렸다. 2017년과 2018년에는 2015년에 비해 수술을 받기까지 평균 몇 시간을 더 고통스럽게 기다려야 했는데, 이 보고서를 쓴 저자들은 이 결과가 '수술실 수용력에 부과된 압박이 증가한다는 뜻일 수도 있다'며 우려를 표했다. 하지만 여러 수술 팀에서 '관행처럼 늦게 시작하는 수술 일정과 부주의로 취소되는 개별 수술' 등을 들며 수술실 이용 시간이 비효율적이라고 보고했다는 점도 언급했다.

국가고관절골절데이터베이스 팀의 사례연구를 이용하면 가장 좋은 병원이 어떻게 그런 성과를 이뤄냈는지 보여줄 수 있으며, 성과가 안 좋은 수술 팀에게는 적절한 조치를 취할 수 있다. 2018년 보고서 서문에서 당시 영국 정형외과협회장이었던 아난다 나누는 '수술 팀별로 차이가 존재하는 이유를 냉철하게 분석하고 부족한 자원과 인력, 태도를 정직하게 평가하기'를 촉구했다.

낙상을 당한 사람은 전문가가 제대로 된 진단과 조치를 취해주길 바라 마땅하며, 환자와 가족은 의료진에게 설명을 요구할 수 있다. 불평하거나 의료진 개인을 괴롭히라는 것이 아니다. 무엇을 할 수 있는지에 대해 현실적인 기대를 형성해야 한다는 것이다. 환자는 자기가 왜 낙상을 당했는지, 할 수 있는 일이 있는지, 차이를 만드는 치료를 받을 수 있을지 물어보는 것이 합리적이다.

우리가 스스로한테 큰 도움을 줄 수도 있다. 나는 몇 년 전, 아파트 2층에 사는 버트 할아버지를 방문했다. 할아버지가 진료소에 오길 거부해서였는데, 치매에 걸린 아내 퀴니 할머니를 돌보면서 곁을 떠나지 않으려 했기 때문이다. 나는 할아버지가 균형을 잡기 어려워하는 점이 걱정됐고, 따라서 혹여라도 파킨슨병은 아닐지 의심스러웠다. 할아버지가 어떻게 지금까지 낙상을 피했는지도 알 수 없었다.

할아버지를 담당하는 지역 보건의한테 받은 비밀번호를

누르고 아파트로 들어가자 할아버지는 내가 말리는데도 나와 악수하려 일어섰다. 할아버지는 손을 떨긴 했지만 파킨슨병에 걸린 것처럼 엄지와 검지로 알약을 굴리는 듯한 떨림은 아니었다. 다만 나를 맞이할 때, 손이 거세게 떨려 내 손을 지나쳐버렸다. 할아버지는 발을 넓게 벌리고 서 있었다. 뇌에서 평형감각을 조절하는 중심부인 소뇌가 손상됐을 때 균형을 잡기 위해 나타나는 전형적인 징후였다. 버트 할아버지는 끔찍한 파제트병도 앓았다. 종아리뼈가 회색 플란넬 바지 너머로 눈에 띄게 뒤틀려 있었는데, 하나는 옆으로 굽고 다른 하나는 앞으로 굽은 모습이 빅토리아 시대 논문에 나오는 '사브르 모양 정강이뼈' 같았다. 손가락 관절은 관절염 때문에 울퉁불퉁했고, 어깨는 거의 안 움직였다.

할아버지는 다시 의자에 앉아 가슴을 밀어내듯 돌려서 한 손을 옆에 있는 탁자에 올려 나한테 복용하는 약(파라세타몰)을 보여줬다. 그리고 우리는 퀴니 할머니와 앉아서 할아버지가 뇌스캔을 받길 바라시는지(할아버지는 정중하게 거절했다. "그래봐야 무엇이 달라지겠습니까?"라며), 다른 무엇을 할 수 있을지를 이야기했다. 의료 면에서는 제안할 것이 많지 않았다.

아파트는 매우 좁지만, 티끌 하나 없이 깨끗했다. 어떻게 생활하는 것일까? 버트 할아버지가 말했다.

"옆집에 사는 모리스가 장을 봐줘요."

하지만 요리하고 청소하고 잠자리를 준비하고 퀴니 할머니를 돌보는 사람은 버트 할아버지였다.

"어떻게 돌아다니시나요?"

내가 물었다.

"보여줘도 되겠소?"

버트 할아버지는 두 발로 일어서서 의자 팔걸이를 잡은 다음 등받이를 잡았고, 왼손은 문틀로 뻗고 오른손은 벽에 달린 난간으로 뻗었다. 두어 걸음 가서 왼쪽에 있는 작은 부엌으로 들어가는 미닫이문 손잡이를 움켜쥐고 앞으로 밀면서 닫히는 문을 따라 재빠르게 걸어가 방문 맞은편에 있는 난간을 다른 손으로 잡았다. 할아버지는 몸을 흔들며 안전하게 화장실로 들어갔는데, 그동안 내 손은 축축하게 젖었다.

버트 할아버지는 양손으로 세면대를 붙잡더니 갑자기 쪼그려 앉았다가 일어서고, 쪼그려 앉았다가 일어서면서 "이걸 열 번씩 해요"라고 말했다. 그러고서 한 손은 계속 세면대를 잡은 채로 다른 손을 귀 바로 위까지, 어깨가 허락하는 한 최대로 들어서 몸을 옆으로 기울였고, 그다음에는 손을 바꿔서 반대편으로 몸을 뻗으며 "이건 한 번에 스무 개씩"이라고 말해주었다. 뒤이어 다 닳아 상표도 떨어진 깡통을 욕조 가장자리에서 집어 들더니 주먹으로 치면서 몇 센티미터가량 허공에 띄웠고, 눈을 반짝이며 나를 향해 활짝 웃었다.

"캐나다 공군 체조요. 전쟁 때 캐나다 공군 친구 몇 명한테서 배웠어요. 하루도 빠짐없이 하지요."

버트 할아버지가 말하는 동안, 나는 털이 많고 가느다란 할아버지의 팔이 근육으로 팽팽하다는 사실을 깨달았다.

운동하는 사람은 낙상을 당할 위험이 적다. 운동을 전혀 안 하다가 시작한 사람도 낙상을 당할 위험이 줄어들고, 낙상을 당한 후 운동을 시작한 사람 역시 낙상을 다시 당할 위험이 적다. 우리는 서둘러 움직여야 한다.

낙상을 예방하는 데는 한 발로 서기처럼 균형을 잡는 동작이 있는 운동이 가장 좋다. 물론 운동을 많이 한 사람이 운동에서 가장 좋은 결과를 얻지만, 그렇지 않은 사람은 작은 걸음으로도 차이를 만들 수 있다. 내가 말하는 동작을 아는 누군가한테 운동하는 모습을 봐달라고 해서 처음에는 그렇게 지도를 받는 것도 좋은 생각이다. 하지만 운동은 집에서도 할 수 있고 버트 할아버지처럼 일상에 적용할 수도 있다. 메이지라는 어느 단호한 환자가 고관절 골절상을 당한 뒤 나한테 말했듯, 물리치료를 '하는' 데 물리치료사가 '있을' 필요는 없다. 운동을 조금 하면, 숨이 찰 정도로 아주 약간 움직이기라도 하면, 대다수 사람은 버트 할아버지처럼 더 좋은 결과를 느끼고 미소를 짓는다.

우리가 당한 낙상이든 우리가 사랑하는 사람이 당한 낙상이든 낙상을 대하는 우리의 반응은 멍이 들고 피가 흐르는 물리적 범위를 훨씬 넘어선다. 정서적인 반응도 존재하며 낙상이 일어난 뒤에 우리 모두, 그러니까 전문가와 가족과 환자가 보이는 모든 태도는 다음에 일어날 일을 결정할 수도 있다. 독립성을 되찾을지 아니면 상실할지를.

조 할아버지는 자전거에서 떨어져 위팔뼈 골절을 당했다.

엑스레이를 보니 동그란 위팔뼈머리는 제자리인 어깨뼈와 쇄골 사이에 가지런히 있었지만, 2센티미터 정도 더 아래에 있는 절단면은, 암울했다. 부러진 면은 들쑥날쑥했고 나머지 뼈는 길게 이어졌는데 각이 지진 않았지만 뼈 너비 절반 정도만큼 일직선에서 벗어났다. 이런 골절은 고통스럽다. 뼛조각을 핀으로 고정하는 수술을 해도 회복에는 거의 차이가 없기 때문이다. 수술 대신 손목을 팔걸이에 걸어 팔을 떠받치기만 하고, 뼈가 서서히 붙게 두어야 한다.

몇 달 뒤 병원에 온 조 할아버지는 슬픔에 잠겨 있었다.

"자전거를 타던 게 그리워요. 특히 이렇게 날씨가 좋으면."

"자전거를 왜 못 타세요? 팔이 아직도 많이 아프신가요?"

조 할아버지 말에 내가 물었다. 팔걸이는 풀어낸 지 오래였다. 할아버지는 놀란 표정을 했다.

"아니, 응급실 사람들이 더는 자전거를 타지 말라더군요."

잠깐만요, 조 할아버지!

"자전거에서 왜 떨어지셨죠? 무슨 일이 있던 거예요?"

"글쎄⋯."

할아버지는 천장을 올려다보며 그 일을 다시 이야기했다.

"식료품을 사러 마을로 들어가는 뒷길로 가는데, 배수로 덮개가 나와 있더군요. 배수로를 청소하고 있었던 거죠. 덮개 모서리 끝에 바퀴가 걸리고 말았어요."

할아버지는 오른손바닥으로 왼쪽 손날을 치면서 바퀴가 어떻게 배수로 덮개에 비스듬히 부딪쳤는지 보여줬다.

"앞바퀴도 망가졌지."

나는 짜증이 났다. 여덟 살짜리 어린아이도 자주 자전거에서 떨어져 팔이 부러지지만 아무도 다시는 자전거를 타지 말라고 하지 않는다. 그런데 왜 80대인 사람한테는 그렇게 말할까?

조 할아버지와 나는 담소를 나눴다. 할아버지가 자전거를 타면 다리와 심장에 좋을 것이고, 밖에 나가 사람들을 다시 만날 수도 있을 것이다. 무엇보다 할아버지는 자전거 타는 것을 좋아했다. 조 할아버지는 계획도 있었다. 망가진 바퀴를 수리한 뒤 아들한테 옛 비행기 이착륙장으로 데려가달라고 하는 것이다. 그리고 빈 활주로에서, 다시 자전거를 타보는 것이다.

지켜보는 사람은 누군가가 다치길 자초하는 행동을 하면 안 좋아한다. 조 할아버지를 진료했던 응급실 의사처럼 우리는 본능적으로 누군가를 보호하려고 한다. 가족들은 종종 낙상을 극적인 전환점이라고 느끼기도 한다. 예를 들어, 노쇠해져가는 어머니를 보며 너무 균형을 못 잡아 곧 나쁜 일이 일어날 것임을 예상한다. 사고는 '시간문제일 뿐'이라고 여기는 것이다. 그러다 예상했던 것처럼 어머니가 낙상을 당한다면, 그때 어머니는 심하게 다칠 수도 있고 '이번만큼은 운이 좋을' 수도 있다. 그런데 어머니가 병원을 나와서 집으로 다시 돌아가는 순간부터 우리는 견딜 수 없는 생각이 들기 시작한다. 똑같거나 더 나쁜 일이 또 한 번 벌어지게 될 것이라는 생각 말이다.

아마 의사는 요양원에서도 낙상 사고가 일어나니 요양원에서 지낸다고 해서 낙상을 막을 수는 없다고 지적할지도 모른다. 하지만 요양원에서는 사람들이 어머니를 더 빨리 발견해주리란 것을 우리는 안다. 어머니가 바닥에 쓰러졌을 때 곁에 있던 누군가가 어머니를 일으켜주거나 구급차를 불러줄 것을 안다. 하지만 어머니는 자신의 미래에 관한 논의를 한 귀로 흘리면서 집 부엌에 관해, 창턱에 있는 아프리카제비꽃 밑에 깔아둔 받침대에 관해 생각할 뿐 요양원에 가길 바라지 않는다.

나와 같은 노인의학 전문의도 정답은 모른다. 환자와 그 가족들은 각자 답을 알아내야 한다. 위험 수준, 독립적인 삶에 대한 갈망, 견딜 수 있는 걱정의 정도를 삼각형으로 나누어 자기한테 맞는 해법을 찾아야 한다.

요양원 관리자로 일하는 앤디의 어머니 브리짓 할머니는 아들한테 단호하게 말한 적이 있다.

"내가 걱정되는 순간 나를 요양원에 집어넣어."

브리짓 할머니는 나에게 발품을 팔아 원하는 요양원을 찾아낸 이야기를 들려주었다.

"죽여주는 곳이지. 내가 지금 무슨 이야기를 하는지 나도 알아요."

다르게 느끼는 사람도 있다. 토니 할아버지는 "내가 낙상을 당하면 낙상을 당하는 거고, 거기서 내 목숨이 끊어진다면, 어쩔 수 없는 일이지"라고 말하더니 아랫입술을 내밀고 양손을 펼쳐서 기꺼이 받아들이겠다는 자세를 취했다.

헤스터 할머니는 아들과 딸한테 "내 걱정은 안 해도 된다"라고 말했다. 할머니의 아들은 동업자와 함께 크레타섬에서 어렵게 사업을 운영하고 있었고, 딸 케이시는 무자비한 상사와 일하고 있는 것도 모자라 불행을 짊어진 남편, 헤아릴 수조차 없는 불안과 정체성의 위기를 겪고 있는 아이와 살고 있다. 그렇다고 해서 그들이 어떻게 어머니네 날카로운 탁자 모서리와 샤워실, 계단 꼭대기를 걱정하지 않을 수 있을까?

가족들은 자주 물러서고, 어떻게든 두려움과 걱정을 억눌러야 한다. 방문 돌봄 서비스, 도움을 요청하기 위한 긴급 호출 목걸이 등 우리가 할 수 있는 최선의 안전망을 설치해주었다면 그후에 우리는 삶에 부과되는(금전적이기보다는 정서적인) 비용, 우리 아이와 배우자가 요구하는 것에 관해 솔직해져야 한다. 우리가 느끼는 걱정과 죄책감에 선을 긋고, 위험을 받아들이고, 옆으로 비켜서야 한다.

캐슬린 그레이엄 할머니가 두 번째 골절 이후 처음으로 일어서기로 한 날이다. 할머니는 지역 병원에서 몇 주를 보냈는데, 아직 오른쪽 다리는 무게를 싣거나 무릎을 굽히는 것조차 안 됐고 계속 쑤신 상태이다. 왼쪽 고관절 골절은 조금 회복이 돼서 무게를 견뎌야 했다. 지금까지는 천장에 달아둔 인양 장치로 할머니를 병상에서 의자까지 옮겼다. 물리치료사 클레어는 이 순간을 위해 할머니와 함께 노력해왔다. 앉은 자세에서 그나마 좀 나은 왼쪽 다리의 힘을 키우도록 도왔고, 몸무게가 실리는 두 팔도 힘을 기를 수 있도록 도와주며 공을 들였다.

캐슬린 할머니는 머리에 모양도 낸 참이었다. 의료보조원한 명이 쉬는 날에 재빨리 머리를 감겨주고 정돈해줬다고 한다. 이번에는 고양이 모양 아플리케 장식이 있는 세련된 운동복 상의와 두꺼운 남색 치마를 입었고, 왼발에는 튼튼한 신발을 신고 있었다. 클레어는 다른 인양 장치를 이미 가져다놨다. 손으로 잡는 막대, 허리와 골반에 두르는 띠가 달려서 할머니가 일어서는 데 도움이 되는 장치였다.

내가 문가에서 지켜보는 동안 캐슬린 할머니와 클레어가 머리를 맞대고 이야기를 했다. 할머니는 미간을 찡그리고 있었는데, 마음을 다잡는 동안 두려움과 싸우면서 휴지를 꽉 쥐는 것이 내 눈에 보였다.

리브가 고개를 쑥 내밀었다.

"기분이 어떠세요, 캐슬린 할머니? 조금 걱정되시나요?"

캐슬린 할머니가 입술을 꾹 다문 채 우리를 올려다보며 고개를 끄덕였고 리브는 잠시 기다리라고 했다. 우리가 기다리는 동안 클레어는 할머니와 이야기하면서 허리와 골반에 감는 띠가 어떻게 도움이 되는지 보여주고 안전하게 일어서려면 무엇을 해야 하는지 설명했다.

리브가 경구용 모르핀이 담긴 얇은 병을 가지고 돌아왔다.

"좋아요. 힘이 나는 주스를 드실 시간이에요."

나는 클레어와 리브가 캐슬린 할머니의 몸에 띠를 두르는 것을 지켜봤다. 할머니는 옆에 있는 탁자에 휴지를 내려놓고 양손을 의자 팔걸이에 두고, 끈을 꼭 맨 신발 속에서 발을 바로 했다. 인양 장치가 윙, 소리를 냈다. 클레어는 알고 있었다. 할머니가 두려워하는 것은 통증이 아니라 낙상이라는 것을. 결과를 판가름할 낙상을 말이다. 클레어는 할머니에게 무언가를 속삭였다. 물리치료사들은 때때로 이렇게 환자에게 속삭이곤 하는데, 뭐라고 이야기하는지 모르겠지만 내 생각에 그건 믿음에 관한, 그 믿음을 영원히 절대로 깨지 않겠다는 이야기인 것 같다. 할머니는 양팔로 몸을 밀어내고 한쪽 다리에 힘을 주며, 일어섰다.

나는 낙상에 관해 다음 네 가지 사실을 배웠다. 첫째, 낙상은 흔하되 정상은 아니며, 따라서 낙상을 입은 사람은 제대로 된 진단을 받아야 한다. 그러니 더 야단을 부리자. 둘째, 세세한 부분에 주의를 기울이면 전부는 아니어도 많은 낙상을 예방할 수 있다. 우리는 조처해주길 기대해야 한다. 다음으로, 낙상당할 위험을 줄이기 위해 누구나 스스로 할 수 있는 일이 있다. 바로 균형감각과 근력을 키우고 그렇게 하고 있다는 사실에 자부심을 가지는 것이다. 마지막으로, 낙상은 부상을 입히는 것보다 자신감을 떨어뜨린다는 것이 가장 큰 문제이다. 낙상에 대한 두려움은 실재하며 현실적이다. 그렇기에 내 환자와 그 가족이 이런 두려움을 극복하는 모습은 내가 이 일을 하면서 목격했던 가장 용감한 장면 중 하나다.

6
끝나지 않았다

1997년 6월이었다. 나는 강연자한테 질문을 하고자 무대 옆에 줄을 섰다. 땀이 흘러 쇄골 위에 고였다. 런던 킹스칼리지 병원의 골반기저근 전공 교수인 린다 카도조의 강연이었다. 이 강연에서 카도조 교수는 당시 요실금을 앓는 여성을 치료하는 데 사용할 수 있었던 다양한 수술 과정을 간단하게 설명했다.

　잘 구성된 강연이 막 끝난 참이었는데, 내 앞에 선 사람은 카도조 교수와 수술 기법에 관해 세세한 손짓을 곁들여 논의하면서 시간을 한없이 잡아먹었다. 나는 다리를 조금 더 벌리고 땅을 단단히 디뎠다. 나는 6주 뒤에 출산할 예정이었으므로 이제 아기는 움직이면서 자기를 겹겹이 둘러싼 내 몸을 팔다리로 눌렀다. 느리고도 강한 잔물결이 갈비뼈 아래서 지나갔다. 나는 배에 한 손을 얹은 다음, 맨 앞줄에 도착했다. 교수에게 강연에 대한 감사 인사를 했다.

"카도조 교수님, 그 어떤 수술도 받고 싶어 하지 않는 사람한테는 어떻게 조언하실지 여쭤봐도 될까요?"

교수는 날 보더니 내 배로 시선을 옮겼다. 배는 커다랐고, 우리가 지켜보는 순간에도 아기가 팔다리로 만들어낸 또 다른 잔물결이 팽팽한 파란색 천을 뚫고 나타났다. 교수가 말했다.

"임신하지 마세요. 그리고 열네 살 때부터 골반기저근 운동을 시작하세요."

나는 끝났다. 우리는 모두 끝났다. 아니다. 요실금은 흔하지만 정상은 아니니, 우리는 끝나지 않았다.

약 10년 전, 새로운 동료 벨라는 환자 하나를 지역 병원에 입원시켰다. 벨라는 매주 여러 전공이 모이는 회의에서 말했다.

"아, 프랜시스 할머니. 소변 참는 방법을 찾아드리려고 입원시켰어요."

나는 놀랐다. 나는 요실금 문제를 돕고자 누군가를 병원에 입원시켜본 적이 없었다. 사실, 나는 계획에 따라 누군가를 선별해서 입원시켜본 적이 거의 없었다. 내 환자는 전부 낙상과 골절상을 당하거나, 폐렴이나 장폐색에 걸리거나, 갑자기 심부전이 악화되어 병원에 불시착했다.

나는 벨라가 간호사와 치료사한테 계획을 설명하는 것을 들었다.

"가엾은 할머니, 늘 소변에 젖어 있어 요실금 패드를 많이 사용하고 피부는 상해가요. 잘 움직이지도 못하는데, 관절염도 심하고 덩치가 큰 여성이죠. 야간 방문 두 번을 포함해서 하루에 여섯 번씩 돌보미가 할머니를 방문하는 거 아세요?"

탁자에 둘러앉은 사람들이 눈을 크게 떴다. 지역사회 복지 예산으로는 보통 방문은 최대 4회까지 가능하기 때문이다.

벨라는 말을 이어갔다.

"요양원에 들어가는 대신 재정 지원을 받은 것인데, 단기간일 뿐이고 할머니는 어쨌거나 피부가 망가질 거예요."

간호사 헨리가 프랜시스 할머니에게 압력을 완화하는 매트리스를 주어야 한다고 적는 것이 보였다.

"따라서 계획은 이래요. 수분 섭취표를 기록해주시겠어요? 실제 배출량은 명확하니까 그리 걱정은 안 되는데, 할머니가 얼마나 마시는지, 또 언제 얼마나 자주 소변이 흘러나오는지를 알고 싶어요. 그리고 차랑 커피는 디카페인으로만 드시게 해주세요. 할머니한테는 맛에 차이가 없을 거라고 말씀드려놨어요. 지금은 술도 안 돼요. 소변 샘플을 받아서 혈당 확인하고, 감염 여부 확인해주시겠어요?"

벨라가 말하는 동안 헨리는 다음 근무자한테 넘길 기록지에 지시 사항을 휘갈겨 썼다.

"체액량이 상당해서 한동안 심부전 약을 늘렸어요. 할머니한테는 상태가 조금 나빠질 수도 있다고 주의를 드리긴 했는데, 다리가 그렇게 부으면 밤에 화장실을 갈 수밖에 없어요. 할머니가 잠자리에 들면 다리에서 나온 체액이 전부 신장에 모일 테니까요."

벨라는 팔을 흔들어 할머니가 잠자리에 들었을 때 어떻게 종아리 부분이 수직에서 수평으로 움직이는지 보여줬다.

"독사조신도 중단했어요. 혈압 때문에 이 약을 드셨지만, 심장이 그 지경이면 사실은 드시지 말았어야 해요. 이 약은 방광에 안 좋아요."

나는 비스킷으로 손을 뻗었고, 벨라는 물리치료사 클레오와 작업치료사 토니한테로 고개를 돌렸다.

"정말로 중요한 문제는 할머니가 화장실에 갈 정도로 빨리 움직이지 못한다는 거예요. 고관절이랑 무릎 통증이 너무 심해서 더 센 진통제로 일단은 모르핀을 조금 드렸어요. 당연히 변비약도 처방해드렸고요. 병실에 변기 겸용 의자를 두는 건 어떨까요? 빨리 이용하실 수 있도록요. 그리고 할머니가 이동하는 문제와 관련해서는 진짜 노력해야 해요. 할머니는 움직이셔야 하거든요. 진통제가 더 필요하면 저한테 알려주시고…. 잘 모르겠지만, 할머니가 더 빨리 일어나는 데 도움이 될 만한 것들, 그러니까 침대 손잡이 같은 것들이 필요할 듯해요."

벨라는 다시 헨리한테로 몸을 돌렸다.

"이상하게 들린다는 걸 알지만, 옷과 관련해서도 할머니한테 말씀해주시겠어요? 할머니는 울 타이츠를 즐겨 입으시는데 때맞춰 벗지를 못하세요. 아무도 신경 쓰지 않을 테니, 치마 속에는 그냥 속옷만 입고 대신 긴 양말 같은 걸 신는 건 어떨지 여쫴봐주세요."

이때쯤 헨리가 든 기록지는 글로 빼곡해졌다. 벨라의 지시 사항이 페이지 가장자리로 넘쳤다.

"할머니가 어떻게 지내실지 지켜봅시다. 한번 살펴보니 골반기저근에 심한 이상은 없지만, 에스트로겐 크림을 조금 바르는 게 도움이 될 수도 있어요. 다음 주에 더 생각해볼게요. 아, 그리고요, 할머니는 정말정말 침울한 상태예요. 3년 동안 한 번도 집을 벗어난 적이 없거든요."

아주 훌륭한 수업이었다. 나는 대소변을 참기 어려워하는 환자를 많이 치료했지만, 벨라처럼 끈기 있게 세세한 부분까지 주의를 기울이면서 열심히 노력해본 적은 없다.

낙상과 실금 문제에는 유사점이 있다. 이 둘은 흔하지만 정상은 아니다. 기여 요인을 하나하나 다루면서 잘 처리하면 이런 문제를 마주할 위험을 낮출 수 있으니, 대소변을 참는 데 문제가 있는 사람이라면 누구나 도움을 받을 수 있다. 모든 낙상을 예방할 수도 없고 모든 실금 문제를 고칠 수는 없겠지만, 더 나아지게 만들 수는 있다. 낙상과 마찬가지로 도움이 될 만한 일을 직접 할 수도 있다.

나는 벨라가 참여하는 실금 진료 서비스의 근황을 물었고, 프랜시스 할머니를 언급하면서 할머니를 절대 잊을 수 없었다고 말했다. 그러자 벨라가 말했다.

"프랜시스 할머니는 아주 멋졌어요."

벨라는 자기가 프랜시스 할머니를 담당하는 지역 보건의

한테 보낸 편지를 찾아 보여주었다. 덕분에 우리는 무슨 일이 있었는지를 알 수 있었다.

"프랜시스 할머니는 이제 움직이실 수 있고, 심부전도 개선됐어요. 덕분에 할머니는 집에 돌아가신 후에도 하루 세 번 돌봄으로 충분했죠. 그다음에 우리는 다른 몇 가지 일을 했는데… 보세요."

나는 벨라가 쓴 마지막 편지를 소리 내어 읽었다.

"프랜시스 스켈튼 할머니는 이제 요실금이 많이 나아지셨으며, 자신감 회복을 위해 요실금 패드를 착용합니다. 부작용으로 입이 마르긴 해도 트로스피움(과민성방광 치료에 쓰이는 대표 약제 중 하나 – 옮긴이)을 잘 견디시고, 골반기저근 운동도 계속하십니다. 여전히 요실금이 재발할 때가 있긴 하지만 그래도 더 자신감이 생기셨습니다. 점심 식사 모임에 가입했다는 소식을 들으니 무척 반갑더군요. 프랜시스 할머니는 아주 훌륭한 학생이었습니다!"

실금 문제에 있어 내가 학생 때 배웠던 접근법은 더 이상 맞지 않다. 요실금에는 두 종류가 있는데 과민성방광 때문에 발생하는 경우 약으로 고칠 수 있고, 복압성요실금은 골반기저근 운동이나 수술로 고칠 수 있다는 내용이다. 종종 함께 생기기도 하는 이 문제는 나이가 많은 사람에게는 복잡하게 나타날 수 있다. 따라서 낙상과 마찬가지로 보통은 다인성 접근법이 필요하다.

벨라가 운영하는 실금 진료소에서는 벨라와 임상간호사가

어려운 상황에 처한 사람들을 돌본다. 벨라가 말했다.

"규칙은 이래요."

벨라는 친절하고 행복한 얼굴을 한다. 소변이 흐르거나 장을 통제할 수 없는 일을 말하는 것뿐 아니라 듣는 것 또한 얼마나 어려울 수 있는지, 얼마나 불가능한지 벨라는 안다. 요실금이나 변실금을 겪으며 수년을 살았을 사람들은 얼마나 자주 쿵쾅거리는 맥박 소리가 귓가에 들리고, 수치심에 시야가 흐려질지 안다. 그래서 벨라는 어떻게든 그들과 눈을 맞추고, 편안한 분위기를 조성하고, 거북함을 진지하고 재미있고 자연스러운 어떤 것으로 바꾸는 것이다.

"저는 명확한 단어를 사용해요. '오줌'이나 '쉬', '똥', '질', 남자라면 뭘 선호하냐에 따라서 '고추'나 '음경'이라고 말하고, 여자라면 '음부'나 '음순'이라고 말하죠. 사람들은 이런 말을 불편해해서 눈치껏 신중하게 말해야 하지만, 아무리 그렇다고 해도 정확한 단어를 쓸 줄 알아야 해요. 제가 무슨 말을 하는지 확실히 모르겠다면 꼭 말해달라고 환자에게 늘 이야기하죠."

벨라는 나를 향해 눈을 크게 뜨면서 내가 이해했는지 확인하고는 말을 이어갔다.

"저는 사람들한테 65세 이상인 여성 세 명 중 한 명이 요실금 문제를 겪고, 남성은 일곱 명 중 한 명이 그렇다고 말해줘요. 요실금은 정말 사람들의 삶을 망가뜨리는 거라고도 이야기하죠. 사람을 고립시키고 난처하게 만든다고요. 그래서 그렇게 놔두어서는 안 된다고 말해요. 우리가 항상 고칠 수 있는 건 아니지만 그래도 웬만하면 무언가를 할 수 있고 더 낫게 만들 수 있잖아요."

벨라가 하는 말을 듣자니, 언젠가 브리스틀에서 일하는 어느 노인의학 전문의를 두고 '실금 문제를 향해 달려가는 의사'라고 하는 것을 들은 기억이 났다. 벨라는 속도를 높였다. 종이 한 장을 집더니 자신이 아는 지식을 간단하게 설명하기 시작했다.

"저는 '우선, 쉬운 일부터 전부 해봅시다'라고 말해요."

벨라는 쉬운 일을 크게 적고, 말하면서 이어 써 내려갔다.

"뽀송뽀송한 상태를 방해하는 장애물에 관해서 생각하는 것이 중요할 때가 많아요. 그 사람과 화장실 사이에 무엇이 있을까? 무엇이 상황을 더 나쁘게 만들까? 우리는 그 사람이 수분을 정확히 얼마나 섭취하는지를 이야기해요. 너무 많을 수도 있지만 때로는 너무 적을 수도 있죠. 소변이 샐 것을 알면 수분 섭취를 멈출 수도 있거든요. 하지만 응축된 소변은 방광을 자극해서 상황을 더 악화할 수 있어요."

벨라는 장애물, 이동성, 환경, 옷, 용품, 수분 섭취량, 차와 커피, 술이라고 적었는데, 이건 전부 프랜시스 할머니를 위해 신경 썼던 부분이자 모든 환자를 위해 신경 쓰는 부분이고, '쉬운 일'이라고 부르지만, 너무 쉬워서 쉽게 지나치는 부분이다.

"기본적인 것부터 해야 해요. 작동 구조를 먼저 생각해야 하는데, 몇 가지 일이 동시에 진행 중일 수도 있어요. 감염을 확인하고, 혈당을 확인하고, 방광 잔뇨 측정을 해야 하죠."

벨라는 남자든 여자든 역설적이게도 방광이 비지 않아 요실금이 발생할 수 있다고 설명했다. 차고 차다가 마침내 걷잡을 수 없이 넘치는 것이다. 남자의 경우 보통 전립선비대증 때문이고, 여자는 특히 매우 노쇠하거나 고관절이 부러졌거나 치매가 있는 경우라면 변비 때문일 수도 있다. 방광이 넘쳐서 요실금이 생긴 것인지는 잔뇨 측정을 통해서 빠르고 쉽게 확인할 수 있다. 따라서 모든 병동과 요양원에는 방광 잔뇨 측정기를 갖춰야 하지만, 쉽지는 않다.

벨라는 잔뇨 측정이라고 적고서, 줄을 긋고 새 항목을 썼다.

"그러면 골반기저근이나 방광을 민감하게 만드는 약 때문일 텐데 보통은 둘 다가 문제예요."

벨라는 선을 그은 다음 이번에는 골반기저근이라고 적었다.

"골반기저근은 골반 부근에 있는 장기들을 모두 제자리에 붙잡아두고 방광목을 조여서 새지 않게 하는 근육이죠. 때로는 에스트로겐 크림이나 자궁 입구를 막는 피임 기구인 페서리를 시도해보는 것도 좋은 생각이에요. 나이가 들면 모든 곳이 좀 건조해지기 마련이니 에스트로겐 크림을 바르는 것도 괜찮을 거예요. 나이 든 여성 대부분이 아랫부분이 조금 따가운 게 정상이라고 생각하는데 사실 그렇지 않아요. 에스트로겐을 국부에 바르면 요로감염을 줄이는 데 도움이 될 수 있다는 증거도 있고요. 에스트로겐이 풍부하면 건강하니까요."

벨라는 적으면서 미소를 짓고는 말을 이어갔다.

"그리고 그 근육은 가능한 한 튼튼하게 만들어야 해요. 많은 사람들, 특히 나이가 많은 여성들은 골반기저근이 무엇인지 이해하는 것조차 어려워하는데 저는 그런 사람들은 아래층 물리치료실에 있는 수를 만나보게 해요. 수는 사람들이 어려운 문제를 저절로 이해하게 만들어주죠."

나는 수를 만나러 방광 및 엉덩이의 포스터와 모형이 있는 수의 상담실로 가서 어려운 문제를 해결해준다는 벨라의 칭찬을 전했다. 수는 얼굴을 붉혔는데, 칭찬을 받아서일 뿐 대화 주제 때문은 아니었다. 수는 실금 치료 전문 물리치료사로, 골반기저근이 무엇이고 어디에 있는지를 명확하고 담담하게 설명하며 남녀 모두에게 골반기저근을 강화하는 법을 가르쳐주곤 한다. 수는 설명했다.

"어려운 문제를 해결해줄 수 있는지는 모르겠네요. 하지만 나이 든 사람도 골반기저근 운동을 잘 따라 할 수 있다는 것은 확실히 알아요. 솔직히 말하면 그분들은 이 운동을 본 적이 한 번도 없으니, 어떻게 하는지 알아두면 더 좋죠. 대개는 이 운동을 할 시간도 있고요."

"수술은 어떤가요?"

내 물음에 수가 얼굴을 찡그렸다.

"제 생각에 때로는 사람들이 너무 급하게 떠밀려 수술을 받는 것 같아요. 먼저 운동을 제대로 시도해봐야 해요. 방법을 아는 사람한테 무엇을 할지 들어야겠죠. 프린트물로는 골반기저근 운동법을 이해하기가 어려울 수도 있거든요."

나는 또 다른 물리치료사인 일레인 밀러가 〈우먼스 아우어〉라는 라디오 프로그램에서 정확히 어떻게 이 운동을 하는지 설명하는 것을 들었다. 일레인은 훌륭하게도, 에든버러 페스티벌에서 골반기저근 강연을 하며 자기가 했던 설명을 몸소 보여줬고, 지금은 호주를 순회하며 사람들을 교육한다. 일레인은 전국 라디오 방송에서 우리가 무엇을 해야 하는지 설명하면서 웃음을 참지 못했는데, 당황한 웃음이 아니라 즐거운 웃음이었다.

"숨을 가다듬어야 해요. 먼저 한숨을 쉬면 골반기저근이 훨씬 쉽게 수축해요. 그러니 깊게 들이마신 다음, 한숨을 쉬고 나서, 방귀를 참으려고 노력 중이라고 상상해보세요."

진행자가 불안하게 웃었다. 일레인은 단념하지 않았다.

"여러분이 절대로 망신스러운 모습을 보이고 싶지 않은 사람, 이를테면 직장 상사, 시어머니나 장모님, 짝사랑 상대와 함께 엘리베이터에 탔다고 생각해보세요. 무언가를 참으려고 애쓰는 상상을 하면 엉덩이가 조이고 들리는 느낌이 들 건데 그게 골반기저근이에요. 그러니 숨을 들이마시고, 크게 내쉬고, 조이면서 들고, 10초 동안 참으세요. 하지만 동시에 숨은 계속 쉬어야 해요."

일레인이 설명하듯, 우리는 이 '조이고 들기' 동작을 10회 해야 한다. 엉덩이를 무작정 꽉 조이는 것이 아니다. '성기가 속옷에서 떨어지게 들어 올리는 것이다.' 그다음에는 '빠른 동작', 즉 빠르게 수축하고 이완하는 동작을 다시 10회 반복해야 한다. 골반기저근은 소변을 보고 싶지만 갈 곳이 없을 때 기다릴 수 있을 정도의 힘이 있어야 할 뿐 아니라 웃거나 재채기할 때도 빠르게 수축할 수 있어야 한다.

나는 당시 카도조 교수가 해준 조언을 깊이 새겨듣지 않았다. 아이가 두 명 더 생기고 매우 바빠진 내게 운동을 한다는 건 어딘가 철없어 보이고 나와 상관도 없이 느껴졌다. 나는 친구들과 함께 우리가 이제 다시는 트램펄린에서 뛰어다닐 수 없는 이유를 장난처럼 말하면서도 재채기할 때는 나름 교묘하게 다리를 꼬았다. 그렇게 나는 50세가 됐고, 운동 교실에 다니기 시작했다. 월요일 저녁에 하는 활기찬 신체 단련 수업이었는데, 강사는 팔다리를 넓게 벌려 뛰라고 했다. 그러면 몇몇 여자가 서로 눈을 마주치는 것이 보였고, 우리는 재앙을 불러오지 않을 만한 다른 동작으로 대체하곤 했다.

내 친구인 클로가 나를 엄하게 꾸짖으면서 골반기저근 운동용 유료 애플리케이션을 스마트폰에 내려받게 했는데, 이 앱이 골반기저근 운동을 해야 한다는 사실을 되새겨주면서 계속 울려대는 바람에 병동을 회진하는 중에는 알림을 꺼두어야 했다. 대신 차에 앉아서 그날 떠오른 생각을 정리하거나 엑스레이 판독 회의에 들어갈 때처럼 더 나은 시간을 찾아야 했다. 그렇게 필사적으로 이 앱을 무시하다가 어느 날 나 자신도 지키지 않는 조언을 다른 사람한테 하는 내 모습에 진력이 난 나머지, 나름대로 CT5K(영국에서 유명한 달리기 코칭 앱─옮긴이)를 골반기저근 운동에 대응해서 계획을 세우고 지켰다. 그저 한 번에 2분씩 하루에 3번이면, 장담컨대 도움이 된다.

벨라와 나는 수술에 관해서도 이야기했다.

"수술이 맞는 사람도 있어요. 때때로 골반장기탈출증이 심한 사람은 손상을 크게 입어서 운동만으로는 되돌릴 수 없을 지경이거든요. 하지만 탈출증 수술은 상태를 악화할 수도 있어요. 잘 맞는 페서리를 먼저 착용해보는 게 좋을 거예요. 그렇게 했는데도 새는 소변을 막는 데 도움이 안 되면, 수술도 도움이 안 될 수 있어요."

벨라는 여성 요실금 수술을 검토하는 국립보건임상연구소의 신규 위원회 회원으로, 모든 증거를 면밀하게 조사했다. 인공막 수술 덕분에 삶이 긍정적으로 바뀐 이들이 말해주는 행복한 이야기뿐 아니라 피해를 본 이들이 말하는 고통스러운 증언도 인지했다. 벨라는 말을 이어갔다.

"이제 수술은 더 복잡하고 회복도 더 오래 걸릴 수 있어요. 인공막과 테이프를 사용하는 수술이 금지됐기 때문이죠. 그리고 때때로 이런 수술은 더 노쇠하고 나이 든 여성한테는 아예 도움이 되지 않을 수도 있어요."

나는 프랜시스와 벨라가 시도했던 다양한 일을 다시 떠올렸다. 벨라가 하는 강의 중 하나는 만화로 시작하는데, 만화에서는 몹시 지쳐 보이는 안내원이 전화를 받으며 이렇게 말한다. "전국 요실금 상담 서비스입니다. 참으실 수 있습니까?"

"방광훈련은 어떻죠?"

내가 묻자 벨라는 한숨을 쉬었다. 노화하는 방광은 예민해질 수 있다. 완전히 차기도 전에 비우려고 하는데, 꼭 나이 때문만은 아니다. 젊은 사람한테도 일어날 수 있다. 파킨슨병, 뇌졸중, 다발성경화증 같은 다른 요인도 과민성방광을 악화할 수 있으니, 다소 불공평해 보인다.

방광훈련은 방광이 너무 민감한 사람을 도울 수 있는 기법이다. 이 방법은 소변을 보고 싶은 욕구를 의식적으로 무시하고 매번 방광이 몇 분 더 기다리게 만듦으로써 비우길 요구하기 전에 제대로 채우는 데 익숙해지도록 만드는 과정이다.

벨라는 여기에 따르는 어려움을 설명했다.

"방광훈련은 과민성방광인 사람한테는 실제로 효과를 있을 수도 있지만, 근본적인 진단에 따라 다르고 때로는 젊은 사람한테 적용하기가 더 쉬워요. 방광이 참을 수 있도록 환자에게 기다려달라고 부탁해야 하는데, 이 부탁이 큰 난관일 수도 있어요. 15분을 참는 건 불가능할 수도 있죠. 저라면 기준을 낮게 세울 거예요. 30초만 더 기다려 보라고 하고 거기서부터 딱 1분까지만 시간을 늘릴 건데, 그조차도 너무 길 수 있어요. 파킨슨병 같은 문제가 있으면 방광이 걸핏하면 소변을 내보내려고 들어서 보통은 전혀 참을 수가 없거든요. 다른 것들을 다 시도해봤는데도 과민성방광이 고쳐지지 않은 일부 사람한테는 약을 시도해봐야 할 거예요."

벨라는 약이라고 적었다.

"약은 때때로 도움이 돼요. 톨테로딘, 솔리페나신, 트로스피움 등 항콜린제류를 이것저것 사용할 예정이라면 저는 항상 구강건조증, 안구건조증, 변비 같은 부작용에 관해 경고해요."

항콜린제는 과민성방광을 치료할 때 쓰는 약 종류로, 부작용이 중요하다(여기에 관해서는 7장에서 다루겠다). 벨라는 설명을 이어갔다.

"그리고 이런 약이 두뇌에 어떤 영향을 미치는지는 모른다고 이야기해요. 우리는 이런 약을 장기적으로, 아마 몇 년 이상 복용하면 뇌 기능에 영향을 줄 가능성이 있다는 것을 알죠. 치매 위험이 있는 사람이라면, 이런 약은 전부 피해야 할지도 몰라요. 여기에는 중요한 논의가 필요하긴 하지만… 위험 대비 이익을 재는 거죠. 효과가 없으면 제발 먹지 말라고도 말해요. 6주나 8주 치를 처방해요. 최대는 3개월이고요. 사람들은 보통 실금 진료 서비스를 한 번만 받고 말아서 약을 먹고 조금이라도 차도가 있는지 후속 점검이 이루어지질 못해요. 절반 이상은 약을 먹어도 차도가 없어요. 저는 지역 보건의나 약이 도움이 안 될 때 처방을 중단할 수 있는 간호사와 두 번째 약속을 잡아야 한다고 말해요. 아니면 임의로 약을 그만 먹어도 되는데, 다만 약을 중단했음을 지역 보건의한테 알려서 처방도 중단하도록 해야 해요."

벨라는 항콜린제 이름을 몇 가지 추가로 더 댔다. 많다.

"누군가 정말로 힘든 시기를 보내고 있을 때 어떤 약이 효과가 없다면 이것저것 돌아가면서 다양한 약을 시도하는 것도 괜찮아요. 아무것도 도움이 안 된다면 저는 미라베그론을 시험해볼 것 같아요. 물론 때때로 도움이 되는 미라베그론도 고혈압 환자한테는 사용할 수 없죠."

미라베그론은 종류가 다른 약으로 항콜린제가 아니다. 말했듯 이 약은 일부 사람한테서 차도를 보인다.

벨라와 나는 치매에 걸린 사람, 즉 대소변을 봐야 한다는 사실 자체나 대소변을 보는 장소에 관한 사회적 규칙을 잊어버려 실금할지도 모르는 사람에 관해서도 이야기했다. 벨라는 명확했다.

"치매가 있는 사람도 치매가 없는 사람과 같은 이유에서 대소변을 억제하지 못할 수도 있어요. 이 점을 잊는다면 공평하지 않죠. 따라서 최근 들어 실금을 했다고 무작정 치매 때문이라고 단정 지으면 안 돼요. 예컨대 도네페질이나 리바스티그민처럼 치매 치료에 사용하는 일부 약은 실금을 유발할 수 있어요. 따라서 이때도 감염, 변비, 소변 범람 같은 원인을 제거하는 것처럼 쉬운 일부터 해야 해요. 하지만 쉬운 일을 다 마쳤다면 문제가 까다로워지죠. 규칙적으로 화장실에 가도록 하고, 가능한 한 화장실에 가기 쉽게 만들면 도움이 되겠지만, 여전히 문제를 고치긴 어려우니 치료보다는 '억제'에 공을 들여야 할 가능성이 있어요."

벨라는 사람들을 수한테 보내서 조언을 듣게 할 뿐 아니라 이디와 공동으로 진료소를 운영한다. 이디는 실금 치료 전문 간호사다. 바로 그 전문 간호사 말이다. 이디는 만나려면 한참이 걸릴 만큼 바쁘다. 나는 이디에게 물었다.

"이 일이 즐겁나요?"

"멋진 일이죠. 변화를 만들 수 있으니까요. 사람들은 너무 부끄러운 나머지 문제를 몇 년씩 끌기도 해요. 나이 든 여자는 오줌 냄새가 난다는 오명을 쓰기도 하죠. 저는 '무슨 일이 생기든 소변 냄새는 안 나는 게 낫지 않을까요?'라고 말할 때도 있어요. 삶에 너무 나쁜 영향을 미치거든요. 그럴 필요가 없어요."

이디는 쉬운 일에 관한 벨라의 조언을 반복하고 덧붙였다.

"잠들기 세 시간 전에는 수분 섭취를 멈춰야 해요. 놀랄 만큼 많은 사람이 아직도 차든 따뜻한 우유든, 마지막으로 무언가를 마시는데 나이가 많은 사람한테는 자기 전에 뭔가를 마신다는 건 밤에 깰 거라는 뜻이에요."

엉덩이 부근 장기가 기능하는 방식과 관련해 또 어떤 놀랄 만한 점이 있는지 이디에게 물었다.

"저는 사람들한테 장 문제에 관해 조언하느라 시간을 많이 보내요. 많은 사람이 변비에 걸리는 데다가 대개 건자두나 살구를 먹는 등 식단은 알지만, 복용하는 약을 꼼꼼하게 파악하여 변비를 악화하는 약이 있는지 찾아내고 그 약을 바꿀 수 있는지 묻는 데까지는 미처 생각하지 못하니까요. 그리고 웃기게 들리지만, 변기에 어떻게 앉느냐도 차이를 만들어요. 단단한 표면에 발을 두면 앞으로 몸을 숙이고 골반을 약간 기울일 수 있거든요. 변기 앞에 받침대를 놓고 발을 올려서 더 쪼그린 자세를 하면 정말로 차이가 생겨요. 키가 작은 사람이 요양원에 가면, 아시다시피 요양원은 변기의 앉는 부분을 높여두니까 발이 바닥에 안 닿을지도 몰라요. 발이 허공에서 달랑거리는 건데, 좋지 않죠. 그땐 발을 올려둘 무언가를 구해야 해요."

이디와 나는 도움이 될 만한 몇 가지 전문 치료에 관해서도 이야기했다. 보톡스 주사로 방광을 이완시키고, 일부 변실 금 환자한테는 천수신경자극기를 사용하여 온전하지만 약한 항문 근육을 깨우는 것들이었는데, 이디는 이런 치료가 일부 사람한테는 도움이 되지만 많은 사람한테, 특히 더 노쇠한 사 람한테는 권하지 않는다고 했다.

"사람들한테 가장 알려주고 싶은 건 그 사람들은 혼자가 아니고, 그 사람한테는 잘못이 없다는 거예요. 우리가 도와줄 수 있는 일이 더 많으니까요. 그리고 패배주의자처럼 들린다는 건 알지만, 설령 우리가 대소변이 새는 것을 멈추도록 도와줄 수 없더라도 실금 관련 용품이 몇 년 전보다도 훨씬 좋아졌어 요. 패드는 더 잘 나오고 더 편하죠. 흡수력도 더 좋아졌고 냄새 도 안 나요. 이 점을 알아두는 것도 안심이 될 거예요."

에버튼 할머니는 데니스 할아버지가 누운 병상 발치에 서 서 양손을 허리에 얹고 있었다. 애버튼 할머니는 자부심이 넘치 면서도 동시에 화나고 걱정되고 지쳐 보였다. 할머니가 이 병원 을 거의 매일 드나들었던 지난 2주 동안 데니스 할아버지는 이 전에 겪은 뇌졸중, 심부전, 전립선 문제와 함께 여러 내과 질환 을 줄줄이 경험하면서 좋아졌다 나빠지길 반복했다. 이번에는 '퇴원할 수 있을 만큼 의학적으로 건강하다'는 판정을 받았지 만, 에버튼 할머니는 치료사한테 이 말을 듣고도 별 감흥이 없 었다. 할머니는 오히려 데니스 할아버지는 "이발도 할 수 없을 만큼 건강하지 않으며 모두가 그걸 알 수 있다"라고 말했다. 또 할머니는 이제 할아버지를 돌보는 일이 전부 자기 몫이 될 테지만 어쨌든 할아버지가 집으로 돌아오길 바란다고도 했는데, 할아버지는 집에서 더 행복할 것이기 때문이라고 했다. 이 말에 데니스 할아버지는 고개를 끄덕이고, 잘 움직이는 왼손을 말아서 엄지를 치켜들고, 잘 안 움직이는 오른손을 동그랗게 굽혀서 얼마나 신나는지 전하려는 듯 가슴에 대고 문질렀다.

"근데 선생님, 이 사람 소변 문제는 어떻게 해주셔야 해요."

에버튼 할머니가 말했다. 할머니의 말은 일리가 있었다. 할아버지는 폐렴, 음식물을 삼키기 어려운 문제, 고장 난 신장, 뚜렷한 이유 없이 붓는 손목에 비뇨계통 문제라는 반주가 더해지면서 흠뻑 젖은 패드와 축축한 침대로 우르릉대는 콘티누오를 연주했기 때문이다. 하지만 할아버지는 여기에 관해 어떤 말도 할 수 없었는데, 뇌졸중 이후로 말을 전혀 할 수 없게 되었기 때문이다. 침대가 이렇게 축축하면 젊은 의료보조원이 옷을 갈아입히러 들어와서 다 젖은 잠옷을 벗기고 흠뻑 젖은 패드와 침대보를 치우는데 그때마다 데니스 할아버지는 창밖에 있는 꽃개오동나무에서 자란 크고 부드러운 잎을 쳐다본다.

내가 알기로 이 문제는 데니스 할아버지가 입원하기 전에도 있었고, 이미 모든 검사와 시도를 해봤다. 데니스 할아버지는 가끔 방광이 완전히 기능을 멈추기도 했는데, 전립선이 커졌기 때문이었다. 수년 전에 수술도 했지만 전립선은 거의 늘 성마르고 조급하고 데니스 할아버지의 몸이 충족시킬 수 없는 것을 요구하며 유예를 조금도 주지 않았다.

데니스 할아버지는 피나스테리드를 먹었다. 이 약은 효과가 나타나기까지는 최대 6개월까지 시간이 걸리고 큰 효과를 보려면 그 이상이 걸리긴 하지만 내가 무척 좋아하는 약이다. 호르몬 치료제로 전립선에 있는 강한 테스토스테론류를 차단해서 결국 전립선을 줄이고 소변 흐름을 개선하는 약인데, 피나스테리드는 전립선암을 예방하는 효과도 다소 있는 듯하다.

일부 사람은 테스토스테론을 방해하는 약이 성욕 감퇴나 발기 문제를 유발할 수 있다고 생각하지만, 이런 부작용이 나타나는 남성은 생각보다 적다. 몇몇 연구에서는 100명 중 1명이었고, 다른 한 연구에서는 15퍼센트까지 나타나긴 했는데, 다만 이 연구에서는 속임약도 비슷한 문제를 유발했다. 우리는 남성의 발기 능력이 기계적인 요인 외에도 수많은 요인에 따라 좌우된다는 것을 안다. 하지만 데니스 할아버지는 이미 피나스테리드를 수년 동안 먹었고 더는 효과가 없었다. 탐스로신을 먹을 수도 없었는데, 그러면 혈압이 너무 떨어져 상태가 가장 좋을 때 간신히 일어서도 현기증이 올 수 있기 때문이다. 방광을 진정시키는 약물을 먹을 수도 없었다. 이런 약을 먹으면 방광은 자극을 받아 소변 비우는 걸 완전히 멈추기 때문이다. 할아버지가 병원에 있는 동안 우리는 튜브가 달린 콘돔처럼 생긴 콘빈도 시험해봤지만, 몇 분 안 가 스르륵 빠졌다.

데니스 할아버지가 적절한 카테터를 착용하자 애버튼 할머니는 카테터가 모든 걸 달라지게 만들었고, 할아버지도 지난밤 더 잘 잤다면서 카테터를 착용한 채로 집에 가면 안 되냐고 물었다. 그래서 우리는 감염 위험에 관해 말했다. 감염 위험은 실재한다. 아무리 세심하게 신경 써서 깔끔하게 보관해도 박테리아는 카테터를 타고 올라가며, 이는 생명을 위협하는 패혈증의 위험도 높인다. 하지만 할머니는 할아버지가 이런 위험까지도 감수할 것이라고 말했는데, 지금 상태는 사는 것 같지 않고 존엄성도 없기 때문이라고 했다. 할아버지가 이 말에 다시 힘차게 고개를 끄덕여 결국 카테터는 괜찮은 계획이 됐다.

에버튼 할머니는 데니스 할아버지가 쓰는 카테터를 어떻게 관리하는지 배우고, 할아버지가 먹는 약과 할아버지가 집에서 잘 때 사용하는 압박 완화 매트, 할아버지가 침대 밖으로 나오도록 도울 때 할머니가 사용하는 회전식 틀, 할아버지가 마시는 음료에 넣어서 정확히 시럽 같은 농도로 만들어야 하는 농후제 가루에 관해 배워나갈 준비를 했다. 나는 에버튼 할머니를 안아주고 싶었지만, 할머니는 품위 있는 사람이고 여전히 허리에 손을 얹고 있었다. 나는 할머니에게 말했다.

"할머니는 훌륭한 일을 하시는 거라고 말씀드려도 될까요? 남편분을 위해 옳은 일을 하고 계신다고요."

할머니는 콧방귀를 뀌며 고개를 끄덕이고는, 몸을 돌려 데니스 할아버지를 위해 가져온 가방에서 깨끗한 셔츠를 꺼냈다.

벨라와 나는 프랜시스 할머니 소식이 담긴 나머지 편지를 살펴봤다. 할머니는 지역 병원을 떠나고 나서 고작 18개월을 더 살고, 입원했을 때도 문제였던 심부전으로 세상을 떠났다.

그러나 마지막에 짧게 병원에 입원하기 전까지는 자기 집에서 계속 살았다. 심부전 전문 간호사가 보낸 편지에는 프랜시스 할머니가 점심 식사 모임을 얼마나 즐거워했는지 적혀 있었다. 내 생각에는 아마 요실금 문제를 해결한 것이 할머니 삶의 마지막 장에서 가장 큰 행복을 가져왔으리라 생각한다.

7
딱 알맞은 약

디 맹긴은 뉴질랜드에서 온 지역 보건의다. 맹긴은 2017년에 찍은 짧은 동영상에서 다섯 가지 흔한 질환을 앓는 70세 여성에 관해 이야기했다. 이 여성은 고혈압(70세가 넘으면 대다수가 고혈압을 앓는다), 당뇨병, 관절염, 골다공증, 만성폐쇄성폐질환(흡연자의 폐 또는 기관지염이나 폐기종이라고 부르곤 했다)이 있다. 맹긴은 현재 지침에 따라 각 질환을 치료한다면 환자는 12가지 약 19회분을 하루에 다섯 번으로 나누어 먹어야 한다고 설명했다. 그러고 나서 말하길, 이렇게 하면 최소한 16가지 위험한 상호작용을 유발할 가능성이 있다고 했다. 약끼리 상호작용을 하든, 어떤 질환 하나를 개선하는 약이 의도치 않게 다른 무언가를 악화시키든 말이다. 이어서 질병을 하나만 고려할 때는 좋아 보이는 치료도 환자 개인한테는 '뚜렷하게 나쁜 치료'가 될 수도 있다고 했다.

맹긴은 초기 연구에서는 약물 치료가 비교적 고령인 환자에게 미치는 부정적인 영향을 관찰했다. 일부 약물이 직접 미치는 위험과 약물 간 상호작용은 물론, 아직 증상이 나타나지 않았지만 앞으로 위험을 초래할 수도 있는 질환 때문에 약을 처방받은 사람이 심리적으로 경험하는 부정적인 측면도 우려했다. 맹긴은 고령에 예방약을 사용하면, 그저 하나의 위험을 다른 위험과 교환하는 꼴이 될 수 있다는 점까지도 고민했다. 초고령에 스타틴을 써서 심근경색을 예방하면 암으로 사망할 확률은 늘어날지도 모르는데, 이는 스타틴이 암을 유발한다는 뜻이 아니라 우리는 그저 모두 무언가 때문에 죽을 수밖에 없다는 뜻이다.

영국 지역 보건의인 아이오나 히스와 고인이 된 키런 스위니는 맹긴과 함께 2007년에 《영국 의학저널》에 매우 영향력 있는 논문을 쓰면서 '예방적' 처방을 유도하는 비뚤어진 동인을 조사했다. 세 사람은 이렇게 결론 내렸다.

"특정 질병을 예방하고자 고안한 치료를 제공함으로써 우리는 자기도 모르게 환자한테 충분히 알리지도, 동의를 구하지도 않고서 다른 사망 원인을 선정하는지도 모른다. 이는 기본적으로 비윤리적이며 자율성 존중 원칙에 어긋난다."

동영상에서 디 맹긴이 이야기하는 환자는 고작 70세밖에 안 된, 젊은 여성이었다. 강의에서 맹긴은 쾌활해 보이는 여성이 수영장에서 운동 수업을 받는 모습을 사진으로 보여줬다.

나는 외래 환자 진료소에 앉아서 지역 보건의가 페기 할머니를 소개하는 편지를 읽으며 맹긴의 강의를 생각했다. 이 진료소는 작은 지역 병원 한 곳에 있었다. 검은지빠귀 소리와 건물 맞은편에서 잔디 깎는 기계가 낮게 윙윙거리는 소리가 들렸다. 창문을 열자 초여름 산들바람을 맞으며 버티컬 블라인드가 다 같이 톡톡 부딪쳤다.

페기 할머니는 낙상을 두 번 경험한 뒤로 약해졌다. 편지에서는 할머니가 겪는 호흡곤란, 수면 부족, 식욕부진에 관해 설명했다. 지역 보건의는 몇 가지 질환을 나열했다. 페기 할머니는 2형 당뇨병과 심장근육이 뻣뻣하게 굳으면서 발생하는 심부전을 앓았고, 언젠가 경미한 뇌졸중을 겪었으며 그보다 6년 전에는 손목이 부러졌다. 다리궤양과 관절염도 있으며 줄곧 고혈압을 앓아왔다. 할머니는 86세였다. 할머니가 먹는 약 목록도 첨부돼 있었는데, 나는 목록을 읽으며 코를 문질렀다.

나는 할머니의 혈액검사 결과와 할머니가 가장 최근에 낙상을 당한 뒤 병원에 일주일간 머물렀을 당시에 발급된 퇴원 요약 기록을 살펴봤다. 예전에 심장병 및 뇌졸중 진료소에서 써놓은 것까지 읽은 다음, 할머니를 찾으러 대기실로 갔다.

엑서터대학교의 데이비드 멜저 교수 연구진은 우리가 나이를 먹어가면서 어떻게 질병을 축적하는지 연구했다. 질병을 하나만 앓는 사례는 드물어졌다. 질병은 연달아 찾아온다. 예를 들어, 치매를 앓는 사람은 90퍼센트 이상이 다른 어딘가에도 이상이 있다. 페기 할머니처럼 심부전을 앓는 사람은 대부분 다른 만성질환을 적어도 하나 이상 앓고 있다. 85세가 넘은 심부전 환자는 대부분 적어도 서너 가지 다른 질병과도 씨름해야 할 것이며, 25퍼센트는 이 다른 질병이 다섯 가지가 넘을 것이다. 우리가 나이를 먹으면 질병은 무리를 짓는다. 일부 질병은 원인이 같거나 또 다른 질병을 유발하고, 우리가 가진 만성질환은 10년마다 그 수가 늘어난다(생존자이자 질환이 아주 적은 100세 노인들을 발견할 때까지 말이다. 한 동료는 "그분들 진료 기록지가 얼마나 가벼운지 눈치챘어요?"라고 말했다).

폐기 할머니는 등받이가 높은 초록색 의자를 꽉 채우고 앉아 있었는데, 넓은 골반이 진홍색 양모 치마를 팽팽하게 당겼다. 머리는 높게 부풀렸고, 단정한 암녹색 재킷에는 붓꽃 문장이 들어간 금 브로치를 달았다. 내가 이름을 부르자 할머니는 걱정스러운 미소를 지었고, 할머니의 남편은 벌떡 일어나 할머니 앞에 보행 보조기를 놓았다. 할머니는 몸을 앞뒤로 살살 두어 번 흔들다가 팔걸이를 밀면서 몸을 일으켰다. 공중그네 곡예사가 파트너의 손길을 향해 손을 뻗을 때처럼 의자를 놓고 보행 보조기를 잡으면서 위험한 순간이 잠깐 찾아왔지만 바로 몸을 앞으로 숙이면서 보행 보조기에 팔을 감았다. 그 상태로 숨을 깊게 두 번 쉰 다음, 진료실을 향해 기나긴 걸음을 떼고자 자세를 바로 했다. 거리는 8미터였다.

나는 할머니 옆에서 걸으면서 여기까지 어떻게 왔는지 물었다. 할머니는 잠시 가만히 서서 할아버지가 얼마나 운전을 잘하는지, 어떻게 여기까지 여유 있게 도착할 수 있었는지 이야기했다.

"좋은 남편을 만나셨네요."

내 말에 페기 할머니가 동의했다.

"요즘은 모든 걸 그이가 해요. 그이가 없으면 나는 길을 잃었을 거예요."

진료실 문 앞에서 나는 몸을 돌려 조 할아버지를 반겼다. 할아버지는 할머니의 손가방을 들고서 바퀴 달린 격자무늬 장바구니를 끌었고, 회색 트위드 정장을 말쑥하게 차려입었다.

대기실에서 진료실까지의 짧은 걸음을 통해 노인의학과 환자들은 본인이 깨닫는 것 이상으로 자기 이야기를 많이 들려준다. 페기 할머니는 4미터를 걷는 데 5초가 넘게 걸렸다. 노쇠함을 나타내는 신호다. 나는 할머니가 '일어서서 걷기 검사timed up and go test'를 통과하지 못할 것을 알고 있었다. 보행 보조기가 있어도 12초 안에 일어서서 3미터를 걸어갔다가 돌아와 앉지 못할 것이다. 이는 노쇠함을 알리는 또 다른 신호이며, 할머니가 더 큰 낙상 위험에 처했음을 알려준다. 병원까지 오는 여정을 묻는 내게 답을 하려고 할머니는 걷기를 멈췄다. 걷기와 말하기를 동시에 할 수 없는 것도 낙상 위험을 나타내는 검증된 징후다. 노인의학 전문의가 노쇠함을 측정할 수 있는 척도는 많다. 진료실 문에 도착하기도 전에, 나는 할머니가 이런 척도 중 하나인 프리즈마-7 척도에서 적어도 5점은 기록할 것을 알아냈다. 나이와 건강 문제, 보행 보조기 사용과 매일 필요한 도움에 기초하니, 총 세 항목 이상에서 노쇠함이 나타났다. 할머니를 담당하는 지역 보건의는 컴퓨터로 이미 이 작업을 끝내면서 할머니의 진단 목록을 합산하고, 전산 노쇠 지표를 이용하여 할머니가 노쇠 수준이 심각하다고 단언했다.

우리는 함께 앉아서 페기 할머니가 처한 문제와 지금까지 시도했던 일을 검토했다. 호흡은 병원에 있을 때보다 나았지만 여전히 극심한 피로를 느꼈고, 정원에 난 길 너머까지 걸어가기 힘들어했다. 집에 계단 승강기를 설치했고, 간호사가 1년 넘게 다리궤양을 돌봐주고 있었다.

할머니가 대기실에서 측정해온 혈압을 확인했고, 심장소리와 숨소리를 들으면서 청진기의 무거운 쪽 끝을 추를 매단 줄처럼 블라우스 안으로 툭 떨어뜨렸다. 할 수 있는 한 제일 아래까지 꿈틀꿈틀 내려보내다가 몸에 딱 붙은 거들에 막히고 말았다. 다리도 마찬가지였다. 꼼꼼하게 감은 압박붕대 위를 두꺼운 황갈색 스타킹이 팽팽하게 꽉 감싸고 있었다.

"약을 살펴봐도 될까요?"

내가 묻자 할머니는 조 할아버지를 쳐다봤고, 할아버지는 장바구니를 앞으로 내밀었다. 할아버지는 가방을 뒤지더니 오래된 플라스틱 아이스크림 통을 꺼냈다. 뚜껑이 고무밴드로 고정되어 있었다. 아이스크림 통이 하나 더 나오더니, 그다음에는 쇼트브레드비스킷 깡통이, 그리고 장바구니 바닥에서 진정크림을 담은 큰 병 두 개가 나왔다. 나는 책상에 약을 펼쳐두고 페기 할머니의 얼굴을 쳐다봤다. 의기소침해 보였다.

"약이 많네요."

"이 사람은 몸이 덜거덕거려요."

"우리는 이 정도면 약국을 열어도 되겠다고 말해요."

내 말에 조 할아버지가 대답했고, 폐기 할머니도 동참했다. 당시 왕립지역보건의협회장이었던 아이오나 히스는 2010년에 발표한 논평에서 말했다. "노인을 치료하는 모든 임상의는 한 가지 질병을 치료했지만, 그저 다른 질병에 그 자리를 내어주는 꼴이 되어버렸던 경험을 한 적이 있다. 그리고 가지고 있는 질병이 많을수록 과잉 진료 및 다약제 복용을 초래할 위험이 크며, 일상생활을 유지하는 데 고난이 된다."

폐기 할머니와 조 할아버지와 나는 책상에 둔 약을 쳐다봤다. 나는 약상자들을 크게 세 구획으로 나눴다. 다약제 복용이란 약을 다섯 가지 이상 먹는 것을 말한다. 폐기 할머니 직전에 만난 환자는 아홉 가지를 복용하고 있었고, 그전에 만난 환자는 열두 가지, 폐기 할머니는 열다섯 가지를 복용하는 중이었다.

2007년에 히스 및 스위니와 예방 치료에 관해 논문을 쓴 뒤로, 디 맹긴은 어떻게 하면 사람들이 약에 관해 충분히 아는 상태에서 결정을 내리도록 최대한 도울 수 있을지를, 이 세 지역 보건의가 그토록 부족하다고 느낀 자율성을 어떻게 제공할 수 있을지를 알아내고자 상당한 경력을 바쳤다. 맹긴은 뉴질랜드 오타고에서 1차 의료를 가르치는 교수가 됐고, 이후 캐나다 맥마스터대학교로 자리를 옮겨서 다약제 복용을 포함한 연구를 했다. 맹긴이 속한 팀은 테이퍼(다약제 복용 평가 및 축소를 위한 팀 접근법)라는 프로젝트를 개발했다. 나는 맹긴이 찍은 짧은 동영상에서 이 프로젝트가 시작되는 것을 봤다. 맹긴이 가장 중요시하는 점은 이 다약제 복용 프로젝트 팀에서 가장 중요한 팀원이 환자라는 것이다.

"좋아요, 페기 할머니. 여기서부터 시작하죠."

나는 왼쪽 약 더미에서 약상자 두 개를 들었다.

"이 중에 도움이 되는 것이 있나요?"

할머니는 약을 쳐다보며 고개를 끄덕였다.

"그것들은 좋아요."

"그렇군요. 그럼 남겨둘게요."

페기 할머니가 미소를 지었다. 나는 파라세타몰과 변비약을 아이스크림 통에 넣고 이뇨제인 푸로세미드를 집어 들었다.

"제가 보기에 이뇨제를 중단하시면 다리가 붓고 더 빨리 숨이 찰 거예요."

"당신, 지난번 병원에 있을 때 그랬잖아."

조 할아버지가 동의했다. 나는 푸로세미드를 아이스크림 통에 넣었고, 또 다른 약상자를 고르며 말했다.

"이것들은 갑상샘을 질서정연하게 유지해줘요. 한동안은 잊으셔도 괜찮지만, 오래 끊으면 피곤함을 느끼고 기력이 쇠하기 시작할 거예요."

나는 티록신을 다른 '남기는 약'과 함께 넣었다.

쉬운 일은 마쳤다. 오늘 페기 할머니를 편안하게 해준 약은 안전하게 아이스크림 통에 들어갔다. 책상에는 아직도 상자가 많았다. 할머니는 처방전이 열다섯 가지였는데, 이는 매일 아침

열일곱 알을 먹고, 일요일에는 추가로 한 알을 더 먹고, 점심에는 세 알을, 다과 시간에는 두 알을, 자기 전에는 여덟 알을 먹었다는 뜻이었다. 다음 두 약 더미에 관해서는 생각을 더 해야 할 것이다.

'노쇠'는 노인의학에서 많이 연구하는 주제가 됐고 많은 사람한테 그 뜻이 명확해 보일 것이다. 이 전공 분야가 생겨난 이래, 노인의학 전문의는 자기가 가장 연약한 사람, 명나라 꽃병과도 같이 오래되고 귀중하고 부서지기 쉬운 사람을 돌본다는 사실을 알았다. 하지만 최근에서야 이런 연약함에 공식 명칭이 붙었다. 이제 노쇠는 정의되었다. 영국노인의학회는 이를 두고 '노화 과정에서 여러 신체 기관이 타고난 예비분을 점차 잃어가는 일과 관련한 눈에 띄는 건강 상태'라고 설명한다. 무언가 나쁜 일이 벌어진다면, 노쇠한 사람은 회복할 가능성이 적다. 여러 연구가 노쇠를 예방하거나 개선할 방법을 찾아내고자 노력을 기울인다. 나이를 먹는다고 필연적으로 노쇠해진다고 생각하지는 않는다. 나이가 많다고 해서 전부 노쇠하는 건 아니고, 젊은 사람도 노쇠할 수 있기 때문이다. 하지만 노쇠한 사람 상당수는 아주 나이가 많으며 수많은 질환을 앓는다.

내과 질환을 따로따로 살펴본다면 노쇠한 사람은 약이 더 필요한 것처럼 보일 수 있다. 그래야 질환이 악화될 위험이 줄어들 것 같기 때문이다. 하지만 많은 약물 시험은 한 가지 질병에 미치는 효과만 살펴본다. 모든 원인을 아우르는 사망자 수를 항상 살펴보는 것도 아니며 몇 가지 질환을 동시에 보유하는 복잡한 상황, 약물 간 상호작용이 유발하는 위험, 여러 가지 약을 먹는 일 자체에 대한 부담을 고려하지도 않는다.

　나는 페기 할머니와 조 할아버지와 함께 다음 약 더미를 봤다. 페기 할머니처럼 노쇠한 사람은 낙상 사고를 당할 위험이 더 크고, 아프거나 병원에 입원했을 때 섬망에 걸리기도 더 쉽다. 그리고 해당 기간 내에 사망할 가능성이 상당히 높다. 수술에서 회복하기까지 오래 걸리거나 전혀 회복하지 못하기도 하며 약물 부작용도 더 잘 생긴다.

　내가 가운데에 쌓아둔 약 더미는 페기 할머니를 편안하게 만들어줄 의도였지만, 효과가 있을 가능성이 적거나 부작용이 발생하기가 더 쉬운 것들이었다. 나는 또 다른 약, 톨테로딘을 집어 들었다. 톨테로딘은 과민성방광을 진정시키는 약물군(때로는 항콜린성 약물이라고 부른다) 중 하나다. 이런 약은 효과가 있다. 아홉 명 중 한 명은 효과를 보는데, 효과를 보는 사람들은 약의 효능을 느끼고 불편함도 줄어든다.

　"음… 페기 할머니, 이 약은 비뇨계통을 위한 거예요. 화장실에 가는 길에 갑자기 강한 요의를 느끼신 적이 있나요?"

　할머니가 의자에서 자세를 바꿨다.

　"적잖이 그래요."

　할머니가 대답했다. 이어서 나는 패드를 사용하느냐고 물었고 할머니는 그렇다고, 그래서 쇼핑하러 갈 때면 화장실이 어디 있는지 찾아본다고 설명했다.

"이 약을 드시고 차도가 좀 있으신 것 같나요?"

"그렇다고 할 수는 없지요."

할머니는 내게 말하고 고개를 젓는 할아버지를 쳐다봤다.

"입이 마르신 적은 있으신가요?"

할머니는 나를 향해 눈을 크게 뜨고 어렵게 숨을 뱉었다.

"늘."

이건 정신 나간 짓이다! 이런 약은 아홉 명 중에서 한 명 정도만 효과가 있다. 그러니까, 방광을 진정시키는 약물을 먹는 사람 아홉 명 중에 여덟 명이 이렇다 할 만한 효과를 얻지 못하고 안구건조증, 구강건조증, 변비 같은 부작용에 시달릴 위험에 놓이는 것일 뿐이다. 걱정스럽게도 이런 흔한 부작용은 뇌 기능 저하를 안고 갈 수도 있다. 측정하긴 어렵지만 정말이다(이런 약들은 화학물질인 아세틸콜린에 영향을 미치는데 아세틸콜린은 인지 기능에 꼭 필요하다. 대다수 치매 치료제는 아세틸콜린 수준을 높이면서 작용한다. 하지만 방광을 진정시키는 약은 반대 효과를 내면서 아세틸콜린을 차단한다. 많은 연구 결과에 의하면, 일부 항우울제처럼 의도치 않게 '항콜린성' 성질을 보이는 여러 다른 약과 더불어 이런 방광 진정 약물도 장기적으로는 두뇌에 좋지 않다).

"이 약은 잠시 쉬면 어떨까 싶어요. 몇 주만 중단하고서 좀 어떤지 지켜보시겠어요? 비뇨계통이 나빠지면 이 약으로 다시 돌아갈지 결정할 수도 있고, 아니면 다른 약을 시험해볼 수도 있어요."

나는 톨테로딘 상자에 크게 휴식이라고 적고 페기 할머니한테 돌려줬다. 우리는 이 약들을 철저하게 살펴봤다. 할머니의 처방 목록에 있는 모든 약이 제자리를 찾아야 했다. 나는 페기 할머니와 조 할아버지와 함께 기존의 처방을 무효화하고 있었고, 이 작업은 복잡해질 터였다.

우리는 '버리는 약' 자리를 마련하고 여기에 협심증 약인 니코란딜을 넣었다. 니코란딜은 협심증 발작을 줄여주지만 가끔 입안, 항문 주변, 위장관 곳곳에 궤양을 일으키며 상처 회복을 방해하는 것으로 현재는 알려져 있다. 페기 할머니는 니코란딜을 먹는 동안은 다리궤양이 절대 낫지 않을 것이다. 어쨌거나 페기 할머니와 조 할아버지가 니코란딜이 소화불량을 유발한다고 생각해 할머니가 그것을 한 번도 안 먹은 것 같지만 말이다. 협심증은 물론 중요하지만, 다른 원인으로 가슴통증을 느끼는 때조차 쉽게 붙는 이름이기도 하다. 게다가 정말로 협심증을 앓는 사람이 전부 다 평생 협심증을 앓는 것은 아니다. 협심증은 심근경색을 앓은 다음이나 스텐트 같은 시술을 받은 뒤에 완전히 사라지는 경우도 종종 있다. 그리고 나이가 아주 많거나 노쇠한 사람은 협심증이 더 이상 힘을 쓰지 못하고 그냥 사라져버릴 수도 있다.

당뇨병 약으로 넘어갔다. 할머니가 가장 최근에 낙상을 당한 뒤 구급차에 실려 갔을 때, 긴급 의료원이 기록한 혈당 수치는 낮았다. 지역 보건의가 했던 또 다른 혈액검사에서도 할머니는 혈당을 잘 관리하는 것으로 나타났다. 지나치게 잘.

당뇨병이 있는 사람한테는 포도당 수치를 좁은 결승선 사이를 통과하듯 일정하게 유지하길 권한다. 혈당이 높으면 연약한 혈관 벽은 서서히, 그러나 무자비하게 훼손되는데 그러다 결국에는 이 귀중하고 여린 동맥으로 혈액을 공급받는 장기에까지 좋지 않은 영향을 미치기 때문이다. 신장은 수축하며 굳고, 눈 뒤에 있는 혈관은 뻣뻣해지고 출혈이 생긴다. 말초신경이 죽는다. 종아리 근육은 산소가 모자라 통증이 발생한다. 혈액 보급로가 줄어들면서 발가락이 검어질 수도 있다. 하지만 이런 피해는 몇 달이나 몇 년이 아닌 수십 년에 걸쳐 발생한다. 예컨대 5, 60대인 젊은 사람은 당뇨병을 잘 관리하면 활기찬 삶을 몇 년 추가로 얻을 수 있다. 먹는 것을 조심하고, 적절한 약을 먹고, 수없이 혈액검사를 하는 데 들인 노력은 보답을 받는다.

하지만 나이가 많은 사람은 관리를 너무 잘해도 문제가 될 수 있다. 나이가 많은 당뇨병 환자는 약이 저혈당을 유도할 위험이 더 클 수도 있다. 저혈당은 낙상과 관련이 있으며, 뇌 기능에 영구적인 손상을 유발할 수 있다. 현재 미국에서는 고혈당보다는 당뇨병을 과다 치료해서 생긴 저혈당으로 응급 입원하는 사례가 65세 이상에서는 더 많다. 75세 이상에서는 저혈당이 훨씬 더 흔하며, 나이가 아주 많은 2형 당뇨병 환자는 심하지 않은 고혈당을 피해봤자 장기적인 보상이 없다. 갈증을 느끼거나 소변을 많이 보지 않는 한 나는 페기 할머니의 혈당 수치가 오르는 것에 관해서는 그렇게까지 걱정하지 않을 것이다. 초고령인데다가 다른 문제도 진행 중이라면 저혈당이 말썽을 일으키기다 더 쉽다.

나는 페기 할머니의 당뇨병 약이 든 상자 하나를 버리는 더미에 놓았고, 나머지 약의 복용량을 반으로 줄였다. 우리는 페기 할머니와 할머니를 담당하는 지역 보건의와 전문 간호사한테 동의를 구해 할머니의 당뇨병 관리 목표를 변경해야 했다. 완벽한 신진대사라는 실현 불가능한 이상향이자, 할머니한테는 위험을 초래할 수 있는 목표를 추구하기보다는 지금 당장 할머니가 불편함을 느끼지 않을 정도로 혈당 수준을 유지하는 데 집중해야 할 것이다.

페기 할머니와 조 할아버지와 나는 지금까지 효과가 없거나 부작용이 심각한 약을 줄였다. 그리고 과거에는 제 역할을 훌륭히 했으나 할머니의 치료 목표가 바뀌면서 이제는 줄여야 하는 약도 조절했다.

의사들과 서둘러 잡은 약속, 복잡한 의약품 제도가 뒤섞인 대혼란 속에서 약 복용은 시작하기는 쉬워도 중단하기는 쉽지가 않다. 페기 할머니와 나는 이야기를 풀어가면서 더는 유효하지 않거나 처음부터 잘못 내려진 진단을 다시 정확하게 정의할 시간이 필요했다. 부작용이 너무 많거나 제 역할을 못 하는 약을 파악할 시간이 필요했고, 할머니의 요구 사항과 우선순위가 바뀌는 것은 얼굴에 주름이 늘어나는 것만큼이나 피할 수 없을 테니 여기에 관해 할머니와 내가 고민할 시간이 필요했다.

하지만 우리한테 필요한 것은 시간만이 아니었다.

우리 셋은 마침내 오른쪽에 있는 세 번째 약 더미로 주의를 돌렸다. 여기 있는 약은 폐기 할머니를 전혀 편하게 해주지 않았다. 그러려는 약이 아니었다. 미래에 문제가 발생할 위험을 줄이기 위한 약이었다. 여기에는 스타틴, 아스피린, 혈압 약 두 가지, 골다공증 약이 있었다. 이제 우리는 곰곰이 생각하고 확실하지 않은 무언가를 공유해야 할 터였다.

나는 폐기 할머니의 약을 어떻게 할지 열심히 생각하면서 할머니의 앞날을 솔직하게 내다봐야 했다. 할머니는 수명이 6년가량 더 남았을 것이다. 86세 여성 중 절반이 92세 이상에 도달한다. 하지만 이 수치는 어디까지나 평균이며, 바쁘게 돌아다니면서 필라테스를 하고 '나이 든 사람'을 약속 장소에 차로 태워다주는 건강한 86세 여성을 전부 포함한다. 86세인 동시에 심각하게 쇠약한 폐기 할머니는 전망이 한정된다. 현실적으로 할머니의 수명은 아마 3년가량 남았을 것이다. 부실한 심장은 상황을 훨씬 더 불확실하게 만든다. 심부전은 대체로 전망이 우울한 데다가 예측할 수가 없어서 갑자기 심각한 증상이 발현하면 안정적인 기간에도 종지부를 찍을 수도 있다. 덕분에 무엇이 임박했는지 추측하기가 어렵다. 폐기 할머니는 기대수명이 한정적이므로 역설이 발생한다. 할머니는 장기 전망이 개선되도록 고안한 약을 먹고도 혜택을 볼 정도로 오래 살지 못할 수도 있다. 하지만 그런 약을 안 먹으면, 어쩌면 수명이 더 짧아질지도 모른다.

미래에 닥칠 위험을 줄이기 위해 고안된 약과 관련한 또 다른 역설은 2007년에 사려 깊은 지역 보건의 세 명이 우려를 표했던 것이기도 하다. 우리는 그저 죽는 방법을 바꾸는 것에 불과할지도 모른다고 말이다. 젊은 사람에게는 치료가 때 이른 죽음을 예방할 수도 있지만, 나이가 훨씬 많은 사람은 또 다른 질병이 필연적으로, 어쩌면 곧, 우리가 피한 질병이 있던 자리를 차지하러 나설 것이다. 히스가 2010년에 공개한 논평의 제목은 「우리는 어떤 원인으로 죽기를 바라는가?」였는데, 노인의학 전문의와 지역 보건의는 히스가 무슨 말을 하는지 정확히 이해한다. 고혈압을 치료한 대가로 고관절이 골절될 위험이 증가할 수도 있다. 스타틴은 심근경색과 뇌졸중으로 사망하는 사례를 줄여주지만, 한 질병에 기인한 사망을 피한다는 것은 다른 무언가로 죽어야 한다는 뜻이기도 하다. 어떻게 하면 무엇을 할지 가장 잘 결정할 수 있을까? 현재 진행 중인 연구가 답을 줄 수 있을까?

페기 할머니 같은 사람은 약물 시험에 참여하지 않는다. 나이 든 사람은, 특히 노쇠한 사람은 연구하기가 어렵다. 시험하는 약을 방해하는 다른 약을 복용 중이거나, 연구 도중 다른 병이 생겨서 시험에서 너무 일찍 하차해야 할 수도 있다. 심지어 연구원이 고려하지 않았던 원인으로 사망할 수도 있다. 잘 이동하지 못하거나 배우자가 아픈데 배우자를 데려올 수도 없어서 연구 약속에 참석하기가 무척 힘겨울 수도 있다. 나이 든 사람은 부작용에도 훨씬 더 취약하므로 더 젊고 건강하고, 질환은 한두 개 정도이며 뇌와 간과 신장이 회복력 있는 사람으로 시험을 진행하는 것이 더 쉽다(칼럼니스트 케이틀린 모란은 40대인데도 자기 간 기능이 떨어졌다는 것을 눈치채고는 역겨운 숙취를 젊은 시절과 비교하면서 그 시절에는 "나도 아이처럼 발그스름하고 성능 좋은 간이 있었다"라고 한탄했다). 진실을 말하자면, 약의 안전성을 간절하게 보여주고 싶은 제약 회사는 가장 문제가 생기기 쉬운 환자 집단에서 약을 시험하길 원하지 않을 것이다.

그리하여 수십 년 동안 80세 이상은 약물 시험에서 조직적으로 배제됐다. 지난 세기말까지도 심부전 약에 관한 훌륭한 실험에서 평균 참가자는 60대 중반으로 젊었고 주로 남자였다. 요즘은 제약 회사가 나이 든 사람을 더 열성적으로 시험에 포함하지만 그래도 배제 기준은 엄격하게 유지한다. 이론적으로는 80세 이상도 참가할 수 있으나 문제가 있을 것 같은 사람은 연구원이 자격을 박탈할 수 있다는 조항이 늘 존재한다. 예컨대 요양원에 사는 사람, 신장질환이나 치매 같은 다른 중요한 질환이 있는 사람, 연구원이 생각하기에 '믿을 수 없는' 사람이 주로 포함된다. 자세히 살펴보면, 대다수 약물 시험에 참여하는 나이 든 사람은 선별 집단이며 동년배보다 건강하고, 내과 질환도 한두 가지뿐이다. 페기 할머니는 그중 하나가 될 수 없을 것이다.

덕분에 의사는 난처한 처지에 처한다. 질환이 한두 가지밖에 없는 60대를 대다수로 진행한 연구 결과를 질환이 대여섯 가지인 8, 90대한테 태평하게 적용해 추론해야 할까? 나이 든 사람을 효과적으로 치료하길 거부하는 것은 아니지만 이런 복잡한 환자한테도 그 치료가 실제로 효과적인지 확신할 수가 없다.

페기 할머니 같은 사람한테 예방약을 처방함으로써 발생하는 마지막 역설은 약이 지닌 단점에서 찾을 수 있다. 약은 대부분 무척 안전하다. 부작용도 흔치 않으며 보통 삶을 위협할 정도는 아니다. 하지만 부작용은 실제로 발생한다. 심각할 수도 있다. 무엇보다 노쇠하든 그렇지 않든 나이 든 사람은 부작용에 더 취약하다. 정확히 얼마나 자주 약으로 인해 입원하게 되는지에 관한 논쟁은 격렬한데, 데이터를 모으기가 어렵기 때문이다. 아마 통계자료에는 예컨대 누군가가 '급성신부전'으로 입원했다고 나와 있겠지만, 노화한 신장을 한계로 밀어붙인 것이 새로운 혈압약인지 아니면 탈수를 유발하는 위장염인지는 불분명하며 둘 다 조금씩 영향을 주었을 가능성이 가장 크다. 그리고 일부 부작용은 미묘하다. 어떤 약은 서서히 누적돼서 뇌 기능에 영향을 미치거나 근육과 뼈를 약화시키고, 중요한 비타민의 흡수를 방해하는데, 이는 감지하기가 어렵다. 하지만 나는 균형을 유지해야 한다. 혈액 희석제를 먹다가 큰 출혈이 생긴 환자, 약이 혈압을 너무 낮추는 바람에 삶을 뒤바꾸는 낙상을 당한 환자, 또 다른 약 때문에 소듐 수치가 급락하여 끔찍한 정신착란이 온 환자를 회진 중에 살펴보고 나자 약 때문에 발생한 불행들이 떠올라 화가 치밀어 올랐다. 그나마 오늘 아침에는 뇌졸중 환자가 안 보였고 실제로 발생하지도 않았으며 심근경색 환자도 피했다는 사실을 애써 기억해냈다.

제임스 할아버지는 자기 약을 좋아했다. 할아버지는 나한테 깔끔하게 정리한 목록을 보여줬다. 목록은 두 쪽이나 이어졌고 할아버지는 복용량과 복용 시간, 각 약에 해당하는 지시 사항을 타자로 쳐뒀다. 뇌졸중 예방, 심근경색 예방, 위궤양 예방. 눈을 크게 뜬 내게 할아버지는 "내 담당 지역 보건의가 훌륭하다오"라며 자랑스레 말했다. 나는 이 약 중 어느 것도 실제로 무언가를 '예방'하진 않으며 그저 이런저런 위험을 대개 조금 줄여줄 뿐이고, 다른 위험도 약간은 높인다는 사실을 까다롭게 지적할 마음은 들지 않았다. 제임스 할아버지가 이 점을 아는지는 미심쩍었지만 할아버지는 타자로 신중하게 친 목록이 보여주는 혜택과 위험 사이의 균형을 썩 마음에 들어 했다. 할아버지는 잘 보살핌 받는다고 느꼈고, 실제로도 그랬다. 먹는 약 중에 눈에 띄게 손상을 유발하는 것도 없고, 할아버지는 만족했기에 나는 할아버지가 작성한 목록을 그대로 놔두었다.

하지만 다른 많은 사람은 제임스 할아버지 같지 않다. 내 환자 중 다수는 자신이 복용하는 약을 심각하게 걱정하면서도 아침마다 오므린 손에 알약을 골라 모아 담고, 차와 함께 급하게 꿀꺽 삼키고, 이 약을 왜 먹는지 궁금해하며 고개를 절레절레 흔든다. 스스로 판단을 못 하는 사람이 있으면 그 가족과 요양원 직원이 찻잔 받침이나 작은 플라스틱 컵에 약 한 뭉치를 넣어둔다. 그리고 남편이나 며느리나 돌보미는 달래고 꼬드기며 약을 안 먹으면 어떻게 될지 걱정하고, 약이 어느 면에서건 도움이 될지, 아니면 피해를 줄지 걱정한다.

책상에 남아 있는 페기 할머니의 세 번째 약 더미는 신체적 부작용을 유발하거나 할머니가 의기소침해지는 데 영향을 미쳤을 수 있다. 사람들은 대부분 의사한테 약의 목적을 묻기를 주저하며 페기 할머니처럼 불편함을 느끼면서도 대담하게 분투를 이어가거나 가장 꺼림칙한 약 정도만 피하는 방식을 택한다. 서랍 뒤에 약이 여러 상자 숨겨져 있고, 알약은 안락의자 옆이나 침대보에 쏙 들어가거나 반쯤 먹다 만 비스킷 속에 끼어 있곤 하는데, 이런 광경은 그 자체만으로 슬프며 노력과 금전을 크게 낭비하는 일이다. 이렇게 지침에 따라 일관되게 약을 처방하는 의사와 그 약을 못 먹겠는데도 이런저런 이유로 말하지 못하는 환자는 그 관계가 조금은 깨졌다는 것을 뜻한다.

따라서 우리한테 시간 다음으로 필요한 것은 솔직함이다. 나이 든 사람, 특히 노쇠하고 몇 가지 질환이 있으며 살날이 그리 길지 않아 보이는 사람한테 어떤 약이 효과가 있고 그렇지 않은지를 우리는 전부 알지 못한다. 의사는 여기에 관해 솔직해져야 한다. 어떤 질환에 걸릴 위험을 낮추어도 삶을 연장하기는커녕 그저 사망 원인을 다른 것으로 교환하게 될 뿐일 수도 있다는 사실에 솔직해져야 하며 많은 약이 어쩌면 큰 차이를 만들어내지 못할 수도 있다는 사실에 솔직해져야 한다. 나아가 환자와 그 가족은 약을 어떻게 느끼는가에 관해서도 솔직해야 한다. 또 약을 먹는 목적을 우리는 다 함께 이야기할 수 있어야 한다. 즉, 환자 중 다수는 이미 오래 산 삶을 더 연장하기보다는 삶의 질을 개선하고 유지하길 바랄 수도 있다는 사실을 솔직하게 말할 수 있어야 한다는 뜻이다.

여기서 약 처방이라는 직소 퍼즐의 마지막 조각에 도달한다. 다약제 복용 문제를 해결하는 일은 복잡하다. 약을 먹는 환자나 가족과 돌보미가 충분히 훈련된 의사와 긴밀하게 협동해야 하며, 지식이 풍부한 약사와 오류 및 미묘한 상호작용을 감지할 수 있는 좋은 IT 시스템에서 도움을 구해야 한다. 우리는 이 작업을 철저하게 할 시간이 필요하고, 환자와 의사 간에는 무엇이 가장 중요한가를 털어놓을 수 있는 솔직함이 필요하다.

올바른 이해를 방해하는 마지막 장벽이 있다. 내가 지역 보건의와 연수를 받는 날이었다. 우리는 다약제 복용에 관해서는 물론 올바른 공동 의사 결정을 내리기가 얼마나 어려운지도 논의했다. 나는 심장이 불규칙하게 뛸 때, 즉 심방세동이라고 하는 상태일 때 뇌졸중이 발생할 위험을 줄이기 위해 혈액 희석제인 항응혈제를 사용할지 결정하면서 균형을 잡는 일에 관해 이야기했다. 문제는 항응혈제가 동맥이 막힐 위험은 줄이지만 출혈 위험은 높인다는 것이다.

마리케는 얼굴을 찡그렸다. 네덜란드 출신 지역 보건의 마리케는 쾌활하고 솔직한 편인데, 그 당시에는 몹시 화가 치민 상태였다. 마리케가 말했다.

"제 말 좀 들어보세요. 요양원에 사는 멋진 할아버지 환자가 있었어요. 할아버지는 시도 때도 없이 코피를 심하게 흘렸죠. 병원을 오가고, 수혈을 받고, 그러다 결국에는 제가 '재키 할아버지, 지금 상황은 할아버지한테 너무 버거우실 것 같아요. 이 혈액 희석제는 중단합시다. 어떻게 생각하세요?'라고 묻자 할아버지는 '좋은 계획이오'라고 대답했죠. 그렇게 우리는 혈액 희석제를 중단했는데, 한 달쯤 지나서 뇌졸중이 크게 찾아온 할아버지는 위독한 상태로 몇 주를 더 살다가 돌아가셨어요. 그리고 저는….”

마리케는 말을 멈추고 강당 천장을 쳐다봤다. 비록 마리케는 목소리가 울리는 방에서 자신과 재키 할아버지를 모르는 사람한테 둘러싸여 이야기했지만, 매운 연기를 살짝 내쉰 것처럼 마리케가 느끼는 괴로움은 그 순간 공기 중으로 떠올랐고, 그 괴로움을 감지한 사람들은 단체로 작게 탄식했다. 마리케는 말을 이어갔다.

“저는 할아버지 가족이 그 일을 제 잘못이라고, 제가 결정을 잘못 내렸다고 생각한다는 걸 알아요. 저는 그게 잘한 결정이라는 걸 알고, 결과가 잘못 나왔을 뿐이라는 걸 알지만, 슬픕니다.”

약을 끊는 결정에는 용기가 필요하다. 의사만 그런 것이 아니다. 우리는 모두가 정보를 파악하고 선택지를 골라야 하며, 미래에 무엇이 기다리고 있을지는 아무도 모른다. 마리케의 환자였던 재키 할아버지는 어쨌거나 결국 뇌졸중에 쉽게 걸렸을지도 모른다. 혈액 희석제는 위험을 없애주는 게 아니라 그저 줄여줄 뿐이다. 아니면 계속 혈액 희석제를 먹으면서 코피를 흘리고 병원에 가는 생활을 더 이어가다가, 기력이 쇠해 감염병에 굴복했을 수도 있다.

의사는 결정을 내리는 일에 익숙해지고, 바라지 않던 결과를 받아들이는 법을 배워야 한다. 하지만 공동 의사 결정이라며 환자도 일원에 포함하여 다약제 복용에 관여하는 그 방식을 추구하는 맹긴 팀의 움직임은, 글쎄, 환자 자신이나 환자를 대신해서 결정을 내리는 가족, 친구, 돌보미한테까지 책임을 확장하는 것과 같다. 많은 사람은 이런 책임을 매우 부담스럽게 여긴다. 환자는 좋은 정보를 얻었을 때조차 잘못된 결정을 할까 불안해할지도 모르며 이런 감정은 사랑하는 사람을 대신해서 결정을 내릴 때 훨씬 더 고조되는 경향이 있다. 따라서 이런 결정에는 용기가 조금 필요할 수도 있다. 의사든 환자든 가족이든 돌보미든 우리는 모두 우리가 내린 결론이 옳다고 믿어야 한다. 우리는 주어진 정보뿐 아니라 우리가 내린 판단을 믿어야 하며, 이후에 벌어진 일에 상심하지 않도록 마음먹어야 한다. 좋은 결정도 나쁜 결과를 초래할 수 있다.

페기 할머니와 조 할아버지와 나는 세 번째 약 더미로 고개를 돌렸다. 할머니가 진료소를 나설 때쯤에는 자신을 편하게 해주거나 본인이 느끼기에 확실히 도움이 되는 약만 먹게 될 것이다. 해를 끼치는 약과 효과가 없는 약은 중단하게 될 것이다. 우리는 할머니가 어떤 예방약을 계속 먹길 원하는지에 대해 몇 가지 결정을 함께 내릴 것이다. 페기 할머니는 여전히 몸이 덜거덕거릴지도 모르지만, 그 정도는 덜해지고 자신감은 더 생길 것이다.

8
지혜롭게
선택하기

독시사이클린은 기가 막히게 좋은 약이다. 항염증성이어서 일부 고약한 피부질환에도 유용하고, 세계 여러 곳에서 말라리아를 예방하는 데도 효과적이다. 널리 사용되는 항생제이며 매우 저렴하다. 나는 남편이 열대지방으로 서핑 여행을 떠날 때 가져갈 구급상자를 준비했고, 독시사이클린 한 갑을 챙기면서 갑에 설명을 썼는데, **흉부 염증 및 성기**라고 쓰다가 자리가 모자라서 뒷면에 **상처**라고 이어갔다. 고름이 나오는 상처라는 뜻이었다. 남편은 아주 기뻐했다.

어쨌든 독시사이클린은 하루에 한 번만 먹으면 되는 매우 유용한 약이라서 나는 눈가에 성가신 발진이 생겨 이 약을 처방받았을 때, 두 달 동안 먹어야 한다는 주의를 들었음에도 걱정하지 않았다. 하지만 독시사이클린을 먹으면 메스꺼울 수 있다. 나 역시 그랬기에 나름 현명하게 생각을 했다. 잠으로 메스꺼움을 이겨내기 위해 매일 잠자리에 들기 전에 약을 먹었다. 그런데 얼마쯤 시간이 흐르자 아주 기분 나쁜 가슴통증을 느끼기 시작했는데, 통증은 계속 심해지다가 안에서 무언가 중요한 것이 찢어지고 있다는 생각이 들기에 이르렀다. 응급실을 찾아갔다. 미소를 지은 채 정신없이 돌아다니는 직원한테 심장 검사를 받았지만, 다음 날이 되자 물을 삼킬 때조차 눈물이 나왔다. 친절한 소화기내과 전문의 한 명이 내시경("진정제를 맞든 안 맞든 내시경은 할 수 있고, 선택은 환자 몫이에요. 선생님은 진정제를 맞고 계시네요.")으로 내 목을 들여다보더니 식도에 커다랗고 따가운 궤양이 생긴 것을 발견했다. 친한 동료인 벨라는 나를 향해 "루시, 이 바보야"라며 독시사이클린 사용 지침서를 쥐고 흔들면서 주의 사항이 나온 곳을 보여줬다. 식도에 궤양이 생기는 것을 막으려면 밤에 잠자리에 들기 전 시간을 충분히 두고 독시사이클린 캡슐을 먹을 것. 캡슐을 먹은 다음 최소한 30분은 눕지 않는 것이 중요함. 창피하기 그지없었다.

세계보건기구는 2012년에 발간한 보고서에서, 세계적으로 '전체 의약품 중 절반 이상이 부적절하게 처방되거나 조제되거나 팔리는 것'으로 추정했다. 그리고 '의약품을 남용하거나 너무 적게 사용하거나 잘못 사용하면 부족한 자원을 낭비하고 보건을 대규모로 위태롭게 하는 결과를 초래한다'고 설명을 이어갔다. 나는 지난 장에서 의사가 환자에게 약을 처방하는 일이 얼마나 어려운지 불평하는 데 꽤 많은 시간을 썼다. 하지만 환자가 돼보자! 나는 한 가지 약을 먹어야 했을 뿐인데도 실수했다. 내 환자, 그러니까 노인의학 전문의가 돌보는 환자는 훨씬 큰 문제에 부닥치게 되는 것이다.

약을 식전이나 식후나 식사 중에 먹어야 하고, 서 있거나 앉아 있을 때 먹어야 하고, 화요일에만 먹어야 하고, 운전하기 전에는 먹으면 안 되고, 다른 약과 동시에 먹으면 안 되고, 술이나 우유나 자몽주스나 브로콜리나 방울양배추와 먹으면 안 된다. 어떤 약은 씹거나 으깨거나 녹여서 먹어야 하는데 물이나 사과퓌레에만 녹여야 하고, 통으로 삼켜야 하는 알약은 간혹 너무 커서 입이 아닌 몸의 다른 쪽 끝으로 넣는 편이 더 낫지 않을까 고민할 정도다. 약마다 가명, 즉 상표명은 크게 인쇄돼 있고 일반명은 작게 인쇄돼 있다. 약이 지난주와 다르거나, 같은 약인데 포장, 모양, 색이 전부 바뀌었을 수도 있다. 또는 같은 약처럼 보이지만 유심히 보면 1회 복용량이 다르기도 하다. 예쁘지만 효과가 없는 약도 있다. 예컨대 도큐세이트는 그런 의미에서 아마 세상에서 제일 쓸모없는 변비약일지도 모른다. 또, 보통 동네 약국에서 비축하고 있는 약을 먹어야 하는데 그날은 재고가 없고, 그 약을 사러 다음 날 다시 가면 약사는 이미 한가득 있는 약을 더 주기도 한다. 약을 먹으면 쇠 맛이 날 수도 있고 어지럽거나 그저 거북할 수도 있지만, 어느 약이 그런지 말하기는 어렵다. 어쩌면 내 환자인 하인리히 할아버지처럼 까다로워 보이는 복용법을 지키는 대신, 약을 전부 툭툭 까서 빈 휴지 상자에 넣고 매일 색깔별로 일곱 개씩 골라서 먹는 것이 더 마음이 편할 수도 있다. 아니면 심지어 아이리스 할머니처럼 약을 담은 플라스틱 접시를 부엌 찬장에 몰래 쌓을 수도 있다. 포일로 덮은 칸 중 몇 개는 열어보겠지만, 상당수는 손대지 않은 채여서 약이 담긴 접시는 날짜가 적힌 종이를 되는대로 뜯어낸 슬픈 대림절 달력처럼 보일지도 모른다.

더 많다고 해서 반드시 더 좋지는 않으며 매일 먹는 약뿐 아니라 영상 검사, 혈액검사, 항암치료, 외과수술을 포함한 의료의 간섭이 이익과 더불어 피해를 불러올 수도 있다는 깨달음이 세계적으로 퍼져가고 있다. 냉정한 합리성이 빛나는 나라 스코틀랜드에서는 2016년에 '현실적인 의료'라는 캠페인을 시작하면서 '성취 혹은 기대할 수 있는 것에 관한 합리적이면서도 현실적인 견해를 지니거나 밝히는 일'은 물론, '상황을 정확하고 실제에 가깝게 표현하는 일'을 더 잘해야 한다고 주장했다. 또 치료를 제공하는 사람은 '솔직해지고, 드러내고, 균형을 맞출 용기가 있어야 한다'는 목소리를 냈다.

세계적인 캠페인 '지혜롭게 선택하기'는 환자의 생각을 들어주는 대화를 장려한다. 환자가 내는 목소리를 증폭하려는 세계적인 임무의 일부로서, "나 없이는 나에 관한 결정도 없다" 같은 표어를 내세우며 어떤 것이든 치료 결정을 앞둔 사람들한테 브랜BRAN을 시도하여 이익Benefit은 무엇인지, 위험Risk은 무엇인지, 대안Alternative은 무엇인지, 아무것도 안 하면Nothing 무슨 일이 일어나는지 물을 것을 제안한다.

나는 나를 치료하는 것조차 그렇게 엉망으로 했다. 나는 왜 복용법을 읽지도 않았을까? 첫 번째 이유이자 환자한테는 적용할 수 없는 그 이유는 바로 '오만'이었다. 나는 내가 독시사이클린을 전부 안다고 생각했다. 그리고 부작용에 관해서는 약을 처방해준 의사가 일러줄 테니 지침을 읽는 것은 내 일이 아니라고 생각했을지도 모른다. 무엇보다도, 나는 관심이 별로 없었다. 그저 발진이 없어지길 바랐고, 그게 끝이었다.

세계보건기구는 2017년에 약물 및 여타 치료의 오용에 대해 재차 발표하면서 '세계 환자 안전'이라는 계획에 착수했다. 이들은 환자와 대중…은 너무나도 자주 수동적인 약물 수령자가 될 수밖에 없으며, 약물 치료 과정을 더 안전하게 만드는 일에 참여할 수 있는 정보와 권한을 부여받지 못한다고 썼다.

나는 수동적인 수령자가 될 수밖에 없던 것이 아닌데도 스스로 그 역할을 택했다. 하지만 많은 사람은 자기한테는 발언권이 없다고 느낄 수밖에 없으며 때때로 우리는 수동적일 수밖에 없다. 의사가 바쁘다는 것을 익히 들어 알고 있기에 시간을 뺏고 싶지 않기 때문이다. 어쩌면 의사를 좋아해서 그 약을 못 믿겠다거나 못 먹겠다고 말해서 기분을 상하게 하고 싶지 않을 수도 있다. 또 어쩌면 의사가 조금 무서워서 그가 화를 내지는 않을까 걱정할 수도 있다. 때로는 자신을 '담당'하는 의사는 하나도 없으며 새로운 의사가 올 것이고, 그러면 모든 이야기를 처음부터 해야 할 것이라고 생각한다. 종종 책임감을 느끼기도 한다. 약을 먹거나 검사를 받을 의무가 있다고 말이다. 건강하게 지낼 의무가 있다고 느끼며, 지금 일어나는 나쁜 일을 막아주는 것이 이런 약이나 검사들이 전부라는 것을 걱정할 때도 있다. 잘 잊어버리는 편이라면 조용히 있을 수도 있다. 누군가가 약에 관해 설명해준 것은 확실하지만 뭐라고 했는지 잘 기억이 안 나기 때문이다. 때로는 설명이 정말이지 너무 복잡해서 선택지를 이해하려면 약학 박사학위가 필요한 건 아닌가 느끼기도 한다. 때로는 약사든 지역 보건의든 간호사든 병원에서 근무하는 전문가든, 설명하는 사람이 우리가 처한 상황을 파악하고, 우리가 치료를 받아서 무엇을 얻고자 하는지를 정말로 이해할 거라 확신하지 않는다.

그러면 어떻게 우리의 영향력을 최대한 키우고, 수동성을 버리고, 적극적인 참여자가 될 수 있을까? '현실적인 의료' 캠페인에서 요구했던, 솔직해지고 드러내는 일은 양방향으로 작용하는 듯하다. 나는 그러지 않았지만 나를 치료하는 데 더 책임감을 가질 수도 있었다. 나는 학생과 젊은 의사한테 약이 지닌 위험을 상기시키며 평생을 보냈지만 정작 나를 안전하게 하는 기본적인 지침을 따르는 데는 완전히 실패했다. 우리는 환자로서 어떤 요구를 할 수 있을까?

우리가 먹는 약이 각각 무엇을 위한 것인지 알아두는 것이 합리적이다. 모르면 물어야 한다. 약이 어떤 특정 증상을 완화하는데 효과가 없어 보인다면, 그렇다고 말해야 한다. 사용 지침과 부작용 목록을 읽고, 해로운 영향이 있지는 않은지 고민하는 것 역시 합리적이다. 만약 그렇다면, 이번에도 그렇다고 말해야 한다.

　나는 수년 동안 마을 행사에서 아일린 할머니 특유의 기침 소리를, 작게 "에헴!"하는 소리를 들었다. 그러던 어느 날 할머니가 먹는 약을 보여줬는데, 그중에 라미프릴이라는 혈압 약이 있었다. 라미프릴은 그 계열에 속하는 모든 약(이름이 '프릴'로 끝난다)이 그렇듯 약 열 명 중 한 명한테서 마른기침을 유발한다. 알고 보니 아일린 할머니는 이 사실을 알면서도 야단을 떨면 안 될 것 같아서 의사한테 말하지 않기로 했던 것이다. 그래서 기침을 멎게 할 좋은 대안이 있다는 것을 모르고 8년 내내 밤마다 얕은 잠을 잤는데, 어쩌면 이는 혈압을 낮춰 얻은 이익을 상쇄시켜 버렸을 수도 있다.

　희귀한 부작용을 걱정하는 데 빠져서 꼼짝달싹 못 하면 안 되지만 적어도 흔한 부작용은 알아두는 것이 합리적이다. 예컨대 파라세타몰보다 강한 진통제, 즉 코데인과 트라마돌을 포함하여 마약성진통제에 속하는 펜타닐패치제(해롭지 않은 일회용 반창고처럼 보여 아무것도 아닌 것 같지만, 극도로 강력하다) 같은 진통제는 거의 모든 사람한테 변비를 유발하는데, 이 변비는 심각할 수도 있다. 건자두를 한두 개 더 먹고 기다리면서 나아지는지 지켜보는 것만으로는 부족하고 처음부터 잘 듣는 변비약이 필요하다. 이런 약은 많은 사람한테서 졸음증과 정신착란도 유발할 수 있다. 특히 노쇠하고 이미 졸음증이나 정신착란에 빠진 사람한테는 더욱 그럴 것이다. 그리고 드문 부작용도 실제로 일어나므로 새로운 증상이 생긴다면 사용 지침이 적힌 작은 프린트물을 읽고 우리가 먹는 게 무엇인지, 느낌이 어떤지를 떠올려보는 것이 바람직하다.

장기간 먹는 약이 하나라도 있다면, 대략 1년에 한 번씩은 그 약을 장기 복용했을 때의 이익과 위험을 살펴보는 것이 좋다. 새로운 약을 제안받으면, 브랜 질문을 하는 것이 합리적이다. 이익, 위험, 대안, 아무것도 안 하면 무슨 일이 일어나는지를 우리는 반드시 알아야 한다.

의대생 세 명이 게임을 하는 중이다. 그들은 다섯 가지 약상자를 받았고, 나는 그 약을 처방된 순서대로 정리하라고 한다. 각 상자에는 옥시부티닌, 암로디핀, 이부프로펜, 푸로세미드, 인공눈물이 들어 있다. 나는 차풀이 든 큰 병을 하나 추가한다. 학생은 걱정하는 표정으로 약상자에 날짜가 없다고 한다.

"그건 문제가 안 돼요. 각 약이 처방된 이유를 생각하면 좋겠어요. 브룩스 할머니는 87세였고, 무릎 통증 때문에 의사를 찾아갔어요. 1년 뒤에 할머니는 이 약을 전부 먹게 됐죠."

학생들은 눈치를 채고 브룩스 할머니가 앓는 무릎 관절염 통증에 좋은 항염증제, 이부프로펜 상자로 손을 뻗는다. 우리는 이부프로펜에 딸린 잠재 부작용을 이야기하며, 이부프로펜이 유용한 진통제이자 브룩스 할머니한테 꼭 필요한 것이었을 수도 있지만, 혈압을 살짝 높일 수 있다는 점을 기억해낸다. 학생 중 하나가 그 옆에 암로디핀 상자를 나란히 둔다. 암로디핀은 브룩스 할머니의 혈압을 다시 낮춰줄 약이다. 동료 학생이

다음에 일어날 상황을 깨닫고 미소 짓는다.

"암로디핀은 발목 부종을 유발할 수 있어요!"

이 학생은 그렇게 말하면서 이뇨제인 푸로세미드 상자를 암로디핀 옆에 둔다.

"정확히 맞췄어요. 열 명 중 한 명은 암로디핀 종류 약을 먹으면 발목이 부어요. 50세인 누군가가 혈압 약을 먹고 발목이 부었다면 무슨 일이 일어날까요?"

내 물음에 이 학생이 답을 내놓는다.

"지역 보건의를 다시 찾아가서 약을 중단할 거예요."

"맞아요. 그리고 다른 혈압약을 먹게 되겠죠. 하지만 나이가 더 많은 사람은 똑같은 문제, 발목 부종이 생기면 이뇨제를 먹게 되는데, 왜냐하면…?"

"왜냐하면 의사는 그 사람한테 심부전이 생겼다고 생각하기 때문이에요!"

부작용은 젊은 사람보다 나이 든 사람한테서 더 자주 일어나지만, 나이 든 사람은 다른 곳도 잘못되는 경향이 있기에 다른 판단을 하기도 한다. 따라서 실수가 발생하기도 쉽다. 때때로 의사는 지금 일어나는 문제가 부작용이라는 사실을 놓치고 새 질환으로 여긴다.

"바로 그거예요. 이제 우리한테는 브룩스 할머니의 혈압을 올린 이부프로펜, 그 혈압을 다시 낮춰줄 암로디핀, 암로디핀이 유발한 발목 부종을 치료할 푸로세미드가 있어요. 다음엔 무슨 일이 일어났죠?"

세 학생은 전에 옥시부티닌을 접한 적이 없다. 나는 옥시부티닌이 과민성방광을 진정시키고자 고안된 또 다른 약이라고 설명한다. 가여운 브룩스 할머니는 푸로세미드를 먹기 전에는 화장실에 도착할 때까지 소변을 얼추 참을 수가 있었지만, 이제 비뇨계통이 성급한 저항 운동을 벌이기 시작했다. 그리하여 옥시부티닌을 받았다. 더 많은 부작용도 함께 말이다. 어떤 부작용일까?

첫 번째 학생이 약학 강의를 떠올리며 눈을 가늘게 뜬다.

"옥시부티닌은 항콜린성 약제가 분명하겠죠? 그러면 부작용은 안구건조증, 구강건조증, 변비 등일 테고…."

학생은 의기양양하게 인공눈물과 차풀 병을 끝에 놓는다.

처방이 그렇게 폭포처럼 쏟아지면서 약 하나하나가 다른 약의 부작용에 대응하고자 따라붙는데, 그래도 이러한 폭포는 피할 수 없을 때가 있다. 마약성진통제를 쓰려면 변비약을 추가로 넣어야 한다. 어떤 때는 약 한 알에 부작용 해독제가 같이 들어 있는 경우도 있다. 많은 파킨슨병 환자한테 꼭 필요한 약인 레보도파는 끔찍한 구토를 유발하곤 하므로 레보도파가 위에 영향을 주지 않으면서 원래 가야 하는 뇌로 향하도록 다른 약을 잘 혼합해서 한 알로 만들어야 한다. 이렇듯 '다른 약의 부작용을 막는 약'은 꼭 필요할 수도 있다. 하지만 보통은 그렇지 않고 그렇다 하더라도 바로 두 번째 약에 손을 뻗기보다는 의사와 환자가 한발 뒤로 물러서서, 부작용을 감수할 만큼 그 약이 가져다주는 이익이 가치가 있는가를 생각해봐야 한다.

그런데 기존 증상을 치료하려는 것이 아니고, 당장 편안하게 해주는 것도 아니고, 앞으로 문제가 발생할 위험을 줄이고자 하는 약을 생각할 때는 그 이익을 분명하게 정의하기 어려워진다. 그러면 환자는 어떻게 정보를 알아내 적극적인 결정을 내릴까?

스코틀랜드는 '현실적인 의료' 캠페인과 더불어 약물 치료와 씨름 중이다. 스코틀랜드 다약제 복용 담당 팀은 각 환자한테 "당신에게는 무엇이 중요합니까?"라고 물으며 첫발을 내디뎠다. 치료를 통해서 무엇을 얻고 싶은지 아는 것, 그것을 솔직하게 내보이는 것은 아귀가 맞는 결정을 내리는 데 도움이 된다. 올바른 정보를 논리적으로 전부 펼쳐두고 나면 대다수 환자와 가족은 보기보다 쉽게 합리적인 결정을 내린다.

찰스 할아버지는 혈액 희석제를 먹기 시작해야 하는지 고민하며 진료소에 있었다. 할아버지는 77세였고, 몇 주 전에 장을 보다가 왼팔에 갑자기 힘이 빠졌다. 슈퍼마켓 계산원이 할아버지의 얼굴이 처진 것을 눈치채 관리자가 구급차를 불렀는데, 할아버지는 응급실에 도착하고 몇 분 안 돼서 정상으로 돌아왔다. 할아버지는 일과성허혈발작, 즉 가벼운 뇌졸중이었다. 할아버지가 내게 말했다.

"뇌스캔에서는 아무것도 못 찾았어요. 그냥 기록을 보니 심장박동이 불규칙했지."

찰스 할아버지는 마리케의 환자였던 재키 할아버지처럼

심방세동이 있었다. 심방세동은 심장의 전기 작용에 아주 흔한 이상이 생겨 발생하는 질환으로 노화한 심장에서 나타나기 쉽다. 할아버지의 심장은 윗부분, 즉 심방이 규칙적으로 뛰지 않고 불안정하게 떨렸는데, 그동안 아래쪽에서 중요한 역할을 하는 심실이 폐와 몸 전체로 꾸준히 혈액을 내보냈다. 심방세동은 보통 혈액을 내보내는 기능에는 큰 영향을 주지 않는다. 혈액은 계속 순환하지만 심장 자체를 통과하는 혈액 흐름이 고르지 않게 되면서 역류를 유발하는 정체된 소용돌이가 생기며, 이때 이 소용돌이 안에서 작은 혈전이 생기게 되는 것이다. 혈전은 원래 있던 곳에 머무는 동안은 아무런 위해도 안 끼치지만 큰 혈관을 타고 심장을 나와서 뇌로 들어가, 작지만 꼭 필요한 어느 뇌동맥에 자리 잡으면 엄청난 손상을 가하는 뇌졸중을 일으킬 수도 있다. 나는 이 내용을 찰스 할아버지한테 설명하고 말을 이어갔다.

"심방세동이 있고, 조금이라도 뇌졸중을 앓은 적이 있으면 뇌졸중을 또다시 겪을 위험이 더 크다는 뜻이에요. 혈액 희석제를, 그러니까 그냥 아스피린보다는 제대로 된 항응혈제를 먹으면 그 위험이 60퍼센트 정도 줄어요."

할아버지가 물었다.

"단점은 뭐죠?"

"항응혈제를 먹으면 출혈이 생기기가 더 쉬운데, 그냥 멍 정도가 아니라 뇌출혈이나 위출혈 같은 심각한 출혈까지도 생길 수 있어요."

할아버지는 얼굴을 찡그리며, 꼬고 있는 다리 아래로 드러난 양말을 쳐다봤다. 순록 그림이 있는 초록색 양말이었다.

"숫자는 어떻게 더하는 거죠?"

"보여드릴게요."

나는 할아버지가 뇌졸중에 걸릴 확률을 정확한 수치로 알려줄 점수 계산 시스템을 찾으려 컴퓨터에서 '채즈배스크'라는 글자를 눌렀다. 화면이 뜨길 기다리며 주의를 주듯 말했다.

"공식적으로는 다른 요인이 없더라도 위험이 클 거예요."

"내 담당 지역 보건의도 그렇게 말하더군요."

찰스 할아버지는 우울한 얼굴로 수긍했다. 할아버지의 과거 병력은 흠잡을 데가 없었다. 우리는 당뇨병, 고혈압, 심근경색과 관련한 질문에 '아니오'라고 표시했다. 그 결과, 할아버지의 채즈배스크CHA$_2$DS$_2$VASc 점수는 4점이 나왔고, 웹페이지에서는 할아버지가 실제로 뇌졸중에 걸릴 확률이 높다고 밝혔다.

찰스 할아버지는 내 옆으로 몸을 기울이고 화면을 유심히 쳐다보더니 화면에 나온 숫자를 내게 읽어주며 얼굴을 구겼다.

"좋아요. 그러니까 나는 4점이고, 여기서 말하길 매년 뇌졸중이 발생할 확률이 4퍼센트라고 하는군. 나는 이걸 높다고 생각하지 않소! 올해 뇌졸중이 생기지 않을 확률이 96퍼센트나 된다는 소리니까. 마른하늘에 날벼락 같은 소리가 나올 줄 알았는데 말이에요."

찰스 할아버지가 맞다. 할아버지는 높고 낮음을 명확히 구분한 것이다. 할아버지는 뇌졸중이 이제 코앞에 닥쳐 더 이상

피할 수 없을 듯한 느낌을 받은 상태였다. 그런 할아버지한테 연간 4퍼센트의 위험이란 안심이 될 만큼 낮아 보이는 것이다. 하지만 다른 누군가한테는 4퍼센트가, 25분의 1이라는 확률이 깜짝 놀랄 만큼 쉽게 일어날 일처럼 느껴질 것이다.

에밀리 할머니는 찰스 할아버지와 점수가 같았다. 할머니와 이야기할 때, 나는 할머니가 잘 볼 수 있도록 종이에 숫자를 늘어놨다. 혈액 희석제를 먹으면 매년 뇌졸중에 걸릴 확률이 4퍼센트에서 2퍼센트 아래로 내려갈 테지만 출혈 위험이 올라갈 것이고, 항응혈제를 복용하는 사람 중 3퍼센트에서 5퍼센트는 매년 심각한 출혈을 경험할 것이라는 내용이었다. 에밀리 할머니는 그 숫자를 간신히 힐끗 보더니, 어깨를 꼿꼿하게 폈다.

"우리 어머니가 뇌졸중을 앓았어요. 끔찍했지. 차라리 죽는 것이 나았을 테지만, 어머니는 살았고, 아주 힘든 시간을 보냈어요."

어떤 사람한테는 '높은 숫자'가 다른 사람한테는 안 '높은 숫자'일 수 있다. 따라서 우리는 어떤 '위험이 크다'라거나 '확률이 낮다'라는 말을 들으면, 그것이 진짜 의미하는 게 무엇인지 묻는 것이 합리적이다. 의사는 꼼꼼하지 못할 때가 많다. 하지만 환자가 자신이 어느 정도로 위험한지, 그 크기를 가늠할 수 있도록 돕는 것만큼은 반드시 해야 한다.

환자가 치료에서 이익과 손해를 볼 가능성을 어느 정도 파악했다면 자기 견해를 적용할 수 있다. 브랜이라는 준말을 사용하는 사람 중 일부는 직감Instinct을 뜻하는 'I'를 목록에 넣어서 브레인BRAIN이라는 단어를 만들어냈다. 우리가 이런 결정을 더 수월하게 내릴 수 있도록 돕고, 왜 모두가 다른 결정을 내리게 되는지 설명하는 것이 바로 이 'I'라는 추가 차원이다. 이다음에 무슨 일이 일어날지 예측이 되거나 어떤 방식이 다른 방식보다 더 나을 것 같다는 이상한 예감이 들 때 말하는 '직감'이 아니다. 그보다는 예전에 무슨 일이 있었고 앞으로는 무엇을 바라는지에 대한 정보이자 우리가 직접 경험한 일에 대한 지식을 말하며, 이는 우리가 갈 길을 명확하게 보여준다. 의사라고 해서 내가 이런 결정을 환자 대신 내려줄 수 없는 이유이기도 하다. 나는 브랜 질문에 대답할 수는 있다. 데이터와 지침에 따르면 찰스 할아버지는 혈액 희석제를 먹기 시작하면 뇌졸중 위험은 물론 사망 위험까지도 낮출 수 있다. 하지만 찰스 할아버지는 평생 피를 혐오했으며 약을 싫어하기에 항응혈제를 거부할 것이다. 반대로 에밀리 할머니는 뇌졸중에 걸릴 위험을 낮추기 위해 무엇이든 할 것이고 웬만한 역경은 감내할 것이다. 따라서 우리는 이 'I'를 직감이 아니라 '개성Individuality'이라고 부를 수도 있다.

찰스 할아버지의 아내는 할아버지가 내린 결정을 지지하면서 내게 말했다.

"이 사람은 약을 별로 안 좋아해요. 오히려 수맥을 찾고, 참선하고, 동종요법을 쓰는 사람에 가까워요."

그 밖에 또 무엇이 치료 결정을 쉽게 하는데 도움을 줄까? 내 경험에, 나이가 많고 쇠약하기도 한 여러 사람은 다양한 치료로 얻는 이익과 부담이 불분명하며, 종종 비등할 수도 있다는 점을 기억하면 도움이 된다. 우리는 모든 약이 꼭 필요하다고 느낀다. 특히 치매 환자를 돌보는 가족이 그런 경우가 많은데, 보통은 사실이 아니다.

나는 여기서 어느 때보다 단호히 말하겠다. 여러분 자신을 위해서든 다른 사람을 위해서든 병력을 아는 전문가와 상의하지 않고 임의로 약을 중단해서는 안 된다. 하지만 여러분은 약 처방과 관련된 그 대화에는 참여할 권리가 있다.

눈앞에 놓인 심각한 재앙을 막을 수 있는 약이 몇 가지 있긴 하다. 예컨대 뇌전증을 앓는 사람을 위한 특정 뇌전증 약이나 1형 당뇨병인 인슐린의존형당뇨병을 위한 인슐린이 그렇다(보통은 약으로 치료하는 2형 당뇨병을 더 잘 조절하기 위해 나이가 들어서 맞기 시작하는 인슐린과는 다른 문제이다). 그러나 많은 약은 큰 문제 없이 중단하거나 서서히 줄여갈 수 있다. 무엇보다 정말로 꼭 필요한 약은 드물다. 이 사실을 알면 그 대화에 따르는 불안을 다소 잠재우는 데 도움이 될 것이다.

삶의 마지막 한 해를 보내는 중이거나, 심각한 치매를 앓고 있는 사람이 대상이라면 끝이 다가올수록 치료에 훨씬 더 신중을 기하고 면밀하게 검토해야 할 것이다. 치료가 도움이 될 가능성이 갈수록 줄어들고 부담은 더 무거워지기 때문이다. 잠재적인 부작용뿐 아니라 치료를 받는 데 드는 노력 그 자체만 하더라도 부담이 된다. 어쩌면 치료 목표를 바꿔야 하는지도 모른다. 물론 솔직하게 공개하는 일은 어려울 수 있다. "제 남편은 지독한 치매에 걸렸어요. 남편도 이렇게는 살기 싫을 거예요. 호전되지는 않더라도 그저 살려두기만 하는 약을 끊어 달라는 이야기를 해도 될까요?"라고 묻는 것이 괜찮을지 궁금할 수도 있다. 당연히 말해도 괜찮다. 나쁜 말이 아니다. 사실 가장 좋은 말일 수도 있다.

또 다른 연수 날에는 경험이 아주 많은 지역 보건의 하나가 손을 들었다. 나는 그 의사를 좋아하고 존경하는데 그 의사가 분개하는 것을 발견하고 깜짝 놀랐다.

"루시 선생님, 실제로 좋아하는 약이 있기는 하십니까?"

파킨슨병을 새로 진단받은 누군가가 도파민 투여를 통해 고통에서 벗어나는 모습을 지켜보는 것만큼 기쁜 일은 없다. 이제 뇌전증이 조절되는 누군가에게 운전면허증을 되찾아주는 일, 통풍성관절염으로 인해 신경을 건드리는 고통이 소량의 콜키신으로 잦아드는 모습을 보는 일, 지난밤 대상성심부전으로 코가 차갑게 식은 채 겁에 질렸던 환자가 이뇨제를 긴급 투여받은 뒤 아침 식사로 나온 차와 토스트를 맛있게 먹는 모습을 발견하는 일, 항생제를 신중하게 사용하여 감염에서 비롯한 섬망을 제거했을 때 찾아오는 명료함과 안도감을 목격하는 일도 그렇다. 긍지가 높은 노인의학 전문의라면 좋은 변비약 없이는 무인도 근처에도 가지 않을 것이다.

많은 약과 수술과 여타 치료가 사람들의 삶을 매우 긍정적으로 변화시킨다. 하지만 치료는 안 좋은 일을 불러올 수도 있다. 의사는 늘 이익을 과대평가하고 손해는 과소평가하는 경향이 있으며 이는 여러 연구에서 증명됐다. 무엇보다 우리는 나이가 아주 많고 특히 노쇠한 사람한테는 어떤 치료가 효과가 있을지에 대해 알아야 하는 만큼 알지 못한다. 좋은 지식이 있다면 적용해야 하지만 솔직해지기도 해야 한다. 치료 결정에 관해 나이가 아주 많은 사람이나 그 가족과 이야기할 때, 우리가 심각하게 여기지 않는 마지막 주제가 있다.

나는 리사와 우연히 마주쳤다. 몇 년 전 리사네 아이들과 우리 아이들은 놀이 학교에 함께 다녔었다. 요즘 리사의 아버지는 가족과 함께 사는데, 최근에 병원에 한 차례 입원했다가 집에 돌아왔다고 한다. 리사는 얼굴을 찡그리며 말했다. 무언가 못마땅해 보였다.

"병원에서 얼마 전에 아버지가 드시던 약 절반을 중단했어요. 저는 왜 그런지 모르겠고, 아버지도 짐작을 못 하세요. 아버지가 약을 많이 드셨던 건 알지만 이유가 있어서 그렇게 먹어야 했을 거예요."

추측건대 리사는 아버지가 나이가 많아서, 국민보건서비스가 파산해서, 아버지한테 더 이상 소용이 없어서 치료를 중단했을까 봐 걱정했을 것이다. 실제로 보건의료서비스에는 제약이 있고, 국립보건임상연구소는 과도하게 비싼 약과 치료에 대해 고심하며 비용이 지나치게 많이 들면 승인해주지 않는다.

나는 스코틀랜드에서 벌이는 다약제 복용 캠페인을 좋아

하는데, 이 캠페인은 환자와 전문가에게 명확한 지침을 제공한다. 하지만 여기에는 아주 조금 솔직하지 못한 요소가 들어 있다. 환자에게 제공하는 정보는 정확한 약을 받기 위해 거치는 몇 단계 과정에 국한된다. 무엇이 문제인지 알아내고, 부작용을 고려하고, 특정 약의 효과와 다른 좋은 대안에 관해 이야기하는 것 등이 그렇다. 반면 전문가에게 주는 정보는 한 단계를 더 포함한다. 환자용 정보에는 없는 내용으로, 비용을 고려하는 것이다. 이 정보가 전문가 쪽 지침에만 등장하고 환자 쪽 지침에는 안 나온다는 사실이 나는 불편하다. 숨길 것이 없는데도 은폐할 무언가가 있는 듯한 암시를 주기 때문이다.

나이 든 사람도, 심지어 나이가 아주 많은 사람도 성공 확률이 어느 정도 있고 본인이 원한다면 누군가는 모험이라고 할 수도 있는 치료를 받을 자격이 있으며 그런 치료를 실제로 받기도 한다. 스코틀랜드 다약제 복용 담당 팀이 제안하는 바는 명확하다. "비용을 이유로 약을 바꾸는 것은 유효성이나 안전성이나 지속성을 떨어뜨리지 않을 때만 고려해야 한다."

효과가 없거나 원치 않거나 쓸데없이 비싼 치료를 제공하는 것은 잘못된 일이며 비윤리적이기까지 하다는 데는 모두가 동의할 것이다. 약은 대부분 여러 제조사에서 다양한 가격에 조달할 수 있으므로 처방하는 사람이 여러 구매처를 둘러보는 것이 현명하다. 우리는 이 절차에 관해서도 다른 모든 것만큼이나 솔직해져야 한다. 약과 치료를 완벽하게 만드는 일은 국민보건서비스가 인색하게 구는 일과는 무관하며 '합리적인' 처방은 '합리화한' 처방과는 다르지만, 제대로 논의하고 설명하지 않으면 그렇게 보일 수 있다. 리사의 아버지가 먹던 약은 도움이 안 되거나 안 좋은 영향을 주었을 수도 있다. 하지만 약을 바꾸는 일은 아버지나 아버지를 대신해 리사와 논의했어야 한다. 그렇지 않으면 두 사람은 아버지의 건강과 삶이 조금은 무의미하다는 느낌을 받은 채 남겨질 테고, 이는 옳지 않기 때문이다.

나는 론 할아버지, 스텔라 할머니와 부엌에서 차를 마신다. 벽걸이 달력에는 덩치가 크고 느긋해 보이는 소들의 사진이 실려 있다. 론 할아버지는, 영국 환경청과 이 저지대를 가로지르는 거대한 배수로의 상태에 관한 자기 견해를 매우 강건하게 반복해 말하고 있다. 이제 막 이야기를 시작한 스텔라 할머니는 일어서 있던 할아버지가 식탁에 불편하게 기대서 몸을 좌우로 흔들다가 주춤하자 말을 멈추며 남편을 걱정스레 바라본다. 나는 묻는다.

"발에 관해서는 뭐라고 하던가요?"

나는 할아버지의 발에 대해 잘 알고 있다. 발의 뼈대가 어떻게 무너졌는지, 발바닥 아치였던 곳에 어떻게 몸무게가 실리는지, 어떻게 안쪽 복사뼈가 바닥을 쓸고, 피부가 팽팽하게 늘어나고, 반들거리고, 빨개질 정도로 발뒤꿈치가 돌아갔는지 잘 알고 있다. 또 할아버지가 진통제와 교정기를 시도해봤다는 것도, 특수 신발을 맞춤 제작해봤지만 안 맞았다는 것도, 그래서 지금은 예전에 신던 신발에 다시 발을 밀어넣고 끈을 꼭 맨 채

서리로 미끄러워진 외양간을 살펴보거나 콜리플라워를 돌보러 정원에 나간다는 것도 안다. 할아버지가 발과 발목을 전문으로 보는 정형외과 의사를 만나 수술을 고려해본 적이 있다는 것도 물론 안다. 할아버지는 고개를 흔들며 한 손을 식탁에 놓는데, 완강하다. 손가락이 쫙 펴진다.

"안 하려고요. 너무 망가졌고, 너무 늙어 가치가 없어요."

나는 고개를 끄덕인다. 우리는 화제를 돌려 론 할아버지가 뻐꾸기 소리를 내려고 초봄에 남몰래 배치하는 나무 호루라기 이야기를 한다. 하지만 그 뒤에 나는 론 할아버지가 한 말을 생각하면서 진정 가치가 없는 것이 무엇인지 할아버지가 알아주기를 바란다. 삼중관절고정술이라는 수술은 발뼈 모양을 고쳐서 붙이는 큰 수술이어서 입원을 해야 하고, 나사와 핀과 강한 진통제를 사용하며, 수술 후에도 몇 주 동안은 수술한 다리에 조금이라도 무게를 실으면 안 되므로 반대쪽 고관절이 부서지도록 뛰어다녀야 하고, 그보다 훨씬 오랫동안 깁스해야 하며 감염되거나 상처가 찢어지거나 뼈가 다시 깔끔하게 붙지 않을 위험도 상당한데 그 모든 것을 겪은 후에도 고통이 줄어든다는 보장은 없고 상황이 오히려 더 나빠질 수도 있다. 정형외과 의사는 론 할아버지의 위태로운 심장과 다른 내과 질환들을 생각했고, 치료 결정의 자율성에 대해 이야기하는 캠페인에서 요구한 대로 수술이 성공할 가능성을 솔직하게 공개했다. 친애하는 론 할아버지, 가치가 없는 것은 환자가 아니라 치료예요!

나는 종종 약을 보면서 생각한다. 저 약은 내 환자한테 적합하지 않다. 효과가 충분히 잘 나타나지 않는다. 상황을 충분히 나아지게 만들지도 않는다. 환자가 치료에 적합하지 않은 것이 아니라 치료가 환자한테 적합하지 않은 것이다. 수술이 가치가 없는 것이다. 론 할아버지, 할아버지는 그 무엇보다 가치가 있어요.

9
"우리는 그걸
말하고 싶지 않았어요"

마거릿 휘트모어 할머니는 불안해 보인다. 지난밤 병원에 입원
했고, 지금은 병상 옆 의자에 앉아 토스트는 손도 대지 않고서
병동 이곳저곳으로 휙휙 눈길을 던지며 주변 환경을 파악하려
고 애쓰고 있다. 꽃이 수놓아진 흰 손수건을 왼손에 꼭 쥐고 잠
옷 맨 위 단추를 오른손으로 만지작거린다.

　우리는 마거릿 할머니에 대한 기록과 검사 결과를 이미 꼼
꼼하게 읽었다. 입원기록에는 정신착란 악화 중이라고 나와 있었
고 아래층 팀에서는 요로감염이라고 진단을 내렸다. 요로감염
이라는 진단은 틀리기 쉬워 다른 무언가를 놓치지 않았는지 확
인하는 것이 중요하지만 그만큼 매우 흔하기도 하고 나이 든
사람한테서 자주 정신착란을 유발한다. 혈액검사 결과, 만지면

아픈 배, 높은 체온으로 추측하건대 이번에는 아래층 팀이 제대로 본 듯하다.

오늘은 내가 담당하는 전공의 사라가 회진에서 내 역할을 맡았고, 나는 사라가 일하는 모습을 관찰한다. 사라는 자기와 나를 소개하고, 우리 중 가장 젊은 의사인 케리스를 언급한다. 마거릿 할머니는 나를 경계하듯 흘끗 보더니, 의자 옆에 쪼그려 앉는 사라를 되돌아본다. 사라가 말한다.

"병원에 입원하신 건 유감이에요. 무척 불안하실 거예요."

마거릿 할머니는 고개를 한쪽으로 기울일 뿐 아무 말도 안 한다. 사라가 말을 이어간다.

"바보 같은 질문처럼 들리는 건 알지만…."

마거릿 할머니가 작게 미소 짓는다.

"지금 어디에 있는지 알고 계신가요? 여기 이름을 말씀해주실 수 있나요?"

"그럼요."

마거릿 할머니가 갑자기 자신 있게 말한다.

"여기는… 여기는…."

할머니는 다시 주변을 돌아보더니 손을 내려다본다. 졌다.

사라가 곤경에 빠진 할머니를 능숙하게 구한다.

"걱정하지 마세요. 여기서는 상황을 파악하기가 어려워요. 할머니는 편찮으시고, 병원에 계세요."

사라가 병원 이름을 댄다.

"저희 생각에 할머니는 감염됐지만, 좋아지실 거예요."

마거릿 할머니는 머리를 숙이고 손을 눈앞으로 가져가 이마를 문지르면서 이 정보를 받아들이려고 노력한다. 사라는 친절하게 할머니를 안심시킨다. 마거릿 할머니한테 통증이 없는 것을 확인하고, 다른 곳에 감염된 징후가 있는지 진찰하고, 약품 표를 주의 깊게 살펴보면서 상황을 악화시킬 만한 것이 없음을 확인하고, 적절한 항생제가 처방되었는지 점검한다.

마거릿 할머니를 담당하는 간호사 라울과 대화를 나눴는데, 라울은 할머니가 아침에 혼자서 일어나려다가 크게 기우뚱하는 것을 보았다고 한다. 할머니가 낙상을 당할 위험이 크다는 것을 아는 라울은 할머니를 병동에서 가장 잘 보이는 병상에 배정받도록 했다. 라울과 의료 보조원인 재키는 할머니가 원하는 게 있는지, 화장실에 가고 싶어 하는지를 자주 확인한다.

우리는 할머니가 겪는 문제들을 나열한다. 1번은 쉽다. 요로감염. 그러나 곧바로 막힌다. 마거릿 할머니는 정신착란이 있는데 이 증세는 현재 할머니 상태에서 얼마나 정상일까? 사라와 케리스와 나는 부수적인 내력을 알아야 한다고 이야기한다. 우리는 마거릿 할머니를 잘 알고 할머니가 평소에 어떤지 말해줄 수 있는 사람한테 이야기를 들어야 한다.

늦은 아침이 되어 다른 환자를 살펴보는데, 케리스가 할머니의 가족이 방문했다고 알려준다. 나는 케리스한테 부탁한다.

"가족분들과 이야기를 나눠보고 마거릿 할머니가 평소에 어떤지 알아봐주시겠어요?"

얼마 지나지 않아 케리스가 돌아와서 보고한다.

"할머니는 평소엔 정신착란 증세를 보이지 않으신대요. 저쪽이 할머니 남편분과 따님인데, 집에서는 할머니가 괜찮다고 하시네요."

섬망이라 불리는 심각한 정신착란 증상은 여러 요인에 의해 발생할 수 있다. 뇌가 정상적인 사고 과정을 벗어나는 것으로, 누구에게나 일어날 수 있으며 때때로 섬망은 불안을 유발하기도 한다. 또 사람을 조용하게 하거나 내성적으로 만든다거나 졸리게 할 수도 있는데, 이 증상은 더 흔하면서 놓치기 쉽다. 말라리아에 걸려 열대지방에 있는 병원에서 조용히 의식을 차렸다 잃었다 하는 남자도 섬망이 온 것이며, 술기운에 들때 어쩔 줄 모르는 상태로 나이트클럽 바깥을 서성이는 청년도 일종의 섬망이 온 것이다.

그렇게 극적일 것까지 없는 사건도 나이 든 사람한테는 상황을 엉망으로 만들기에 충분하다. 노화하는 뇌는 다른 신체 부분과 마찬가지로 예비분이 적다. 연약하다. 이렇게 연약한 뇌는 감염증에 걸리거나, 약을 먹거나, 혈당이나 소듐 혹은 갑상샘호르몬 등 다양한 혈중 화학 성분 수치가 변하는 일과 같은 어려움에 대응하는 능력이 떨어진다.

의대생을 가르치면서 나는 그들과 섬망을 부추길지도 모르는 아주 사소한 요인에 관해서 이야기했다. 나는 학생들한테 무엇에 영향을 받는지, 그러니까 시험 답안지를 채워나가려 할 때 집중을 방해하는 게 무엇인지 생각해보라고 했다. 학생들은 질 나쁜 수면, 수면제를 먹은 뒤에 찾아오는 나른함, 지나친 소음, 불편한 의자, 요의 등을 제시했고 나는 동의했다. 걱정, 우울감, 사별, 고통이 그런 것만큼 이 모든 것 역시 나이 든 사람한테는 더 심한 정신착란을 일으킬 수 있다.

어느 용감한 여성은 팔이 부러졌을 때 얼마나 혼란스러웠는지 묘사하면서 "통증 때문에 너무 초조해서 똑바로 생각할 수가 없어 아주 단순한 질문에도 답할 수 없었다"라고 내게 설명했다. 이렇듯 섬망은 빠르게 생겨날 수 있다. 뇌가 잘 작동하던 사람도 예외가 아니며 치매와 같이 이미 뇌에 문제가 있던 사람한테는 더 쉽게 생긴다. 저항력이 떨어지는 사람한테는 단순한 변비도 섬망을 일으킬 수 있고, 보통은 사소해 보이는 몇 가지가 만나 생긴다. 그러니 빛 때문에 눈이 부시고, 이상한 냄새가 나고, 누가 누군지 분간이 안 되는 얼굴들이 늘어선 병원에 입원하면 생각하는 능력은 정상 궤도에서 한참 멀리 벗어날지도 모른다.

우리는 마거릿 할머니의 문제 목록을 갱신한다.

1. 요로감염

2. 섬망

사라가 케리스한테 묻는다.

"마거릿 할머니가 치매도 걸렸다고 보세요?"

"잘 모르겠어요. 가족분들이 말하길 할머니가 집에서는 이렇지 않대요. 보통은 괜찮으시다고 하네요."

우리는 간호사실 뒤편 응접실로 마거릿 할머니의 가족을 안내한다. 할머니의 남편인 브라이언 할아버지는 사라한테 할

머니가 지난 며칠간 상태가 얼마나 안 좋았는지 말해준다. 할
머니는 한밤중에 옷을 차려입고 장 보러 갈 준비를 했고, 화장
실에서 침대로 돌아오는 길을 못 찾아 헤매는 걸 할아버지가
발견하기도 했다. 또 찬장을 뒤지며 작년에 죽은 고양이한테
줄 밥을 찾으려 했으며 잡지 한 장을 갈가리 찢어놓기도 했다.

"아내는 평소에 이렇지 않아요."

브라이언 할아버지가 말한다. 지팡이를 잡은 손이 조금 떨
리고 손목에는 소맷동이 늘어져 있다.

"얼마 전만 해도 멀쩡했어요."

사라는 할머니가 요로감염에 걸린 것 같으니 항생제가 듣
기 시작하면 나아질 거라고 설명한다.

"궁금한 점이 있는데, 할머니가 이번에 감염되기 전에는
보통 기억이 평소만큼 선명했나요?"

브라이언 할아버지는 얼굴을 살짝 찡그리고 '그렇기도 하
고 아니기도 하다'는 식으로 고개를 양옆으로 갸웃거린다. 사라
가 말을 잇는다.

"집에서는 누가 장을 보고 요리를 하나요?"

"같이해요. 아내는 채소 껍질을 벗기죠. 요즘에는 오븐을
쓰게 두면 좀 실수할 수도 있으니까요."

"장 볼 목록은요?"

"내가 써요. 아내가 몇 가지를 덧붙이길 좋아하지만, 늘 하
는 건 나지."

"운전도 할아버지가 하시나요?"

"그렇고말고요. 내가 택시 기사지. 아내는 2년 전에 운전을 포기했어요."

"왜 그러셨죠?"

브라이언 할아버지가 불편한 표정을 짓자 딸 크리스틴이 끼어든다.

"어머니는 시드머스에 내려갔을 때 혼란스러워했어요. 정말 바빴고, 어머니가 우리를 잃어버렸는데 차도 못 찾아서…."

사라가 말한다.

"할머니를 위해 운전도 하시고… 할아버지는 훌륭한 일을 하시는 것 같네요. 고지서랑 집 안 여기저기를 손보는 일은 어떤가요?"

브라이언 할아버지가 단호하게 고개를 젓는다.

"아내는 못 해요. 예전에는 했지만, 요즘에는 난처해할 거예요. 지난 몇 년 동안은 내가 했고요. 그리고 아내는 새 핸드폰을 사용하는 것도 안 좋아해요."

사라는 탐색을 이어간다. 좋은 일도 있다. 마거릿 할머니는 늘 기쁘게 손주들을 만난다. 매일 외모를 가다듬고 깔끔하게 차려입는다. 먹는 것도 잘 먹고, 길을 잃어버릴까 봐 혼자서는 안 나가지만 매주 할아버지와 교회에 가는 것을 즐긴다. 화요일마다 할아버지, 친구들과 함께 볼링을 치러 갈 때면 할머니는 게임은 안 해도 담소 나누길 좋아한다. 에식스에서 보낸 어린 시절은 가족한테 이야기할 수 있지만, 더는 딸 생일을 기억하지 못하고 손주들을 자주 헷갈린다. 크리스틴이 말한다.

"어머니는 기억력이 아주 좋진 않지만, 괜찮았어요. 정신 착란은 없었어요. 이렇게는 말이에요."

사라는 브라이언 할아버지 손에 자기 손을 얹는다.

"할머니는 잘하고 계세요. 할아버지도 훌륭한 일을 하시고 요. 다만 할머니의 기억 문제가 그저 나이가 들면서 생기는 일 이라기엔 조금 심각한 것 같아요."

우리는 낙상 때와 마찬가지로 무엇이 '흔하지만 정상은 아 닌지'를 알아내야 하는 그 익숙한 상황에 다시 처한다. 마거릿 할머니가 겪은 기억 손실은 노화에 따른 단순한 건망증이라고 하기엔 무리가 있다. 그보다 더 의미심장하다. 그리고 최근에 이렇게 아프기 전에 집에서 겪은 문제는 기억력에만 국한되지 않았을 것이다. 할머니의 일상에도 분명 영향을 끼치고 있었을 것이다. 하지만 브라이언 할아버지가 할머니의 역할을 많이 떠 맡고 묵묵히 책임을 받아들인 덕분에 할머니의 무너지는 정신 이 감춰진 것이다.

사라는 조심스레 발을 딛다가, 잠시 멈추고는 말한다.

"죄송하지만, 어쩌면 마거릿 할머니는 치매에 걸리셨을 수 도 있어요. 그럴 수 있다고 생각하세요?"

할아버지와 딸이 시선을 교환한다. 크리스틴이 말한다.

"그럴지도 모른다고 생각했어요. 그렇죠, 아버지? 하지만 우리는 그걸 말하고 싶지 않았어요."

최강 보스 치매… 우리는 얼마나 이것을 말하기 싫어하는지. 이 단어에는 감정이 실려 있고, 사람들은 여지없이 상실, 두려움, 수치 같은 이미지를 떠올린다. 정치적으로도 비난을 받는다. 엄청난 사회복지 자금난 때문이다. 게다가 치매는 어떤 이유에선지 화폐화됐다. 인터넷에서 통계를 찾으면, '치매 산업'과 '글로벌 치매 시장 보고서' 목록을 맞닥뜨리기 일쑤다. 그리고 치매는 철학 논쟁의 장이 되기도 한다. 한편에선 치매의 긍정적인 면에 끈질기게 집중하면서 "게리는 치매에 걸렸다"라는 말 대신 "게리는 치매와 함께 살아간다"라는 말의 허용을 주장하는 사람이 있고, 반대편에서는 특정 요양원이 부족하다거나 인격이 사라지는 것과 같은 부정적인 점들을 강조하는 사람이 있다. 이 두 진영 사이에서, 음악과 아이스크림, 외로움과 실금 패드 사이에서, 치매 환자 수십만 명과 그 가족들은 닥치는 대로 최선을 다하며 앞으로 나아간다.

내가 아이를 갖기 전에 친구 여럿은 이미 입맛이 까탈스러운 어린아이를 키우고 있었는데, 당시 나는 이 부모들이 문제를 심각하게 고민하지 않는다고 남몰래 불만을 가졌다. 아이를 길들이는 수많은 지침에도 나오고, 대단하다는 유모가 텔레비전에 나와 알려주기도 하고, 자기들 어머니가 조언을 해주는데도 제대로 적용하지 않는다고 말이다. 이런 유능한 어른들은 당연히, 툭하면 짜증을 내고 건포도비스킷에서 고집스레 건포도만 골라 먹는 세 살짜리 아이한테 휘둘리지 않을 것이라 생각했다. 그러던 중 우리 아들이 18개월 때 아침 식사용 시리얼,

감자, 완두콩, 잼, 닭고기를 비롯하여 거의 모든 음식 앞에서 갑자기 입을 닫고 2년 동안 빵과 버터만 먹었는데, 그때 우리는 엄청나게 많은 조언을 받았지만 아무것도 효과가 없었다.

그 뒤로 나는 상대방을 짜증 나게 하거나, 가르치려 들거나, 상황에 안 맞을 수도 있고, 누군가의 아버지나 아내나 배우자에게 적용할 수 없을 듯한 제안은 하지 않도록 조심한다. "치매에 걸린 사람을 만났다면 치매에 걸린 사람을 만난 것이다"라는 말이 있듯이, 모든 사람은 다르며 각자 고유한 관계를 맺는다는 사실을 말로만 인정하지 않는 것이 중요하다. 게다가 나는 어림잡아 3, 4천 명은 될 만큼 많은 치매 환자를 돌보는 일에 참여했고 치매를 앓는 내 가족도 도왔지만, 내가 치매 진단을 받거나 수년 동안 하루도 빠짐없이 치매 환자와 같은 집, 같은 방에서 지내본 적은 없다. 그러니 이 장의 나머지 부분에서, 다음 장에서, 그 밖에 치매 환자를 돌보는 일을 언급하는 모든 부분에서 나는 다소 주저하면서도 매우 존중하는 자세로 이야기할 것이다. 이 책은 치매와 함께 사는 법을 알려주는 포괄적인 지침서는 아니다. 여러분은 양질의 자료를 이용할 수 있다. 검색창에 다음 단어를 집어넣기만 하면 좋은 조언이 나온다. 국민보건서비스초이스, 알츠하이머병협회인데, 이들 웹사이트는 유익하고, 보기 쉽고, 친절하다. 병원이나 지역 보건소에서도 정보를 얻을 수 있으며 도움을 제공하는 지역 단체에도 자세한 내용이 있을 것이다. 사려 깊고 경험이 풍부한 사람이 쓴 책도 있다(우리나라의 경우 치매안심센터를 통해 자세한 정보를 얻어볼 수 있다 - 옮긴이).

　그래도 환자와 그 가족이 노인의학 전문의, 그리고 내과보다는 정신과 수련을 받은 노인정신과 전문의(노인정신과 전문의와 노인의학 전문의는 일부 영역에서 일이 겹치는데, 노인정신과 전문의는 치매 환자를, 특히 함께 앓는 신체 질환이 없는 환자를 매우 많이 돌본다)와 치매에 관해 나눴던 대화를 여기서 몇 가지 설명하면 유용할 수도 있을 것이다. 개별 경험이 날로 더 중요해지는 상황이지만 그래도 눈에 띄는 유형은 존재하며, 사람들이 공통으로 지닌 문제와 오해와 질문도 있다. 아주 큰 불행을 목격할지도 모르지만 좋은 정보로 긍정적인 차이를 만들 수도 있는 부분은 있다. 여기에 포함되는 두 가지 큰 주제가 있는데, 하나는 치매 진단에 이르는 길이고 다른 하나는 그 진단에 반응하는 방법이다.

　두 주제는 각각 수많은 질문을 유도한다. 일부는 질문하기 쉽지만, 일부는 마음속에 간직하게 된다. 한마디로 비밀 질문이다. 치매에 걸렸다는 건 어떻게 알 수 있을까? 정밀 검사 기계가 있나? 어쨌거나 할 수 있는 일이 매우 적다면 왜 찾아내려고 애를 쓸까? 그다음에는 이런 질문이 있다. 내가 치매에 걸렸다고 하면 실제로 무엇을 해야 할까? 무엇을 기대할 수 있을까? 결코 입 밖에 내지 않는 질문도 있다. 내 남편은 아마도 심장마비를 두고 하는 말인 듯 늘 갑자기, 빠르게 죽고 싶다고 하는데 심근경색을 예방하는 이 약들을 계속 먹어야 할까? 어머니는 매우 끔찍한 상태인데 왜 의사는 아직도 어머니가 걸린 감염병을 치료할까? 내가 이해하고 용서할 수 있는 범위를 넘어서 행동하는 사람을 어떻게 계속 사랑할 수 있을까?

공식적으로, 치매는 사실 질병이 아니다. 이 단어는 여러 증상을 한데 모아 이야기하는 것과도 같으며 치매를 유발하는 질병은 매우 다양하다. 알츠하이머병은 가장 흔하고 그다음으로는 혈관성치매가 많다. 혈관성치매는 뇌졸중이 연달아 일어나거나 딱 한 번이라도 심각한 뇌졸중이 일어나면 뇌에서 힘과 움직임을 통제하는 부분뿐이 아니라 사고, 언어, 기억에 관여하는 부분에도 영향을 미침으로써 발생하는 것이다. 많은 사람이 알츠하이머병과 혈관성치매에 함께 걸린다. 또 루이소체치매도 있는데, 이는 특별한 패턴이 있으므로 알아둘 만하다. 다른 종류도 있다. 전두측두엽치매는 특히 소란을 일으키는 행동 변화를 동반할 수도 있다. 파킨슨병을 오래 앓은 사람이 걸리는 치매 종류도 있으며 훨씬 더 희귀한 종류도 있다.

그렇다면 치매 증상은 무엇일까? 치매가 기억뿐 아니라 무언가를 조직하는 기술, 계획성, 방향감각, 언어 같은 다른 사고 영역에도 영향을 미친다는 사실은 많은 사람이 안다. 하지만 더 모호하고 측정하기 힘든 사고 양상에도 영향을 미칠 수 있다는 사실은 흔히 알려지지 않은 듯하다. 슬프게도 치매에 걸리면 호기심이나 유머, 아름다움에 대한 인식, 공감하는 능력이나 타인한테 관심을 가지는 능력이 깎여나갈지도 모른다. 요컨대 우리를 친절하거나, 재미있거나, 호감 가거나, 심지어 사랑스러운 사람으로 만드는 특징도 마모될 수도 있다.

누군가가 치매에 걸렸는지는 어떻게 알까? 내가 치매에 걸렸는지는 또 어떻게 알까? 마거릿 할머니의 가족한테 어떤 질문을 할 것인지 말해보라고 하면 의대생들은 대개 "할머니가 남편분의 성함을 잊어버리셨나요?", "먹은 것을 기억하시나요?", "옷을 제대로 입으시거나 화장실에 가실 수 있나요?" 같은 질문을 하기 시작한다. 하지만 이런 질문에는 통찰이 없다. 마거릿 할머니에게 이런 어려움은 하나도 없었다. 더 초반에 드러나 알아차리기 힘든 징후는 어떨까?

나는 학생들한테 아이들을 생각해보라고 한다. 초등학교에 입학할 때쯤이면 대다수 어린아이는 나이프와 포크를 사용하는 법을 배운 뒤고 혼자 옷을 입고 화장실에 갈 줄 안다. 거의 모든 사람은 기본적인 능력인 이 '초등학교 기술'을 오랫동안 유지하며 늦게 잃어버린다.

이번에는 학생들한테 10대 청소년이 무엇을 배우는지 말해달라고 한다. 15세에서 21세 무렵인 내 아이들은 지금 무엇을 배울까? 친구한테 전화를 걸어 사회생활을 계획하고, 낯선 도시에서 운전하고 대중교통을 이용한다. 더 풍부하고 정교한 어휘를 효율적으로 사용한다. 식사 계획을 세우고 요리를 하고 방을 청소하고 정돈한다(어느 정도까지는 말이다. 이 부분은 역할모델 문제이다). 살 곳과 일자리를 구하고 재정을 관리한다. 여행을 떠나고 돌아오면 경험한 일을 중언부언하지 않고 말해준다.

학생들은 이제 치매가 진행 중인 사람이 어떤 기술을 가장 먼저 잃어버리는지 알 수 있다. 여러 가지 언어를 배운 사람은,

반대 순서로 잊어버리는 경향이 있다. 나는 내 착실한 환자였던 일제 할머니가 수십 년 동안 자신 있게 썼던 영어를 서서히 잊어버리고 어릴 때 사용했던 독일어로 슬며시 돌아가는 것을 봤다. 또, 우정은 관심 밖의 일이 되고, 가족들은 별생각 없이 자동이체 설정을 도와주거나 미납 고지서가 있는지 우편물을 확인하기 시작한다. 새 전자레인지의 사용법을 알아내는 데 무척 오래 걸리고, 차를 고치러 지역 정비소에 가는 걸 말하고 또 말한다. 장기기억은 남아 있을 수 있지만, 오늘 점심 시간에 일어난 일은 잊어버린다. 성격도 변할 수 있는데, 처음에는 알아차리기 어려울지도 모른다. 침착한 사람이 불안해한다거나 짜증을 잘 내는 사람이 밝은 미래를 기대한다거나 하는 식이다. 내 친구인 시안은 이렇게 말했다.

"아버지는 심술쟁이 할아버지라고 불릴 정도였지만, 요즘에는 아주 행복해 보이셔. 예전에 걱정했던 걸 전부 잊어버리셨나 봐."

치매에 걸렸는지 알아보는 또 다른 방법에는 무엇이 있을까? 기억력 검사도 틀릴 때가 있다. 누군가가 섬망에서 회복 중일 때, 예컨대 감염증을 극복하는 중이거나 통증이 심해서 코데인 같은 마약성진통제를 먹을 때 기억력을 검사하는 것은 적절하지 않다. 또 기억력 검사 점수는 오르락내리락할 수 있어서 어떨 때는 점수가 표준 경계선 그 어디쯤 미치던 사람이 다른 날에는 더 잘할 수도 있다. 어쨌거나 치매는 기억력만으로는 정의할 수는 없다. 교육 수준이 높은 사람이 대개 기억력 검사에서도 점수가 잘 나오는 것만 봐도 그렇다. 가족들이 알기로는 일상에서 결정을 내릴 때 실제로 문제를 겪는데도 말이다.

나는 은퇴한 공무원인 길버트 할아버지가 기억력 평가를 해치우는 모습을 감탄하며 지켜봤다. 할아버지는 집을 심하게 어지르고 모임 약속을 마구잡이로 잡으면서 친구들한테 걱정을 샀지만, 검사에서 '기억해내기' 부분을 폭풍처럼 헤쳐나갔다. 길버트 할아버지는 1분 안에 동물 이름을 할 수 있는 한 많이 말해야 했다.

기억에 이상이 없는 사람도 이 문제에서는 곤란을 겪기 마련이다. 압박 속에서 다들 출발만큼은 자신 있게 한다. "개, 고양이, 소." 그러다 잠시 멈춰 방향을 잃고, 살짝 당황한다. "말, 조랑말… 둘 다 괜찮은가요?" 그리고 조금 허둥대다가 본론으로 돌아온다. "원숭이, 상어… 물고기를 말해도 되나요?"

길버트 할아버지는 그렇지 않았다. "아무 동물이나, 1분 안에 말입니까?" 할아버지는 지시를 확인하고 출발했다. "좋아요. 개미핥기, 오소리, 코요테, 돌고래, 코끼리, 사슴." 이제 할아버지는 기억을 글자 하나하나에 두고 속도를 올린다. "염소, 하마, 이구아나, 자칼, 캥거루, 라마, 듀공." 할아버지가 잠깐 주저했지만 나는 할아버지가 다음 단어를 찾아 고심하기보다는 '듀공'이라는 단어를 음미하는 것은 아닐까 생각했다. 할아버지가 다시 돌격했다. "붉은배영원, 오카피, 쇠돌고래." 환희에 젖어 '얼룩말'까지 도달한다.

더 정밀한 신경 인지 검사를 하면 가면을 벗겨내고 확실한 진단을 내릴 수 있을지도 모른다. 할아버지가 오래 고생한 돌보미를 두고 외모나 옷차림이나 냄새로 험담하는 경향을 보건대 아마 전두측두엽치매일 것이다. 하지만 이 검사는 연구 병동 밖에서 이루어지기는 거의 불가능하며, 할아버지는 검사에 관심이 없었다. 결국 할아버지는 치매 진단을 받지 않았다.

치매 진단까지 이르는 길은 다른 이유에서도 찾기가 어렵다. 때때로 치매는 표준 견본에 안 맞는 증상으로 위장한 채 나타나 눈을 속이고 모두를 기만한다.

우리가 회진을 돌며 딜리 할머니 차례까지 갔을 때, 할머니는 코바늘로 담청색과 초록색이 복잡한 무늬를 이루고 있는 사각형 모양의 무언가를 뜨는 중이었다.

"새로 태어난 아기들을 위해 만드는 거예요. 빠른 애들 말이에요. 그 애들을 뭐라고 부르지?"

내가 제안했다.

"신생아요? 아니면 미숙아요?"

"맞아요, 미숙아."

딜리 할머니가 사각형을 반듯하게 펴면서 말했다. 축 늘어지고 구멍이 나서 나머지 규칙적인 뜨개질 코를 망치는 부분이 있었는데, 할머니의 손가락은 그곳을 그냥 무시하고 지나갔다. 나는 무늬에 감탄하면서 할머니가 항상 이런 걸 잘 만들었냐고 물었다. 할머니는 밝게 대답했다.

"이게 일이었죠. 쿠션과 커튼 등 낡은 캠핑카에 쓸 새 실내

장식을 만들었는데, 즐거웠지."

하루 전에 입원할 때만 해도 딜리 할머니는 어리둥절하고 맥이 빠진 상태였다. 할머니는 집 밖에서 어디를 가지도 못하고 비에 완전히 젖은 채로 발견됐는데, 오늘은 정신이 초롱초롱해 보였다. 마거릿 할머니처럼 요로감염을 진단받았으나 혈액검사 결과는 전부 정상이었고 혼란스러워하는 것 외에는 다른 증상이 없어 보였다. 다른 영상 검사나 엑스레이에서도 아무 문제가 안 보였으며, 소변에도 문제가 없다는 결과가 방금 막 나왔다. 우리는 차트에서 항생제를 지우고 할머니의 아들이 도착하길 기다렸다.

데이브는 그날 오후, 딜리 할머니가 잠에 빠진 시간에 왔다. 나는 그전에 종종걸음으로 화장실에 가는 할머니를 봤는데, 그때 할머니는 비틀거리다가 병상 옆 탁자를 짚고 균형을 잡았다.

"엄마, 일어나세요. 엄마 얘기를 할 거예요."

데이브가 말했다. 딜리 할머니는 몸을 떨고 눈을 과장되게 두어 번 깜박이더니 일어나 앉아 대화에 끼었다.

"이번에는 뭐예요. 올해 들어 세 번인가 네 번째 감염된 거죠, 엄마?"

데이브가 말하자 딜리 할머니가 동의했다.

"요요처럼 항생제를 먹었다 뗐다 했지."

데이브가 말을 이었다.

"그리고 매번 완전히 혼란에 빠져서, 그냥 정신이 없잖아요. 얼마나 자주인지는 모르겠지만 넘어진 적도 많고….”

“이번은 아니다.”

딜리 할머니가 방어적으로 말했다.

“맞아요. 그런데 지금 엄마는 이리저리 떠다니는 해파리 같은걸요.”

데이브의 말에 딜리 할머니가 눈을 굴렸다. 나는 딜리 할머니에게 물었다.

“기억은 어떠세요, 딜리 할머니?”

내가 묻자 할머니는 웃음을 터트렸다.

“아주 형편없어요. 뭐가 뭔지 모르겠는 때가 반이라니까.”

나는 상태가 좋은 날과 나쁜 날이 있는지 물었고, 이번에는 데이브가 자기 눈을 굴리더니 끼어들었다.

“확실히 좋다가 나쁘다가 그러잖아요. 좋은 날에는 리타가 들렀을 때처럼 송곳만큼 예리하다가도 다음 날이면 환상 속으로 떠나곤 하셨잖아요. 저를 마이클이랑 헷갈리셨고요.”

딜리 할머니는 눈썹을 살짝 치켜올리면서 ‘너를 믿어야 할지는 모르겠지만 따지지는 않겠다’라는 듯한 표정을 지었다. 나는 다른 질문을 했다.

“딜리 할머니, 이상한 질문처럼 들리시겠지만, 상상 속에 있는 무언가가 장난을 칠 때가 있나요? 작은 개나 동물 같은 것이 보였는데 다시 보니 거기에 없던 적이 있을까요?”

딜리 할머니는 코를 찡그리며 웃더니 말했다.

“작은 개가 불쑥 나왔다 들어가요.”

그러자 데이브가 놀란 표정으로 말했다.

"저한테는 그런 말을 안 했잖아요, 엄마!"

"마이클한테 말하긴 했는데, 거기에 개가 없다지 뭐니. 그래서 계속 얘기하진 않았지. 어쨌든 우리가 켄트에 살 때 길렀던 개처럼 작고 검은 개였어."

할머니가 대답했다. 데이브는 이제 '마음대로 해보세요' 하는 얼굴을 할 차례였다.

"가끔 거기에 없는 사람이 보이기도 하시는지, 그러니까 진짜 사람인데 다른 사람들은 보지 못한다거나 그런 적도 있으셨나요?"

할머니는 차분하게 미소 지으며 말했다.

"자주는 아니지만, 가끔 모퉁이에 사람이 있어요. 아마 그냥 이웃이겠죠. 문젯거리는 아니에요."

딜리 할머니가 겪는 증상은 전형적인 루이소체치매 증상이다. 1910년에 베를린에서 일하던 젊은 과학자 프리드리히 루이는 일부 뇌 표본에서 이상한 단백질이 뭉친 작은 덩어리를 발견했다. 루이와 다른 사람들은 파킨슨병 환자의 뇌 아랫부분, 즉 뇌줄기에서 이와 같이 아주 작고 동그란 공을 흔히 찾을 수 있다는 사실을 깨달았다. 뇌줄기는 운동 능력은 물론이고 신경계가 담당하는 여러 '자율' 기능, 예컨대 혈압조절, 발한 작용, 어둠 속에서 동공이 커지는 현상 등과 관련이 있다. 다만 의식적인 사고나 기억을 저장하지는 않는다. 그런데 수년 뒤에 다른 병리학자들이 발견한 바에 따르면, 특정한 행동 양상을 보이는 사람한테는, 이제 루이소체라고 불리는 뇌줄기의 이 이상한 단백질이 뇌 전체에 흩어져 있고, 이로 인해 파킨슨병 특유의 운동 문제가 발생할 뿐 아니라 의식적인 사고 측면에서도 영향을 받는 것이다.

　루이소체치매에 걸린 사람은 종종 가족을 당황스럽게 만든다. 기민함과 기억력이 하루가 다르게 크게 변하기 때문이다. 병이 꽤 진행된 이후에는 시시각각으로 변하기도 한다. 자녀들은 서로 통화하며 "나 방금 아버지랑 아주 이상한 대화를 했어"라고 이야기하지만, 아버지는 다음 날이 되면 마치 아무 일도 없던 것처럼 군다. 루이소체치매 환자는 걸리지도 않은 감염증 치료를 받곤 하는데, 환자가 요로감염이나 흉부감염으로 섬망에 시달리진 않을까 하는 의료진의 걱정에서 비롯된 것이다. 루이소체치매 환자는 파킨슨병에 걸린 것처럼 보일 수도 있다. 몸이 뻣뻣해지고 발을 질질 끌며 걷거나 종양이 생길 수 있으며 낙상을 당하기 쉽다. 하지만 파킨슨병에 무척 효과적인 레보도파 알약은 루이소체치매에 거의 효과가 없거나 일시적이다. 환각은 루이소체치매의 특징적 증상으로, 다른 치매보다 루이소체치매에서 훨씬 자주 발생한다. 환각은 보통 딜리 할머니가 본 것과 비슷하다. 눈에 보이는 경향이 있고, '생생하고 선명'하다. 고양이든 쥐든 신문 가판대 주인이든, 그저 얼룩 같은 형체가 아니라 살아 있는 생명체처럼 다채롭고 실감 난다. 일부 환자에게는 이러한 환상이 무서울 수도 있지만, 대다수는 이 예기치 않은 손님을 대수롭지 않게 여기는 듯하며 가족이나 친구한테는 말하지 않기로 한다.

치매를 찾아내는 영상 검사가 있을까? 쉽게 말하면 없다. 우리는 이런 검사를 자주 하지만 대부분 기억 문제를 유발할 수도 있는 다른 원인을 찾기 위해서다. 영상 검사는 치매 종류가 무엇인지에 관해서는 넌지시 알려줄 수 있지만, 그 질병에 걸렸는지 판단해줄 만큼 정밀하지는 않다. CT 영상 속 쪼그라든 호두처럼 생긴 뇌에 그늘진 부분이 가득한 것으로 보아 뇌동맥이 막히고 혈액 흐름이 부족해 보일 수 있다. 그러나 환자는 어려움 없이 만족스럽게 일상 과제를 완수할 수도 있다. 영상 검사에서 심각한 변화가 나타나면 앞으로 문제가 생길 것이라고 예상할 수 있지만, 모두가 그런 것은 아니다. 마찬가지로 기억에 문제가 있는 사람 중에 영상 검사 결과가 나쁘지 않은 사람도 많다. 마거릿 할머니와 딜리 할머니도 검사 결과는 괜찮았다. 20대처럼은 물론 아니지만 걱정스러울 정도도 아니었다. 따라서 "영상 검사 결과가 정상이네요"라는 말을 들었다고 해서 치매 경보를 해제해도 된다는 뜻이 아니다. 우리는 영상 검사로 치매를 알아볼 수 없다. 그러면 진단을 받을 가치가 있긴 한 걸까? 그냥 모르는 편이 낫지 않을까?

우선, 치매에 걸린 건 아닐까 걱정하는 많은 사람은 치매에 걸리지 않았을 것이며, 인지한 문제는 대체로 '정상' 범위 안에 있을 것이라 우리는 확신할 수 있다.

내 동료인 애덤을 찾아온 어느 세심한 아내는 자신의 남편이 뇌에 문제가 생겼을까 불안에 떨었다. 걱정 어린 그 얘길 가만히 듣다가 애덤이 구체적인 이유를 묻자 아내가 고백했다.

"남편은 보통 저보다 늦게 자는데, 아침에 일어나 보니…."

아내가 속삭였다.

"남편이 식기세척기를 돌리는 걸 잊어버렸더라고요."

애덤은 웃음을 참아야 했다. 이 아내는 진심으로 걱정하고 무서워했으며, 아내가 걱정하는 것에 관해 더 알아볼 필요도 있었기 때문이다. 식기세척기 실수뿐이라면 그나마 안심이지만, 애덤은 더 중요한 다른 실수는 없었는지 확인했다.

본인 때문이든 다른 사람 때문이든 치매가 걱정된다면 첫 번째로 거쳐야 하는 단계는 숨을 한 번 쉬고 "우리는 그걸 말하고 싶지 않았어요"라는 말을 넘어서는 것이다. 지역 보건의와 노인의학 전문의는 치매에 관한 걱정을 진지하게 받아들인다. 내과 검사도 해야 하는데, 가끔은 치매처럼 보이지만 더 치료가 쉬운 다른 문제가 진행 중인 것으로 드러나기도 한다. 우리는 마거릿 할머니의 갑상샘호르몬을 점검하고 비타민B$_{12}$와 칼슘 수치를 살펴볼 것이다. 할머니가 우울증에 걸리지 않았는지도 확인할 것이다. 우울증은 사고 능력을 심각하게 해칠 수도 있기 때문이다. 실제로 치매에 걸렸을 때조차도 병을 악화하는 요인은 충분히 존재할 수 있다. 우리는 마거릿 할머니가 걸린 감염증을 치료하고 할머니가 먹는 약 중 뇌를 둔하게 만드는 것은 없는지 확인해야 한다.

약물 부작용은 잘 드러나지 않을 수 있으며, 강한 진통제처럼 눈에 띄는 약만 늘 문제를 일으키는 것은 아니다. 꽤 다양한 문제를 해결하고자 처방하는 여러 가지 약이 뇌에 꼭 필요한 화학물질을 고갈시킬 수 있음을 우리는 점차 깨닫고 있다. 과민성방광 치료제, 수면제, 항불안제도 조심해야 하며, 우울증뿐만이 아니라 일부 항우울제도 치매를 악화시킬 수 있다. 그러니 정밀하게 균형을 잡는 일이 필요하다.

진단은 치료로 통하는 문이기도 하다. 아세틸콜린 수치를 높이는 알츠하이머병 치료제는 질병을 늦출 수 있다. 몇몇 사람들한테는 이 약이 깜짝 놀랄 차이를 만들어낸다. 효과가 미미한 사람도 있지만 그래도 유용한 편이고, 확실한 증거는 없지만 발병 초기에 약을 쓰기 시작하면 나중에 시작하는 것보다 더 효과적인 듯하다. 이 약은 때때로 루이소체치매 환자가 겪는 '브레인 포그' 증상에 상당한 효과를 보이며, 환각을 없애고 불안정한 균형감각을 개선할 수도 있다. 이렇듯 치매 약은 모든 사람한테 듣는 것도 아니고 효과가 영원하지도 않지만, 보통은 시도할 가치가 있다.

스스로한테 "내 기억력이 걱정인데 단순히 나이를 먹어서가 아닌 것 같아"라고 말하거나, 다른 사람한테 "당신 기억력이 걱정되는데 예전만큼 선명해 보이지 않기 때문이야"라고 말해야 한다. 또 그다음에는 이 말을 지역 보건의한테 전할 용기를 가져야 한다. 여기에는 지금까지 이야기한 것 이상의 이유가 있다. 하루라도 빨리 도움을 요청할 말을 찾고, 이렇게 요청한 도움이 받아들여져야 하기 때문이다.

앤드류는 자기 부모님이 경험한 일을 설명했다.

"어머니가 아버지를 모시고 진료소에 가셔서 나중에 어머니한테 병원에서 뭐라고 했는지 물었어요. 어머니는 조금 혼란스러워하면서 친절했느니 어쨌느니 하는 소리만 했어요. 아버지는 안 좋아했다더라고요. 병원은 충분히 친절했고, 몇 가지 검사를 하고 나서 아버지한테 더 궁금한 것이 있냐고 물었는데, 아버지는 없다고 하셨대요. 어머니는 아버지가 피곤해서 그러는 거라 생각하고 아버지와 집으로 돌아왔죠. 조금 있다가 제가 거실로 내려갔을 때, 어머니가 아버지 앞으로 온 편지를 보여줬어요. 검사 결과와 함께 기억력에 문제가 있다는 말이 있었어요. 하지만 실제로 치매라고는 안 나와 있고, 아버지가 치매 진단에 관한 상담이나 기억력 활동 같은 것에도 참여하길 원하지 않으셔서 퇴원 조치를 했다고만 나와 있었죠. 어머니는 그 상황을 조금 힘들어해요. 온갖 일과 걱정을 짊어질 사람은 어머니인데, 알 수 없는 채로 있으니까… 그래서 아버지가 치매에 걸렸다는 건지 아니라는 건지를 말이죠."

앤드류 같은 사연은 드물지 않다. 진료소 직원은 환자의 의사를 존중하지만, 앤드류가 말했듯 "진단명을 알기만 해도 어머니한테 도움이 되리라는 사실을 아버지는 깨닫지 못한다." 치매 진단 없는 앤드류 어머니 앞에 놓인, 치료로 통하는 그 문은 열리지 않을 수도 있다. 부담이 가중되는 것을 걱정하는 많은 지원 제도는 치매 딱지가 붙지 않은 사람의 보호자까지 돕지는 않을 것이라는 뜻이다. 앤드류 어머니는 돌봄 수당을 청구하거나 자원봉사 단체의 '돌봄 서비스'를 이용하는 일과 관련된 실용적인 조언을 놓치는 것 이상의 문제를 겪었다.

치매 진단을 공식화하는 일은 대개 모호하고 잠정적이다. 특정한 검사 없이는 모든 것이 '이야기'에 달렸는데, 각 이야기가 무엇을 의미하는지 알아내려면 더 들어야 할 때가 많다. 우리는 6개월이나 1년 동안, 악화되는 행동이나 기억을 관찰하며 그 이야기가 가리키는 진짜 문제가 저절로 드러나길 기다려야 할 수도 있다. 그 기간에 우리는 '인지기능 장애', '기억력 문제', '단기기억상실'처럼 불명확한 표현 뒤에 숨어야 할지도 모른다. 이런 표현은 간혹 문제가 있다는 걸 알 것도 같지만 정확히 파악하지 못했다는 뜻일 때가 있다. 하지만 보통 진단은 확실하고, 필요한 검사도 완벽하게 할 수 있다. 따라서 이런 완곡한 어구는 사실 '이 사람이 치매에 걸린 것은 알지만 거기에 관해 말하지 않겠다'는 뜻이다.

나는 앤드류네 부모님을 안다. 나서는 걸 좋아하지 않는 겸손한 부부다. 치매 진단이 아니라면, 앤드류의 어머니는 왜 남편이 점점 불쾌하고 심지어 무례하게 행동하는지 설명할 수 없을 것이다. 친구한테 온 전화를 안 받는 이유나 더는 노인 야유회에 참석하지 않는 이유에 관해서도 마찬가지다. 의료진은 이 점에서 심각한 실수를 저지르는 것이며 이는 공평하지 않다.

전문가가 이 병에 관해 말하지 못한다면, 이 진단을 섬세하고 정직하게 말할 방법을 알아내지 못한다면 치매를 앓는 것이 그저 힘들고 불행할 뿐 아니라 부끄러운 일이라는 인상을 줄 것이다. 우리는 치매 환자와 가족이 최대한 수치심에 시달리지 않도록 해야 한다. 이 질환에 수치심이 설 자리는 없다.

몇 년 전, 나는 학회에서 노인의학과 수련의 한 무리와 함께 앉았다. 탄자니아에서 돌아온 지 얼마 안 된 의사 둘이 있었는데, 그들은 거기 시골 마을에서 장애 및 치매 발병률을 측정하는 프로젝트에 착수한 참이었다.

"누가 치매에 걸렸는지 어떻게 알아냈나요?"

내가 묻자 활력이 넘치는 젊은 의사 둘은 말했다.

"그게 큰 도전이었어요. 저희는 축약형정신검사 같은 표준 선별 검사도 쓸 수 없었거든요."

축약형정신검사AMT는 1972년에 헨리 호킨슨이 고안한 것으로 수 세대 동안 노인의학 전문의와 함께했다. 여기에는 생일, 제1차 또는 제2차 세계대전이 발발한 연도, 현재 대통령에 관한 질문이 포함된다.

"마침내 정식 질문 몇 가지를 만들어내긴 했는데, 막상 시작해보니 그냥 사람들한테 '예전이라면 조언을 구하러 갔겠지만 이제 더는 조언을 구하지 않는 사람이 이 마을에 있냐'고 묻는 것이 가장 좋은 방법이라는 것을 깨달았어요."

나는 그 뒤로 이 의사들과 탄자니아인 동료들, 그 발견을 향한 헌신, 그 열정을 자주 생각했다. 그럴 때면 나는 아주 먼 어느 마을을 떠올린다. 뱀을 막기 위해 주변 모래를 매끈하게 쓸어둔 오두막집 문가에 앉아 있는 할아버지나 할머니를 그려

본다. 그러면 그 사회에서도 수치심이 치매 진단에 부정적인 영향을 끼칠 수 있는지 궁금해지면서 몹시 슬퍼진다.

치매는 삶을 끝내는, 경험과 배움으로 가득 찬 삶을 살며 한때는 지혜로웠던 사람을 더는 지혜롭지 않게 만드는 매우 불합리한 방법이자 큰 낭비처럼 보인다. 하지만 치매를 부끄럽게 여기도록 놔두는 것은 지혜나 인격이 서서히 사라지는 상황을 더 나쁘게 만들며, 그것이야말로 정말 잘못된 일이다.

치매는 오명을 쓴 질환이고, 우리는 이 상황을 정리해야 한다. 수치심 대신에 변화를 부르는 긍정적인 감정을 동력으로 삼아야 한다. 연민, 부당함에 대한 분노, 실용적인 투지 등을 말이다. 이런 강력한 감정은 더 나은 돌봄을 촉구하는 캠페인에 영감을 주거나, 연구 사업 기금을 마련해주거나, 긴 하루 끝에 달콤한 인내심을 한 방울 더 발견할 수 있게 해준다. 이런 감정은 아마 우리가 치매 진단에 대응하는 데도 도움이 될 것이다.

10
치매 대응하기

크리스마스 휴일이다. 우리는 피터네 가족과 점심을 먹었다. 사촌들이 다른 지방에서 도착했고, P 할머니도 휴일을 함께 보내려 왔다. 할머니가 데려온 개는 등이 넓고 눈이 혼탁한 늙은 스패니얼이다. 이 개는 닳아빠진 소파에 가만히 누워서 새로 태어난 강아지가 깨물 수 있게 귀를 내어준다. 22명이 점심을 함께하러 모인 것이다. 침실에서 의자를 가지고 내려왔고 피아노 의자를 부엌으로 끌고 왔다. 가장 어린아이 셋은 창턱에 함께 끼어 앉는다. 모두가 신이 나 있어 집은 따뜻하고 떠들썩하다. 그나마 나이를 먹은 10대 아이들은 사과주를 찾아내고, 더 어린아이들은 탄산음료에 열광한다. 레드와인에서 둔탁하게 탁, 소리가 난다. 햄과 리크가 든 파이, 완두콩, 남은 크랜베

리소스, 블랙베리와 사과가 든 크럼블이 재빨리 입속으로 사라질 때, 톰이 일어서서 "나라 이름 맞히기 게임해요!"라고 외친다. 쪽지를 나눠 갖고 식탁에서 연필통을 돌리느라 소란이 인다. 안 나오는 볼펜과 노란 색연필을 두고 투덜거리는 소리 위로 톰이 외친다.

"좋아요. 각자 나라를 고르고 쪽지에 적으세요. 아무한테도 보여주지 말고 쪽지를 통에 담으세요. 그리고 내가 읽을 수 있게 써줘, 앨리스."

사람들은 허공을 뚫어지게 쳐다보다가 줄을 그어 글씨를 지우기도, 새 종이를 달라고 요구하기도 한다. 마침내 모든 나라가 통에 모이자 톰이 다시 외친다.

"준비됐어요? 전부 읽겠습니다. 한 번뿐이니까 잘 들으세요. 맥스, 집중하고 있지?"

22개 나라를 소리 내어 읽고 나서 게임이 시작된다. 맥스부터 시작하기로 한다.

"멕시코 대통령이에요?"

맥스가 묻자 P 할머니는 자기는 멕시코 대통령이 아니라고 한다. 그럼 이제 할머니 차례다. 할머니는 내 사촌 중 한 명한테 아제르바이잔 대통령이냐고 묻는다. 역시 아니다. 이번엔 그 사촌이 맞힐 차례다. 게임은 계속 진행된다.

"엄마는 파푸아뉴기니 대통령이에요?"

한 아이가 자기 엄마한테 묻고, 맞는 것으로 드러나자 의자를 당기고 자리를 바꾼다. 그러고 나서 앨리스가 딸한테 합류하여 초기 제국을 건설한다. 맞추면 감탄사가 나오고, 작은 제국이 다른 제국과 통합된다.

"벨기에 대통령이십니까?"

사위 중 하나가 P 할머니한테 질문하자 P 할머니는 조금도 주저하지 않고 자기는 벨기에 대통령이 아니라고 부인한다. 다시 할머니 차례가 된다. 나라들이 차례차례 대통령을 찾아가고 지도자가 드러나면서 제국이 성장하고 흡수된다.

커다란 두 제국과 함께 맥스와 P 할머니만 남았는데, P 할머니는 포르투갈, 에콰도르, 터키, 터크스케이커스제도 대통령도 아닌 것으로 드러난 상태다.

사촌 하나가 자기 팀 사람들과 논의하고 맥스한테 묻는다.

"맥스, 네가 멕시코 대통령이야?"

맥스가 결국 들켜버렸다는 아쉬움에 끙하는 소리를 내자 사람들은 환호한다. 앨리스가 P 할머니를 승자로 발표하면서 게임이 끝난다. 사촌 하나가 P 할머니에게 묻는다.

"그나저나 어느 나라였어요?"

P 할머니는 활짝 웃으며 말한다.

"좋은 게임이야, 정말이지 아주 즐거웠어."

할머니는 식탁 치우는 일을 도우러 일어서고, 아이들은 소리치며 밖으로 뛰어나간다.

"잘 먹었습니다."

조금 있다가 나는 통에 담긴 쪽지를 손으로 집어 올린다. 짤그락거리는 설거지 소리와 아이들이 축구하는 소리가 들린다. 밖은 어느새 땅거미가 지고, 쪽지 하나가 내 손바닥에서 펼쳐진다. 단정하고 예스러운 글씨체로 '벨기에'라고 쓰여 있다.

P 할머니가 최근에 기억력 진료소에 다녀왔고 알츠하이머병 진단을 받았다고, 톰은 말해주었다.

"담담하셨어. '계속 사는 거지'라고 말씀하실 뿐인데, 어쩌면 그 말이 맞는 느낌이야. 왜냐면 실제로 바뀐 게 없거든. 집에서도 여전히 괜찮으셔. 언젠가는 운전하시는 것에 관해서도 생각해봐야 할 테고, 도움이 조금 더 필요해지실 테지만 지금은 그렇게까지 걱정하시는 것처럼 보이지는 않아. 우리가 더 걱정이 많지."

노인의학 전문의는 치매에 걸린 사람을 많이 본다. 우리 환자 중 다수는 증상을 오랫동안 겪어도 조언을 구하지는 않는다. 어쩌면 기억력이 떨어지는 것이 정상이라고 생각해서일 수도 있고, 할 수 있는 일이 없어 보여서일 수도 있고, 사랑하는 사람을 속상하게 하고 싶지 않아서일 수도 있고, 당황하거나 무서워서일 수도 있다. 더는 살던 집에서 살 수 없게 되거나 '지적 능력을 잃어버린' 사람이 될까 봐 말이다.

대부분은 치매가 아닌 다른 문제로 병원에 오고 나서야 상황을 파악하게 되는데, 그때 우리는 환자 가족에게 신중하게 질문하면서 사실 치매 진단을 몇 년 전에 내릴 수도 있었음을 깨닫는다. 이 단계에서는 환자가 진단을 인지하는 것 자체가 헛된 일일 수도 있다. 환자는 다음 날이면 우리가 나눈 대화를 잊어버리기 일쑤이며 미소나 친절한 목소리, 차나 날씨 이야기에 안심하면서 그저 그 순간을 한 번 더 살지도 모른다.

하지만 치매 진단을 내리는 일은 노인의학 전문의보다는 치매 진료소를 운영하는 노인정신과 전문의가 주로 하고, 그들은 질병 초기 단계에 있는 사람을 만나는 경향이 있으므로 어쩌면 상당히 다르게 전망할 수도 있다.

나는 동료 노인정신과 전문의와 대화를 나누면서 물었다.

"실제로 무엇을 해야 할까요? 제가 환자이고 그 진단을 받아 방금 진료소를 걸어 나왔다면, 다음은 뭔지 궁금해요. 그걸 알면 뭘 해야 할까요?"

존과 마틴은 친절하고 경험이 풍부한데, 둘은 나에게 아주 비슷한 말을 했다. 존이 설명했다.

"사람들이 치매를 끔찍하게 인식하곤 하는데 저는 그게 병이 악화될 대로 악화되고, 요양원에 있고, 누가 봐도 제정신이 아닌 데다 종종 고통스러워하는 사람들을 TV에서 보기 때문이라고 봐요. 이런 모습으로 좋은 파노라마 영상을 만들긴 하지만, 대부분의 사람은 이런 삶을 살지 않아요."

마틴도 동의하며 덧붙였다.

"그리고 과거에는 보통 진단을 늦게, 사람들이 정말로 엄청 심각한 상태일 때 내릴 수 있었지만 요즘에는 훨씬 일찍 진단을 내려요. 실제로는 많은 사람이 치매와 함께 살아갈 뿐 남들과 다르지 않게 산다는 걸 알려주는 것이 중요해요. 누구도 듣고 싶어 하지 않는 진단이라고 해서 겉발림을 하는 것도 잘못된 거지만, 균형 잡힌 그림은 제시해야죠."

P 할머니가 겪은 일은 마틴과 존이 했던 말과 깊은 관련이 있어 보인다. 톰은 내게 말했었다.

"어머니와 진료소에 다녀온 뒤에 처음 며칠은 어떤 느낌이었냐면… 그러니까, 얼음 골짜기를 미끄러져 내려오는 것 같았어. 브레이크도 없이, 무척 겁에 질린 채. 그러다가 아무것도 변한 게 없다는 사실을 깨달았는데, 약간 진정하고 몇 가지 계획을 세워야겠다 싶었어."

다음에는 무슨 일이 일어날까? 존은 치매 진단을 받은 환자와 가족한테 앞으로 일어날 일들에 대해 어떻게 설명하는지 자세히 알려주었다.

"저는 되도록 진단에 '틀'을 씌워서 전체적인 시야 안에 두려고 해요. 사실 치매 진단을 받은 사람 일곱 명 중 한 명만 치매로 사망하고, 대다수 치매 환자는 실제로 그 단계까지 도달하지 않는다고 말하죠."

하지만 마틴은 이렇게 덧붙였다.

"그것도 상황을 친절하게 설명하는 방법이 될 수 있지만, 제 생각에는 치매가 꾸준히 진행된다는 점을 분명하게 알려주는 게 좋은 것 같아요. 치매는 정말로 점점 나빠지니까요. 어떤 사람이 무슨 정보를 받아들일 수 있을지는 당연히 신중하게 판단해야 하지만 저 통계에서 치매로 죽지 않는 사람이 많은 이유는 다른 원인으로 먼저 죽기 때문일 거예요. 특히 8, 90대에 치매 진단을 받았다면요."

마틴과 존은 둘 다 진단을 받아들이는 데 시간이 필요하다는 점을 강조했다. 마틴은 이렇게 덧붙였다.

"저는 사람들이 자기 삶이 끝났다고 느끼면서 제 진료소를 떠나지 않길 바라요. 사실 치매 진단을 받은 다음에도 평소처럼 장은 봐야 하잖아요. 지난주에 장을 봤던 것과 똑같이 이번 주에도요. 길게 보면 결국에는 병에 순응해야 한다는 거예요. 도움이 더 필요하겠지만 대부분 상황은 천천히 변하니까요."

두 사람은 시간을 들여 계획을 세우는 것이 좋다고 했다. 존은 단호했다.

"유언장을 작성하고, 재정 상태를 정리하고, 금전뿐 아니라 의료와 복지 면에서도 지속적 대리권(치매 등 건강상의 이유로 판단 능력이 부족해져 의사 결정을 할 수 없을 때를 대비해 결정권을 위임할 사람을 공식적으로 임명하는 문서. 건강 및 복지, 재산 및 재정과 관련된 사항을 모두 포함하며, 우리나라의 임의후견제도와 비슷하다 – 옮긴이)에 관해 가족과 이야기하라고 늘 말해요."

마틴도 동의하면서 덧붙였다.

"맞아요. 명확하게 계획을 세우고, 가족과 확실하게 이야기해야지, 가족한테 숨기면 안 돼요. 그리고 치매와 잘 지내야 하죠. 즐거운 일을 해야 해요! 호주에 사는 형제를 방문하겠다고 약속해왔다면 지금이 그렇게 할 때예요. 일을 미루지 말고 지금 하고, 즐겨야 해요. 행복한 기억을 담는 둑을 쌓는 거죠."

치매에 걸린 내 환자는 예후에 관한 질문, "살날이 얼마나 남았죠?"라는 질문을 하지 않는다. 하지만 그 가족들은 당연히 이 질문을 한다. 이 질문에 답하기가 어려운 건, 변동성이 크기 때문이다. 젊어서 진단을 받은 사람이라도 급격히 쇠약해질 수 있고, 치매만 빼면 건강하다고 진단받은 60대가 15년 이상이나 되는 오랜 기간을 사는 사례도 드물지 않다. 하지만 나이가 든 사람, 특히 치매 진단을 받을 당시에 이미 노쇠한 사람이라면 일이 이렇게 잘 풀리지 않는다.

2016년에 네덜란드에서 발표한 자료는 깜짝 놀랄 만하다. 새로 치매 진단을 받은 65세 이상 환자는 향후 1년 동안 사망할 확률이 일반 사람보다 서너 배 더 높다는 결론이 나왔다. 연구자들은 진료소에 온 사람뿐 아니라 병원에 입원해 있는 동안 치매를 진단받은 사람까지 살펴봤는데, 그러자 세 명 중 한 명이 1년 안에 사망하는 것으로 드러났다. 이 자료는 네덜란드에서 존엄사가 합법화될 무렵이지만 그 길을 선택하는 사람이 손에 꼽힐 만큼 적었던 시기에 수집한 것이다.

시카고 팀에서 나온 연구에 따르면, 알츠하이머병을 새로 진단받은 사람은 평균 4년을 채 못 살았다. 물론 이것은 평균이고, 개인차가 크지만 말이다.

일부 치매 환자는 꿋꿋이 살아가는 듯하지만(어느 딸은 "어머니는 죽지 않는 사람이나 다름없어요"라고 내게 말했다) 상황이 갑자기 돌이킬 수 없이 엉망이 되어버릴 때도 드물지 않다.

레나타 할머니는 최근에서야 치매 진단을 받았다. 1년 조금 더 전에 담낭염이 왔고 섬망이 와서 정신착란이 일어났는데, 강한 항생제로 감염증은 없앴지만 착란 증세는 끈질기게 계속됐다. 섬망에 걸리면 세 명 중 한 명은 상당히 빠르게 완전히 회복하고, 다른 한 명은 회복은 더디지만 결국엔 병에 걸리기 전과 비슷한 수준으로 돌아가고, 남은 한 명은 회복하지 못한다. 섬망은 양성 질환인데도 많은 사람이 섬망 증상을 보인 뒤면 가파른 내리막을 탄다.

레나타 할머니는 담낭염을 치료한 뒤에 집으로, 정확히는 아들과 며느리가 사는 집에 딸린 별채로 돌아갔고 거기서 아들 부부는 할머니의 식사와 청소를 도왔다. 하지만 착란 증세는 나아지지 않았고, 돈에 집착하게 된 할머니가 입출금 명세서를 블라우스에 쑤셔 넣고 밤에 침대에서도 핸드백을 꽉 안고 지내다가 괴로운 사건이 일어났다.

1년 뒤, 기억력 검사 팀은 할머니를 알츠하이머병이라고 진단 내렸다. 도네페질이라는 알츠하이머병 치료제를 써봤지만, 오히려 그 약이 상황을 나쁘게 만드는 듯 보였다. 할머니는 다른 감염증에 걸려 병원으로 돌아왔는데, 이번에는 왼쪽 폐 아랫부분에 폐렴이 진행되고 있었다. 할머니는 다시 섬망에 걸렸고 행동이 거듭 변했다. 양손을 머리에 얹은 채 몇 시간 동안 애매하게 졸기도 했고 한바탕 초조하게 굴기도 했다. 소듐 수치도 낮았다. 이는 폐렴에서 흔히 나타나는 증상이긴 하지만, 할머니는 1년 동안 명확한 이유 없이 계속 정상보다 낮은 수치를 유지했다. 왜 이런 일이 일어나는지 정확히는 알 수 없으나 보통 그렇듯, 뇌에서 무언가가 잘못됐음을 넌지시 짐작할 수 있었다.

강한 항생제를 사용하자 레나타 할머니의 모든 감염 징후가 서서히 사라졌다. 열은 초반에 거의 잡혔고, 혈중 염증 수치도 빠르게 떨어졌다. 할머니의 정신착란을 유발하는 드문 원인을 찾고자 수차례 혈액검사를 하고, 뇌파검사 결과를 판독하고, 뇌를 비롯하여 온몸(이유는 알 수 없지만 가끔 뇌 밖에 숨어 있던 종양이 빠르게 진행되는 경우 정신착란을 유발하는데, 이 상태를 '방종양성증후군'이라고 한다)의 영상 검사를 진행했지만, 아무것도 찾을 수 없었다.

레나타 할머니는 그렇게 다시 집에 갔다가 6주 뒤에 병원으로 돌아왔다. 이번에는 요란한 착란 증세를 보였고, 갈수록 몸이 더 마르고 균형도 못 잡았다. 흉부 엑스레이 결과가 좋아졌음에도 할머니는 다시 폐렴 치료를 받았다. 이미 지금까지 낙상 사고를 몇 차례 당했고 특별한 것 없는 뇌스캔도 몇 번 더 받았다. 지역 병원에 가서 재활치료를 받았으나 역시 진전이 없었다. 그러는 사이 할머니는 더 조용해졌으며 항우울제도 듣지 않았다. 할머니네 가족은 할머니가 다시 집에서 지낼 수 있도록 일과, 손주들을 비롯한 자녀들 사이에서 고군분투했다. 그러나 할머니는 어느 날 밤 침대 옆으로 떨어졌고 다시 병원에 와서, 또 다른 항생제 치료를 받다가 세상을 떠났다.

할머니와 그 아들들한테는 비참하기 그지없는 상황이었고 할머니를 돌보던 사람과 할머니를 봐왔던 사람들한테도 마치 조종장치도 없는 음울한 롤러코스터가 제멋대로 나아가는 모습을 지켜보는 듯한 슬픈 상황이었다. 롤러코스터를 멈출 커다란 브레이크는 결국 없었다.

　우리는 섬망과 치매의 상관관계에 관해서 알아내야 할 것이 많다. 섬망을 겪은 적 있는 사람이 나중에 치매에 걸릴 가능성이 크다는 점을 알고 섬망이 치매를 더 심각하게 만든다는 사실도 알지만, 왜 그런지는 모른다. 아직 드러나지 않은 치매 때문에 이미 연약해진 뇌를 가진 사람한테서 정신착란이 더 쉽게 일어나는 것일까? 아니면 섬망 자체가 손상을 유발하나? 그렇다면 어떻게? 면역세포가 감염증을 물리치면서 분비하는 화합물인 사이토카인이 의도치 않게 뇌에 손상을 줄까? 화학성분 이상이나 약품 등 감염증이 아닌 원인으로 발생한 섬망도 마찬가지로 해로운 영향을 미칠까? 어떤 스트레스 반응 때문에 코르티솔 수치가 올라가서 뇌에서 필수 신경전달물질을 만드는 기능이 고장 나는 것일까? 어떤 사람은 섬망 증상을 겪지 않더라도 치매가 다른 사람보다 빠르게 진행되는데 그건 왜 그럴까? 레나타 할머니는 83세에 건강이 크게 악화됐지만, 의지가 강하고, 포르투갈식 가족 만찬을 고안해낼 만큼 마음이 따듯했던 사람이다. 레나타 할머니 같은 사람을 위해 치료 방법을 찾는 것은 드문 경우이지만 가능할 수도 있다. 그렇다면 이 과정을 얼마나 겪도록 하는 것이 바람직할까? 할머니네 가족은 이해할 수 없는 이 상황을 어떻게 이해해야 할까. 좋은 날들과 희망이 없어지고 좋은 것이라곤 아무것도 남지 않아 대화도 할 수 없어져 "맛있는 빠스떼이스 만드는 법 좀 알려주세요"라거나 "할머니, 이게 아기한테 잘 어울릴까요?"라는 질문조차 할 수 없게 될 훗날, 기우는 저울과도 같은 이 상황을 어떻게 대응할 수 있을까?

생각보다 흔히 일어나는 이런 상황에서는 무척 어려운 대화를 해야 한다. 가족들은 이 대화에서 마음의 준비를 하기도 전에 상실에 관해 타협해야 할 수도 있다. 무엇보다 의료진이 솔직해져야 하는데, 레나타 할머니가 몸이 약해진 이유가 지금으로서는 슬프게도 치매라는 이유 하나 때문일 가능성이 가장 크기 때문이다.

가지고 있던 생각을 미래로 전할 수 있고, 그 생각에 담긴 바람과 두려움을 대화나 계획서로 분명하게 설명할 기회를 누린 사람들이 있다. 계획서에 관해서는 13장에서도 이야기할 텐데, 이런 계획은 환자를 사랑하는 사람에게 큰 도움이 된다. 이 내용을 알지 못하면, 환자의 가족과 의료진은 불확실하고 앞이 캄캄한 여정을 함께 떠나야 하며 환자가 바랐을 법한 방식을 찾아 그 어두운 길을 조금씩 더듬어 가야 한다. 이렇게 하는 일, 그러니까 최선을 다해서 그 사람이 바랐을 듯한 방식으로 누군가를 돌보는 일은 우리가 직면한 가장 어려운 과제 중 하나다.

애나는 셰필드에 있는 집에서 일어났던 일을 설명하면서 아버지에 관해 이야기했다. 애나의 아버지는 기억력이 형편없어서 고지서를 챙기고 채소 재배 계획을 세우고 약속을 기억해 내야 할 때면 도움이 필요했다. 애나는 무미건조하게 말했다.

"지금은 어머니가 모든 걸 해요. 아버지는 아마 치매에 걸린 것 같은데, 음… 알츠하이머병 같지는 않아요."

애나가 한 말이 아버지가 정말로 치매에 걸리긴 했다는 뜻임을 깨달았다. 애나의 아버지가 걸렸다는 그 치매가 실제로 알츠하이머병 때문일 수도 있지만, 애나의 아버지는 문제를 일으키지는 않는다. 낯선 사람한테 위협적으로 말을 걸거나 난폭하게 눈을 부라리거나 갑자기 이유 없이 울지도 않는다. TV에 나오는 알츠하이머병 환자처럼 불안해하거나 매사에 심드렁하거나 배회하는 등 신체 활동에 어려움이 있어 보이지도 않는다. 아직 치매행동심리증상BPSD은 없는 것이다. 이는 두 번째로 이야기하기 어려운 주제이며 불행 그 자체라고 할 수 있다.

이 책을 쓰면서 나는 여러 번 그만두고 싶었다. 여러분이 어떻게 느낄지 걱정돼서였다. 우리가 같은 방에 있다면 나는 여러분을 계속 지켜보고 여러분이 하는 대답에 귀를 기울일 것이다. 여러분이 짓는 표정을 읽으려 노력하면서 이 정보가 여러분한테 옳은 정보인지, 옳은 정보라 하더라도 과연 시기에 맞는지를 헤아려볼 것이다. 적절한 말을 고르려 노력할 것이고, 어쩌면 내 손을 여러분 손에 얹거나 그저 잠시 함께 앉아 있을 수도 있다. 나는 여러분이 이 책을 읽는 이유가, 치매가 도저히 받아들이기 힘든 그 지독한 모습으로 어떻게든 여러분의 삶에 끼어들 수도 있기 때문임을 안다. 치매 앞에서 나는 여러분이 혼자라고 느끼지 않길 바란다. 아마도 이 책에서 우리는 치매가 우리에게 던지는 어려운 문제에 대해, 그리고 우리가 할 수 있는 것들에 대해 함께 생각할 수 있을 것이다.

치매의 행동심리증상에는 특징이 많다. 이 특징을 전부 보이는 치매 환자는 없겠지만, 거의 대다수는 일부 특징을 보인다. 이 증상들은 기억상실보다 더한 불행을 초래하고 보살피는 사람의 심장을 쥐어짠다. 우리가 어떻게 대응하냐에 따라 나아질 수도 나빠질 수도 있는데, 단순한 변화로 행동이나 환경을 조금 바꿔주거나 상상력을 이용하는 활동을 할 수 있게 해주면 일부 증상에 도움이 될 수 있다. 그 이상의 증상이라면 위험성이 있는 약물 치료를 해야 할지 매우 진지하게 결정해야 한다. 우리의 대응으로 더 악화되는 증상도 있다. 예컨대 반복행동이나 공격성은 자극을 받으면 더 심해질 수 있다. 또 일부 증상은 극복하기 어려워 접근법을 달리해야 한다. 치매 행동심리증상이 매우 심각하다면 그 누구도 혼자 대처하는 상황에 놓여서는 안 된다.

병원 감독관인 치료품질위원단이 방문했다. 기록을 획획 넘기고, 직원한테 손 위생에 관해 질문하고, 방문한 가족과 이야기하고, 변기 겸용 의자 밑을 점검하면서 우리 병동에서 이틀을 보냈다. 감독관이 방문해 있는 동안 요양원으로 이사를 앞둔 메리 할머니는 D 구역에 앉아서 "사람 살려! 사람 살려!" 하고 소리쳤다. 우리 중 하나가 할머니한테 가서 "할머니, 괜찮으세요?"라고 묻자 할머니는 고개를 들고 활짝 웃으며 "그럼,

괜찮아요"라고 대답했다. 그러고 나서 우리가 다른 일을 하러 몸을 돌리면 할머니는 다시 시작했다.

사람을 부르는 것은 치매 환자의 흔한 행동이다. 요의처럼 단순한 몇 가지 욕구를 충족시킨 상황이라면 증거에 기반하여 조언하건대, 이런 행동은 무시하는 것이 좋다. 대신 평온한 상태에서 잠시 대화를 나누고 침착하고 조용해질 때 보상을 주는 것이 좋다. 우리는 메리 할머니와 치료품질위원단을 안심시키기 위해 할머니가 부를 때 신속하고 확실하게 반응했는데, 그래서 할머니의 행동이 더 심해졌는지도 모른다. 하지만 메리 할머니가 왜 우리한테 관심을 구하는지 파악하고 우리가 도움이 되는 쪽으로 행동을 바꾸어서 메리 할머니도 변하도록 돕는 일은 그렇게 간단하지 않다. 어떤 상황에서는 누군가의 이야기를 들어주고, 그 사람이 걱정하는 것을 알아내어 인정해줘야 할 수도 있기 때문이다.

치매 행동심리증상 목록에 있는 많은 증상에는 도움이 될 수도 있는 해결 방법이 있다. 그것을 알아내는 일은 그야말로 도전이지만, 중증 치매 환자를 걱정하는 사람이라면 알아둘 만한 것은 몇 가지 있다.

먼저 몸이 괴로우면 불안하고 초조하게 굴 수도 있다는 사실이다. 예를 들어 나이 든 남자는 전립선에 문제가 생겨서 고통스러울 정도로 소변을 보지 못할 수도 있으며 소변을 못 보는 일은 가끔 여자한테도 일어난다. 다음으로는, 아는 사람이 거의 없다시피 하지만, 변비는 치매 환자가 어수선하게 행동하는 원인이라는 것이다. 아주 노쇠하거나 정신이 혼란한 사람은 모순적이게도 변비 때문에 설사를 하는 경우가 아주 흔한데, 이 질환을 범람 설사라고 한다. 치매에 걸린 사람은 행동을 바꾸지 않고는 통증을 표현할 수 없을지도 모른다는 사실도 알아둘 만하다. 또 관절통이나 치통에 주의해야 하는데, 치매 전문가는 그저 규칙적으로 해열진통제인 파라세타몰을 먹기만 해도 괴로워서 보이는 행동은 줄어든다고 하며 이를 보여주는 사례가 놀랍도록 흔하다고 한다.

몇 가지를 알았다면 그다음에는 생각을 해봐야 한다. 환경이 새롭거나, 소음이나 빛 같은 자극이 너무 세거나, 어쩌면 슬프거나 지루해서는 아닐까?

2월 어느 날, 병동에서 환자들의 활동을 도와주는 맨디는 알프 할아버지를 돌보는 일을 맡았다. 담대하고 강단 있는 알프 할아버지는 문으로 계속 휘청거리며 달려갔고, 누구든 앞을 가로막으면 검지로 위협하듯 가슴을 찔렀다. 나는 맨디를 참 좋아한다. 맨디는 할아버지가 머물던 요양원에서 받은 정보를 읽고는 잠시 사라지더니 할아버지한테 감자 한 대야와 감자 칼을 준비해줬다. 맨디는 내게 '군대 보급 부대'라고 말했고 알프 할아버지는 오후 내내 앉아서 감자 껍질을 벗겼다. 힘줄이 불거진 그 손으로 완벽해질 때까지 천천히 감자를 돌렸다.

치매 환자와 사는 사람들은 물론이고, 능숙한 요양원 직원도 환자의 곤란한 행동에는 거의 본능적으로 반응한다. 초조해하는 환자는 정원 가꾸기, 침대 정리하기, 깨끗한 수건 개기 같은 일에 참여시킬 수 있으며 그렇게 바쁜 하루를 보내게 하면 잠도 더 잘 잔다. 무심한 환자는 음악이나 예술 활동으로 기분을 좋게 만들 수 있다. 우울한 환자는 공원이나 해변으로 나들이를 가도록 하는 것이 좋다. 초조한 행동이나 사람을 부르는 행동은 맨디가 담당하는 것과 같은, 상상력을 이용하는 활동에 가장 잘 반응하는 증상이다.

하지만 돌보는 사람을 지치게 만드는 증상, 구석구석 스며들어 진을 빼는 행동도 존재한다. 때로는 보살핌과 환경, 또는 약물을 약간만 바꿔도 증상은 반응한다. 아닐 때도 있지만 말이다. 망상, 환각, 수면장애, 비명, 우울증. 이 증상들이 포함된 목록, 듣기만 해도 암울한 이 목록은 이걸로 끝이 아니다. 반복 활동, 탈억제, 성적행동, 불안, 동요. 이런 증상들은 종종 삶의 균형을 깨고 인생이라는 저울을 완전히 산산조각 낸다. 가정을 무너뜨리므로 서둘러 요양원에 갈 수밖에 없게 된다. 죄책감과 절망감에 기름을 붓고 우리가 입 밖에 낼 수 없을 듯한 생각을 하게 만든다. 우리는 그 속에서 지독하게 외로울지도 모른다. 하지만 우리는 모두 혼자가 아니다. 다른 누군가도 언젠가 이런 생각을 해본 적이 있고, 지금도 하기 때문이다. 그러나 우리는 치매에 함께 대응해야 한다.

키가 큰 여자가 간호사 대기실에 서 있었다. 윤기 없는 분홍색 리넨 스웨터에 풍성하게 늘어진 분홍색 꽃무늬 갈색 치마를 입었고, 넓은 벨트는 날씬한 허리에 느슨하게 맸다. 금목걸이 몇 개가 길게 내려와 가슴에 얹어져 있었고 아름다운 은발 머리가 귀 주변과 목 뒤쪽에서 깔끔하게 구불거렸다.

여자는 눈을 감고 간호사실 선반으로 손을 뻗었다. 넘어질 것 같다는 생각이 들어 내가 다가가자, 여자는 고개를 젓고 코로 숨을 깊게 들이마신 다음 나를 쳐다봤다.

"제 남편에 대해 얘기해도 될까요?"

나는 아직 클렘 할아버지를 만나보지는 못했지만, 아래층 응급실에서 진정제를 다량으로 투여받아 깊은 잠에 빠진 것은 알고 있었다. 입원기록에는 정신착란 악화 중-사회생활 위기라고 쓰여 있었고, 나는 방금 전까지 치매 담당 팀에서 보관하던 전산 기록을 읽던 참이었다.

낸시 할머니는 나와 함께 베이지색 인조가죽 소파에 앉아 할아버지에 관한 이야기를 들려주었다. 할아버지는 오랫동안 참전했고 말은 거의 안 하지만 포로수용소에서도 지냈다. 전쟁이 끝난 뒤에는 민주주의 투쟁을 하는 여러 나라에서 복무하기도 했으며 훈장도 받았고 유엔에서도 일했다. 할아버지는 자녀들을 잘 보살피고 풍자가 섞인 농담을 하고 할머니를 사랑하는 분이었다. 할머니는 목 부분에 손을 갖다대며 울퉁불퉁한 연분홍색 보석을 쥐었다. 석영인 것 같은 그 보석은 금테로 고정되어 할머니가 하고 있는 목걸이 사이에 걸려 있었다.

클렘 할아버지는 4년 동안 치매를 앓았다. 처음에는 자기 혐오로 가득 차서 잃어버린 기억을 두고 스스로를 질책했다.

그러던 할아버지는 곧 우울해졌고, 자살을 이야기하다가 지난 2년 동안은 환상("환각, 꿈, 기억일까요? 모르겠어요.")을 보기 시작하면서 무서운 형상에 깜짝 놀라 고함치곤 했다. 다양한 치매 약을 시도해봤지만 아무것도 효과가 없었다. 클렘 할아버지는 밤이면 집을 서성이면서 찬장에서 물건을 끄집어내고 현관 자물쇠를 만지작거렸다.

쏟아내듯 이야기를 하던 낸시 할머니는 무릎에서 양손을 모아 문지르고 또 문질렀다. 클렘 할아버지는 할머니가 불륜을 수없이 저질렀고 집에 남자들을 숨겨놨다며 비난했다고 말했다. 클렘 할아버지는 한동안 정신병원에 입원해 거기서 90번째 생일을 맞았고, 다시 약을 바꿨으며, 그렇게 할아버지는 2주 전에 집으로 돌아왔다고 했다. 할머니는 앞으로 나아지리라 생각했지만 오늘 아침, 할아버지는 부엌에서 옆에 있던 칼을 집어들더니, 갈색 자루가 달린 그 작은 칼을 할머니 목에 들이댔다고 말해주었다.

낸시 할머니는 몸을 내 쪽으로 돌려 내 손목을 움켜잡고 얼굴을 가까이하고선 속삭였다. "나는 그이가 죽기를 간절하게 바라요." 감정이 격해진 할머니는 양손으로 얼굴을 덮었다. 할머니는 아무 소리도 내지 않았지만, 눈물이 손가락에 낀 반지 사이를 타고 흐르는 것이 보였다. 내가 할 수 있는 일이라곤 할머니를 안아주는 것, 이 우아하고 침착한 여자를 안고서 그 가느다란 어깨뼈를 느끼며 "괜찮아요, 괜찮습니다. 그렇게 느껴도 괜찮아요"라고 반복해서 말하는 것뿐이었다.

많은 치매 환자가 스스로의 삶에 만족하며 사람들에게 소중하게 대접받는다. 다른 사람을 즐겁게 해주고 다른 사람이 주는 즐거움을 누리는데, 이런 삶은 본인한테는 물론이고 주변 사람한테도 좋고 쾌활하고 가치가 있다. 하지만 모두가 이런 것은 아니다. 가장 좋은 보살핌을 받아도 어떤 사람한테는 치매와 살아가는 일이 도무지 끝나지도 않고 고칠 수도 없는 고통이 된다. 나는 이런 상황에서 누군가를 사랑하는 동시에 그 사람이 죽기를 바라는 것이 잘못이라고 생각하지 않는다.

치매에 걸린 사람은 실제로 어떻게 죽을까? 내 동료 노인정신과 전문의인 존이 알려주었듯, 치매 환자는 대부분 치매가 아닌 다른 원인으로 사망한다. 치매 자체로 죽는 사람을 보면 병이 진행되면서 서서히 세상에서 멀어진다. 사람과 과거 시절에 관해 흥미를 잃다가 결국엔 아주 기본적인 욕구, 즉 먹고 마시는 것에만 집중하며 살게 된다. 시간이 지나면 이 활동마저 흥미를 잃는다. 음식을 한입 삼키고 나서 다음 음식을 입에 넣지 않거나 혀에 올려두고 인지조차 못 한다. 그러면 딸은 아마 "어서요, 어머니. 그거 삼키세요"라고 말할 테지만 아무 소용이 없다. 가족은 그런 모습을 보기가 굉장히 힘들 수도 있다. 먹고 마시지 않으면 살 수가 없다는 걸 알기 때문이다. 이때는 어머니한테 영양관을 삽입해서 음식을 공급해야 할지 고민할 수도 있지만, 치매라는 여정의 막바지에 다다른 사람한테는 이 방법 또한 아무 효과도 없는 것으로 드러났다. 치매에 걸리면 영양관을 통한 영양 공급으로 생명을 연장할 수 없다. 그러니 치매 자체로 죽는 건 치매에 걸린 사람이 우리한테서 멀어지는 것처럼, 몸이 먹어야 산다는 것을 잊는 것처럼, 맨 끝에 가서는 폐가 숨 쉬는 것을 잊고 심장이 뛰는 것을 잊은 것처럼 느껴질지도 모른다.

하지만 많은 치매 환자는 다양한 질병이 함께 와서 생명을 위협받는다. 누군가에겐 이런 여타 질병이 위협이라기보다는 기회로 보일 수도 있다. 클렘 할아버지는 그해 초에 패혈증에 걸려서 치료를 받았다. 어느 날 밤에 할아버지를 정신병원에서 일반 병원으로 이송해 항생제를 투여했는데 이런 치료가 적절하고 꼭 필요하다는 가정에서였다.

단지 치매에 걸렸다는 이유로 미뤄서는 안 되는 치료와 반대로 치매에 걸렸기 때문에 전혀 원치 않을 수도 있는 치료에 관해 합리적인 대화를 해야 한다. 사람마다 그 균형점은 다를 것이다. 따라서 나는 그 말을 꺼낸 낸시 할머니를 안아준 뒤에 할머니와 앉아서 할아버지가 앞으로 받을 치료를 계획해야 했다. 그리고 거기에는 할아버지가 지금 처한 상황과 할머니가 67년 동안 함께 결혼 생활을 했던 남자가 바라는 것을 반영해야 했다.

우리는 치매에 어떻게 대응해야 할까? 우리는 치매를 이해하지 못한다. 따라서 섬망과 치매를 훨씬 더 많이 연구해야 한다. 우리는 치매를 부끄러워한다. 따라서 정보를 공유하고, 배우고, 오명과 싸우고, 수치심을 물리쳐야 한다. 우리는 치매를 무서워한다. 따라서 잘 훈련받은 전문가한테 조언과 도움을 구하고, 조급하게 굴지 않고, 고통을 덜기 위해 무엇을 할 수 있을지 알아야 한다. 치매는 우리에게 죄책감이 들게 한다. 따라서 서로 안아주면서 혼자가 아님을 깨달아야 한다. 치매는 사랑을 빼앗아가려고 한다. 그러니 사랑하는 능력이 다한 듯한 사람에게 다시 사랑을 쏟아부어주어야 한다.

어느 월요일 퇴근길에 나는 노엘 아저씨를 방문하러 한 병동에 들렀다. 노엘 아저씨는 엄마의 친구이자 은퇴한 교수였다. 엄마도 아저씨가 병원에 입원했다는 것을 알고 있었다. 노엘 아저씨는 역사가였는데, 젊었을 적에는 꽤 인상 깊은 아마추어 스포츠 경력도 쌓았다. 병동 수간호사가 전해주길 아저씨는 잘 지냈고 다음 날 퇴원을 앞두고 있었다. 병동에 와 있던 아저씨의 아들 마크가 나를 반겨줬다. 나는 마크가 설명하는 동안 병상에 걸터앉아 있었다.

"우리는 어제 한 럭비 경기 이야기를 하던 참이었어요. 그렇죠, 아버지?"

아저씨가 고개를 끄덕이며 활짝 미소를 짓더니 말했다.

"그건 버스였어, 나무야."

그러자 마크가 대답했다.

"굉장히 잘하던걸요. 그렇게 생각하지 않으세요?"

"어느 로마든, 중요한 건, 수건….."

노엘 아저씨는 미소를 지으며 말하다가 서서히 조용해졌다. 양손을 들어 럭비공 던지는 자세를 한 마크를 보고는 눈을 크게 뜨면서 다시 미소 짓고 말했다.

"훌륭했어. 공을 그 선까지 어찌나 빠르게 가져가는지."

마크가 양 손목을 가볍게 튀기자 노엘 아저씨도 양손을 들었다. 그 공을 받으려고 준비하는 크고 아름다운 손이었다. 아저씨의 눈에 생기가 넘쳤다.

마크와 함께 주차장으로 걸어가면서 나는 마크가 아버지와 나눴던 대화에 관해 물었다. 마크가 설명했다.

"예전에는 크게 좌절하곤 했어요. 크리켓이나 럭비 이야기를 해도 아버지는 무슨 일이 있었는지 다음 날만 돼도 기억을 못 할 게 뻔했고, 그래서 한동안 그 이야기를 아예 안 했죠. 너무 우울했거든요. 그러다 아버지를 모시고 진료소에 가서 어느 간호사를 만났는데, 아버지가 그 간호사와 그냥 말도 안 되는 대화를 나누는 모습을 봤어요. 아버지는 무척 즐거워 보였고, 어느 거 하나 말이 안 됐지만 간호사는 개의치 않는 것처럼 보였어요. 그러자 제가 종종 아버지와 대화할 때 기억력을 시험하듯이 굴었던 게 아버지한테는 전혀 도움이 안 된다는 걸 깨달았죠. 저한테도요. 이제는 어떻게 하는지 알아냈어요. 늘 효과가 있는 건 아니고, 아버지가… 예컨대 1980년에 했던 어느 경기를 떠올리는 건지, 우리가 뭐에 관해 얘기하는지 알기는 하는 건지 확실치 않지만, 상관없어요."

나는 치매 환자와 대화를 많이 나눠봤고 이런 대화가 보통은 실제 과거에 대한 것이 아님을 안다. 미래에 관한 것도 아닌데, 이는 그저 기억이 흐려지기 때문이다. 치매 환자와 늘 함께

하며 치매 환자처럼 현재에만 머무는 것이 불가능한 사람한테
는 매우 힘든 일이다.

한번은 어머니를 방문하러 가는 딸을 기차에서 만난 적이
있다. 그 딸도 이 점을 힘들어했다.

"겨우 30분 보자고 기차를 두 시간씩 타는데 어머니는 제
가 떠나면 바로 기억도 못 할 거예요."

마크와 나는 건물 입구에 섰고 마크는 말을 이어갔다.

"어머니는 대단해요. 어떻게 그렇게 하시는지 모르겠어요.
어머니는 아버지와 어떤 한 순간에 머무는 걸 해내시거든요."

마크가 한 말이 무슨 의미인지 알 것 같았다. 마크의 어머
니인 샐리 아주머니는 11월에 마지막으로 자동차 안전 검사
를 받았다는 것 같은 과거 기억을 정확히 떠올려야 하고, 미래
에 관해 생각해야 하고, 다음 주에 노엘 아저씨가 받아야 하는
청각 진료에 관한 계획을 세워야 하고, 손주한테 생일 축하 카
드를 보내면서 노엘 아저씨가 지금 머무는 바로 그곳에서 함께
만족할 방법을 알아내야 한다.

마크는 내 너머로 시선을 옮겨 빨간 벽돌로 지은 병원 2층
을 올려다봤다. 거기서 아버지는 샌드위치와 수프를 먹고 있을
터였다. 마크는 다소 자신 없이 말을 이었다.

"마치… 약간 명상 수련 같아요. 과거와 미래를 잊고 그저
현재에 앉아 있어야 하죠. 현재에 있으면 아버지는 행복해요.
사실 저도 그렇고요. 우리 둘 다, 그래야 행복해요."

11
운전

나는 친구 로라와 통화 중이었다. 우리는 대학을 함께 다녔지만 이제 로라는 선생님이고 멀리 살아서 만날 일은 좀처럼 없다. 아이들이 겪은 모험 이야기를 길게 나눈 다음, 나는 로라네 어머니가 어떻게 지내시는지 물었다. 로라는 잠시 멈칫하더니 한숨을 내쉬었다.

"걱정돼 죽겠어."

"무슨 일인데?"

"네가 일터 밖에서도 일하게 만들고 싶지는 않은데…."

"괜찮아, 뭐가 걱정인데?"

"엄마가 운전하는 게 문제야."

로라의 어머니 코니 아주머니는 남편인 패디 아저씨가 세상을 떠난 뒤로 혼자 살았다. 코니 아주머니는 활기차고 의지가 강한 분이었다. 여자들은 수의사 교육을 받지 못하던 아주 오래전 그 시절에 수의사 교육을 받았고, 은퇴한 뒤에는 다른 열정에 몸을 던졌다. 생동감 넘치는 유화를 그리고 겨울 바다 수영 대회에 참가했다. 과민폐렴에 걸리기 전까지는 말이다. 코니 아주머니는 정말 재밌는 사람이었다.

"다 털어놔봐."

"그냥… 지긋지긋해."

로라가 주전자를 채우는 소리가 들렸고, 핸드폰을 어깨와 귀 사이에 끼운 채 부엌을 돌아다니며 저녁을 준비하는 모습이 그려졌다.

"엄마는 시력도 좋고, 심장 전문가들도 엄마가 운전하는 게 괜찮다고는 하는데, 내 생각에는 정말이지 내과 질환으로 결정할 문제가 아니야. 판단력이 더 문제지. 너도 우리 엄마가 어떻게 운전하는지 알잖아."

나는 30년도 더 전에 코니 아주머니를 처음 만나 아주머니가 운전하는 차에 탔던 때로 잠시 돌아갔다. 2학년 기말시험을 끝낸 뒤 숙취에 시달리는 로라와 나를 아주머니가 역에서 태웠다. 금색 돌로 지었지만 산업혁명을 거치며 그을음이 묻어 거뭇해진 돌담 사이 윗길을 따라 로라네 가족이 사는 작은 도시로 빠르게 달렸다. 창문이 내려갔고, 구름은 황무지 위 맑은 하늘을 빠르게 지나갔다. 길은 계곡으로 뻗어나가 있었다. 코니 아주머니는 밝은색 머리카락을 사방에 휘날리며 "이제 윙윙 다리가 나온다, 속에 든 것 안 넘어오게 해라!"라고 소리쳤다. 로라가 손을 들어 안전띠를 움켜쥐는 것이 보였고, 차는 속도를 높이면서 그 다리를 날 듯이 건너갔다. 목구멍 뒤에서 전날 먹은 보드카 맛이 느껴졌다.

로라는 계속 얘기하는 중이었다. 식탁을 차리는지 포크, 나이프, 숟가락이 쨍그랑거리는 소리가 들렸다.

"엄마가 공간을 제대로 가늠하질 못해서 차에는 부딪치고 긁힌 자국이 한가득이야. 엄마는 "슈퍼마켓에 있는 동안 누가 와서 박았지 뭐니"라고 하시는데 보나마나 새빨간 거짓말인걸. 후진하다가 무언가에 부딪쳤겠지. 게다가 글러브박스에 페인트를 조금 넣어 다니는데, 그걸로 새로 난 흠집을 가리면 내가 못 볼 줄 아신다니까."

나는 미소를 지었다.

"그리고?"

"그리고 주차를 막무가내로 하셔. 원하는 곳에다 그냥 차를 대는 건 기본이라니까. 엄마가 호흡곤란이 자주 와서 장애인 주차 구역을 쓸 수 있긴 하지만, 솔직히 한번은 이런 일도 있었어. 요전번에 우리 애들이 엄마가 사는 동네에 갔다가 엄마가 우체국 앞 인도에 차를 댄 사진을 찍어왔는데, 네 바퀴가 전부 인도에 올라가 있는 거야. 당황스러워서 정말….."

나는 코웃음을 터트렸다.

"재밌어 보이겠지만, 그렇지 않아. 왜냐면 가장 최악은 속도거든. 속도위반으로 교육을 두 번이나 받았는데도 여전히 빨리 다니셔. 그런데 엄마는 반사신경이 그만큼 빠르지 않아서 나는 엄마가 사람을 칠까 봐 너무 걱정돼. 다른 사람들도 그걸 걱정하고. 일전에 엄마가 다니는 교회에서 전화가 왔는데, 시간보다 늦은 엄마가 질주하며 나타나니까 교회학교 아이들이 걱정된다면서 엄마가 운전을 못 하게 해달라는 거야. 시도는 해봤지만, 엄마는 그냥 다른 교회로 가겠다고 하시더라."

코니 아주머니, 그건 정말 나쁜 행동이에요.

"아주머니가 치매에 걸리신 것 같아?"

내가 물었다.

"잘 모르겠어. 그럴 수도 있지. 엄마는 똑똑하고 여전히 매우 활발하시지만… 너도 우리 엄마가 어떤지 알잖아. 엄마가 약속이나 그런 걸 잘 관리했던 사람은 아니지만, 확실히 더 안 좋아지시긴 했어. 생각해보면 좀 10대처럼 변하는 것 같아. 조용히 있어야 할 것 같은 곳에서 항상 시끄럽게 굴고, 전화나 문자도 잘 안 받고. 설거지도 점점 대충하고 집이 좀 엉망이야."

대화를 마친 뒤, 나는 로라가 했던 말들을 곱씹어 생각했다. 그 말에는 사랑이 듬뿍 담겼지만 걱정도 있었고, 이제는 분노도 있었다. 코니 아주머니가 집안일을 해둔 모습을 보면 눈이 동그래질지도 모르지만, 그건 남이 참견할 일이 아니다.

나이를 먹으면 좋은 일 중 하나는 젊은 세대들이 구속감을 느끼는 사회규범에서 해방된다는 점이다. 제니 조지프는 「경고」라는 시에서 할머니가 되면 보라색 옷을 입고 공공장소에서 지팡이로 난간을 긁고 다닐 것이라고 표현했는데, 덕분에 이시는 유명해졌다. 그럴 만한 이유가 있었던 것이다. 코니 아주머니가 일정을 제멋대로 지켜도 그 친구들은 용서해줬고, 점심 식사 모임에 나오면 오히려 웃음을 터트리곤 했다. 코니 아주머니가 하는 행동이 가장 당혹스러울 사람은 물론 가까운 가족인 자녀였을 것이다. 내 동료인 피터가 주장하듯 "방향이 윗세대를 향할 뿐, 그러니까 부모와 자녀가 뒤바뀌었을 뿐 자녀들도 극성 부모처럼 굴 수 있다. 따라서 그들은 자기 부모가 알아서 하게 놔두는 법을 배워야 한다."

하지만 운전은 다르다. 로라는 자기 어머니뿐 아니라 다른 사람의 안전도 걱정했다. 로라는 자기가 무언가를 해야 한다고, 어머니가 위험하게 운전하는 일에 대해 적어도 일부는 책임을 져야 한다고 느꼈고 실제로 전화로 항의하는 사람들이 있어 감정이 격해졌다.

그렇다고 운전을 잠재 위험 취급하는 것이 타당할까? 왜 주요 뉴스에서는 운전자가 10대처럼 아주 어리거나 나이가 아주 많을 때만 사고에 휘말린 운전자의 나이를 언급할까? 이를테면 노인 부부, 충돌 사고에 휘말리다, 고속도로에 펼쳐진 악몽 속 80세 운전자라고는 발표해도 이중 추돌 속 53세라거나 중년 남성이 도로 혼잡을 초래하다라고 발표하지는 않는다. 이는 나이 든 운전자가 남들과는 다른 방식으로 사고를 냈음을, 빙판길이나 타이어 펑크가 아니라 나이가 원인임을 암시한다. 엘리자베스 여왕의 남편 고故 에든버러 공작이 2019년에 차 사고를 냈을 때 모든 보도에서는 당시 97세였던 나이를 언급했고, 왕족을 가장 공경한다며 왕실에 온 신경을 쏟는 사람들조차 필립 대공이 이제는 자동차 키를 인계할 때라고 했다.

하지만 나이 든 운전자는 젊은 운전자보다 잠재적으로 더 안전하다. 과속하거나 다른 곳에 정신을 파는 일 같은 위험을 감수할 가능성이 적기 때문이다. 통계가 이 사실을 뒷받침한다. 실제로 노인은 속도 관련 사고에 휘말리거나 운전 중에 문자를 보내다가 단속에 걸리는 일이 흔하지 않다. 그런데 80세 이상으로 가면, 사실상 나이 든 운전자가 사고에 휘말린 숫자는 젊은 사람과 비슷해 보인다. 오히려 그 비율이 더 높기까지 하다. 이는 노인 운전자 수가 더 적기 때문에 나타나는 결과이다. 그리고 나이가 많은 운전자는 짧은 거리를 주로 오가는 경향이 있어서, 미국에서 나온 데이터에 따르면 80세 이상 운전자는 운행 거리 1킬로미터당 사고 숫자가 더 크다. 나이 든 운전자는 회전해서 혼잡한 도로에 들어갈 때처럼 거리와 속도를 판단하는 능력이 중요하게 요구되는 상황에서 사고에 휘말리기 더 쉬웠고, 사고에 휘말렸다면 그 결과로 사망할 확률은 75세 이상 운전자가 젊은 운전자보다 훨씬 높은 것으로 드러났다.

나이 든 사람은 보통 안전 운전 교육이 필요 없다. 교차로에서 주저하고, 드는 햇빛에 불편하게 눈을 찡그리고, 로터리에서 사고를 낼 뻔한 자기 모습을 보면서 스스로 결론을 내리기 때문이다. 나이 든 운전자는 대부분 능숙하고 안전한 운전자이며 그만둘 때를 본능적으로 안다. 하지만 전부 그렇지는 않다. 따라서 나이 든 누군가가 운전을 안전하지 않게 하는 것처럼 보일 때, 언제 개입할지를 아는 것은 그 가족과 친구들에게 중요한 문제이며 또 어떻게 할지를 아는 것은 훨씬 더 중요하다. 운전은 독립성과 밀접하게 연관되어 있기에 감정을 자극할 수 있는 문제이다.

관련 규정이 명확하면 더 쉽다. 영국 운전면허청은 여러 의료 질환에 관해 냉철한 규정을 세웠다. 심장판막 수술 뒤에는 4주 동안 운전을 금지하고, 가벼운 뇌졸중을 앓은 뒤에는 한 달 동안 운전을 금지한다. 세부 사항도 모두 자세히 나와 있다. 앉아서 의식을 잃은 적이 있지만, 촉발 요인을 찾아낼 수 있다면 이런 원인을 찾아서 치료했을 때만 4주 뒤에 운전을 재개할 수 있다. 이 지침은 다양한 질환에 적절하고 단호하게 적용된다. 엄격하고 구체적인 수치에 따라 시력의 허용 수준을 결정하며 당연히 이런 규칙은 버스 및 화물차 운전자에게 더 강하게 적용한다.

하지만 인지력 변화와 그에 따른 판단력 및 통찰력 변화를 다루는 지침은 모호할 수밖에 없다. 그저 단순한 노화에 대해서는 지침이라고 할 것이 없으니 로라 같은 사람은 곤란한 상황에 놓이게 되는 것이다.

누군가 치매 진단을 받았다면, 규정은 간단하지만 그것을 적용하는 일은 그리 간단하지 않을 수 있다. 나는 마틴과 대화를 나눴다. 마틴은 노인정신과 전문의로서 오래전부터 복잡한 운전 규정을 환자와 가족한테 안내했다. 마틴이 설명했다.

"치매 관련 규정은 간단해요. 운전면허청에 반드시 알려야 한다는 거죠. 엄밀히 따지면 그걸 알릴 의무는 운전자한테 있고요. 하지만 치매에 걸린 사람은 그렇게 하는 것이, 즉 체계적으로 준비해서 서류를 작성하는 일이 무척 어려울 수 있어요. 그래서 저는 '제가 운전면허청에 알릴까요?'라고 자주 물어보는데, 많은 사람이 그 제안을 반겨요. 사람들은 대부분 그쯤 되면 그냥 운전을 그만두기로 결심해요. 대다수가 그래요. 슬프지만 담담하게 받아들이죠. 하지만 저는 운전하면 안 되는 게 확실한 사람한테는 그렇다고 말하지만 그렇지 않은 사람한테는 원한다면 아직은 괜찮을 수도 있다고, 다만 어쩌면 시험을 봐야 할 거라고 분명하게 밝혀요. 치매 초기까지는 꽤 능숙하게 운전하는 사람들도 있어요. 운전면허청에서도 그 점을 알아서 그럴 때면 저는 '이 사람은 기억력에 문제가 있지만, 신체 조절 능력과 반사신경은 좋아 보이며 현재로서는 판단력도 괜찮아 보임'이라고 보고서를 써요. 좋은 운전자가 되는 데 기억력이 매우 뛰어나야 하는 건 아니니까요."

내 친구 앨리의 아버지는 중부지방을 자신 있게 운전하며 돌아다닌다. 그는 독특하고 희귀한 치매인 의미치매semantic dementia를 앓고 있어 '디젤', '신호등', '나들목'에 해당하는 단어를 더는 이해할 수 없지만 아직 판단력은 멀쩡하다.

마틴이 계속 이야기했다.

"그러면 운전면허청에서는 아주 높은 확률로 시험을 보게 할 거예요. 시험을 괜찮게 보면 계속 운전을 할 수 있어요. 그리고 운전면허청은 그 사람이 안전한지 매년 확인하죠."

이번에는 마틴의 조언을 받아들이길 거부하는 사람들, 운전면허청에 연락해주겠다는 제안을 거절하고 직접 하려고도 하지 않는 사람들에 관해 마틴에게 물었다. 나도 내 환자와 이 이야기를 해본 적이 있다. 낙상 환자를 치료하는 진료소를 운영하면서였다. 환자 중 상당수는 의식을 잃어본 경험이 있었다. 그러니까 적어도 그중 일부는 우리가 원인을 찾는 꽤 오랜 기간 동안 운전을 하면 안 된다는 뜻이기도 했다. 대부분은 그 제안을 관대하게 받아들였지만 가끔은 환자가 문을, 그 너머에 있는 복도, 건물 입구, 주차장, 차를 곁눈질하기도 하고 옆에 앉은 아내가 무릎 위에서 남편의 손을 잡는 모습이 보이기도 했다. 마틴은 한숨을 쉬었다.

"그러면 이제 머리가 아파지죠. 통찰력이 없는 사람을 만나면요. 본인이 지금 안전한 운전자가 아닐지도 모른다는 사실을 깨달을 수 있는가에서 끝이 아니에요. 어떤 사람은 자기가 문제를 한 번이라도 일으킬 수도 있다는 걸 인정하질 못해요. 치매 같은 질병 때문에 자기가 위험해질 수 있다는 걸 모르죠. '나는 50년 동안 차를 몰았소. 아무도 나한테 이래라저래라 못해요'라고 말하는 남자도 있어요. 그렇지만 이런 사람들은 비협조적으로 굴려는 게 아니에요. 간혹 고집이 센 사람일 수도 있지만 대부분은 치매에 통찰력을 빼앗긴 거예요. 그래서 더 곤란하죠."

마틴과 나는 비밀 유지에 관해서도 이야기했다. 비밀 유지는 영국과 다른 여러 나라에서 의료 행위의 기반을 이루는 중요한 요소이다. 영국 일반의료위원회는 이렇게 설명한다. 신뢰는 의사와 환자 사이에 꼭 필요한 부분이며 그 핵심에는 비밀 유지가 있다. 의사가 환자의 동의 없이 개인 정보를 유포할 것이란 생각이 든다면 환자는 의료적 도움을 구하길 피하거나 증상을 축소해서 이야기할지도 모른다.

일반의료위원회는 비밀 유지가 절대적인 원칙은 아니라는 점도 이해한다. 의사는 환자의 비밀을 유지할 의무는 있지만, 환자와 대중의 건강을 보호하고 증진할 더 큰 의무도 있다.

하지만 비밀 유지 원칙은 철저하게 보장되어야 하며, 심지어 치매에 걸린 채 운전하는 문제에 관해서도 일반의료위원회는 명확한 지침을 제시한다. 의사는 비밀 유지 원칙을 포기하기 전에 두 번 생각해야 한다. 우리는 운전자가 운전을 중단하길 거부하거나 운전면허청에 알리기조차 거부하는 것이 다른 사람을 사망에 이르도록 하거나 심각한 상해를 입힐 위험에 처하게 하는지 고려해야 한다. 마틴이 말했다.

"저는 이게 그렇게 어렵다고는 생각하지 않아요. 수년 전에 우울증을 심각하게 앓는 환자가 있었는데, 운전하면 안 되는 사람이 낸 차 사고로 아들이 죽었어요. 자기의 한계를 파악할 줄 모르는 사람이 가장 위험해지기 쉬워요. 저는 환자들한테 제가 결정을 내릴 일이 아니라고 설명해요. 제 일은 운전면허청에 알리고 거기서 전문적인 조언을 구하는 것이죠. 환자들은 공정한 평가를 받을 거예요. 자기가 받은 진단에 관해 직접 운전면허청에 말하지 않는다면 제가 해야 한다고도 설명해요. 다시 말하지만, 제가 결정하는 것이 아니라고 강조하고요. 운전면허청이 결정하는 거니까요."

마틴의 생각은 운전면허청에서 의사에게 하는 조언에도 똑같이 등장한다. 운전면허청은 어떤 사람이 운전하기에 의학적으로 부적합한지를 결정할 법적 책임이 있다. 즉, 운전면허청은 운전면허를 소지한 사람이 현재나 미래의 운전자로서 본인의 안전에 영향을 미칠 만한 질환에 걸리거나 치료를 받는 중인지 알아야 한다.

운전면허청 지침에서 명시하길, 치매 환자한테 나타나는 통찰력 및 판단력 부족은 운전이 적합하지 않음을 거의 확실하게 의미한다. 이 지침은 치매에 걸리진 않았으나 경도인지장애가 있는 수많은 사람에 대해서도 우려를 표하면서 통찰력 부족에 관해 같은 표현을 사용한다. 여기서 혼란이 찾아온다. 경도인지장애가 있는 사람은 설령 운전하는 것이 안전하지 않을지라도 자기가 받은 진단을 운전면허청에 알릴 필요가 법적으로 없기 때문이다. 또, 그저 기력이 쇠했을 뿐인 사람에 관한 지침 또한 전혀 없다.

"통찰이 없으면 내가 좋은 운전자인지 나쁜 운전자인지 어떻게 아니?"

고모가 수심에 차서 내게 물었던 적이 있다. 그런 걱정을 한다는 점에서 고모는 좋은 운전자일 가능성이 매우 크다고 안심시키며 나는 브리짓 아주머니 이야기를 해주었다.

브리짓 아주머니는 내 친구 줄리엣의 어머니다. 아주머니는 무척 신중하게 운전 계획을 세우는 편이고, 줄리엣은 그런 아주머니가 장을 보러 갈 때 가끔 조수석에 탄다. 줄리엣은 지켜보기만 할 뿐 참견하지는 않는데 '자기가 참견쟁이가 되면 어머니가 허둥지둥해서 도움이 안 되는 데다가, 어쨌거나 나머지 시간에 자기는 어머니와 같이 있지 않으니 어머니한테 위험이나 표지 같은 걸 일일이 알려줄 부조종사가 필요한 정도라면 어머니는 아예 운전하면 안 되는 것'이라고 설명한다.

브리짓 아주머니는 익숙한 길로만 미용실, 대형마트, 정육점에 가는데 얼마 전 줄리엣과 상의해서 경로를 바꾸었다. 이전에 다니던 경로는 위험하게 우회전해서 혼잡한 길로 진입해야 했고 시야도 제한됐기 때문이다. 자동차들이 모퉁이를 돌며 왼쪽에서 빠르게 튀어나오는 곳이라 정말이지 아무도 그 나들목을 안 좋아한다. 이 모녀는 시내로 가는 다른 길도 시험해봤다. 조금 멀긴 하지만, 위험하게 회전하는 구간을 거치지 않을 수 있었다. 브리짓 아주머니는 시력검사를 받았고 이제 밤이나 비가 올 때는 운전을 안 한다. 두 사람은 브리짓 아주머니가 더는 운전을 못 하게 되면 어떻게 할지도 이야기해뒀다. 그때 가서 갑자기 충격을 받지 않기 위해서였다.

브리짓 아주머니가 직접 내게 말하길,

"사실 나는 운전을 좋아하지도 않지만, 못 하게 되면 많이 불편할 것 같구나. 그래서 스스로 더 하려고 하는데, 그래도 줄리엣이 내 차에 타는 걸 불안해하면 그때는 멈춰야지."

많은 사람이 브리짓 아주머니처럼 자신이 여전히 안전하게 운전하는지 걱정하며 다른 사람의 안전을 자신의 독립성보다 중요하게 여긴다. 이런 사람은 가벼운 사고에도, 친구가 운전 중에 겪은 불행을 듣고서도 몸서리칠지 모른다. 관절염에 걸린 손에 운전대를 잡을 힘이 있을지, 발은 빠르게 브레이크를 밟을 수 있을지를 믿지 못하게 된다. 그럴 때는 객관적인 시험을 치르는 것이 자신감을 회복하는 데 도움이 될 수 있다.

다양한 단체에서 운전 평가 및 조언을 제공한다. 드라이빙 모빌리티는The Driving Mobility 이런 단체 여러 곳을 포괄하는 상위 단체로, 운전이 지닌 중요성을 세세하게 고려하고 있으며 웹사이트에는 운전을 계속할지 말지를 고민하는 사람들을 위한 합리적인 조언이 있다. 나이가 많은 운전자 중 이런 시험을 쳐본 사람들은 내게 시험이 철저하고 신중하게 진행됐으며, 유용하고 공평하다고 했다.

또 다른 운전자는 옆구리를 찔러 어떤 자극을 줘야 자신의 안전을 고려할지도 모른다. 맷은 기억력과 판단력이 미묘하게 약해지는 아버지와 이 문제를 어떻게 타개했는지 말해줬다.

"아버지가 능숙하게 운전하는 걸 제가 늘 얼마나 자랑스러워했는지를 그냥 계속 말해드렸어요. 어렸을 때 아버지의 차를 타면 얼마나 행복했는지를 말이죠. 아버지는 추월을 잘하셨거든요! 그리고 지금 일어나는 답답한 일 때문에 그 기억을 빼앗기기 싫다고 말씀드렸어요. 그러자 어느 날 아버지는 '길에 정신 나간 놈들이 너무 많아. 이 기회에 운전은 그만둬야겠어'라고 말씀하시더라고요."

하지만 로라는 더 곤란한 입장이다. 로라의 어머니 코니 아주머니는 공식적으로 치매나 경도인지장애 진단조차 받은 적이 없으며, 자기가 위험하게 운전한다는 자각이 없었다. 코니 아주머니는 늘 도로가 자기 것인 양 운전했고 지금 운전을 그만둘 의향도 없었다. 예전부터 코니 아주머니는 주차 제한 규정이나 제한속도를 그저 잠정적인 제안으로 여겼으며 빵 한 덩이를 얻고 싶다면 시내 도로를 마비시키면서까지도 빵 한 덩이를 얻어야 하는 사람이었다. 그렇다고 코니 아주머니가 나쁜 사람은 아니었다. 누군가한테 상해를 입혔다면 엄청난 충격을 받았을 것이다. 다만 그런 일이 일어날 수 있다는 걸 믿지 않았을 뿐이었다.

몇 달 뒤, 로라와 나는 코니 아주머니에 관해 이야기했다. 다른 경고신호가 나타난 뒤였다. 로라는 말했다.

"나들목에서 내가 엄마 뒤에 있었거든. 아무것도 안 지나가는데 엄마가 엄청 오랫동안 머뭇거렸어. 라디오를 만지작거리나 싶었지. 그러다가 엄마가 불쑥 출발하는 바람에 마침 오던 다른 차가 급정거를 해야 했는데, 엄마는 그걸 눈치도 못 챈 것 같아."

로라가 코니 아주머니를 담당하는 지역 보건의한테 그 이야기를 하자 보건의는 코니 아주머니와 이야기해보겠다고 했지만, 그냥 조용히 넘어가는 듯했다. 차에는 부딪치고 긁힌 자국이 더 생겼고, 로라는 오빠를 대화에 끌어들여 다시 시도했다.

코니 아주머니는 "더 조심해서 운전하고, 운전 중에는 라디오를 듣지 않고, 제한속도가 30킬로미터를 가리키는 표지가 보이면 표지 옆에서가 아니라 그전에 속도를 늦추겠다"라고 말했지만, 변한 건 없었다. 로라는 이웃한테서 계속 고통스러운 전화를 받아야 했고 코니 아주머니는 사이드미러를 강력 테이프로 고정했다. 결국 상황은 최악으로 치달았다. 로라가 말했다.

"엄마 친구 한 분이 운전면허청에 연락했고, 나한테도 그렇게 해달라고 하셨어. 엄마가 간선도로에서 사고를 낼 뻔한 걸 보셨는데, 다른 사람이 막지 않으면 엄마는 운전을 계속할 거라면서 나한테 운전면허청에 비밀 보고를 할 수 있다고 알려 주시더라. 나는 그분 말대로 온라인 양식을 작성하고, 자세한 내용을 다 적었어. 앞으로 무슨 일이 일어날지 결과를 기다리는 중이야."

운전은 특권이지 권리가 아니다. 많은 사람한테는 구명 밧줄이기도 하다. 차가 없으면 나이가 많은 사람은 고립될 수 있고, 교회나 모임에 나가거나 친구를 방문하고 나들이를 가는 등 즐거운 활동들을 놓칠 수 있기 때문이다. 대중교통은 특히 시골에서는 형편없는 대체재일 수도 있다. 코니 아주머니 댁 근처에는 5시 30분 이후로 큰 도시에서 돌아오는 버스가 없다. 가장 가까운 기차역에 가려면 한 시간이 넘게 걸리고 영화관이나 슈퍼마켓으로 가는 버스도 없다. 병원까지 운행하는 셔틀이 있지만 불규칙하고 차고지에서 운행 시간이 제멋대로 바뀐다. 심지어 일요일에는 버스가 아예 없다. 따라서 차가 없으면 코니 아주머니는 택시에 의지해야 할 것이다.

차에 드는 돈을 아낄 수도 있겠지만 아주머니가 모는 차는 작고 유지비가 적게 들어 아주머니네 동네에서 큰 도시까지 택시비가 편도로 약 5만 원이 나온다고 했을 때 지금은 더 빨리

고갈될 것이다. 지역에서 운영하는 교통편을 이용할 수도 있지만 미리 계획을 세워야 하는 데다가 코니 아주머니가 가려는 곳으로는 운행을 안 한다. 아니면 친구한테 의지해야 할 것이다. 로라가 될 수도 있고 말이다.

나중에 로라한테 다시 소식을 들었다.

"엄마가 검사를 받았어. 자기 차로 시험을 못 보게 한다고 화를 내시더라. 내가 모셔다드리긴 했는데, 엄마가 시험을 치게 만든 게 너무 죄송스러웠어. 그래도 시험은 정말 공정했어! 시험관도 매우 친절했고. 여러 가지를 확인했는데 처음에는 시력, 그다음에는 패턴이나 분류하기처럼 사고력과 관련된 걸 검사했어."

누가 운전석에서 안전하고 안전하지 않은지를 예측할 때 완전히 믿을 만한 지능검사는 없다. 그래서 많은 사람이 도로에서도 직접 평가를 받아야 한다. 로라는 말을 이어갔다.

"그다음에는 시험관이 엄마와 차를 타고 나갔어. 당연히 이중 조종장치가 달린 차였지. 엄마는 시험장에서 조금 운전한 다음에 차도로 나갔는데 시험관의 평가는 적절했어. 되게 재치 있으면서도 단호하더라. 엄마가 분명 예전에는 운전을 잘했겠지만 지금은 반사신경이 떨어진대. 그리고 자세한 보고서도 발행해줄 테지만 엄마는 운전하면 안 된다고 했지. 정말로 안심이야. 나한테는 아무것도 묻지 않았어. 완전히 내 손에서 벗어난 일이었다고."

환자와 가족은 환자가 운전을 언제 그만둬야 할지를 의사가 말해줄 것이라 종종 생각하지만, 사실은 그렇지 않다. 우리는 운전면허청 규정이 무엇인지를 말해주고, 운전을 금지해야 하거나 운전면허청에 통지해야 하는 질환이 생기면 환자한테 알려줄 수 있다. 보고 들은 것에 기초해서 운전을 그만두라고 조언할 수도 있다. 많은 사람이 그 조언을 받아들일 테지만, 결국 비밀 유지 원칙에 따르면 운전면허청 지침에 들어맞는 내과적 질환이 없을 때, 즉 통찰력과 판단력에 관한 문제일 때 의사는 개입할 수 없다. 가족과 친구는 비밀 유지 원칙을 지켜야 할 의무가 없으며 운전면허청에 걱정하는 내용을 말할 수 있고, 그러면 운전면허청은 객관적인 평가를 준비할 수 있다. 나는 이 과정이 공정해 보인다.

12
결정

치료 여부를 스스로 결정할 능력이 없고 이런 치료를 통해 회복
할 가능성이 최소인 상황이 발생하면 나는 연명의료를 바라지
않는다. 이때 연명의료란 예컨대 영양관을 이용하는 인공 영양
및 수분 공급을 포함한다. 이런 상황은 식물인간 상태나 최소의
식상태 또는 심각한 치매처럼 사랑하는 사람과 의미 있는 의사
소통이 불가한 여타 질환에 걸렸을 때일 것이다. 나는 고통 완화
를 지향하는 치료를 받기를 바라며, 설령 폐렴 같은 감염증에 걸
릴 위험이 증가한다 해도 음식과 음료는 입으로 넣어주길 바란
다. 나는 치료를 거부하는 이 사전결정이 내 수명을 단축하는 결
과를 낳을 수 있음을, 실제로 그럴 확률이 높음을 이해한다.

49번째 생일을 몇 달 넘긴 2014년 12월 30일에 나는 공책 한 장을 뜯어 이 내용을 썼다. 서명하고 날짜를 썼고, 남편도 증인으로 서명했다. 그리고 2016년과 2018년에 이 과정을 반복했다. 이 종이는 몇 년 동안 내 책상에 머물다가 더 자세한 내용을 담은 다음 종이에 자리를 넘겨줬다. 내 남편과 친구 한 명은 이 종이가 어디에 있는지 안다. 치료 거부 의사가 담긴 유효하고 법적 구속력 있는 이 종이 말이다. 그런데 왜 이런 걸 쓸까?

당시 내가 일하는 병원에서는 한 의료 팀이 PEG(내시경으로 위에 관을 연결해 영양을 공급하는 수술-옮긴이) 영양관을 영구히 고정할지 결정하는 일을 두고 다시 한 번 윤리위원회에 도움을 구했다. 이번에 찾아온 팀은 당뇨병 담당 팀이었지만, 환자는 당뇨병이 없었다. 에스터라는 40대 여성은 학대로 인한 더 끔찍한 문제가 있었고, 약물 및 알코올중독을 연달아 경험했다. 그렇게 오랫동안 병원을 드나들었다. 흥청망청 술을 마시다가 뇌출혈이 온 에스터는 신체 한쪽이 쭉 마비됐으며 몇 단어밖에 말하지 못했다. 에스터는 비슷한 환자들을 전담하는 요양원에서 살면서 몇 차례 자살을 시도했는데 마지막에는 목을 매려고 시도했다가 뇌에 더 심한 손상을 입어 이제는 아예 말하지도 삼키지도 못하게 되었다. 극심한 폐렴을 두 번 치료받았으며 자기를 살펴보는 간호사를 세게 밀어버린 적도 있다. 코를 통해 위까지 들어가는 코위영양관도 뽑아버렸다. 한쪽 콧구멍으로 들어가서 다른 쪽으로 나오는 고리로 묶어서 영양관을 고정해두었을 때도 그랬다. 말이 아닌 방법으로 소통해보려 했지만 그마저도 실패했다. 에스터는 자기가 얼마나 화났는지 보여주는 듯한 몸짓만 할 뿐이었다. 한결같고 다정한 여자친구 레이첼은 의료진한테 에스터가 니나 시몬의 음악을 좋아하며 '수년 동안 매일 죽고 싶어 했다'고 알려주었지만 문제는 제자리걸음이었다. 에스터는 고작 43세다. 앞날에 무슨 일이 있을지 누가 알까? 에스터의 삶의 질이 나아질 수도 있다. 요양원을 옮기고, 음악을 더 많이 듣고, 항우울제를 추가하면 말이다.

에스터의 이야기는 수많은 사례 중 하나다. 윤리위원회는 심각한 뇌졸중을 겪으면서 소통을 할 수 없게 된 은퇴한 미술상 97세 프랭크 할아버지에 관해서도 논의했다. 할아버지는 첫 2주는 견뎌냈지만 거의 회복하지 못했다. 그 딸들은 할아버지한테 영양관으로 음식을 계속 공급해야 하는지를 두고 셰익스피어식으로 논쟁했다. 큰딸은 자기가 병동을 방문해서 아버지한테 헤드폰을 씌워주고 시벨리우스의 음악을 들려줬을 때 아버지가 어떻게 미소를 짓곤 했는지를 설명하며 할아버지가 지닌 삶의 열망을 이야기했다. 작은딸은 그 평가를 비웃었다.

"그건 미소가 아니야. 얼굴을 찡그린 거지."

큰딸이 되받아 소리쳤다.

"네가 오기 전까지 미소였어."

윤리위원회는 다른 병원의 사례도 참고했다. 우리는 헬가 할머니의 이야기를 들었다. 할머니는 심정지가 온 뒤 성공적으로 소생술을 받았지만 회복이 매우 더뎠고 요양원에서 2년을 살았다. 할머니는 말하지도 먹지도 못했다. PEG영양관으로 생명을 유지했으며 처음에는 요양원을 조금 걸어 다니기도 했지만, 심근경색까지 온 뒤에는 더 약해졌다. 직원이 장치로 할머니를 일으켜 병상과 의자를 오갔다. 가족은 할머니가 영양관을 원했을지 확신하지 못했고 무엇보다 영양관 자체에 애증을 가지고 있었다. 그런데 이제 영양관은 금이 갔고 샜다. 제안받은 대로 교체하려면 헬가 할머니는 하루 동안 병원에 입원하고 내시경술을 위해 진정제를 투여받아야 했다. 아들들이 막아섰는데, 돌이켜 생각하면 처음에 영양관 삽입을 고려할 때 더 강하게 반대하지 못한 데 죄책감이 들어서라고 설명했다. 대소변도 못 가리고 말도 못 하고 움직일 수도 없는 이런 삶은 어머니가 원하는 삶이 아니었을 거란 걸 지난 2년 동안 느꼈다고 했다.

하지만 헬가 할머니를 담당하는 돌보미와 요양원을 방문했던 지역 보건의는 할머니가 만족한다고 확신했다. 헬가 할머니가 살던 집은 요양원비를 마련하기 위해 팔았는데 거기에 힌트가 있었다. 노골적으로 말하진 않았지만, 할머니의 가족은 요양원에 큰돈이 빠져나가는 데 질렸을 수도 있었다. 돌보미는 유동식 봉투를 영양관에 연결하려고 매일 갈 때마다 헬가 할머니가 어떻게 움직일 수 있는 쪽 손으로 블라우스를 들어 올려 영양관 끝을 대주는지 묘사했다. 이 행동은 음식에 대한 욕구를 나타낼까? 아니면 그저 학습된 행동, 언제나 도움을 베풀던 여자가 내미는 도움의 손짓일까? 지역 보건의는 위장병 전문팀에 소개 편지를 보내 영양관 교체를 요청하면서 '헬가 할머니는 웬만큼 행복해 보인다'고 썼다.

스스로 말하지 못하는 사람을 대신하여 연명의료를 결정하는 일은 매일 일어난다. 이런 결정은 대개 간단하다. 부담과 이익을 재는 저울이 기우는 쪽으로 가면 된다. 하지만 그렇지 않은 많은 경우에는 의료진과 가족이 답을 찾고자 분투한다. 일부는 윤리위원회에 도움을 청하기도 한다. 자동차 사고나 심정지가 발생한 뒤에, 중대한 응급수술을 받거나 빙판길에서 단순 낙상 사고를 당한 뒤에, 테디, 패멀라, 엔리케, 조녀선을 위해 우리는 정보를 모으고, 듣고, 따져본다. 법을 고려한 끝에 의료진이 따르지 않을 수 있는 제안을 내밀면 상황은 마침내 해결된다. 어떤 사람은 삶을 연장하고 어떤 사람은 중단한다.

내가 연명의료를 거부하는 사전결정을 처음 글로 남겼을 때, 나는 내 행복을 고려해서 이렇게 행동한다고 생각했다. 2016년에는 '의미 있는'이라는 말 뒤에 별표를 붙이고 짧은 설명을 덧붙였다. "의미 있는 의사소통이란 내가 무척 사랑하는 가족과 친구에게 내 생각을 전달할 수 있다는 것을 의미한다. 이들과 어떤 수단으로도 소통할 수 없고, 의미 있는 의사소통이 가능한 상태까지 회복하리라는 전망이 현실적이지 않다면 나는 삶을 연장하길 바라지 않는다."

내가 사전결정을 작성한 원래 이유는 당시로서는 이기적이었다. 내 바람을 명확하고 법적 구속력 있는 방식으로 기록하길 바랐다. 나는 참여하길 좋아하는 사람이기 때문이다. 부엌에서 라디오에 대답하고, SNS에 잘 모르는 정보를 자주 올리고, 늘 손을 들어 질문하곤 했다. 이렇게 참여할 수 없게 된다면 내 행복도 한계에 도달하리라고 확신했다. 유창한 언어 구사 능력을 잃어버리는 것은 크게 두렵지 않다. 소통은 여러 가지 미묘한 방식으로 일어나니까. 하지만 내가 사랑하는 사람한테 어떤 의미도 전달할 수 없는 채로, 특히 내가 만족하는지 알려줄 수 없는 채로 지내며 삶을 연장하길 바라지는 않았다. 나는 거기에 선을 그었던 것이다.

하지만 여러 해가 지나면서 이런 결정이 사실은 날 위한 것이 아님을 깨달았다. 이런 상황에서 결정의 중심에 선 사람은 대부분 무슨 일이 일어나는지 알아차리지 못하며 크게 고뇌하지 않는다. 오히려 그 가족이 불안, 화, 죄책감이라는 부담을 짊어진다. 그들은 어쩌면 주인공이 무대를 떠난 뒤에도 오랫동안 그 무거운 것을 계속 짊어지고 갈 수도 있다.

이제 나는 내 의견을 명확하게 써두어야 하는 두 번째이자 더 나은 이유를 안다. 나는 내 가족한테 결정이라는 그 무거운 짐을 절대로 맡기고 싶지 않다. 내 가족이 감사 편지와 교대근무 표가 붙은 병동 간호사실에 모여서 또는 함께 강가를 걸으면서, 내가 자기들을 알아보는지를, 내가 앞으로 뭘 바라는지를 알아내려고 노력하길 바라지 않는다. 그러니까 나에게 사전결정을 작성하는 일은 사랑을 실천하는 것일 뿐이다.

왜 내 환자 중에는 연명의료를 거부하는 사전결정을 내리는 사람이 그토록 적을까? 나이가 아주 많거나 노쇠하거나 복합 질환을 앓는 사람은 삶이 송두리째 흔들리는 사건을 경험할 위험이 가장 크다. 그러나 나와 동료 노인의학과 전문의가 겪은 바로는 그중에 훗날 받을 치료에 관해 스스로 구체적인 계획을 세워둔 환자는 거의 없다. 초고령과 관련하여 우리가 논의하지 않는 많은 주제와 마찬가지로 이를 막는 장벽 역시 현실적이고 감정적인 데서 비롯한다. 결정을 내릴 수 있다는 선택지의 존재를 모른다는 데서 어려움이 발생하기도 한다.

20년도 더 전에 남편과 런던에서 출산 준비 수업에 참석했던 일이 떠오른다. 우리는 첫아이를 가질 계획을 논의하는 중이었다. 거기서 만난 나탈리는 활발하고 유쾌한 성격으로, 대형 소매업 체인인 막스앤스펜서의 인사 팀에서 일하는 사람이었다. 나탈리는 가정분만을 결정했는데 지역 조산원 별관부터 대형 산과까지 둘러봤지만 병원 느낌이 덜 나고 친숙한 환경에서조차 불안함을 느낀다는 이유에서였다.

"빈을 거기서 낳진 않을 거예요. 병원 냄새가 나서요."

나는 조용히 있었다. 나는 병원 냄새를 좋아한다. 나한테 병원 냄새는 안전하고, 필요할 때 여러 의사를 빠르게 붙잡을 수 있을 것 같은 안온함을 준다. 나는 틀림없이 병원에서 아기를 낳을 것이었다. 하지만 나탈리는 자기한테 옳은 결정을 내렸다. 나탈리는 가정분만을 하면 응급 상황에 도움을 받는 데 제한이 있다는 것과 임신 합병증이 없는 건강한 산모한테서 가정분만으로 태어난 아이가 어떤 점이 좋은지에 관해서도 들었다. 여기서 중요한 점은 나탈리가 어떤 결정을 내렸는지가 아니라 나탈리가 그런 결정을 내릴 수 있을 만큼 정보를 충분히 얻었다는 사실이다.

어려움을 겪는 또 다른 문제는 사전결정을 내리는 일이 가능하다고 인지하더라도 너무 복잡하거나 관료적이라는 느낌을 받을 수 있다는 것이다. 동시에 우리는 이 상황을 필요 이상으로 어렵게 만드는 듯하다. 우리는 이 과정의 이름조차 잘이해하지 못한다. 의료기록과 인터넷에는 사전결정을 잘못 언급하고 있는 사례가 넘쳐난다. 사전결정을 내리는 일이 마치 어려운 대입 시험 과목의 사전 지식을 습득하는 것처럼 들리기도하는데, 사전결정은 평범한 시민이 할 수 있는 것 이상으로 고차원적인 사고를 요구하는 '고등' 결정이 아니다. 앞으로 일어날 사건에 대비해서 '미리' 내리는 결정이며, 실제로 해보면 듣던 것만큼 복잡하지 않다.

나는 최근에 이 사전결정을 새로 고치면서 자세한 내용을 덧붙이고 내 바람을 온라인 데이터베이스에 기록했다. 실제로해보니 국민보건서비스 웹사이트에서 추천하는 온라인 서식 (우리나라는 국립연명의료관리기관에서 신청할 수 있다 - 옮긴이)을 작성해나가는 일은 별로 어렵지 않았다. 물론 나한테는 쉬울 수밖에 없었다. 다른 사람보다는 서식에 나온 상황과 선택할 수 있는 치료는 물론이고 '식물인간 상태', '최소의식상태', '임상적인 영양분 및 수분 공급' 같은 표현에 익숙하기 때문이다. 생명을 위협하는 감염증에 걸렸을 땐 항생제를 투여받지 않겠다고 해도 당장 고통스러운 치통이나 요로감염에는 항생제를 받으리란 것도 안다. 하지만 이런 건 그렇게까지 복잡한 주제는 아니다. '임상적인 영양분 및 수분 공급'이란 정맥주사나 영양관(코를 통해 위로 넣는 코위영양관은 보통 일시적이며 갈비뼈 바로 아랫부분 배벽을 직접 뚫는 영양관은 보통 영구적이다)으로 영양분을 공급하는 것임을 많은 사람이 이해한다. 미미한 의식을 나타내는 여러 상태는 길게 설명하지 않아도 알 수 있다. 그러면 사전결정을 내리는 사람은 무엇을 더 알아야 할까?

우선, 이름이다. 사전결정advance decision과 사전지시advance directive는 실제로 차이가 없다(후자는 스코틀랜드에서 사전결정을 지칭하는 이름이다. 북아일랜드에서도 사전결정을 내릴 수 있으며 잉글랜드나 웨일스와는 조금 다른 과정을 거치긴 하지만 법적 무게가 있다). 둘 다 때로는 생전 유서라고 부르며 제대로 작성만 하면 법적으로 구속력이 있다. 그러나 사전성명advance statement은 완전히 다른 것이다. 이 성명은 삶이 끝나갈 때 받을 돌봄에 관해서 바라는 점을 보여주는 것이다. 예컨대 어디에 있고 싶은지, 어떤 음악이나 말을 듣고 싶은지, 누가 참석하길 바라는지 같은 것들 말이다. 이런 요청은 가능하면 존중해야 하지만 특별한 법적 지위는 없다. 설득력이 있지만 법적 구속력은 없는 것이다.

두 번째는 절차다. 연명의료를 거부하는 사전결정을 내릴 때는 의사결정능력법에 나온 조항을 반드시 따라야 한다. 즉, 결정을 내리는 사람은 자신을 위해서 행동해야 하며 각 결정을 이해하고 파악할 수 있어야 하고, 바라는 것을 전달할 수 있어야 한다(여기서도 스코틀랜드와 북아일랜드는 법이 약간 다르지만 사실상 뜻하는 바는 같다). 그럼 각 절차에 필요한 능력이 없는 사람은 어떻게 해야 할까? 여기에 관해서는 16장에서 다룰 것이다.

세 번째는 법적인 세부 사항이다. 연명의료를 거부하는 사전결정을 내린다면, 이런 치료를 거부함으로써 수명이 짧아질 수도 있음을 이해한다는 점을 문서에 적어야 한다. 그 결정에 서명하고 날짜를 쓴 다음 증인한테도 서명을 받아야 한다.

마지막으로 실현 가능성이다. 사전결정을 가족과 공유하고, 지역 보건의나 그 밖에 여러분을 치료하는 의료진과 상의하고 그들한테 사본을 건네는 것이 바람직하다. 여러분이 내린 결정이 무엇인지 알아야 의사도 그 결정을 따를 수 있다.

여기까지는 연명의료를 거부하는 유효한 사전결정을 내릴 때 영국에서 요구하는 내용을 요약한 것이다. 국민보건서비스의 웹사이트를 비롯하여 알츠하이머병협회, 에이지유케이 같은 자선단체의 웹사이트에서도 같은 내용을 찾을 수 있다. 또 지역 보건소나 도서관에서 비치하는 정보 전달용 유인물에서도 찾을 수 있다. 이런 자료는 이해하기도 쉽다. 많은 사람은 이 사전결정이 꽤 수월하면서도 소란 떨지 않고 기록할 수 있다고 느낀다. 인터넷도 필요 없고 볼펜 한 자루, 종이 한 장, 증인 한 명만 있으면 되니까 말이다.

미리 의견을 밝히는 일이 반대의 경우, 즉 의사 표현을 할 수 없을 때 치료를 받고자 하는 사람들에게도 같은 효과를 내는 것은 아니다. 치료를 계속 받으려는 사람들은 많다. 심지어 여기엔 아주 노쇠한 사람들까지도 포함되는데 그들은 오히려 모든 치료를 보장받길 바란다. 하지만 특정 치료를 법적으로 보장받도록 요구할 수는 없다.

나는 데이비드 할아버지가 있는 병실 문으로 고개를 빼꼼히 들이밀었다. 할아버지를 만난 적은 없지만 세 권에 달하는 의료기록은 훑어봤다. 데이비드 할아버지는 70대 후반이고 약 14년 전에 파킨슨병 진단을 받았다. 처음에는 떨림이나 느린 움직임이 치료에 잘 반응했지만 병에 걸린 지 7년 차에 접어들자 상황은 복잡해지기 시작했다.

운동능력에 꼭 필요한 신경전달물질인 도파민 공급이 뇌에서 줄어들 때 이를 원활하게 하고자 고안된 여러 요법을 혼합하며 할아버지의 처방 계획을 확대했다. 작은 자극기를 뇌깊숙이 삽입하는 뇌수술을 진행하려 검사도 했지만, 공교롭게도 뇌동맥류가 그 계획을 망쳤다. 전문의는 관을 이용해서 도파민 대체재를 직접 장에 주입하려고 시도했다. 한동안은 효과가 있었지만 할아버지는 극도로 심한 어지럼증을 겪기 시작했고, 혈압이 곤두박질쳤다. 결국 도파민 대체재 주입도 중단하고 관을 제거했다. 하지만 데이비드 할아버지는 참고 견디며 계속 해나갔다. 파킨슨병 전문 간호사는 몇 달에 한 번씩 할아버지와 통화하면서 약을 증량해 움직임을 개선했고, 환각이 나타나기 시작하면 복용량을 다시 낮췄다. 그런 노력은 수년 동안 이어졌다. 할아버지는 처음에는 등산을, 그다음에는 운전을 그만뒀다. 단층집으로 이사했고 보행 보조기를 짚고 걸었다. 아내는 장을 봐서 요리하고, 고지서를 내고, 진료 예약을 하고, 매일 다섯 번씩 약을 꺼내놨다.

그런데 최근에 할아버지는 낙상 사고를 당해 고관절이 부러졌다. 고관절은 회복이 됐지만 폐렴에 걸려 약을 삼키는 것조차 힘겨워했다. 골절상을 입은 뒤로 할아버지는 의식이 혼미해졌고, 몽롱하게 잠든 채로 대부분의 시간을 보냈으며, 며칠 만에 몸무게가 크게 줄었다. 병실 관리 팀은 할아버지를 정형외과 병동에서 내과 특별 치료실로 이송할 계획을 잡았다.

데이비드 할아버지는 잠들어 있었다. 베개를 옆으로 뺐는데 까만 머리가 단정하게 빗겨져 있었고, 광대뼈는 선을 그려 넣은 것처럼 도드라졌다. 아내 쉴라 할머니는 짧은 머리를 하고, 코튼트레이더스에서 산 청록색 피케 티셔츠와 회색 바지에 끈이 달린 천 신발을 신었다. 나와 이야기하길 기다리는 중이었던 할머니는 P. D. 제임스의 책에서 읽던 부분을 술이 달린 긴 책갈피로 조심스레 표시해놓고 나와 악수했다. 그러고는 조용히 손짓하며 나를 병실 밖으로 이끌었다.

할머니가 걱정거리를 이야기하는 동안 나는 할머니와 함께 문밖에 서 있었다. 데이비드 할아버지는 먹을 수도 없고 말할 때 필요한 근육이 움직이지 않아 목소리도 낼 수도 없으며 파킨슨병 때문에 손을 제대로 쓸 수 없었다. 우리는 할아버지가 영양분을 섭취하고 약을 안전하게 먹을 수 있도록 코위영양관을 삽입해야 한다는 데 동의했다. 이미 언어치료사와 영양사한테도 할아버지를 소개해둔 상태였다. 지금도 여전히 너무 쇠약해서 앉을 수조차 없지만 그래도 물리치료사가 할아버지와 함께 힘쓸 것이다. 하지만 나는 현실적인 조언을 하고 싶었다. 내가 입을 열었다.

"쉴라 할머니, 할아버지는 너무 노쇠하셔서….."

쉴라 할머니는 내 말을 가로막았다. 그 목소리는 스코틀랜드 사람답게 부드러웠고 단호했다.

"선생님이 모르는 건, 이 사람이 전사라는 거예요. 이 사람은 살기 위해서라면 무엇이든 감수하겠다고 늘 말했어요. 위중한 상태에서도 받을 수 있는 건 전부 원할 거예요."

일반의료위원회는 열두 달 안에 사망할 가능성이 있는 환자를 돌보는 의사용 지침, 「생애 말기 치료 및 돌봄: 의사 결정 모범 사례」에서 데이비드 할아버지가 처한 것과 같은 상황을 다룬다. 사전 계획을 세울 때, 일부 환자는 특정 생애 말기 치료를 불합리하게 거부당할 것을 걱정하며, 따라서 이런 치료를 사전에 요청하고자 할 수 있다. 생애 말기에 가까워진 일부 환자는 자신이 받는 치료에 대한 통제권을 가능한 한 많이 유지하길 원하며 부담과 위험이 상당하더라도 삶을 연장해줄 가능성이 있는 치료를 바랄 수도 있다.

환자가 앞으로 받고자 하는 치료를 법적으로 보장받을 수 있는가를 두고 일반의료위원회가 취한 태도는 2005년에 한 용감한 남성, 레슬리 버크 덕분에 시험대에 올랐다.

버크 씨는 심각한 퇴행성뇌질환을 앓았고 같은 병으로 형제를 잃었다. 사고 능력을 잃지는 않더라도 자신을 대변하는 능력을 잃는 것은 피할 수 없을 터였다. 버크 씨는 자신이 더는 말을 하지 못하게 된 뒤에, 설령 죽음이 임박하더라도 의사가 영양관으로 음식 및 수분 공급을 중단할 수 없도록 법적으로 확실히 보장되길 간절히 바랐다. 버크 씨가 느끼는 삶의 질을 의료진이 잘못 판단하고서 영양분과 수분 공급을 중단하기로 했기 때문이 아니라, 예컨대 감염증 같은 '자연적인 원인'으로 죽을 수 있기를 바랐다. 버크 씨는 1심에서 승소했지만 일반의료위원회는 그 판결에 불복해 항소하는 데 성공하면서, 의사가 여타 상황에서 이익이 없거나 심지어 위해를 가할 수 있다는 것을 알면서도 치료를 강요받을 수 있음에 우려를 표했다.

그 누구도 헛된 치료를 고집할 수는 없다. 하지만 버크 씨의 사례는 중요한 원칙을 강조했다. 소통 능력이 없는 누군가를 대신해 의사가 치료를 결정할 때, 이 결정은 환자한테 제일 이익이 되는 것을 목표로 해야 하며 무엇이 실제로 본인한테 가장 이익이 되는지에 대해서는 환자가 이전에 말했던 의견을 참고해야 한다. 항소심 판사는 이 원칙이 버크 씨를 보호해준다고 생각했다. 아무도 영양관을 통한 영양 공급을 중단하여 버크 씨가 죽도록 두지 않을 것이며, 이는 버크 씨가 사전에 이런 죽음이 자기한테 최선이라고 생각하지 않는다는 것을 밝혔기 때문이다.

이어진 지침은 이렇다. 미래에 받을 치료에 관한 요청에 대응할 때는 그렇게 요청한 이유가 무엇인지, 환자가 그 치료를 얼마나 중요하게 생각하는지 살펴봐야 한다. 환자가 소통 능력을 잃은 후 치료에 따른 전반적인 이익을 결정할 때 환자가 바랐던 것이 결정에 영향을 미쳤는지 설명해야 하며… 특정 치료에 대한 요청이 나중에 내릴 결정을 보장할 수는 없지만, 결정하는 사람은 그 요청에 무게를 둘 것임을 확실하게 알려주어야 한다.

그 뒤로 몇 주 동안 데이비드 할아버지는 상태가 나빠졌다. 할아버지를 담당하는 파킨슨병 전문가이자 노인의학 전문의인 찰리는 할아버지를 만나러 병동을 방문해 우리가 약물 치료 방법을 수정해나가는 것을 도와주고 쉴라 할머니와 소소하게 개인적인 농담을 주고받으며 할머니를 웃게 했다. 하지만 데이비드 할아버지는 소변도 볼 수 없게 되어 카테터를 해야 했고, 온갖 항생제에 저항성이 있는 요로감염에 걸려 유일하게 듣는 항생제마저 심각한 설사를 유발했다. 쉴라 할머니는 병상 옆에 앉아 《이코노미스트》지를 할아버지한테 읽어주면서 유동식이 관을 타고 천천히 코로 들어가는 것을 지켜봤다. 할아버지는 나아지는 듯하자마자 어느 날 오후에 갑자기 몸이 축축해졌고, 산소 수치가 떨어졌다. 항응혈제를 매일 주사했음에도 혈전이 폐혈관을 막는 폐색전증이 발생한 것이다. 우리는 더 강한 혈액 희석제를 주입하기 시작했고, 뼈가 앙상한 할아버지의 팔에는 멍이 번졌다. 설상가상으로 코위영양관이 계속 말썽을 부렸다. 할아버지는 코피가 났고 영양관을 성가셔했다. 섬망 상태일 때 영양관을 자기 손으로 쓸어내렸는데 그 때문에 영양관이 제 위치를 벗어나면서 유동식이 위가 아니라 폐로 쏟아질 위험이 생겼다. 간호사가 영양관을 교체하고 테이프로 고정했지만 계속 움직였다. 4주 차에 영양관이 다시 제자리를 벗어나자 쉴라 할머니는 나와 수련의 한 명에게 물었다.

"레보도파 때문에 했던 것처럼 PEG영양관을 다시 달 수는 없을까요?"

우리는 그 방법에 관해 이야기했다. 무척 노쇠한 상태에서 PEG영양관을 삽입하는 수술은 실제로 감염이나 출혈 위험을 동반한다. 할아버지는 수술을 견디지 못할 수도 있다. 영양 관리 팀에 의견을 물을 수도 있었지만, 나는 영양 관리 팀 역시 할아버지의 감염증과 낮은 단백질 수치 앞에서 당연히 조심스러워할 것을 알았다. 걱정이 됐다. 쉴라 할머니는 데이비드 할아버지를 대변하고 있었다. 할머니가 하는 말을 의심할 이유는 없지만, 할머니는 아마 무슨 일이 있더라도 할아버지를 살리기 위해 상당한 의지와 기운을 쏟아부을 것은 분명했다.

우리가 하는 치료가 할아버지한테 불합리하게 느껴지고 부담이 될까? 할아버지는 체중이 더 줄었고, 착란 증세는 지속됐으며, 삼키는 능력도 회복될 기미가 전혀 없었다. 언젠가 데이비드 할아버지가 말을 하는 것처럼 보이기에 얼굴을 가까이 대봤지만 한마디도 알아들을 수 없었다. 할아버지는 뭘 말하고 싶었을까? 엄지를 올렸다 내렸다 하는 동작은 일관성이 없었고, 어느 순간 떨림 때문에 모호해졌다가 이후에는 완전히 없어졌다.

나는 찰리에게 의견을 물었다. 찰리는 데이비드 할아버지와 오랫동안 알고 지냈다. 찰리는 씩 웃고 눈을 굴렸다.

"당연히 데이비드 할아버지는 전부 해보길 원하실 거예요. 데이비드 할아버지와 쉴라 할머니는 늘 그렇게 해왔거든요."

찰리는 내 등을 두드렸다.

"영양 관리 팀에서 뭐라고 하는지 보자고요."

몇 달 뒤, 쉴라 할머니가 병동 직원들한테 쓴 감사 카드가 도착했다. 카드는 이렇게 끝났다.

> 영양관 급식은 잘 되고 있어요. 저는 이걸 준비하는 달인이 됐죠. 데이비드는 온실에 있는 침대에 누워서 지내요. 집에 온 걸 행복해하네요.

할머니는 카드에 단정하게 서명했다.

> 쉴라와 '기적 씨' 드림.

데이비드 할아버지를 제대로 치료하기 위한 열쇠는 쉴라 할머니의 손에 있다. 할머니는 할아버지가 정확히 뭘 원하는지 알고 있었다. 데이비드 할아버지 본인이 수년 동안 의지가 매우 확고했다는 점과, 바라는 바를 찰리한테 명확하게 밝혔던 점 역시 도움이 됐다. 할아버지는 치료를 받겠다는 결심을 적어두지 않았고, 그랬다 해도 구속력은 없었을 테지만 할아버지의 생각을 안 덕분에 우리는 멈추는 것이 더 자비로운 선택처럼 보일 때조차도 치료를 계속할 수 있었다. 하지만 쉴라 할머니가 그 자리에 없었다면, 찰리가 휴가 중이었다면, 데이비드 할아버지는 다른 치료를 받았을지도 모른다. 당연히 희망 사항을 기록해두는 것이 더 안전하지 않을까?

윤리위원회가 맡은 다른 사건들도 어떻게든 해결됐다. 헬가 할머니를 담당하는 팀과 할머니네 가족은 타협했다. 할머니를 병원으로 데려와 내시경술을 하는 대신 위장병 전문의가 완화된 접근법을 제공했다. 오래된 영양관을 잘라서 위 속으로 밀어넣은 뒤 새 영양관을 그 자리에 넣는 것이었다. 이 기법은 다소 얼굴을 찡그리게 만드는데, 오래된 영양관 조각이 장을 막아버릴 위험이 있기 때문이다. 하지만 헬가 할머니한테는 잘 먹혔고, 할머니는 요양원에서 조금 더 살다가 몇 달 뒤에 찾아온 심근경색을 마지막으로 숨을 거두었다.

생각을 제대로 표현하지 못하지만 몹시 화가 난 에스터는 병동에서 또다시 영양관을 뽑은 뒤에 영양관 없이 요양원으로 돌아갔다. 에스터가 신호를 보내면 부드러운 음식이나 음료를 조금 제공하라는 지시도 딸려갔다. 나는 몇 주 뒤에 요양원에 전화를 걸어서 에스터를 담당했던 돌보미인 마르티나와 이야길 나눴다. 그 동유럽식 음성이 따뜻했다. 마르티나는 말했다.

"훌륭했어요. 에스터 씨는 목요일에 요양원에 왔고 우리는 에스터 씨를 위해 토요일에 생일 파티를 크게 벌였어요. 레이첼 씨도 오셨고요. 음악을 크게 틀고 다 함께 춤췄어요. 에스터

씨는 레모네이드를 조금 마셨어요! 그리고 일요일 아침에 숨을 거뒀죠. 우리는 모두 눈물을 흘렸지만 그래도, 완벽했어요."

프랭크 할아버지는 뇌졸중을 겪은 뒤에 겉보기엔 감정이 없는 듯이 누워 있었다. 헤드폰으로 음악이 흘러나오긴 했지만 귀는 들리는지 아닌지 알 수 없었다. 큰딸이 요구했음에도 영양 관리 팀은 임시로 사용하는 코위영양관을 PEG영양관으로 교체하길 거부했는데 이런 수술에는 큰 위험이 따르며 이익이 있을 가능성이 매우 적다는 이유에서였다. 인근 병원의 의료진한테 다른 소견도 구해보려 했지만 같은 의견이 나왔다. 프랭크 할아버지는 코위영양관을 한 환자를 받아주는 몇 없는 요양원으로 퇴원했다(코위영양관은 관리가 까다롭기로 악명 높아서 대다수 요양원은 코위영양관을 한 환자를 맡지 않으려 한다). 모두의 예상과는 달리 프랭크 할아버지는 그 요양원에서 별 탈 없이 4년을 살았고, 101번째 생일이 지나고 얼마 후 숨을 거뒀다. 그 4년 동안 할아버지의 딸들은 서로 마주치지 않게 방문 시간을 조절했다. 내 생각에 동생은 프랭크 할아버지가 원치 않았을 삶을 억지로 산 거라 늘 확신할 것이고, 언니는 영양관을 유지하기 위해 싸웠기 때문에 그나마 아버지가 소중한 삶을 몇 년 더 얻었다고 역시나 확신하며 살아갈 것이다. 프랭크 할아버지의 의견을 짐작할 길이 없는 한, 우리는 누가 옳았는지 절대 알 수 없다.

그러면 왜 모두가 사전결정을 작성해두지 않을까? 결정을 내려도 된다는 것을 알고, 그것이 좋은 생각일 수도 있다는 것을 알고, 어떻게 하는지를 알아도 실제로 하고 싶은지는 다른 문제이다.

환자보다 내가 더 쉽게 사전결정을 작성할 수 있었던 이유는 많다. 어떤 사람은 미래의 자신을 대신해서 약속하는 일을 경계한다. 이런 사람은 무엇이 가치 있는 삶을 구성하는가에 대한 관점이 환경에 따라 변할 수도 있다고 말한다. 모든 사람이 구속력 있는 결정을 내릴 만큼 앞으로 희망하는 것을 확신하거나 고집하는 것은 아니며, 자기 의견의 내구성을 그만큼 자신하지 못하는 사람도 존중받아야 한다.

문화적 측면도 중요하다. 내 친구 테스는 미국 버몬트에 사는데 명확한 사전결정을 내리지 않는 사람이 영국에 더 많다는 사실에 놀랐다. 테스는 "나는 내 사전결정을 매년 갱신해야 해. 건강보험에서 요구하는 것 중 하나거든"이라고 무심하게 말했다.

반대로 스스로 계획을 세우면 안 된다고 생각하면서 신성한 손에 미래를 맡기길 선호하는 사람도 많다. 우리가 자기 삶을 얼마만큼이나 통제하려고 노력해야 하는지는 전 세계에 있는 모든 종교인을 통틀어 수많은 의견이 존재한다. 나는 누군가 자신이 속한 종교를 바탕으로 그 사람이 의료라는 주제를 어떻게 바라볼지를 추측하는 것은 지혜롭지 못하다는 것을 시간이 지나면서 깨달았다.

게다가 내가 상대하는 나이가 아주 많은 사람들은 대체로 의사한테 질문을 안 하는 세대다. 그들은 아마 의학적 결정은 의사가 내려야 한다고 생각할 것이다. 더 젊은 세대 사람들은 20세기 후반에 등장한 공동 의사 결정이라는 개념을 받아들였지만, 내 환자 중 상당수는 복종하는 자세로 대화를 한다. 그런 자세를 버릴 수 있도록 요령껏 격려해야 한다.

에릭 할아버지는 몇 차례에 걸쳐 뇌졸중뿐 아니라 다발성 경화증을 앓았다. 앞으로 영양관이 필요할 가능성에 관해 내가 머뭇거리며 입을 열었을 때, 할아버지가 말했다.

"그때가 되기 전에는 내가 어떻게 느낄지 모르겠군요."

"하지만 그때가 되면 어떻게 느끼시는지 말해주실 수 없을지도 몰라요."

내 말이 애처롭게 들렸는지 에릭 할아버지는 내 손을 토닥이며 위로해줬다.

"걱정하지 말아요. 내게 그런 상황이 오면 선생님이 잘 해결하실 수 있을 거요."

무엇보다도 나는 내 계획이 50대인 지금 생각하기엔 멀게 느껴지는 일에 대한 것임을 안다. 깜짝 놀랄 일일 수도 있지만 당장 일어날 가능성은 적다. 어쩌면 내 상상력이 부족해서, 정서적으로 거리가 있어서 이런 상황을 가정해보고 한 번에 하나씩 체크 표시를 할 수 있는지도 모른다. 나이가 아주 많은 사람은 그렇지 않다. 내 환자한테 이런 가능성은 현실이며 당장 닥칠지도 모르는 일이다. 이런 냉혹한 미래를 인정하고, 검은색 글자가 의미하는 바를 정확히 이해하고, 그걸 다시 종이 위에 물리적으로 표시하고, 서명을 덧붙이는 일은 내딛기엔 너무 무서운 걸음일 수도 있다.

여기 앉아서 모서리가 접힌 옛 사전결정서와 컴퓨터로 말끔하게 작성한 새 사전결정서를 가만히 보노라니, 양식과 지침이 얼마나 명확하고 세심하든 모든 사람이 이것만 보고 혼자 앉아서 결정을 내릴 수는 없겠다는 생각이 든다. 우리는 더 친절하게 진행해야 한다. 삶과 죽음을 결정하는 일이기에. 특히 마지막이 가까워진 사람을 위한 결정일수록 더 나은 방식으로 다가가야 한다. 우리는 상냥해야 하고, 더 많이 대화해야 한다.

13
사전돌봄계획

내 사랑앵무, 올리브.

레이먼드 할아버지가 적은 내용의 첫머리다. 나는 다음 종이를 집어 든다.

레지와 우리 아이들.

또 다른 내용은 이렇게 시작한다.

음악 듣기. 컨트리 음악을 좋아함.

나는 미소를 지으며 계속 읽는다.

내 굉장한 머리 모양. 매일 멋지게 보이고 싶음.

나는 요양원 직원실에 앉아서 요양원 거주자들이 세운 계획을 찬찬히 읽는다. 여기엔 응급 상황에 지켜주어야 하는 것들이 담겨 있다. 각 계획은 우리 자치구에서 인정하는 '소생술

결정을 포함한 치료확대계획' 양식에 따라 작성된 것이다. 이름과 주소를 스티커로 붙이는 공간이 있고, 소생술을 시도한다 또는 소생술을 시도하지 않는다를 표시할 수 있는 빈 네모 칸이 있다. 그 다음에 작은 네모 칸이 몇 개 더 나온다. 집중치료실에 인계해주어야 하는지, 기왕이면 병원으로 이송해주길 바라는지, 항생제 주사를 투여받길 바라는지, 연명의료를 원하지 않으며 삶의 질에 집중하고 싶은지에 관한 것이다. 모호한 부분도 있다. 몇몇 선택지에서는 모르겠다를 고를 수 있으며 고려한다라는 표현도 자주 나온다.

내가 병원에서 만나는 모든 고령 환자는 이런 서류를 하나쯤은 가지고 있다. 때로는 이 서류를 가지고 오기도 하고 그렇지 않으면 입원 후 하루 이틀 내에 작성한다. 소생술과 관련된 선택란은 빈칸이 없지만 다른 부분은 보통 그렇지 않다. 작은 네모 칸은 비어 있기도 하고 희망 사항은 들을 수 없다.

양식 맨 위에 있는 가장 큰 네모 칸의 제목은 **나한테 무엇이 중요한가**인데 이 칸은 거의 늘 비어 있다. 하지만 이 요양원에 사는 거주자들이 작성한 양식에는 이 칸이 채워져 있다. 나는 다음 종이를 집어 든다. 나한테 무엇이 중요한가라는 제목 아래 네모 칸에는 이렇게 적혀 있다. 크리스틴을 안아줄 수 있는 것

어떤 사람은 의사가 사람을 살리기 위해서라면 모든 일, 심지어 무슨 일이든 해야 한다고 생각한다. 여기엔 소생술을 시도하는 일까지 포함된다. 소생술은, 한때 건강했을지 모를 의

식은 사라지고 신체도 더는 싸울 힘이 없는 사람한테 가장 의미 없는 일일 수 있는데도 말이다. 완전히 반대쪽에 선 사람은 "이런 삶은 나한테 맞지 않는다"라고 말하며 자긍심을 갖고 조력 자살 합법화 캠페인을 벌인다.

나는 새로 맡은 의대생에게 다음과 같은 생애 그래프를 그려준 참이다.(3장 참고)

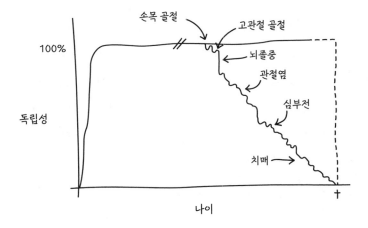

나는 학생들한테 곡선을 사각형으로 만들어서 사람들이 나이를 아주 많이 먹을 때까지 가능한 한 독립적으로 살 방법을 이야기해보라고 재촉했고, 반대편에 있던 한 학생이 몸을 숙이더니 내 손에서 펜을 가져가서 이렇게 했다.

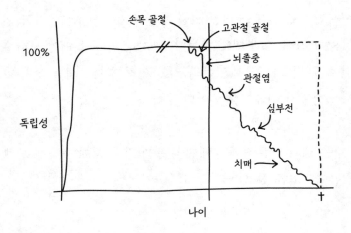

이것도 한 관점이지만, 나는 여기에 동의하지 않는다.

내 경험상 두 극단적인 관점 사이에 있는 수많은 사람은 자신을 위해서건 사랑하는 누군가를 위해서건 무엇을 하는 것이 옳은지, 치료를 얼마나 받는 것이 적절한지를 확신하지 못한다. 내가 옳다고 생각하는 것이 다른 사람한테는 아닐 수도 있다는 것을 우리 모두는 알지만 상당수는 이런 이야기를 해도 되는지, 한다면 어떻게 해야 하는지를 확신하지 못한다. 편견, 두려움, 사랑이 복잡하게 얽혀서 이런 대화를 방해하기 때문이다.

병동 중간쯤 가면 오른쪽에 있는 병상 옆에 윈 할머니가 앉아 있다. 오늘은 젊은 여자가 할머니와 함께 앉아 있다. 아마 할머니가 자랑스러워하는 손녀인 듯하다. 할머니 말에 따르면 손녀는 런던에서 "미디어 어쩌고, 마케팅 어쩌고" 하는 곳에서 근무하며, 파리에 있는 국제경영대학원인 인시어드에서 공부

했으며 몇 개 국어를 구사한다.

손녀는 반짝이는 구릿빛 머리에 바지 정장을 입고 윈 할머니를 자랑스럽게 바라보고 있다. 윈 할머니가 손녀를 내게 소개했다. "얘가 마리나요." 윈 할머니는 크림색 블라우스와 장미 문양이 있는 카디건을 입었다. 할머니는 마리나와 보던 아이패드를 닫아서 치우고, 나는 커튼을 치고서 함께 이야기를 나누고자 윈 할머니의 병상에 걸터앉는다.

윈 할머니는 심장이 불안정해지면서 지난 몇 년 동안 병원을 들락거렸다. 할머니는 앉았을 때도 목에서 굵은 정맥이 박동하는게 보인다. 예쁜 물방울 모양 귀걸이가 그에 따라 미묘하게 흔들릴 정도다. 오른방실판막이 다 망가지고 있기 때문이다. 심장이 수축하면 혈액은 폐로 흘러가서 산소를 새로 담아야 하지만 할머니는 혈액이 뒤로 나가서 새는 판막을 지나 우심방으로, 다시 정맥으로 돌아간다. 그렇게 정맥은 심장이 뛸 때마다 납작해졌다가 다시 팽창하는데 모두 일어나서는 안 되는 일이다.

우리는 몇 주 동안 할머니의 약물 치료에 매달렸다. 나는 심부전이 할머니를 표적으로 삼았다고 설명했다. 할머니는 호흡이 곤란하고, 폐에 물이 차고, 형태를 알아볼 수 없을 만큼 다리가 붓고, 부종 때문에 척추 맨 아랫부분은 누르면 밀가루 반죽처럼 움푹 들어갈 지경이 되어서 올해만 벌써 두 번이나 입원했다. 체액을 제거해서 폐에 공기가 조금 들어올 공간을 확보하고, 찍찍이가 달린 그 반짝이는 점박이 슬리퍼에 다시 발이 맞도록 부종을 없애려면 사실 알약보다는 주사를 써서 이뇨제를 대량으로 주입해야 했다. 하지만 또 한번은 건조하고, 탈수가 오고, 발의 피부가 주름지고 입이 바싹 마른 채로 입원했다. 늘어난 이뇨제와 심장근육을 강화하려고 새로 먹기 시작한 약이 결합하여 약한 신장에 큰 부담을 준 것이었다. 할머니가 앓는 심부전은 무척 까다로우며 예측하기 어렵다. 때때로 물을 잔뜩 머금은 채 너무 익은 자두처럼 부풀 수 있는데, 이때 약물을 지나치게 많이 사용하면 다시 건포도처럼 쪼글쪼글해질 수도 있다. 따라서 우리는 할머니를 잘 익은 복숭아처럼 만드는 것을 목표로 해야 하며 할머니는 병원 밖에 있을 때도 체내에 수분이 얼마나 있는지에 따라 복용량을 조절해야 했다.

할머니한테는 이미 설명한 적 있는 이 내용을 나는 지금 마리나에게 간단하게 다시 이야기한다. 마리나는 고개를 끄덕인다. 원 할머니는 이미 다 아는 이야기였다. 하지만 다른 게 더 남아 있었다. 이번에 입원할 때 할머니는 폐렴까지 걸려 거의 죽을 뻔했으며 집에서는 낙상을 두 번 입었고 신장은 예전보다는 나아졌지만 건강하지는 않았다. 무엇보다 요양원에 들어가길 기다리고 있어서 할머니는 무척 지친 상태였다.

"원 할머니? 손녀분이 여기 있는 동안 다소 민감한 이야기를 해도 될까요?"

내 물음에 원 할머니가 눈을 크게 뜬다.

"할머니가 요양원에 계시다가 다시 편찮아지시면 어떻게 할지 생각해보는 거 말이에요. 지금 말씀드려도 괜찮을까요?"

'할머니가 괜찮으면 전 괜찮아요'라는 식으로 머리를 갸웃거리는 마리나를 윈 할머니가 곁눈으로 쳐다본다. 할머니가 자기 심장이 좋아질 수 없다는 걸 알기에 이미 길은 닦여 있는 것이나 마찬가지다. 나는 조심스레 그 길로 나아가면서 할머니가 들어갈 요양원에 관해 이야기한다. 할머니는 그 요양원에 사는 친구를 방문하곤 했고 그곳을 마음에 들어 했다. 와이파이가 터지는 것도 확인했다. 그래야 기계를 능숙하게 사용하고 아이패드뿐 아니라 반짝이는 분홍색 케이스를 끼운 최신 스마트폰으로 '마리나와 영상통화를 할 수 있기' 때문이다.

"할머니, 제가 이 서류를 작성하려고 하는데, 할머니가 앞으로 뭘 바라시는가에 관한 거예요. 할머니한테 무엇이 중요한지 적는 칸이 있는데, 여기에 마리나 씨를 적어도 될까요?"

할머니가 "그럼, 중요하고말고. 그리고 평화롭고 조용한 시간을 조금 보내는 것도 중요해요"라고 말하기에 나는 그렇게 적었다. 윈 할머니는 잠시 생각하다가 매주 신문을 보고 싶다고 하고는 "전국적인 것 말고 그냥 지역신문"이라고 덧붙인다. "그래야 브라우니스 빵집에서 뭘 만드는지 확인할 수 있으니까" 말이다.

나는 양식에 있는 다른 몇 가지 질문에 관해 설명한다. 건강이 매우 나빠지면 어떻게 하길 원하는지 묻는 것이다. 할머니는 왼팔을 탁자에 얹고 손으로 턱을 괴고 생각한다. 나는 마리나를 힐끗 본다. 마리나는 할머니를 쳐다보면서 손가락을 납작하게 펴 입을 가렸는데, 입술이 떨리는 것을 할머니가 보지 않길 바라서였다. 내가 마리나의 팔꿈치에 손을 대고 "윈 할머니와 저는 이미 소생술에 관한 질문을 끝냈어요"라고 말하자 윈 할머니는 오른손을 흔들며 '아무것도 안 한다'는 표시를 한다. 다음 질문은 위독할 때 집중치료실로 인계해야 하는지에 관한 것이라고 나는 설명한다. 그리고 말한다.

"솔직히 말씀드리면, 이 부분은 저희 손에서 벗어나요. 집중치료실에서는 할머니를 받아주려 하지 않을 거예요. 왜냐하면 거기서 하는 치료는, 예컨대 인공호흡기를 달거나…."

윈 할머니가 손을 내저으며 됐다는 표시를 하기에 나도 잠시 멈춘다. 넘어가, 넘어가. 할머니의 손이 말한다. 덕분에 나는 인공호흡기가 할머니한테는 무의미할 것이라고, 그 기계를 결코 떼어낼 수 없을 것이라는 설명을 덧붙이지 않아도 된다.

"다음 질문은, 상당히 중요한 질문인데, 의사보다는 할머니를 위한 결정이기 때문이에요."

할머니가 나를 쳐다본다. 왼손은 여전히 턱을 괬지만, 막 오른손 검지를 드는 것을 보니 듣는 것은 물론 멈추라고 말할 준비도 마친 상태다.

"음… 할머니가 요양원에서 정말로 편찮아지시면, 예를 들어 심장이 다시 나빠지거나 이번에 입원했을 때처럼 폐렴 같은 것에 걸리면, 보통은 요양원에서 구급차를 부르고 할머니는 입원하고 저희는 온갖 처치를 하는데…."

할머니가 오른손을 펴서 탁자에 내려놓는 동안 나는 말을 잇는다.

"혈액검사, 엑스레이, 정맥 투약…."

나는 내 손등에서 주사가 들어갈 곳을 손가락으로 훑는다.

"하지만 어떤 사람은 그런 걸 원하지 않고, 병원으로 돌아오기보다는 요양원에 머물면서 보살핌을 받고 싶다고 말해요. 병원과 똑같은 치료는 받을 수 없더라도요."

윈 할머니는 숨을 크게 들이쉬고 천천히 내쉰다. 그리고 손을 뻗어 마리나를 끌어당긴다. 마리나는 병상 옆 탁자를 자기 앞에서 치우고 의자를 할머니 가까이에 끌고 와서 손을 잡는다. 금팔찌를 두른 늙은 손이 손톱을 어두운 빨간색으로 광낸 젊은 손을 맞잡는다. 윈 할머니가 말한다.

"여기엔 있을 만큼 있었어요. 다시 돌아오고 싶지는 않아요. 내 말은, 사람들은 아주 친절하니 오해하지 말렴, 마리나."

마리나가 무언가를 말하려 하자 윈 할머니가 경고하듯 손가락을 들어 올린다. 할머니가 걱정하는 것은 돌봄이 아니다.

"나는 그저 지쳤고, 한적한 곳에 자리 잡아 조금 쉬고, 그대로 있을 수 있다면…."

나는 마리나의 팔에 손을 얹는다. 마리나가 이제 입을 꽉 다물고 어떤 소리도 내지 않으려 하면서 눈을 깜박이고 있기 때문이다. 나는 말한다.

"알았어요, 할머니. 왜 그렇게 말씀하셨는지 이해할 수 있어요. 최근에 겪으신 일을 보면 그러실 수도 있겠다고 생각했어요. 요양원에서 감염증, 그러니까 기침이 나거나 요로감염 같은 게 오면 편하게 해줄 만한 항생제는 드실 거라고 표시해도 되겠죠?"

윈 할머니가 고개를 끄덕인다. 그럭저럭, 그렇기도 하고 아니기도 하다는 끄덕임이다. 나는 말을 이어간다.

"그런 항생제는 알약이나 시럽뿐일 거예요. 하지만 병세가 더 나빠져서 알약을 삼킬 수 없으면… 요양원에서는 정맥주사로 치료하긴 힘들 거예요. 할머니한테는 선택지가 있어요. 병원으로 돌아오시면 저희는 할머니를 위해 최선을 다할 거예요. 물론 요양원에 계실 수도 있는데…."

윈 할머니는 코를 찡긋한다. 할머니는 마음을 먹었다.

"병원은 싫어요."

"알겠습니다. 그러면, 할머니는 몹시 편찮으셔도, 죽을 만큼 아프셔도…."

내가 확인차 쳐다보자 할머니가 고개를 끄덕인다.

"설령 요양원에서 죽음을 맞이하시더라도 거기에 머물면서 돌봄을 받고 싶다는 말씀이시죠?"

"맞아요."

아툴 가완디는 『어떻게 죽을 것인가』를 출간한 뒤 BBC 라디오의 연례 강연 시리즈인 리스 강연에서 삶이 막바지에 접어든 사람들이 몇 가지 중요한 질문에 관심을 기울이도록 촉구했다. 질문은 이렇다. 자기 상황을 어떻게 이해하고 있는가? 남은 시간이 짧다면 두려운 것과 바라는 것은 무엇인가? 무엇을 타협하고 하지 않겠는가? 이런 이해에 가장 잘 맞는 행동에는 어떤 것이 있을까?

　나이 든 모든 사람은 치료받을 권리가 있으며, 환자가 바라고 성공할 가능성이 있을 때 용감하게 연명의료를 시행하는 일도 여기에 들어간다. 나와 동료들이 매일 하는 일은 치료를 하고, 감염증에 항생제를 사용하고, 암을 검사하고, 장기부전을 고치는 일 등을 감독하는 것이다. 우리는 산소 농도를 유지시키고, 혈압이 너무 높거나 낮아지지 않게 조절하며, 수많은 신진 대사 이상을 바로잡고, 어느 곳에서는 혈액이 새는 것을 막고, 다른 곳에서는 더 원활하게 흐르도록 유도하는 것이다.

　하지만 어떤 환자든 우리에게 "아니, 됐어요. 나는 다른 할 일이 있어요"라고 말할 수는 있다. 그러나 순식간에 정신이 혼미해질 만큼 극도로 아파지는 순간, 환자는 자율성을 위협받는다. 대부분은 그래도 괜찮다. 그 자리에서 응급처치를 받고 구급차를 불러오고 신속한 절차를 거쳐 살리기 위한 계획에 따라 치료받는다. 이는 환자가 항상 바라는 것은 아니지만, 무엇을 원하는지를 말하지 않으면 보통은 이런 과정을 거치게 된다.

　새디가 말한다.

　"아버지와 이야기해보려고 했어요. 그런데 가망이 없어요. 아버지도 우리와 이야기해야 하는 건 안다고 하세요. 다들 아버지한테 계속 그래야 한다고 하니까요. 그런데 아버지는 말하기를 싫어하세요. 제가 '우리는 이런 이야기를 안 하는 편이죠?'라고 하면 아버지는….."

　여기서 새디는 자기 아버지를 흉내 내면서 눈을 아주 크고 동그랗게 뜨고 입을 아래로 잡아당기는데, 부녀가 정말로 닮아서 재밌다.

"아버지는 '당연하지, 안 하고말고'라고 하고 거기서 대화가 끝나요."

내 친구 마이크도 비슷한 이야기를 한다.

"어머니는 그저 굳이 '이야기할 필요는 없다. 다 계획을 세워놨다. 너희들도 때가 되면 알 거다'라고만 하셔. 우리는 어머니가 뭐에 관해 말하는 건지, 어머니가 세워뒀다는 그 특별한 계획이 뭔지 전혀 몰라. 어머니는 그냥 얼렁뚱땅 넘어가려는 게 분명해."

이런 일은 반대로도 일어난다. 내가 지켜보는 앞에서 지니 할머니가 "내가 다음 생일을 맞이할 것 같지는 않구나"라고 말하자, 엘로이스는 고개를 숙이고 할머니의 손을 잡으며 "할머니! 그렇게 말씀하지 마세요! 할머니는 괜찮으실 거예요!"라고 말한다. 지니 할머니는 자신이 괜찮지 않으며 자신의 바람과 두려움을 말해야 한다는 것을 알지만, 대화는 단절된다.

잘난 체하는 것처럼 보이지 않으면서 이런 대화를 더 쉽게 할 수 있는 방법을 환자나 보호자에게 섣불리 제안하기는 어렵다. 내가 이런 대화를 환자와 더 쉽게 나눌 수 있는 이유는 거리가 있기 때문이기도 하다. 내 부모가 아니니 말이다. 또 내가 그럴 힘이 있는 자리에 있기 때문이기도 하다. 나는 환자한테 살금살금 다가가서 우리가 앉은 자리에 주제를 꺼내놓고 소개할 수 있다(안녕하세요, 윈 할머니와 마리나 씨. 여기에 어쩌면 두 분이 만나고 싶어 하지 않을 주제가 있어요. 하지만 그게 지금 여기에 있으니, 우리가 어떻게 다룰 수 있는지 볼까요?). 그러면 그 대화를 마칠 때까지 아무도 떠나지 않는다.

그렇다면 뭐가 도움이 될까? 아마 이런 대화가 항상 자세할 필요는 없다는 점을 알면 도움이 될 것이다. 바람과 두려움이라는 주제를 조금이라도 건드린다면, 가족이 "아버지는 기계에 의존해서 사는 건 절대 원하지 않는다고 말씀하셨어"라고 말할 수 있다면 큰 차이를 만들어낼 수 있다.

다른 사람이 겪은 일을, 친구가 어떻게 돌봄을 받았는지를, 어떤 결정을 내렸는지를 이야기하는 것도 종종 도움이 된다. 그래서 내 친구 비비언 할머니는 자기 가족한테 "저기 가여운 제인이 어떻게 하고 있는지 보렴. 나는 저렇게는 하기 싫다"라고 말하곤 한다.

미래에 받을 돌봄에 관해 대화할 때 늘 적어둘 필요는 없다는 것을 알아두는 것도 도움이 될 것이다. 일단 대화를 해야 한다. 말은 두려움을 밀어낸다. 노인의학 전문의는 이런 광경을 항상 목격한다. 우리는 종종 정교하게 균형 잡힌 결정을 마주한다. 어느 딸은 "이건 아버지가 원할 만한 게 아니야. 아버지가 우리한테 말했잖아"라고 하면서 자기 형제를 쳐다볼 수도 있다. 거기에 그 형제가 "아버지는 늘 꾸물대기 싫다고 말씀하셨지"라고 거들면 구름이 걷히듯 막막했던 것들이 해결된다. 그때부터 우리는 이 아들과 딸이 아버지에 관해 아는 내용에 맞춰서 적절하게 환자를 돌볼 수 있다.

하지만 대부분은 윈 할머니처럼, 그리고 레이먼드 할아버지와 사랑앵무인 올리브가 함께 사는 요양원의 거주자들처럼 정식으로 자세한 계획을 세워 문서로 남기는 것이 가장 좋다.

　　알아둘 만한 통계가 있다. 수치가 냉혹하니 각오하길 바란다. 몇 년 전, 스코틀랜드 데이비드 클락 교수의 한 연구진이 2010년 3월 31일 자정에 25개 병원에 있던 환자의 이름을 전부 수집했다. 정신병동 입원 환자나 임산부는 제외했지만, 다른 성인 환자는 전부 포함시켰고 총 1만 명이 넘었다. 연구진은 1년 뒤에 이 이름을 전부 다시 찾아봤다. 그사이에 목록에 있는 사람 중 몇 명이 사망했는지 살펴보기 위해서였다.

　　나는 이 연구를 읽었을 때 결과를 보고 깜짝 놀라 멈칫했다. 그날 기준으로 병원에 입원했던 전체 성인 환자 중 거의 30퍼센트가 한 해를 더 살지 못했다. 그 병원이 나쁘다는 말이 아니다. 병원들은 세계 최고 수준을 자랑한다. 2010년 3월 31일은 특히 험난한 밤도 아니었다. 몇 년 뒤 덴마크와 뉴질랜드에서도 이 연구를 재현했는데, 결과는 비슷했다.

　　병원에서 하룻밤을 보낸 85세 이상 남자 중 절반 이상은 12개월 이내에 사망할 것이다. 많은 사람이 살아서 퇴원하지 못할 것이고, 이런 통계는 비슷한 나이의 여자도 크게 다르지 않다. 요양원으로 들어가는 일 역시 경보 깃발을 흔드는 것이다. 요양원에 들어간 사람 중 절반가량만 다음 해까지 살아 있을 것이다. 돌봄을 잘 못 받아서가 아니라 요양원에 들어가야 하는 상황 자체가 삶이 끝에 다다랐을지도 모름을 암시하는 사건이기 때문이다.

　어떤 사람은 지금 현재 밝고 활기찬 삶을 사는 중이더라도 소망에 관해서 신중하고 다정하게 대화를 나눌 수 있어야 한다. 만성질환을 앓는 사람이 그렇다. 매일매일 질환을 마주하면서도 앞날을 논의하지 않는 이유는 그 누구도 아주 잠시라도 상황을 우울하게 만들길 바라지 않기 때문이다. 이런 환자와 환자를 사랑하는 사람들은 갑작스럽게 상태가 악화돼서 선택지를 내미는 동시에 선택 자체가 불가능해질 수도 있다는 가능성을 인지하지 못한다.

　일반의료위원회는 사전돌봄계획을 지지하면서, 미래에 의사 결정 능력이 떨어질 수도 있는 질환을 앓는 환자에겐 논의를 독려해야 한다고 의사한테 권고하고(아마 치매에 걸렸거나, 뇌졸중 위험이 있거나, 나이가 아주 많은 사람은 문제가 갑자기 생길 수 있기 때문이다), 앞으로 받을 돌봄과 관련해서 환자가 '소망하는 것, 선호하는 것, 두려운 것'을 이야기하기를 장려한다. 어떤 치료를 언제 거부할지에 대해서, '생각, 신념, 가치'에 관해서 말이다.

　이제 실질적인 면을 살펴보자.

　첫째, 사전돌봄계획은 치료를 거부하는 사전결정과는 달리 법적 구속력이 없다. 사전돌봄계획에는 중요한 것을 많이 기록할 수 있다. 뭐라고 불러주길 바라는지, 창문을 열어두고 자는 것을 선호하는지, 포옹을 좋아하는지, 기도하길 바란다면 누구와 기도하고 싶은지, 에벌린 워가 쓴 『스쿱』을 읽어주길 바라거나 〈스트릭틀리〉를 보고 싶은지 등을 말이다. 하지만 광범위한 사전돌봄계획의 일부로든, 따로 작성한 문서로든 우리는 응급 상황에서 어떤 치료를 원하거나 원하지 않는지에 대한 의견을 담아 구체적인 계획을 세워야 할 것이다.

둘째, 사전돌봄계획은 법적 구속력은 없지만 우리가 바라는 응급치료가 자세하게 포함된 계획, 예컨대 생명을 위협하는 패혈증에 걸렸을 때 치료를 받기 위해 병원에 갈지 말지 하는 것들은 무시하면 안 된다. 어느 의료 전문가나 돌봄 전문가도 사전돌봄계획에서 추천하는 사항을 따르지 않는다면 타당한 이유를 들어 그 행동의 정당성을 설명할 수 있어야 한다.

셋째, 계획은 아주 명확하게 문서로 작성해야 하며 여느 돌보미나 구급대원도 볼 수 있어야 한다. 영국 전역에서는 다양한 방식으로 사전돌봄계획을 문서화한다. 그런데 헷갈리게도 이름 역시 매우 제각각이다. 내가 사는 지역에서는 '치료확대계획'이라고 하지만, '응급의료계획'이라고 하는 지역도 있다. 영국 내 다양한 지역에서는 리스펙트ReSPECT라는 제도를 채택한다. 이는 '응급처치 및 치료에 권고하는 약식 계획'을 줄인 이름으로, 공동 개발 팀이 몇몇 의료 단체뿐 아니라 맥밀런 암지원재단, 마리퀴리 같은 자선단체의 조언을 구해 개발했다. 이 계획은 진행 과정에서 환자가 강하게 목소리를 낼 수 있다. 내가 사는 자치구에서 사용하는 치료확대계획처럼 리스펙트 문서에도 작성자한테 가장 중요한 것을 기록하는 공간이 들어 있다. 리스펙트 팀이 설명하길, 이 계획은 "…응급 상황에 의사

결정을 하거나 소망을 표현할 수 없을 때, 여러분이 받을 임상 치료에 대해 맞춤형 권고안을 생성한다. 응급 상황에서 의료 전문가나 돌봄 전문가는 신속하게 치료 결정을 내려야 할 것인데… 이 계획은 어떤 치료를 고려하거나 그러지 않기를 바라는지 안내하고, 중요할 수 있거나 효과가 없을 법한 치료를 기록으로 남겨둘 권한을 여러분한테 부여하며… 이 계획은 여러분이 어느 생애 단계에 있든 응급 상황에서 여러분이 선호하는 것과 동의하는 현실적인 권고를 기록하기 위한 것이다."

넷째, 이런 계획을 세울 때는 간호사나 의사, 지역 보건의, 공중보건 간호사, 병원에서 근무하며 계획을 들어줄 수 있고, 그 계획이 명확하고 현실적인지 설명하고 확인해줄 수 있는 누군가와 논의하는 것이 가장 좋다. 도움을 받지 않고 직접 응급 처치에 관한 계획을 세울 수도 있고 서식도 인터넷에서 찾을 수 있다. 하지만 해당 지역 긴급 구조대한테 익숙한 양식을 사용하고 의사나 간호사가 대리인으로서 서명해야 그 계획이 실현될 가능성이 더 커진다. 사는 지역에서 합의한 치료 확대 양식 같은 것이 있다면, 그것을 사용하는 것이 가장 좋다. 지역 보건이나 병원 의료진이 여기에 관해 조언해줄 수 있을 것이다.

다섯째, 중요한 점은 언제나 어떤 이유로든 계획을 바꿀 수 있다는 것이다.

마지막으로 국민보건서비스에서 말하는 '사전돌봄계획'은 스스로 결정을 내릴 수 있는 사람이 세운 계획만을 특정한다. 하지만 스스로 결정을 내릴 수 없는 사람도 앞으로 닥칠 응급 상황에서 무엇이 가장 좋은 돌봄인지에 관해 사전에 신중하게 세운 계획이 있어야 마땅하다. 의사결정능력법에서 요구하는 바에 따르면 이런 결정을 대리로 내릴 때는 당사자한테 가장 이익이 되도록 해야 하며, 치료확대계획이나 리스펙트 같은 서류는 누군가를 대신하여 결정을 내릴 때 참고할 수 있도록 신중하게 설계해야 한다.

내가 다시 병동을 들여다봤을 때, 윈 할머니는 등받이가 높은 의자에 앉아 머리를 기댄 채 눈을 감고 있었다. 마리나도 함께 있었다. 윈 할머니는 손을 쫙 펴서 탁자에 올려뒀고, 마리나는 그 위로 고개를 숙이고서 할머니의 손톱 하나하나에 윤기가 나는 짙은 빨간색 매니큐어를 칠하고 있었다. 내가 지켜보는 동안 윈 할머니는 잠시 눈을 뜨고 자기 손톱을, 손녀의 매끄러운 구릿빛 머리카락을 내려다보았다. 할머니는 다시 눈을 감았다. 찡그리지도 웃지도 않는다. 그저 준비한다.

응급 상황에서 무엇을 해야 할지를 사전에 계획할 때는 몇 가지 문제가 따른다. 때로는 당사자가 지금 논의하는 내용을 완전히 이해했는지 알기 어려울 수도 있다. 의사결정능력법에 나온 표현에 따르면 "의료와 관련해서 이 특정한 결정을 내릴 능력"이 있는지 말이다. 우리는 당사자가 이해할 수 있게 정보를 제공하고 도움을 주어야 한다. 우리, 즉 의료진과 가족은 당사자가 얼마나 자세히 이해하면 될지를 판단해야 한다. 당사자가 세우는 계획이 우리가 생각하는 최선에 부합하면 당사자한 테 그 능력이 있다고 믿고, 당사자가 다른 생각을 보일 때는 그 능력에 의문을 표하는 함정에 빠지지 않도록 조심해야 한다.

가끔 가족이나 친구가 정말 호의로 이 과정에 관여하는 건 지 의문일 때도 있다. 나는 사랑하는 것이 당연한 것처럼 '환자 를 사랑하는 사람'이라고 줄곧 언급하지만, 사실은 그렇지 않 다. 노인의학 전문의이자 내 친구 코너는 "나는 나를 위한 어떤 결정에도 내 형제가 관여하는 걸 원하지 않아"라고 분개하며 선언했는데, 나는 이 친구가 농담한다고 생각하지 않는다. 그래 도 이 과정을 어디선가 시작은 해야 하니 가족이나 친구의 의도 가 긍정적이라고 가정하는 것은 좋은 출발점처럼 보인다. 하지 만 사랑하지 않는 사람이 이 과정에 참여하는 데서 취약점이 생 길 수 있다. 이러한 취약점은 눈을 크게 뜨고 지켜봐야 한다. 따 라서 스스로 자신을 대변할 수 없을 때 가족이 자신을 대변하는 것이 정말 싫다면 그 점을 미리 기록으로 남겨둬야 한다.

때로는 스스로 결정을 내릴 수 없고 가족도 없으며, 그 사 람을 대변해줄 의도나 능력을 가진 사람이 주변에 아예 없는 경우도 있다. 그러면 환자의 이익을 대변해주고 보장해줄 성년 후견인, 즉 독립 정신 능력 대리인을 찾아야 할 수도 있다. 이는 신속한 절차는 아니지만, 거칠 수 있고 거쳐야 하는 절차다.

때때로 사람들은 이 계획을 어느 정도로 자세히 명시해야 하는지, 얼마나 명확해야 하는지 깨닫지 못한다. 나는 기차에 서 헤더가 하는 이야기를 들었다. 나는 헤더의 코트를 칭찬했다. 헤더는 버밍엄에서 열리는 60번째 생일 파티에 가는 길이었고, 나는 영국노인의학회에 가는 길이었다. 헤더는 요양원에서 점점 더 노쇠해지는 자기 아버지에 관해 이야기했다.

"앞으로 어떻게 할지 조금이라도 이야기해보셨어요?"

"아버지는 소생술은 거부하셨어요."

내 물음에 헤더가 단호하게 대답했지만, 나는 그 자신감 넘치는 표정을 보면서 헤더가 어떤 이유에선지 소생술을 거부하는 결정이 앞으로 있을 모든 결정도 책임져주리라 믿는 듯해서 걱정이 됐다. 아버지가 영양관을 달기를 바라는지, 치명적인 폐렴에 걸렸을 때 그것을 치료받길 바라는지, 어쨌거나 정말로 병원에 가길 바라는지 같은 결정이 전부 그 말에 담겨 있다고 믿는 것 같았다. 하지만 결코 그렇지 않으며, 그래선 안 된다. '소생술을 거부하는 것'은 '적극적인 치료를 거부하는 것'이 아니다. 요양원에 살며 '소생술 대상이 아닌' 매우 노쇠한 사람이라도 심각하게 아프면 여전히 병원으로 이송되며, 다른 계획을 분명하게 언급하지 않은 한 수많은 치료를 받게 될 것이다.

때때로 우리는 사전돌봄계획이나 치료확대계획의 '버전 관리' 문제를 겪는데, 특히 병원을 들락거렸을 때 더욱 그렇다. 우리는 지역 보건의가 기록한 계획이 병원 시스템에 올라온 계획이나 종이에 써서 집에 둔 계획과 다른 경우를 자주 발견한다. 이 문제는 국민보건서비스 전체에 걸쳐 있다. 단일 시스템이 없기 때문이다. 따라서 이 문제를 서둘러 해결해야 한다.

때로는 특정 치료를 거부하는 계획을 세워놓고 막상 응급 상황이 생겼을 때 생각이 바뀌어 우선 병원에 가서 치료를 받기로 마음먹을 수도 있다. 그래도 괜찮다. 병원에 가면 된다.

때로는 응급치료 계획의 당사자가 병원에 가지 않겠다고 결정했지만, 사실상 병원에서 치료를 받아야 더 잘 관리되는 질환이 생길 수 있다. 고관절 골절이 가장 좋은 사례이다. 환자가 수술을 원하지 않는다고 해도 고관절 골절이 유발하는 통증을 멈추는 가장 좋은 방법은 관절을 재빨리 고정하는 것이기 때문이다. 따라서 고관절 골절상을 입었다면 삶이 거의 끝나가는 사람일지라도 입원해서 고관절을 고정하여 통증을 완화한 뒤에 가능한 한 빨리 퇴원하는 것이 가장 좋은 방법이다.

때로는 응급치료 계획의 당사자가 죽는 한이 있더라도 병원만큼은 절대 가고 싶지 않음을 명확히 밝혔지만, 가족이나 요양원 직원이 환자의 호흡곤란, 통증, 초조함 같은 증상을 걱정하고 이런 증상이 완화되지 않을까 두려워하는 경우가 있다. 그때는 가족이라면 외부의 도움을 받거나, 직원이라면 본인이 직접 하거나 마찬가지로 외부의 도움을 받아야 한다(노인지원주택에 상주하는 직원은 간호사가 아니라서 요양원 직원이 하는 일을 똑같이 할 수 없고, 가족은 전혀 숙달되지 않아서 이번에 처음으로 죽음을 마주할 수도 있다는 점을 기억하자). 지역 보건의는 증상을 해결하고 환자가 바라는 것을 존중하며 병원에 갈 필요가 없도록 다방면으로 노력을 기울이고, 방문 간호사나 호스피스의 완화 의료 팀에 추가로 도움을 요청해야 할 수도 있다.

때로는 매우 힘든 일이 벌어진다. 가족이 응급치료 계획이 존재한다는 것을 모르고 있다가 자기 혈육이 특정 치료를 사전에 거부했다는 사실을 알고 괴로워하는 것이다. 여기서는 그 계획을 세울 때 강요당했음을, 그 주체가 다름 아닌 노쇠함이었음을 짐작할 수 있다. 무엇보다 우리가 사랑하는 사람이 계속 살아가지 않기로 했을 거라는, 우리 곁에 머물기보다는 떠나는 쪽을 택했을 거라는 고통스러운 깨달음이 저 깊은 곳에서 웅웅거리며 흐른다. 이런 상황이 더욱 불행한 건 보통 응급 상황이 발생할 때만 드러나기 때문이다. 따라서 사전돌봄계획을 세운다면 가까운 사람한테 이야기하는 것이 훨씬, 정말 훨씬 더 나으며 계획을 함께 세우는 것이 가장 좋다.

그 훈훈한 요양원에서 내가 꼼꼼히 읽었던 계획 하나하나, 그러니까 레이먼드 할아버지가 기르는 '사랑앵무 올리브'와 '크리스틴을 안아줄 수 있는 것'이 중요하다고 했던 그들의 진술은 그저 감상적이고 피상적이기만 한 게 아니다. 무엇이 가장 중요한지 정성껏 고르고 고른 것이다.

사전돌봄계획 담당 간호사는 침착하게 일일이 대응해주며 요양원을 차례차례 방문한다. 그러면서 두려움을 인지하고 희망을 포착하는데, 담당 간호사와 자세한 대화를 나눈 뒤에만 세울 수 있는 계획이 있다. 신중하게 만들어진 이 계획에는 고르고 고른 그들의 진술이 영향을 미친다. 간호사는 예컨대 소생술, 집중 치료, 항생제, 응급 입원 등에 관한 시각을 탐색하고 문서화한다.

누구나 사전돌봄계획을 세우고 싶다고 요청할 수 있다. 만성질환에 걸려 서서히 또는 갑자기 자신을 대변하는 능력이 위협받을지 모르거나, 노인지원주택이나 요양원에 산다면 사전돌봄계획을 세워두는 것이 옳다고 생각한다.

14
민감한 질문

"민감한 질문을 드려도 될까요?"

내 말에 애덜라인 할머니가 내 얼굴을 빤히 쳐다본다. 나는 말을 잇는다.

"저희가 계획에 관해 이야기해봤는데, 이번에 감염증에 걸리셨으니 항생제로 제대로 손을 보려 해요. 그러면 병이 호전될 거고 곧 집으로 돌아가실 거예요."

애덜라인 할머니가 미소를 짓는다.

"하지만… 할머니는 86세이시고 심장도 위태로워서… 무슨 일이든 일어날 수도 있고…."

나는 할머니의 표정을 살핀다.

"심각한 심근경색이나 그와 비슷한 것 때문에 갑자기 쓰러지시고 사실상 심장이 멈춘다면, 저희가 곧바로 서둘러 달려가서 할머니를 되살리려고 시도할 건데….”

애덜라인 할머니는 이미 손을 들었다. 할머니가 말한다.

“됐어요. 그건 바라지 않아요. 그냥 보내줘요.”

나는 할머니의 손을 살며시 쥔다.

“그렇게 말씀하실지도 모른다고 생각했어요. 여쭤보길 잘했네요. 평온하게 보내드릴게요. 하지만 지금은 첫 번째 계획을 지키려 노력해야 해서 빨리 집으로 보내드릴 거예요.”

나는 애덜라인 할머니와 떨어진다. 민감한 질문에는 30초도 안 돼서 답이 돌아왔다. 애덜라인 할머니는 우리가 무엇을 하는지 명확히 안다. 할머니는 남편과 함께 산다. 둘 중 아직까지 운전을 하는 사람은 없지만, 딸이 매주 할머니를 데리고 장을 보러 가고 교회에 가고 아들은 고지서와 집 안 곳곳에 있는 살림을 관리하는 일을 도와준다. 할머니는 삶을 즐기지만 기력이 쇠하는 중이며 몇몇 친구는 세상을 떠났다. 할머니는 원하는 치료 수준에 직접 선을 그었다.

이런 대화가 늘 이처럼 쉽게 풀리는 것은 아니다. 운을 떼기도 전에 가로막히는 경우도 있다. 예를 들어, 피터 할아버지는 이런 식이다. “용건이 뭔지 알아요. 소생술이겠지. 그건 필요 없어요.” 할아버지는 이전에 지역 보건의와 이미 대화를 나눴다며 시큰둥하다. 나는 사과한다. 우리가 사용하는 기록 시스템이 정교하지 못한데다가 비밀을 유지하는 방식이 비효율적이다 보니 제한이 따른다. 그 때문에 정작 정보가 필요한 지역 보건의 진료소, 병원, 구급대원이 중요한 정보를 쉽사리 공유하지 못한다. 같은 질문을 반복해서 받는 사람들은 질문이 대다수가 생각하고 싶지 않아 하는 이런 주제일 때는 특히 고통스러워한다. 나는 할아버지의 전산 기록에 있는 태그를 수정해서 적어도 다음 병원에서 할아버지의 사례를 탐험할 때는 여기가 점령되었음을 알려주도록 했다. 할아버지의 바람은 확고하며 다시 조사할 필요가 없다고 말이다.

환자가 내 말을 끝까지 들을 때도 있다. 나는 신중하게 말을 고르는 편이다. 예전에 어떤 의사가 "소생술을 받기를 바라세요?"라고 단순하게, 마치 차를 한 잔 권하듯이 묻는 것을 우연히 들은 적이 있었다. 이런 태도는 좋지 않다. 소생술은 단순하지 않으며 소생술을 시도한 결과는 환자가 상상하는 것과 다를 수도 있기 때문이다. "소생술을 받기를 바라세요?"라는 말은 우리가 제대로 하면 소생술이 효과가 있으리란 것처럼 들린다. 멈췄던 심장이 다시 뛰고, 폐는 다시 알아서 산소를 채울 것처럼 말이다. 사실은 그렇지 않다. 따라서 겁을 주지 않으면서도 솔직해야 한다. 제안하는 것이 '소생술'이 아니라 '소생술 시도'이며 이 둘은 매우 다르다는 사실을 어떻게든 설명해야 한다.

나는 우리가 이 결정을 해두지 않으면 응급 상황이 왔을 때 소생술 담당 팀한테 자동으로 호출이 갈 것이라고 설명한다. 그들은 가슴을 세게 압박하기 시작할 것이고, 심장박동이 불규칙할 때 가능하다면 전기를 이용해서 심장을 다시 뛰게 하려고 노력할 것이다(어떤 박동은 전기충격으로도 도울 수 없다).

산소마스크를 이용해서 폐에 산소를 밀어넣다가, 폐에 관을 집어넣어서 기계로 호흡할 수 있게 만들 것이다.

나는 이것의 성공 가능성이 얼마 안 되며 때때로 심장을 다시 뛰게 하는 데 성공해도 보통 예전만큼 건강해지지는 않는다고 설명한다. 심폐'소생술'은 전반적으로 건강한데 갑자기 심장에 불규칙한 박동 같은 문제가 생긴 사람한테 시도할 때 성공할 가능성이 가장 크다고도 설명한다. 심부전이나 폐기종 같은 만성질환이 있는 사람은 살아서 퇴원할 수 있을 정도로 회복할 확률은 매우 적다. 나이가 많다는 이유만으로 심폐소생술을 막을 수는 없지만, 성공 가능성은 떨어진다.

나는 소생술에 관한 대화를 지금까지 수천 번 했다. 내 환자는 대체로 75세 이상이고, 85세 이상도 흔하며 보통 동시에 몇 가지 질병을 앓는다. 지켜본 결과 약 3분의 2는 확실히 소생술을 시도하길 원하지 않는다. 소생술을 거부했다고 해서 다른 치료도 못 받는 것이 아니라는 것도 이해한다. 이들 중 대다수는 내가 설명을 끝내기도 전에 내 말을 멈춘다. 남은 3분의 1 중에서는 더 자세히 논의하길 원하는 사람도 일부 있고, 가족과 자세히 이야기해보길 원하는 사람도 일부 있다. 이들 중 극히 일부만이 성공 가능성이 얼마나 희박하든 소생술을 시도해주길 간절히 바란다.

메리언 윌리스 할머니도 그중 한 명이었다. 할머니는 왜소하고 숨이 쌕쌕거리고 몸이 후들거리는데도 요양원에 들어가라는 가족의 제안을 수년 동안 거절했다. 메리언 할머니네서 일하는 성실한 청소부는 즉석요리, 담배, 경마 잡지 《레이싱포스트》를 매주 사오고, 온라인 마권이 당첨됐나 확인하는 일까지 모두 맡게 되었다. 메리언 할머니는 지난 1년 동안은 침대 밖으로 발을 획 내밀기만 해도 숨이 턱 막혔고, 침대에서 방문까지 걸어간 다음에는 말없이 잠시 문고리를 잡고 있다가 다시 출발하곤 했다. 폐렴에 걸려 입원한 할머니는 이제 숨을 쉬려 분투했다. 맥박은 고통스러운 박동으로, 심방세동으로 바뀌었고, 발목은 부어올랐고, 목정맥은 툭 튀어나왔는데 폐뿐만 아니라 심장도 발버둥친다는 것을 알려주는 추가 단서였다.

소생술에 관해 질문하는 것은 메리언 할머니가 소망하는 것을 빠르게 확인하는 일이 되리라 생각했다. 그때 나는 아마 '환자가 어떤 기분인지'를 탐지하는 데에는 촉각을 세우지 않았을 것이다. 그저 폐렴과 위태로운 심장을 치료할 계획이고 그렇게 해서 상태가 호전되길 바라지만, 성공을 장담할 수는 없다고 메리언 할머니한테 설명했다.

"메리언 할머니, 저희가 하는 일이 할머니를 더 나아지게 할 거라고 생각하지만, 할머니의 심장이 멈춘다면, 다시 뛰게 만들 수는 없을 것 같아요."

할머니는 나를 향해 눈살을 찌푸렸다. 말을 띄엄띄엄하면서 오므린 입술 사이로 쌕쌕거리는 숨을 뱉었다.

"소생술… 얘기예요?"

"네… 어려운 주제지만, 할머니를 되살릴 가능성은… 아주 적어요."

"받겠어요."

"제 말은, 정말로 성공할 가능성이 없어요."

"해주셨으면 해요."

나는 숨을 들이마셨다.

"정말로 죄송합니다. 저희는 할머니가 나아지시도록 제대로, 열심히 노력할 거예요. 정말 할머니를 호전시켜서 안전하게 집으로 돌려보내드리고 싶어요. 그렇지만 할머니가 실제로 호흡이 멈추거나 심장이 멈추면 저희는 어쩔 수 없을 거예요."

"시도해주길 바라요."

그렇게 나는 궁지에 몰렸다. 지금 처한 상황이 불러온 냉혹한 현실을, 원래 앓던 폐질환에 심부전과 폐렴까지 겹쳐서 소생술 시도가 성공하길 바랄 수 없음을 메리언 할머니한테 조심스럽게, 아주 조심스럽게 전달해야 했다. 할머니의 소망에 귀를 기울였지만 그것을 실현할 수 없다는 걸 알릴 수 있을까? 어쩌면 그때 나는 뒤로 물러나서, 우리가 어디까지 제공해줄 수 있는지를 설명하려고 노력하기 전에 우리가 매우 최선을 다할 것이라고 할머니가 믿을 수 있게 시간을 주어야 했는지도 모른다. 하지만 나는 한 번 더 시도했다.

"할머니, 저는 사실 소생술을 권하지 않아요. 정말 죄송합니다. 하지만 제가 사실을 말씀드리지 않는 건 할머니께 부당하니까요. 다시 말씀드리지만 소생술은 효과가 없을 거고, 끔찍한 길을 가게 될 수도 있어요."

"끔찍해도 상관 안 해요. 어쨌거나 죽을 테니까."

나는 압도당했다.

대체로 나이가 아주 많은 사람과는 소생술 문제를 논의하기가 놀랍도록 쉽다. 내 환자는 대부분 소생술을 시도하길 바라지 않았다. 일부만이 원했다.

호흡기관계에 주요한 손상이 없고 전반적으로 건강하다면, '소생술 희망'을 선택하는 것은 더없이 타당하다. 진짜 위험한 것은 부분적인 성공이다. 완전히 실패했을 때보다 더 나쁜 결과를 초래할 수도 있다는 점을 모두가 이해한다면 말이다. 일반의료위원회 지침에서 말하듯 심폐소생술은 신속하게 시도하면 일부 상황에서 합리적인 성공률을 보인다. 하지만 대체로 심폐소생술은 성공률이 매우 낮으며 심폐소생술에 따르는 부담과 위험으로는 갈비뼈 골절과 장기 손상처럼 해로운 부작용, 저산소성뇌손상(산소 부족으로 발생하는 심각한 손상이며 지능과 언어 능력에 영향을 미칠 뿐 아니라 운동에도 어려움을 유발한다)처럼 부정적인 임상 결과, 신체장애의 악화를 포함하여 환자가 겪는 여타 안 좋은 결과가 있다. 만약 심폐소생술로 심장이나 호흡을 다시 기능하게 하고 혈액순환을 다시 원활하게 하는 데 실패한다면, 환자는 존엄이 사라진 방식으로 사망하게 될 수도 있다.

메리언 할머니처럼 이미 심각한 만성질환을 앓던 사람과는 결국 불편한 대화를 하게 될 수도 있다. 어떤 사람은 '소생술 희망 안 함'을 선택하면 다른 치료도 못 받을까 봐, 버림받을까 봐 걱정한다. 하지만 소생술 시도와 다른 치료 사이에는 명백한 경계가 존재하며 '소생술 희망 안 함'을 선택하는 것이 '치료 희망 안 함'을 선택하는 것은 결코 아니다.

내 환자와 일부 가족은 성공률을 지나치게 낙관적으로 바라본다. 텔레비전에 나오는 소생술은 간단하다. 삐삐거리는 소리와 함께 화면에 평평한 선 같은 게 나오면 파란 수술복을 입은 남자가 심장을 재빠르게 꾹꾹 누르고, 그러면 성공이다. 환자는 깨어나서 나중에 그 남자와 결혼한다. 무서운 장면을 떠올리게 하거나 희망을 파괴하지 않고 현실을 전달하는 일이란 매우 어렵다.

메리언 할머니는 폐가 심각한 상태로 오랫동안 살았다. 집에 있을 때 할머니는 자기가 '병'에 걸렸다고 생각하지 않았으며, 조금이라도 더 오래 살 가능성을 내가 부정한다고 느꼈다. 할머니는 용감하고 단호하고 투지가 넘치는 환자였다. 나는 내가 할머니의 편이라는 것을 할머니가 느껴주고 알아주길 바랐다. 나는 할머니한테 미소를 지었다. 그리고 항생제와 기도를 열기 위한 네뷸라이저와 수시로 말썽인 심장을 진정시키는 데 도움이 되는 몇 가지 약을 사용하면서 상태가 어떻게 변하는지 지켜보자고 제안했다. 나는 할머니의 아들들이 도착하면 다시 오겠다고 약속했고, 우리가 세운 계획에 관해서 아들들과 이야기를 나눠도 되겠냐고 허락을 구했다. 할머니는 조그맣고 울퉁불퉁한 손을 쥐어 엄지를 치켜들었고, 쉬기 위해 눈을 감았다.

환자 가족과 소생술 이야기를 할 때도 신중하게 접근해야 한다. 환자가 소생술에 관해 제대로 대화를 못 나눌 만큼 상태가 안 좋으면 우리는 그 가족한테 의지하게 되는데, 그러다 보면 실수를 할 수도 있다.

버넌 할아버지는 그날 아침에 의식을 잃은 채로 돌보미한 테 발견되어 뇌졸중 병동에 도착했다. 뇌 CT 검사에서는 왼쪽 중간대뇌동맥을 줄줄이 막은 지독한 혈전이 보였다. 이 커다란 혈관은 뇌에서 움직임을 조종하는 주요 부위이자 언어를 형성하고 이해하는 데 꼭 필요한 부분, 뇌에서 사전에 해당하는 부분으로 산소를 날라야 한다. 우리는 할아버지의 입원기록을 빠르게 훑어봤다. 버넌 할아버지는 과거에 가벼운 뇌졸중을 두 번 겪었고, 몇 년 동안 점점 더 안 좋아졌다. 할아버지는 생활을 지원하는 숙소에서 살았다. 매일 갓 조리한 식사가 나오고, 돌보미가 들러서 약을 먹어야 한다고도 알려주고 씻고 옷을 입고 잠자리에 드는 것을 도왔다. 딸 캐런도 규칙적으로 할아버지를 방문했다.

할아버지가 몇 시에 뇌졸중이 발생했는지 아무도 모르는 탓에 혈전용해제를 투여할 수 없었다(몇 시간이 흘러 뇌졸중이 뇌에 심각한 손상을 입힌 다음에는, 혈전용해제가 출혈을 유발하면서 상황을 심각하게 악화시킬 수 있다). 소생술 양식은 응급실에서 이미 다 작성한 뒤였다. '소생술 시도하지 않음' 칸에 깔끔한 표시와 서명이 있었지만, 검정 볼펜으로 페이지 전체를 가로지르며 크게 두 줄을 긋고 그 사이에 '취소'라고 휘갈겨 써둔 것이 보였다. 이미 교체할 양식도 나와 있는 상태였다. 이번에는 다른 칸인, '심폐소생술 찬성' 칸에 표시가 있었는데, 그 아래 손글씨로 '딸과 상의함. 소생술 찬성'이라고 쓰여 있었다.

내가 담당하는 전공의 나스린과 함께 버넌 할아버지를 보러 갔다. 할아버지의 병상 옆에 캐런이 앉아 있었다. 눈이 부은 캐런의 무릎에는 젖은 화장지가 동그랗게 말려 있었다. 할아버지는 혼곤한 상태로 몸 오른편이 축 늘어졌고 눈은 미동도 없이 왼쪽을 응시했다. 우리는 캐런을 병동 간호사 사무실로 데려가 아버지에 관해 말해달라고 했다. 캐런은 흐느끼며 말했다. 아버지는 브리티시텔레콤에서 근무했고, DIY를 즐겼고, 어머니가 젊은 나이에 세상을 떠난 뒤로는 홀로 캐런을 키웠다고 했다. 캐런은 분명히 아버지를 사랑했다. 전일제로 일하는 탓에 아버지를 생각만큼 자주 못 봐서 무척 죄책감이 든다고 털어놓긴 했지만, 사실 캐런은 아버지와 담소를 나누고 물건을 가져다주기 위해 일주일에 두 번씩은 꼭 차로 이 지역을 가로질러 왔다.

"뭘 좋아하시죠?"

나스린이 묻자 캐런이 대답했다.

"원예 잡지요. 지금은 정원이 없지만, 보는 건 여전히 좋아하시고… 그리고 생강쿠키요."

작은 미소가 떠오르면서 눈물이 더 흘렀다. 우리는 무슨 일이 일어났는지 이야기했다. 버넌 할아버지는 매우 심각한 뇌졸중에 걸렸으며 섣부르긴 하지만 할아버지가 살아남기는 어려워 보이고, 겨우 산다고 해도 더 쇠약해질 것이라고, 또 말하는 능력이 뇌졸중에 걸리기 전과 같지 않을 것이라고 말해주었다. 캐런은 고개를 끄덕였다.

"알아요. 저는 아버지가 고통받는 걸 원하지 않아요."

나는 망설였다.

"캐런 씨, 정말로 슬픈 상황이지만, 캐런 씨가 아래층에 있는 선생님이랑 소생술에 관해 이야기한 걸로 아는데…."

캐런은 양손에 얼굴을 묻었다.

"저한테 묻지 마세요! 제가 어떻게 결정할 수 있겠어요? 저한테 아버지 생명줄을 끊어버리라고 하는 것과 마찬가지라고요!"

나스린이 캐런의 어깨를 팔로 감싸는 동안 나는 설명했다.

"이건 캐런 씨가 결정하는 것이 아니에요. 캐런 씨는 이 결정을 할 수 없어요. 결정은 저희가, 의료진이 해요. 저희는 아버님을 호전시키기 위해 할 수 있는 모든 걸 할 테지만, 아버님께서 돌아가신다면, 되살리려고 시도하지 않을 거예요. 할 수 없을 거라서요. 캐런 씨는 옳은 일을 전부 했고 저는 캐런 씨가 지금 여기서 아버님과 있어줘서 정말로 기뻐요. 캐런 씨는 이 결정에 대해서 어떤 부담도 지지 않아요. 그건 저희 일이지 캐런 씨 일이 아니니까요."

응급실 의사도 캐런한테 아버지의 삶과 죽음을 가르는 결정을 내려야 한다는 부담을 느끼게 만들 의도는 없었겠지만, 이런 실수는 쉽게 일어난다. 소생술은 죽음을 치료하는 정상적 방법이 아니다. 이미 입은 피해는 되돌릴 수 없다. 버넌 할아버지가 겪었던 것처럼 뇌 같은 필수 장기가 이미 타격을 입었다면 그 사람을 계속 살게하거나 건강을 회복시킬 수는 없다.

나는 캐런 앞에 쪼그리고 앉아서 무릎에 있는 화장지를 들어내고 캐런의 손가락에 손을 댔다.

"캐런 씨는 아버님을 위해 옳은 일을 전부 했어요. 그리고 아버님을 사랑하죠."

캐런은 나를 향해 눈을 깜빡였다. 그 옅은 미소가 다시 떠올랐다.

"그러니 이제는 저희가 옳은 일을 전부 할게요. 저희는 아버님을 돌보면서 상황을 악화시킬 만한 일은 안 할 거예요. 그러니 이제 캐런 씨는 아버님 곁에만 계세요. 당장은 언제일지 모르지만, 때가 되면 아마 캐런 씨도 거기 있을 테죠. 그러면 그때 사랑하는 아버님께 감사하다고, 안녕히 가시라고 말할 수 있을 거예요. 사랑한다고도 말할 거고요. 평화로울 거예요."

우리는 규칙을 명확히 이해해야 한다. 소생술을 결정할 때 가족은 어떤 역할을 할까? 환자는 또 어떤 역할을 할까?

우선, 의사는 환자나 가족이 속상해할 것 같다는 이유로 대화를 피해선 안 된다. 의료진은 심정지가 발생할 것 같다면 소생술에 관해 말해야 하며 친절하고 세심하고 솔직하게 의견을 이야기해야 한다. 만성질환을 앓지만 자기가 특별히 안 좋아질 거라고는 생각하지 않는 비교적 젊은 사람과 대화해야 할 수도 있다. 소생술에 관해 논의한다고 해서 그 사람이 심정지에 걸린다는 뜻은 아니다. 그럴 경우를 대비하는 보험증서 같은 것일 뿐이다.

다음으로, 환자가 대화에 참여할 수 있다면 반드시 대화에 끌어들여야 한다. 나는 의사들이 나이가 아주 많은 사람을 상대로 물어보지도 않고 '소생술 찬성'을 선택하면 화가 난다.

2년 차 의사인 벤은 자기가 담당한 환자인 토머스 클라크 할아버지에 관해 이야기했다. 할아버지는 곤충한테 다리를 물려서 피부가 감염되어 항생제를 맞아야 했다. 벤은 세균을 찾기 위해 혈액을 배양하고, 올바른 항생제를 처방하기 전에 알레르기 검사를 하면서 철저하게 진행했다. 그런데 벤은 양식에서 '소생술 찬성'에만 표시하고 환자와 나눈 대화를 기록해야하는 공간은 비워뒀다. 내가 눈을 치켜뜨자 벤은 "할아버지가소생술을 바라지 않도록 설득할 때만 논의해야 하는 줄 알았어요"라고 했다. 엄밀히 따지면 벤이 옳다. 현재 논의를 요구하는규칙은 '소생술 찬성'이라는 결정이 아니라 '소생술을 시도하지마시오'라는 지시에만 적용된다. 벤이 말했다.

"할아버지는 나이를 고려하면 정말로 건강하세요. 시도해볼 만하다고 생각했어요."

우리는 함께 클라크 할아버지를 보러 갔다. 할아버지는 93세지만 눈이 반짝였고, 1944년에 포탄 파편 때문에 다쳤다가 회복한 뒤로는 한 번도 병원에 발을 들인 적이 없다고 했다. 할아버지는 배에 난 울퉁불퉁한 흉터를 보여줬다. 우리는 벌레에 물려 생긴 감염증을 치료하기 위해 할아버지한테 강한 항생제를 투여할 거라는 이야기를 한 다음, 소생술과 관련된 이야기를 꺼냈다. 할아버지는 가늘지만 단단한 팔을 허공에 휘둘렀고 나는 주삿바늘이 확 뽑혀 나오지 않도록 붙잡아야 했다.

"맙소사! 나는 그걸 하기에는 너무 늙었어요! 식물인간으로 되살아나고 싶지 않아요. 어림없어요."

우리는 좋은 마음으로 병실을 나왔다. 할아버지의 심장에서 아주 우렁차고 자연스러운 잡음이 났지만 해가 될 만한 것은 아니었다. 나는 할아버지의 심장소리와 할아버지가 사막에서 독일의 로멜 장군과 싸우던 시절 이야기를 들으러 의대생 몇 명과 함께 돌아오겠다고 약속했다.

클라크 할아버지뿐만이 아니다. 가장 건강한 사람이 가장 강하게 소생술을 거부하는 모습을 자주 본다. 이런 사람에게 의견을 말할 기회를 주는 것은 중요하다.

누군가가 소생술에 관한 대화에 정말로 참여할 수 있는지가 늘 명확한 것은 아니다. 소생술은 복잡한 주제이고, 성공 확률을 전달하는 것은 어려울 수 있다. 소생술을 시도하는 과정을 너무 감동적이거나 무섭지 않게 있는 그대로 설명하는 것만큼이나 말이다. 나는 지금까지 이 부분을 정확하게 알려주려고 노력하다가 나 자신을 곤경에 빠뜨린 적이 있다.

프리다 할머니는 똑똑한 91세 노인으로, 고관절 골절을 당해 다시 두 발로 서기 위해 우리 지역 병원에 입원했다. 할머니는 집으로 돌아가고 싶어 했다. 나는 할머니네 집 주소를 알아봤는데, 인근 소도시에 늘어선 조지 왕조 시대의 예쁜 주택 중 하나였다. 당시는 소생술에 관해 환자와 더 터놓고 대화하도록 의사를 강하게 격려하던 때였다. 프리다 할머니의 기록에는 '단기 기억상실', '인지장애', '부족한 기억력'처럼 완곡한 표현이 많이 들어가 있었다. 할머니는 오늘이 며칠인지는 확실히 몰랐지만 오래 해온 일은 잘했고, 간호사한테 싱가포르에서 살던 시절 이야기를 해주기도 했다.

그때는 할머니가 잠에서 완전히 깨어 있고 퇴원 계획을 이야기하길 간절히 바랄 무렵이었고 마침 딸도 방문한 차였다. 통증 완화, 변비약, 물리치료 관련 계획을 논의하고 나서 소생술 이야기를 해보는 것도 좋을 것 같았다. 등받이가 높은 프리다 할머니의 안락의자 뒤에는 딸 린이 서 있었다. 몸은 호리호리했고, 크고 까만 안경을 쓰고 있었다. 나는 할머니 옆에 있는 발 받침대에 앉아 90대의 아주 건강한 사람조차 소생술을 시도하면 전망이 우울하다는 것을 설명했다. 따라서 내가 소생술을 시도하자고 제안하는 것은 현실적이거나 친절한 일이 아니라고 말하려던 참이었지만, 프리다 할머니는 듣지 않았다.

할머니는 내 손을 토닥였다.

"네, 그거 좋네요. 좋은 계획이에요. 전부 해주세요."

성공할 가능성이 있고 할머니를 그 아기자기한 집으로 돌려보낼 수 있는 일은 정말로 '전부' 할 것이었다. 하지만 아무리 '전부'라고 해도 소생술을 시도하는 일, 그러니까 강제적이고 폭력적이고 거의 확실히 실패할 그 일까지는 할 수 없다는 점을 어떻게 다정하게 설명할 수 있을지 나는 머릿속으로 그려보고 또 그려보는 중이었다. 의자 뒤에서 부산스러운 움직임이 눈에 들어왔다. 린이 조용히 얼굴을 찡그리고 목을 긋는 제스

처를 취했다.

그때 나는 환자한테 대화를 이해할 능력이 있는지, 대화에 완전히 참여할 의사가 있는지를 더 신중하게 생각하는 법을 배웠다. 걱정하는 딸이 있다는 것을, 내가 스스로 곤경에 빠지는 모습을 볼 수도 있고 그런 나한테 다시 생각하라고 요령껏 알려주느라 고생하는 사람이 있다는 것을 더 고려하는 법을 배웠다. 린과 나는 나중에 더 나은 대화를 나눴다. 린은 프리다 할머니가 2년 전에 지역 보건의와 작성했던 양식을 보여줬다. 소생술 시도를 거부한다는 간결하고도 확실한 할머니의 의사가 담겨 있었다. 프리다 할머니는 그날 오후에 자신이 누구인지 완전히 잊어버렸고, 다만 린이 정원에서 핀 꽃을 모아서 가져온 작은 꽃다발을 두고 즐거운 대화를 나눴다.

환자가 소생술에 관해 말할 수 없거나 이 주제를 꺼냈을 때 대화를 계속할 수 없을 만큼 지나치게 불안해하고 혼란스러워하면 이번에도 규칙은 명확하다. 결정을 내릴 책임은 의사한테 있다. 하지만 의사가 바라는 것이 아니라 환자가 바랐을 것에 대해 가족이나 지인이 내놓는 의견을 가능하면 언제든 고려해야 한다. 그렇다고 해서 가족이 결정을 내릴 책임을 짊어져야 한다는 뜻은 전혀 아니다. 환자의 가족이 환자의 생각을 알고 있는지 확인해야 한다. 린처럼 어머니나 아버지가 이미 여기에 대해 자세히 논의했고 소생술을 반대하는 결정을 내렸음을 알 수도 있다. 하지만 심각한 뇌졸중에 걸린 버넌 할아버지처럼 환자가 노쇠하고 몹시 아플 때는 보통 의사가 책임을 진다. 소생술을 제안하지 않을 때는 효과가 없을 거라서 그러는 거라고 가족한테 설명해야 하고, 이런 가족한테 의사는 보통 선택지를 논의하자고 하기보다는 이미 결정한 내용을 설명한다.

신체는 건강하지만 대화에 참여할 지적 능력이 없는 사람을 고려할 때는 상황이 다르다. 이때는 지능 문제가 치매 같은 진행성 질병 때문이 아니라면 소생술의 성공 확률은 더 올라간다. 환자와 가까운 사람은 환자가 누리는 삶의 질에 관해 꼭 필요한 통찰을 제공할 수 있으므로 자기가 누구보다 잘 아는 사람한테 무엇이 가장 득이 될지를 의료진이 결정하도록 도울 수 있어야 한다. 이때도 우리는 그 가족이 결정에 따르는 부담을 지지 않을 수 있도록 노력해야 한다.

가끔은 가족이나 친구가 "대리권은 저한테 있어요"라고 말한다. 로버트는 중증 치매를 앓는 어머니가 다른 수많은 문제를 안고 병원에 입원했을 때 우리가 의사 결정자 역할을 빼앗아갈까 걱정했다(지속적 대리권에 관해서는 17장에서 살펴볼 것이다). 로버트는 대리인으로서 어머니의 치료를 결정할 때 관여할 권리가 있지만 시도해도 가망이 없을 것이 명백할 때는 소생술을 찬성하는 결정을 내릴 권한은 없다는 점을 로버트한테 각인시킬 수 있느냐가 무척 중요했다. 대리권이 있다고 해서 모든 결정을 내릴 책임이 있는 것은 아니다. 대리인은 의료진과 협업해서 올바른 결정을 내려야 한다. 소생술을 제안하는 것도 결국 의료 결정이기 때문이다.

그러면 실제로 소생술이 성공할 확률은 얼마나 될까? 많은 환자와 그 가족이 소생술을 시도하지 않도록 다소 비관적으로 몰아가는 것이 옳은 일일까?

얼마 전부터 나는 통계를 들여다보기 시작했다. 영국 병원에서는 그들이 시도했던 소생술에 관해 몇 년간 자발적으로 자료를 수집했고 그 결과를 전국심정지감사협회에 넘겨주었다. 여러 분석가가 다양한 양상을 연구했다. 병원의 어느 장소에서 심정지가 일어나는지부터 시작해서 환자의 심장박동이 어땠는지도 살펴봤다(무맥성전기활동은 심장박동이 화면에는 나타나되 실제로는 혈액이 순환하지 않는 고역스러운 상태로, 이를 되돌리는 것보다는 심실세동에서 환자를 구하기가 훨씬 쉬운데, 이때는 진동하는 심장에 전기충격을 주면 보통 정상 박동으로 되돌릴 수 있다). 데이터 분석가들은 심장이 다시 혈액을 뿜어내 순환시키도록 '자발성 순환 회복'이라는 것을 할 수 있도록 설득했는지 살펴봤고, 결정적으로 그 뒤에 환자가 계속 회복을 이어가다가 퇴원했는지를, 즉 생존 대비 퇴원 비율을 살펴봤다.

2014년에 처음 나온 보고서에서 전국심정지감사협회 자료에 따르면, 80세 이상이고 병원 내에서 심정지나 호흡 정지를 경험한 사람의 생존 대비 퇴원 비율은 9퍼센트였다. 나는 완전한 심정지나 호흡정지를 겪은 뒤에 퇴원할 만큼 건강을 회복하는 사람이 80세 이상에서 열 명 중 한 명꼴이라는 사실에 놀랐다. 나는 원내에서 소생술 호출이 올 때 보통 상급자 역할을 하는 전공의들한테도 의견을 구했다(고문의는 이 의무에서 벗어나는 경향이 있지만, 의료 기술을 최신식으로 유지해야 하므로 나는

3년마다 고급 인명구조 수업에 참석해야 한다). 전공의도 이 숫자가 자기 경험과 다르다고 느꼈다. 나는 내가 근무하는 병원의 소생술 팀한테 우리 지역 자료를 요청했다. 우리 지역도 '생존 대비 퇴원' 비율이 전국 단위 결과와 비슷해 보였다. 그다음에는 '소생술 생존자'와 관련된 모든 자료를 요청했다. 2012년과 2013년에 해당하는 자세한 기록을 전부 살펴봤고, 그 이후 몇 년 치는 수련의한테 도움을 받아서 2014년부터 2016년까지의 자료도 살펴봤다.

기록을 읽자니 정신이 번쩍 들었다. 결과가 성공적이라고 기록된 몇몇 사람은 심정지가 오거나 숨이 멎은 적이 아예 없었다. 게다가 어떤 사례는 환자가 발작을 일으킨 건데 미숙한 간호사가 '심폐소생술 전담 팀'을 부른 것이었고, 또 다른 사례는 어느 노쇠한 남성이 일어섰다가 혈압이 크게 떨어지는 바람에 의식을 잃고 몇 차례 심정지를 겪었는데, 그저 침대에 똑바로 눕히는 것만으로 맥박이 돌아왔다. 어떤 두 여성은 '현기증'이 나면서 얼굴이 창백해지고 맥박이 사라졌지만 소생술 팀이 도착할 때쯤 저절로 회복했다. 소생술 팀한테 치료를 받은 적조차 없는 환자도 있었다. 행정 실수로 그 환자의 등록 번호가 포함된 것이었다. 우리는 소위 성공담이라는 것을 하나하나 제외했다. 그러자 소생술을 진정으로 견뎌낸 환자의 수는 줄어들었다.

하지만 생존자도 몇 있었다. 매년 우리는 진짜 성공한 사람을 두세 명 발견한다. 소생술을 시도한 사람 중 4, 5퍼센트가량일 것이다. 각 사례는 일치하는 양상이 있었다. 모두 80세가 넘었지만 활발하고 앓는 질환이 매우 적었고, 심근경색이든 심장박동이 불안정하든 심장 문제로 입원했다. '건강한' 생존자는 아무도 폐렴을 비롯한 여타 폐 관련 문제, 뇌졸중, 치매가 없었다. 복막염이나 고관절 골절 같은 외과 문제도 없었다. 살아남아 자기 집으로 돌아간 사람은 입원할 때 심장에 국한되는 한 가지 질환만 앓았으며, 응급실이나 심장병 병동에 있을 때 심정지가 왔다. 소생술 팀이 꼭 필요한 상황에만 짧게 방문을 했으며, 전기충격을 주니 빠르게 정상 박동을 되찾았다. 일부는 심장 카테터 연구실로 가기도 했다. 거기서는 심장병 팀이 조영제를 주사하여 막힌 심장동맥을 찾아내고 작은 풍선과 스텐트를 잘 움직여서 동맥을 열었다. 퇴원 후 지역 보건의가 발송하는 편지들은 긍정적인 결과를 뒷받침했다.

존 할아버지가 다시 골프를 친다는 소식을 들어 반가웠습니다. 마크스 할머니는 운전을 다시 시작해도 된다는 이야기를 듣고 기뻐했습니다.

어떤 해에는 소생술을 처음부터 끝까지 제대로 받는 등 남들보다 더 힘든 입원 기간을 보낸 뒤 '살아서 퇴원'한 사람이 한두 명 있었다. 이런 사람들 이야기는 읽는 것도 힘겹다. 살아서 퇴원한다는 것이 잘 회복했다는 뜻은 아니었기 때문이다. 요양원으로 퇴원해서 몇 주 또는 몇 달 뒤에 사망하거나 집으로 갔지만 끊임없이 정신착란을 겪으며 가족한테 밤낮없이 돌봄을 받아야 했다. 슬픈 결말처럼 보였다. 눈에 띄는 점은 이런 환자나 그 가족은 소생술을 다시 논의할 때 아무도 한 번 더 시도하기를 택하지 않았다는 것이다. 전국 단위 감사에 사용한 자료를 이 정도 수준으로 철저하게 조사한다면 다른 병원에서 나온 결과도 비슷하리라 생각한다.

우리는 소생술과 관련한 대화를 가능한 한 친절하면서도 솔직하게 이어가려고 노력하지만 메리언 할머니처럼 왜소하고 건강이 심각하게 안 좋음에도 우승할 경주마를 점치듯 삶에 집착하는 사람을 마주치면 신중하게 나아가야 한다.

메리언 할머니는 삶이 얼마 남지 않은 듯 보였고, 나는 할머니가 무서워하지 않기를 바랐다. 내가 무슨 말을 하든 소생술을 받지 않도록 설득하면 할머니는 자기를 포기한다고 믿을 것이 확실했다. 할머니가 버림받았다고 느끼지 않도록 하는 것이 가장 우선이었지만 그렇다고 거짓말을 할 생각도 없었다.

일반의료위원회는 메리언 할머니와 비슷한 상황, 소생술을 시도해도 성공하지 못할 것으로 보이며 이를 설명할 방법을 알아내려고 노력하는 상황에 대해 조언한다. 그저 전달하는 것이 어렵거나 불편하다는 이유로 정보를 숨겨서는 안 된다.

메리언 할머니, 저는 소생술을 권해드리지 않는다고 말씀드리는 어려움과 불편함을 극복할 수 있어요. 제가 걱정하는 사람은 저 자신이 아니니까요.

나중에 나는 할머니의 두 아들을 만났다. 키가 크고 어깨가 넓은 둘은 내가 메리언 할머니와 소생술을 논의했다는 이야기를 하자 서로를 보며 웃었다.

"그거 완전히 어머니답네요."

"어머니는 하고 싶은 일을 하시죠. 고집스럽고…."

형의 말에 동생은 턱을 양옆으로 당기면서 어머니의 '하고 싶은 일'이 곤란하다는 표정으로 덧붙였다. 형도 가세했다.

"심술궂고…. 어머니는 영원히 살기를 바라지만 우리는 어머니가 그럴 수 없다는 걸 알아요."

메리언 할머니의 아들들은 현실적이었다. 우리는 할머니가 받는 치료에 관해, 할머니의 생명을 연장하는 기회가 되는 모든 일에 관해 충분히 이야기를 나눴다. 소생술에 대해서도 말하자 작은아들이 고개를 저었다.

"저는 본 적이 있어요. 직장에서 한 동료가 쓰러지자 긴급 의료원이 와서 살리려고 노력하는 걸요."

작은아들은 잠시 멈추고 몸서리를 치더니 얼굴을 구겼다.

"어머니도 안다면 그렇게 떠나고 싶진 않으실 거예요."

심폐소생술이 일반적인 죽음을 치료하는 방법은 아니지만 심폐소생술은 21세기 의학을 나타내는 삶과 죽음의 상징이자 전형이 됐다. 많은 사람이 심폐소생술을 자연스럽고 위엄 있는 죽음을 막는 불필요한 장벽이자 모욕으로 받아들인다. 그러나 몇몇 사람들한테 심폐소생술은 구조되는 순간이자, 아래로 아래로 떨어지는 사람을 붙잡아서 다시 단단한 땅 위로 확 던져주는 생명줄이다. 또 일부 사람한테는 그저 지금처럼 계속되고 변하지 않고 큰 걸림돌 없는 삶으로 가는 문처럼 보이는 듯하다. 하지만 이는 신기루이며 환상에 불과하다.

나는 메리언 할머니의 아들들과 병실을 향해 걸었다. 할머니는 누워 있었다. 흡입치료 마스크가 눈을 가리다시피 했고, 마스크를 돌아서 흘러나오는 약한 바람에 얼굴 주변에 있는 결 좋은 머리카락이 민들레 홀씨처럼 날렸다.

우리는 대화를 나눌 것이다. 신중하고 차분하고 정중한 그 대화는 이해와 희망, 두려움을 지나 결국 우리를 민감한 질문에 대한 답으로 이끌 것이다.

15
"그걸 해야 한다는 건
압니다"

3년 전, 지역 보건의 수련의인 윌과 함께 앨버트 할아버지를 만나러 갔을 때 86세인 할아버지는 요양원에서 지난 며칠 동안 안색이 노랗게 뜨다가 막 병원에 도착한 참이었다. 할아버지는 창문 옆 병상에서 몸을 웅크리고 잠들어 있었다. 몸 위로 쭉 뻗은 오른팔에 길고 가는 문신과 멍이 있었다. 할아버지의 얼굴에서 보이는 것이라곤 베개와 얇은 이불 사이로 나온 뻣뻣한 머리카락 한 줌과 각진 광대뼈가 전부였다. 골반은 가벼운 이불을 뾰족한 삼각형 모양으로 솟게 했다.

윌과 나는 앨버트 할아버지의 기록을 이미 빠르게 훑은 뒤였다. 할아버지는 작년에 벌써 두 번이나 입원했고 9월 중순에 다시 병원에 왔다가 크리스마스 직전에 요양원으로 퇴원했다.

나는 그 장소에 주목했다. 그곳은 새로 생긴 큰 요양원으로 중증 치매 환자를 전문으로 돌보는 곳이었다. 앨버트 할아버지는 거기서 고작 몇 주를 지내고 병원으로 돌아왔다. 할아버지가 가진 문제 목록은 길었고 의학 약어로 되어 있었다.

T2DM, IHD, HTN, CCF, AF, PVD, CKD, OA.

2형 당뇨병, 허혈성심장질환, 고혈압, 울혈성심부전, 심방세동, 말초동맥질환, 만성신장병, 퇴행성관절염. 이들은 할아버지의 중요한 문제이자 수년을 안고 산 질환이었다. 또 흔하며 종종 함께 나타나는 병이기도 했다.

AKI로 입원. HAP 치료. 섬망, 치매. 빈혈 발생, 2단위 수혈. 혈관 팀에서 다리궤양 재검토, 외과 개입 없음.

기록은 이렇게 끝났다.

환자와 가족은 처음부터 끝까지 충분히 상황을 이해함.

윌과 나는 뒤돌아 병상에 웅크리고 있는 앨버트 할아버지를 쳐다봤다. 할아버지는 여전히 잠들어 있었고 식염수가 한 방울씩 느리게 들어갔다.

우리는 화면으로 되돌아가서 혈액검사 결과를 불러왔다. 신장 기능을 나타내는 크레아티닌 수치가 정상을 훌쩍 넘어섰다. 평소에는 이 수치가 어땠나 궁금했다. 앨버트 할아버지의 기준에서 이게 변한 것인지 말이다. 화면이 숫자로 가득 찼다. 그게 첫 번째 페이지였다. 클릭해서 두 번째 페이지로 넘어갔다. 마찬가지였다. 세 번째 페이지, 다음 페이지, 혈액검사 화면이 계속 이어졌다.

나는 손바닥에서 땀이 나고 얼굴이 굳고 화가 머리끝까지 치밀어서 눈을 깜박였다. 윌은 결과를 셌다. 9월 19일에서 12월 중순까지 앨버트 할아버지는 혈액검사를 77번이나 했다. 지난번에 입원했을 당시에 매일같이, 77번이나 누군가가 할아버지한테 다가가서 소매를 걷어 올리고 혈액을 두 병씩 뽑았다는 것이다. 기록을 보니 그때마다 크레아티닌과 함께 염분, 즉 소듐과 포타슘을 측정했고 전혈구 검사로 헤모글로빈 수치, 백혈구의 수, 혈소판 수치를 자주 확인했다. 염증을 확인할 수 있는 C-반응성단백시험도 의뢰했다. 앨버트 할아버지는 이 수치가 늘 조금 높았지만 그것이 특별히 무언가를 뜻하지는 않았다. 소듐과 포타슘 수치는 이따금 정상 범위에서 약간 벗어났고, 백혈구 수는 다소 오르락내리락했다. 할아버지는 빈혈이 와서 수혈을 받기도 했다. 크레아티닌 수치는 확인할 때마다 형편없었다. 조금도 나아질 리가 없었기 때문이다.

　　앨버트 할아버지의 예전 기록이 도착했다. 우리는 할아버지가 병원에서 거쳐 간 경로를 추적했다. 기록에서 할아버지는 9월에 급성기내과 병동에서 며칠을 보낸 뒤 심장병 병동으로 옮겼고, 이후 심장병 병동에서 그 '짝꿍' 병동인 두경부외과 전문 병동으로 이동했다. 내과는 늘 환자가 넘쳐서 외과 병상으로 환자를 보내야 하는데, 심장병 병동에 새 환자를 받을 공간이 필요할 때면 밀려나는 환자를 두경부외과 병동이 받아주곤 한다. 앨버트 할아버지는 두경부외과 병동에서 2주 동안 머무르다가 재활 병동으로 이동했다. 며칠 동안은 상태가 개선되는 듯 보였다. 하지만 그때 다리궤양이 다시 심해져 이번엔 노인 돌봄 병동으로 옮겨 갔다. 거기서는 결국 앨버트 할아버지가 노인지원주택으로는 돌아갈 수 없다고 했고 할아버지를 요양원으로 보낼 계획을 세웠다.

곳곳에는 매우 세심한 기록도 있었다. 몇 번이나 조정했던 이뇨제 복용량을 우려하고, 형편없는 영양 상태를 언급하고, 보충제를 권하는 영양사한테 할아버지를 부탁했다. 다리궤양 아래의 뼈가 감염되는 골수염이 발생할까 염려했으며 흉부 엑스레이를 세 번 찍었고 CT 촬영으로 폐에 혈전이 있는지 찾아보자는 이야기도 나왔다. 조영제를 쓰면 안 그래도 좋지 않은 신장에 더 손상을 줄 수 있어 CT 촬영은 못 했지만 그 대신 골수염이라도 확인하고자 MRI를 찍었다. 물리치료사는 할아버지가 치료 받기 싫어한다는 것을 기록했고, 간호사는 할아버지가 정신착란 증세가 있고 밤에 잠을 제대로 못 잔다는 것을 언급해두었다. 3개월 동안 매일 하루에 네 번씩 손가락을 찌르는 혈액검사로 혈당 수치를 확인했다.

할아버지와 함께 요양원에서 온 서류 중에는 치료확대계획이 있었는데, 지난번에 입원했을 때 작성한 것이었다. 할아버지는 '소생술 반대' 입장인 것이 분명했지만 그 아래로 할아버지를 돌보는 사람한테 남겨둔 내용은 모호했다. 병원 이송 고려 칸과 연명의료 찬성 여부 잘 모르겠음 칸에 표시가 되어 있었다. 맨 위에 '나한테 무엇이 중요한가'를 적는 칸은 비어 있었다.

나는 서류에서 잠시 한 걸음 물러났다. 내가 손바닥에 묻은 무언가를 털어내려는 것처럼 손을 쥐었다 폈다 하고 있었다는 것을 그때 깨달았다.

그날 오후 늦게 도착한 앨버트 할아버지의 아들과 딸은 병상 옆에 있는 갈색 플라스틱 의자에 앉아 있었다. 윌과 나는 폴과 잰이랑 이야기를 나눴고 모두가 얼마나 힘든 가을을 보냈는지를 들었다. 잰이 말했다.

"농담을 하려는 게 아니라, 그러니까 치료는 훌륭하지만… 아버지는 병원을 싫어하세요. 어머니가 여기 계실 때조차 오시지 않았어요."

건축자재 판매회사에서 일하는 폴은 퇴근해서 곧장 온 참이라 피곤해 보였다.

"아버님이 지난번에 검사를 많이 받으셨더라고요."

내 말에 폴은 불편한 기색을 내비쳤다. 다리를 꼬고 묵직한 부츠를 빤히 내려다봤다.

"그렇죠… 그걸 해야 한다는 건 압니다."

앨버트 할아버지의 아들 폴은 환자와 가족이 직면하는 어려움 중 하나를 분명히 표현했다. 세간에는 의료진이 무슨 일을 하든 좋은 결과를 위해서라는 인식이 있다. 거기엔 히포크라테스선서, 삶의 존엄성, 의사의 의무에 관한 모호한 관념도 존재한다. 하지만 긴 삶이 끝나갈 무렵에 제안하는 검사와 치료는 그 이익이 명확하지 않다. 의사는 무엇을 '해야 하는지'를 어떻게 결정할까?

요즘에는 대부분의 의사가 히포크라테스선서를 하지 않는다. 졸업식에서 히포크라테스선서를 하는 학교가 세계 곳곳에 일부 있긴 하지만 웬만한 다른 학교에서는 수정된 히포크라테스선서를 이용하거나, 완전히 다른 선서를 하거나, 아예 하지 않는다. 히포크라테스선서 중 시대의 변화에도 살아남은 것은 극히 일부다. 환자의 이익을 위해 행동하고, 비밀을 존중하고, '해를 끼치거나 문제를 일으키는' 행동은 피하겠다는 내용이 그렇다. 하지만 선서 중 다른 부분은 시대착오적이다. 아폴로와 아스쿨레피오스와 여러 다른 신을 향해 도움을 청하는 기도까지도 들어 있으니 말이다.

영국에서는 일반의료위원회에서 의사의 의무를 제시한다. 일반의료위원회는 우리한테 의사 면허를 발급해주고, 우리가 실무에 적합한지를 결정하며 의사를 등록 명부에서 제명할 수도 있다. 따라서 일반의료위원회에서 발급한 면허 없이 의사로 일하는 것은 불법이다. 일반의료위원회는 의사를 판단하는 기준을 세우고 이 기준을 확실하게 설명한다. 윤리적 조언을 지침 형태로 발행하는데, 사려 깊고 자세하며 법에 부합하는 그 조언을 무시한다면, 그 의사는 어리석은 사람일 것이다.

일반의료위원회 문서인 「생애 말기 치료 및 돌봄」에 나온 지침에 따르면 잠재적인 연명의료를 고려하는 결정은 환자의 죽음을 초래하려는 갈망이 그 동기가 되어서는 안 되며, 삶을 연장하는 데 찬성한다는 가정에서 시작해야 한다. 이런 가정은 보통 합리적인 단계를 모두 밟아 환자의 삶을 연장하기를 요구할 것이다.

이 성명은 타당하고 안전하게 느껴지며 의사의 치료 의무를 명확히 한다. 하지만 상황에 대해 우리가 공통으로 내리는 합의가 여기서 끝나는 느낌이 들 때가 너무 잦다. 우리는 다음 문장도 읽어야 한다. 하지만 환자의 의견을 알거나 찾을 수 있다면 환자가 중요하게 여기는 것에 개의치 않고, 삶을 연장할 절대적인 의무는 없다.

어떤 치료는 환자한테 오히려 부담을 줄 수 있다. 사람들은 저마다 의견이 다르므로 그 의견을 찾아서 존중해야 한다. 이 책을 시작하면서 말했던 거대한 장벽 세 가지, 편견, 두려움, 사랑은 긴 삶이 끝나가는 사람에게 어떤 치료가 적절할지 논의하는 대화에 이미 방해 요소가 되고 있다. 게다가 이제 또 다른 장벽이 하나 더 생겼는데, 바로 혼란이다. 완전히 명확하게 이해하는 것이 중요하다. 누군가와 함께 또는 누군가를 위해 세우는 계획에 특정한 연명의료를 받지 않겠다는 결정이 들어간다고 해서 존엄사나 조력사를 논의하는 것은 아니다. 그러니 어떤 치료가 대체로 이익일지를 함께 결정할 수 있도록 의료진한테 바라는 것과 믿는 것을 알려주고 보호자 역시 논의에 참여할 수 있도록 많은 대화를 해야 한다. 여기에는 특정 치료를 거부하는 결정이 들어갈 수도 있다.

여기서 내 의견을 밝히겠다. 나는 많은 사람이 육체적이고 실존적인 문제로 고통받는다고 믿으며 모두가 좋은 완화치료를 받을 수 있어야 한다고 믿는다. 하지만, 완화치료가 항상 고통을 덜어주는 것은 아니며 그럴 수 없다는 것을 안다. 그 고통을 무시하는 건 아니지만 취약한 사람을 보호하면서 조력사를 허용하는 법률을 제정하기란 불가능하다고 믿는다. 우리의 사회구조에서는 나이 든 많은 사람이 스스로 무가치하고 자신이 누군가에게 부담을 준다고 느낄 수밖에 없도록 유도하기 때문이다. 나는 불완전한 삶에 내재하는 가치가 있으며, 많은 것을 판단하는 기준인 육체와 물질이라는 표면 너머를 보면 사실 그 어떤 삶도 완전하지 않다고 믿는다. 타인한테서 삶이 무가치하고 불완전하다고 평가받는 사람은 스스로도 너무 쉽게 그렇게 생각해버린다. 자신이 너무 무가치하고 불완전해서 자살하거나 죽임당하는 것을 선택하는 편이 낫다고 느껴버리는 것이다. 나는 이것이 틀렸다고 믿는다.

그럼에도 우리는 아직 불법인 조력사를 두고 논쟁을 벌이느라 더 다급히 해야 하는 일에 집중하지 못하고 있다. 우리는 긴 삶이 자연스럽게 끝나가는 사람들을 치료하는 일과 관련해서 그 이익과 한계가 무엇인지를 더 터놓고 친절하게 이야기해야 한다. 조력 없는 죽음에 관해서뿐 아니라 얼마 안 남은 시간을 최대한 활용하는 일에 관해서, 끝까지 잘 사는 일에 관해서 말이다.

우리가 바라는 것을 말하는 일도 그중 하나다. 다른 사람을 대변하기는 더 어려울 수도 있다. 앨버트 할아버지의 퇴원 요약지에는 환자와 가족은 처음부터 끝까지 충분히 상황을 이해함이라고 나와 있는데, 이 문구는 일반적이지만 그리 진실처럼 들리지는 않는다. 앨버트 할아버지 본인은 이전에 입원해 있는 내내 졸리거나 불안정한 착란 상태였다. 어떻게 앨버트 할아버지가 '충분히 상황을 이해'했을까? 폴과 잰은 앨버트 할아버지가 받는 검사와 치료를 잘 이해했을 수도 있으나 무언가가 빠진 느낌이 든다. 바로 적극적인 개입이다.

다시 말하지만 일반의료위원회에서 제시하는 조언은 분명하다. 생애 단계를 막론하고 스스로 결정을 내리지 못하는 누군가를 위해 치료 결정을 내릴 때, 의사는 환자와 가까운 사람이 환자의 선호, 감정, 신념, 가치를 어떻게 보는지, 이들 지인이 생각하기에 제안하는 치료가 환자한테 가장 이익이 될 것인지를 반드시 고려해야 한다.

일종의 균형이 존재한다. 폴과 잰이 의료 결정에 책임을 져야 한다고 느끼지 않는 것은 중요하다. 두 사람은 지속적 대리권과 같은 법적대리인 증명서가 없다. 하지만 그것은 문제가 되지 않는다. 법적대리인이 되면 다른 사람 대신 **결정할 권리**가 생기고, 대리권이 없으면 의사가 대신 결정한다. 하지만 가족과 친구는 대리권이 없어도 의사 결정 과정에 동참할 수 있다. 폴과 잰이 의견을 인정받는 건 자기 아버지를 알기 때문이다. 두 사람은 아버지 곁에 있기 위해 만사를 제쳤거나 동료한테 자신의 업무를 부탁했다. 주차권 발급 기계 구멍에 동전을 밀어 넣거나 나중에 차가운 2월 가랑비 속에서 돌아가는 버스를 기다릴 것이다.

조력사에 관해 공개적으로 논쟁을 벌이느라 조력 없는 죽음에 관해 자유롭게 이야기하는 것을 멈췄던 것처럼, 지속적 대리권이라는 자격이 도입되면서 가족이 결정에 참여하는 일은 애매해졌다. 때때로 가족은 공식적인 위임장이나 법적대리인 자격이 없어 목소리를 내지 못할까 봐 두려워한다. 더 심각하게는 이런 정식 자격이 없어서 의견을 인정받지 못한다고 믿기까지 한다. 말도 안 되는 생각이다.

쉽지는 않다. 폴과 잰은 앨버트 할아버지가 지난번에 길게 입원하면서 어떤 의료 상황에 있었는지, 다양한 검사에 따른 장단점이 무엇인지에 관해 아는 것이 거의 없었다. 왜 그래야 할까? 나는 할아버지의 지난 기록을 추적하면서 과거를 토대로 삼는 방식을 활용했다. 이는 일종의 의학적 도구와도 같으며 고상한 의사들이 가장 좋아하는 것이기도 하다. 이 방식을 사용하면 뒤늦게 생각해봤을 때 신념에 따라 행동했던 전임자의 결정을 우습게 여기게 될 수도 있다.

하지만 오늘날에는 의료 절차가 빠르게 진행된다. 여러 치료 계획이 결정을 재촉한다. 예를 들어, 혈당 기록 관련 계획은 앨버트 할아버지의 혈당 수치가 3일을 연달아 200 이하로 나올 때까지 끊임없이 검사하도록 만든다. 그렇게 될 리가 없고 꼭 그럴 필요도 없는데 말이다. 심부전 관리 계획은 신장 기능과 염분 수치를 살펴보는 '요소질소 및 전해질' 검사를 매일 하도록 만든다. 예전과 달리 이제 의사는 매번 검사를 해야 하는지 고민하면서 하나하나 요청할 필요가 없다. 버튼 하나만 클릭하면 자동으로 요청이 들어가고, 누군가가 그 지시를 취소할 때까지 앨버트 할아버지는 매일 신장 검사를 받는다. 그렇다보니 잠시 멈춰서 큰 틀을 보고, 우리가 하는 일이 환자의 '선호, 감정, 신념, 가치'와 일치하는지 특히 그 사람이 이런 내용을 말해줄 수 없을 때 이게 맞는지 고려할 틈을 찾기가 어렵다. 그래도 우리는 시간을 내서 이걸 해야 한다. 지금 옳은 일을 하는 데 더 많은 시간을 쏟아 나중에 그른 일을 하는 데 드는 시간을 줄여야 한다.

월과 나는 잰과 폴을 데리고 병동 끝으로 갔다. 사적으로 이야기할 만한 공간을 찾는 것도 문제였다. 우리는 플라스틱 의자를 끌고 와서 작게 둘러앉았고, 사람들이 옆에서 양 문을 쾅쾅 여닫으며 지나다녔지만 아무도 우리 이야기를 못 듣는다는 듯이 굴었다. 우리는 앨버트 할아버지가 살아온 삶에 관해서 짧게 이야기를 나누었다.

할아버지는 농장 일꾼이었다가 야간 경비원 일을 했다. 아내인 에이미 할머니는 얼마 전에 세상을 떠났다.

"아버지는 어머니가 안 계시고부터 어쩔 줄 몰라 했어요."

잰이 말했고 폴은 계속 부츠를 내려다보면서 목 뒤를 문질렀다. 잰은 집이 얼마나 엉망이 됐고 앨버트 할아버지가 어떻게 노인지원주택으로 들어가게 되었는지 설명했다.

"하지만 아버지는 정말 적응을 전혀 못 했어요. 그곳을 안 좋아하셨죠."

"어머님 말고는 집에 어떤 걸 제일 그리워하시던가요?"

"외출이요. 아버지는 늘 걸으셨거든요. 마을 가장자리를 산책하고, 들판으로 나가곤 하셨죠. 하지만 집에 있을 때도 한동안은 외출을 못 했어요. 심장이랑 뭐 그런 것들 때문에…."

잰이 말하자 폴은 다리를 풀었다.

"외출… 아버지는 그걸 좋아하셨죠."

우리는 앨버트 할아버지의 의료 상황에 관해 이야기했다. 이전에 할아버지를 담당했던 의료진 차원에서는 할아버지를 호전시키기 위해 할 수 있는 것은 전부 한 듯하다고 내가 설명했다. 그들은 치료가 가능한 문제를 찾아봤지만 대부분의 문제는 사라지지 않았다. 할아버지의 안색이 노랗게 뜬 것을 보니 이제 간에도 이상이 생긴 듯했다. 복부 통증이 없고 혈액검사에서 나타나는 양상으로 보아 다른 원인일 수도 있지만 이 황달 증상은 폐색, 어쩌면 종양 때문일 가능성이 가장 컸다. 다른 원인일 수도 있다. 지난밤 앨버트 할아버지를 살펴본 팀이 영상 검사를 예약했다고 설명하자 폴은 몸을 앞으로 숙이고 바닥을 내려다봤다. 잰은 주먹을 쥔 오른손을 입가로 가져왔다. 나는 말을 이었다.

"저는 아버님께서 그걸 바라셨을지는 확실히 모르겠어요."

잰과 폴이 시선을 들었다.

"아버님께서 병이 들면 어떤 치료를 받고 싶은지에 대해 뭐라도 말씀하신 적이 있으신가요?"

둘은 서로를 힐끗 보더니 고개를 저었고, 잰이 말했다.

"오빠도 그런 이야기는 안 하는 편이지?"

두 사람은 다시 아래를 내려다봤다. 이번엔 아무것도 모른다는 부담으로 어깨가 축 처졌다. 나는 현명한 동료 피터한테 배운 기법을 떠올려 이들에게 설명했다.

"이런 이야기를 안 하시는 편이더라도 이렇게 생각해볼 수 있어요. 아버님께서 우리와 여기 함께 있고 그렇게 아프지 않다면, 이를테면 몇 년 전과 같은 상태라면 지금의 아버지처럼 침대에 누워 있는 사람을 보고 뭐라고 하셨을까요?"

폴은 자세를 똑바로 하고 양 무릎에다 손을 올리고 말했다.

"이건 아니라고 하셨을 거예요. 그 사람을 보내주라고 하셨을 테죠. 좀 평온하게 해주라고 말이에요."

잰은 폴을 쳐다보더니 말했다.

"오빠 말이 맞아. 아버지는 그렇게 말씀하셨을 거야."

모든 것이 제자리를 찾아갔다. 영상 검사는 하지 않아도 됐다. 검사를 하면 기술적으로 치료할 만한 무언가를 찾거나, 제거할 수 있는 결석을 발견하거나 스텐트로 접근해야 하는 치명적인 곳에 위치한 작은 종양이 보였을지도 모른다. 하지만 앨버트 할아버지에게 그 검사를 하고 치료한다고 해서 나머지 다른 질병을 낫게 할 수는 없을 것이다. 황달을 치료할 수 있는 원인을 찾는다면 할아버지가 더 오래 살 수도 있겠지만 아주 적은 확률일 테고, 다른 질병 때문에 생각보다 일찍 세상을 떠날 것이라고 나는 설명했다. 언제라고는 확신할 수 없고, 며칠이나 몇 주, 아마 몇 달이 될 수도 있지만 말이다. 황달을 살펴보고 치료하려면 할아버지는 최소한 며칠을 병원에서 지내야 한다. 어쨌든 검사를 하면 전혀 치료할 수 없는 무언가가 나올 수도 있다. 하지만 앨버트 할아버지는 황달로 고통스러워 보이지는 않았다. 폴은 병동으로 시선을 들어 저 멀리 창가 옆 병상에 누워 있는 아버지를 다시 쳐다봤다.

"아버지는 원하지 않으셨을 거예요. 뭐랄까, 양보다는 질이라고 하나요? 우리는 그걸 추구한다고 생각해요."

우리는 할아버지가 먹는 약에 관해서도 이야기했다.

"할아버지를 편안하게 만들지 않는 약은 끊어서 약을 줄이는 것이 좋은 생각일까요?"

잰은 미소를 지으며 말했다.

"아버지는 약을 좋아한 적이 없어요. 어떤 요양원 직원은 아버지가 약을 안 먹으려고 해서 못마땅해하기도 했지만요."

우리는 할아버지가 지나치게 갈증을 느끼지 않는 한 혈당수치를 확인하는 것도 멈출 것이다. 사실 혈당검사 자체를 다시는 안 할 계획이었다. 어떻게 하면 이들의 아버지가 조금 더 행복할까? 나는 궁금했다.

"사과주나 맥주 한 잔은 어떨까요?"

폴이 활짝 웃었다.

"그겁니다!"

"다른 건요? TV 보는 건 즐거워하실까요?"

폴이 대답했다.

"축구 보는 걸 좋아하시죠. 하지만 지금 누가 뛰는지는 전혀 모르실 거예요."

그날 저녁, 앨버트 할아버지는 요양원으로 돌아갔다. 요양원에는 미리 전화했고, 퇴원요약지와 치료확대계획서 사본도 보낼 예정이었다. 둘 다 지역 보건의한테도 갈 것이다. 앨버트 할아버지가 언제 돌아가실지는 모르지만 요양원에서는 할아버지의 상태가 악화돼도 병원에 돌려보내지 않을 것이다.

앨버트 할아버지를 만나고 나서 몇 달 뒤, 대형 슈퍼마켓에서 계산하려고 줄을 선 잰을 다시 봤다. 나는 환자와 가족을 다른 데서 만나면 영 알아보질 못해서 잰을 어디서 봤는지 생각해내려고 끙끙대고 있었는데, 잰이 먼저 말을 걸어왔다.

"아버지 문제로 뵀었잖아요. 앨버트 레스터요. 아버지는 비치하우스 요양원에 계시다가 2주 전에 떠나셨어요."

"아… 정말 유감이에요. 할아버지는 어떠셨나요?"

잰은 계산대에 장바구니를 올려두고 두 손으로 코트 앞을 쓸어내렸다.

"어땠느냐면요, 선생님. 괜찮았어요. 처음에는 좀 나아 보이기까지 해서 우리는 오빠 차로 아버지를 모시고 송신소까지 드라이브도 했어요. 오빠는 아버지와 계속 뒷자리에 앉아서 축구도 보고, 두 사람은 술도 한잔했어요. 아버지는 한 모금 정도 드셨을 거예요. 그 뒤로 일요일에 아버지를 봤는데 수척해 보이셨어요. 요양원에서는 구급차를 안 부르고 그냥 아버지를 편안하게만 해줬어요. 그다음 날 집으로 전화가 왔어요. 아버지가 돌아가셨다고…."

잰은 이리저리 고개를 젓다 잠시 입을 꾹 다물었다. 한 손으로 다른 손을 꽉 쥐더니 질끈 감았던 눈을 뜨고 말을 이었다.

"정말로 다행… 이렇게 말하면 안 되는 건 알지만, 아버지한테는 그랬어요. 그러니 된 거죠."

환자가 스스로 중요한 치료 결정을 내릴 수 없고 미리 대리인을 지정하지도 않았을 때는 주치의가 결정을 내린다. 우리 환자 중 의료 및 돌봄과 관련하여 지속적 대리권을 누군가에게 맡긴 사람은 흔치 않다. 이렇게 법적대리인이 없을 때, 일반의료위원회의 지침에서 다시 한 번 말하는 바에 따르면, 의사는 환자의 주변 환경에 관한 정보를 찾아야 한다. 그리고 환자의 소망, 선호, 감정, 신념, 가치에 관해 의견도 알아봐야 한다. 또 의사는 이런 의견을 제공하는 사람이 보기에 어떤 선택이 환자한테 전반적으로 이익을 제공하는지도 파악해야 하지만, 그 사람한테 결정을 요구한다는 인상을 주어서는 안 된다. 의사는 의견을 제공하는 사람들의 관점을 고려해야 한다.

일반의료위원회의 지침은 의사결정능력법과 발맞추어 간다. 의사는 환자한테 가장 이익이 되게 행동해야 함을 강조할 뿐 아니라 어떤 치료를 선택하는 것이 환자한테 전반적인 혜택을 가져다주는지 고려하길 요구한다. 또 치료를 안 하는 선택을 포함해서 어떤 선택이 환자의 미래 선택지에 제한을 적게 두는지도 고려해야 한다고 이야기한다.

나는 이 지침을 읽을 때마다 생각에 잠긴다. 죽음이야말로 미래에 고를 수 있는 선택지를 가장 제한하는 선택이기 때문이다. 하지만 앨버트 할아버지는 미래에는 물론 사실상 현재에도 이미 선택지가 제한적인 상태였고, 추가로 치료해봤자 할아버지가 더 선호했을 '평온함'보다 미래를 더 제한했을 것이다.

내가 이런 과정을 묘사한 것을 내 노인의학과 동료들이 용서해주길 바란다. 이것은 우리가 하는 일 중 일부에 해당할 뿐이다. 우리가 주로 하는 일에는 죽음의 문턱에 선 사람을 용감하게 구할 수 있을 만한 적극적인 치료, 회복을 추구하는 것, 건강을 되찾을 수 있도록 돕는 것, 그리고 생각보다 훨씬 많은 웃음이 포함되기 때문이다. 우리는 외래진료소를 찾아오는 환자의 파킨슨병이나 심부전처럼 복잡한 만성질환을 관리하면서 보통 오랜 관계를 유지한다. 환자의 죽음에만 신경을 쓰는 것이 아니라 환자의 '소망, 선호, 감정, 신념, 가치'를 알아내는 것이 우리가 하는 일에서 중요한 부분을 차지한다. 폴과 잰한테 아버지를 위해 본인들이 무엇을 원하는지 묻는 게 아니라 아버지가 무엇을 원했을지를 묻는 게 맞다. 환자가 자신을 대변할 수 없을 때는 환자를 잘 알고 사랑하는 사람한테 개입해주길 요청해야 하고 말할 기회를 주고 그들의 이야기를 들어야 한다.

16
능력

릴리언 제이슨 할머니가 나를 불러 세웠다.

"의사를 만나고 싶어요."

"제이슨 할머니, 반가워요. 저는 의사 루시 폴록이에요."

"당신이 누군지 알지. 하지만 당신을 보고 싶지는 않은데, 그렇게….'

할머니는 내 기를 꺾으려는 듯이 날 쳐다보면서 내가 걸친 귀걸이, 옷, 신발을 평가한다.

"형편없는 상태로는 말이오."

할머니는 왼쪽 볼과 턱에 짙은 멍이 들어 있다. 오른눈 위로 찢어졌다가 딱지가 앉은 상처에 회색이 돼가는 반창고 세 줄이 불안하게 붙어 있다. 쇄골 위로 더 예전에 생긴 멍이 있고,

잠옷 소매 틈으로 아주 서서히 낫고 있는 울긋불긋한 화상 자국도 보인다. 위로 뻗친 머리카락은 뿌리 쪽 4센티미터 정도는 흰머리, 그 위로 2.5센티미터 정도는 갈색이다. 잠옷 위로 카디건을 걸치고 병상 옆 사물함에서 부드러운 코트를 꺼낸 할머니는 병동과 나에게서 탈출해 다시 집으로, 무사히 과거로 갈 태세를 갖추었다.

"그건 죄송해요, 할머니. 제가 차림에 더 신경을 쓸게요. 뭘 도와드릴까요?"

"집에 가고 싶어. 당장 집에 가고 싶다고!"

할머니가 병상 옆 탁자를 주먹으로 세게 치자 찻물이 잔에서 철퍽 튀어나온다. 할머니는 언성을 높이며 내 얼굴에 가까이 대고 외친다.

"왜 집에 못 가게 하는 거야? 나는 지금 집에 가고 싶어. 당장 집에 갈 거야!"

나는 수건으로 흘린 차를 닦는다.

"할머니께서 이렇게 힘든 시간을 보내셔서 저도 마음이 안 좋아요. 매우 답답하시겠죠. 할머니, 바보 같은 질문처럼 들리겠지만, 지금 우리가 어디에 있는지 아세요?"

릴리언 할머니는 모욕을 당한 듯했다.

"물론이지. 여기는… 여기는 거긴데… 여기는 끔찍한 데요. 그러니 나는 집에 갈 거예요."

나는 릴리언 할머니한테 내가 할 수 있는 것을 해드리겠다고 약속하고는("다들 그렇게 말하더군") 사무실로 돌아왔다. 할머니가 사는 다세대주택형 보호시설의 관리인한테 전화하면서 할머니의 퇴원요약지를 살펴봤다. 기록을 보니 할머니는 낙상, 발작, 감염으로 8개월 동안 여덟 번 입원했고, 할머니의 안위를 염려하는 말과 더불어 "제이슨 부인이 집으로 돌아가길 간절히 바라는 관계로 지역사회에서 지원을 받아 퇴원 조치함"이라는 언급이 있다.

관리인 로비가 친절하게 말하길,

"아, 릴리언 할머니. 할머니가 또 선생님과 있다니 안타까워요. 이제 정말 막다른 골목에 다다른 것 같네요."

"할머니를 오래전부터 아셨나요?"

"제가 여기서 일하기 전부터 계셨어요. 아마 5년쯤 됐을걸요? 독특한 분이세요. 이웃이 할머니 대신 장을 봐드리곤 했죠. 살 것은 많지 않았지만요. 티오페페 화이트와인, 라프로익 위스키, 페레로로쉐 초콜릿…."

아, 릴리언 할머니.

로비는 이어, 릴리언 할머니가 술을 끊은 지 몇 년 됐지만 이제 다른 문제가 생겼다며 할머니가 사는 집, 스트레스 받는 돌보미, 바깥에 주차된 구급차가 있는 풍경을 내게 묘사해줬다.

"구급대원이 할머니 집에 산다고 생각하실 거예요."

다음으로 나는 지역사회 신탁에 저장된 전산 기록을 검토했다(이 기록에 접근권한이 있는 것은 내가 병원 신탁에서 일하면서 얻은 귀한 보너스이다. 둘 다 '신탁'이라고 불리지만 정보를 공유하는 일에 관해서는 서로 신뢰가 없어 보인다. 국민보건서비스는 완전한 단일기구가 아니며 그 경영 구조는 지역사회에서 제공하는 서비스와 병원이 전달하는 서비스로 나누어 유지된다. 또 의사를 포함한 지역 보건의 진료소 직원은 웬만해선 그 누구도 병원 및 지역사회 서비스로 제공하는 활동에 관해서 알 수 없다. 당연히 사회적 돌봄을 이행할 책임이 있는 사람도 다른 사람한테서 정보를 얻지 못한다. 따라서 기억력 진료소에서 쓴 편지, 치료사가 남긴 기록, 할머니가 집에서 얼마나 안전할지에 대해 방문 간호사가 언급한 내용 같은 것들은 전부 급성질환 전문 병원 의사나 지역 보건의 대다수가 볼 수 없다. 그리고 접근을 승인받아도 시스템이 투박해서 상세한 정보를 찾으려면 비밀 경로를 알아야 한다).

릴리언 할머니는 몇 년 전에 낙상 사고를 당했을 때부터 징후를 보이기 시작했다. 상처를 봉합하려고 응급실을 방문했을 때 지역사회 치료 팀이 신속하게 평가를 진행했는데, 치료사가 남긴 기록에는 '헝클어진', '단정한' 같은 말이 두드러지게 나타났다. 냉장고에 있는 케케묵은 음식에 관한 언급도 있다. 하지만 릴리언 할머니는 장 보는 일을 도와주겠다는 제안을 거절했다. 치료사가 생각하기에 할머니가 걸려 넘어지겠다 싶은 깔개를 치우는 것도 거부했다. 그러다 2년 뒤에 잠옷 차림으로 밖에 나와 던디로 가려는 할머니를 로비가 발견한 일이 있었다. 그때 로비는 걱정스레 지역 보건의한테 전화해 지역 보건의가 릴리언 할머니를 기억력 진료소에 소개했지만 릴리언 할머니는 그마저 참석하지 않음으로써 거부했다. 지역 소속 정신과 간호사가 방문했던 기록도 있다. 릴리언 할머니는 "내 기억력이 당신네보다 좋은데" 자기를 기억력 진료소에 소개했다면서 화를 내며 간호사를 돌려보냈다. 이에 진료소의 행정 팀은 할머니가 '참여를 거부'하여 기억력 담당과에서 퇴원 조치를 했다고 설명하는 기록을 추가했다.

최근 들어 릴리언 할머니는 한층 더 심하게 행동했다. 지역 병원 두 곳에 잠깐 있다가 대형 병원에 입원하여 추가 진료와 물리치료를 받았는데 그때마다 할머니는 자기가 집에서도 잘 지내니 다른 선택지는 고려하지 않을 것이라고 주장했다. 돌보미도 처음에는 하루에 두 번이었던 파견 횟수를 세 번으로 늘렸고, 치료사는 안전을 위해 할머니네 집에 있는 전기레인지 코드를 뽑았다. 몇 달 전에 고관절 골절을 당한 뒤에는 할머니의 조카 네오마가 입주 돌보미를 주선해주었는데, 돌보미는 거실에서 접이식 침대를 펴고 잤다고 일주일도 안 돼 쫓겨났다. 사생활을 침해했다는 이유였다. 치료사가 다시 방문했을 때의 기록에 쓰인 표현은 전보다 단호해졌다. '불안하고' '위험하고' '지저분하기'까지 했다. 반쯤 빈 수프 깡통을 치우려던 돌보미는 빗자루에 맞는 일도 있었다.

릴리언 할머니가 입원하기 한두 주 전에 지역 병원에서 작성한 기록을 계속 읽었다. 할머니를 찾아간 방문 간호사는 이렇게 적었다. "제이슨 부인은 자기 집에 남고 싶다는 의사가 명확하다. 상황을 바라보는 통찰은 부족하지만 판단할 능력은 있는 것으로 보인다."

나는 코를 찡그린다.

아, 능력. 노인의학 전문의가 병동을 회진할 때면 2005년에 등장한 의사결정능력법이 조용히 의사의 어깨에 내려앉는다. 릴리언 할머니는 어디에 살아야 할지 스스로 판단할 능력이 과연 있을까? 그렇지 않다면, 다음으로 우리는 무엇을 해야 할까?

의사결정능력법이 도입되고 얼마 지나지 않아 나는 어느 훌륭한 간호사가 영국노인의학회 회의에 참석한 사람들을 대상으로 강의하는 것을 들은 적이 있다. 이름이 기억나지 않아 안타까울 만큼 그 간호사는 이 법안을 능수능란하게 설명해서 고개가 절로 숙여지게 했다. 그 간호사를… 루시드라고 부르겠다.

회의에서 루시드 간호사는 의사결정능력법을 구성하는 다섯 가지 원칙을 설명하려 왼손을 들었다.

먼저 엄지를 세우고 우리를 향해 흔들었다.

"아무 문제 없으시죠?"

루시드 간호사가 묻자 청중은 고분고분하게 고개를 끄덕였다. 루시드가 말을 이어갔다.

"정말로 아무 문제 없습니다. 법에서 말하길 '능력이 부족하다고 확정할 수 없는 한 능력이 있다고 간주해야 하니까요.' 실행 지침에서 반복적으로 말하는 바에 따르면, 특정한 결정을 내릴 능력이 부족하다는 증거가 없는 한 모든 성인은 스스로 결정할 권리가 있죠. 이것이 **첫 번째 원칙**입니다."

루시드가 엄지를 다시 흔들었다.

"따라서 누군가 한 가지 결정을 내릴 능력은 있지만 다른 결정을 내릴 능력은 없을 수도 있다는 점을 우리 스스로 상기할 수 있죠. 엄지 척!"

루시드 간호사는 청중한테서 잠시 몸을 돌렸다가 다시 홱 돌아오면서 검지로 우리를 가리켰다.

"여러분은 뭘 했습니까?"

루시드가 사납게 물었고 우리는 불안하게 꼼지락거렸다. 루시드는 우리를 향해 손가락을 찌르며 다시 물었다.

"여러분은 누군가 능력을 갖출 수 있도록 도왔나요?"

그러고 나서 루시드는 두 번째 원칙을 자세히 설명했다. '어떤 사람이 결정을 내리는 데 도움이 되는 단계를 전부 밟았음에도 실패한 것이 아니라면 상대를 결정할 능력이 없는 사람 취급해서는 안 된다'는 것이다. 이는 보청기 건전지를 가는 것처럼 단순하면서 꼭 필요한 일이 될 수도 있다(덧붙이자면 보청기를 사용하지 않을 때 건전지를 따로 빼두지 않으면 2주 이상 가지 않는다). 이를테면 글로 쓴 정보나 통역을 제공하거나, 섬망이나 정신병을 치료해서 정신을 또렷하게 만들어주거나, 락트인 증후군(전신마비지만 의식은 있는 상태 – 옮긴이)에 걸린 사람한테 안구의 움직임으로 조작하는 라이트라이터(키보드로 메시지를 입력하면 화면이나 음성으로 출력하는 장치 – 옮긴이)를 제공하는 일이 될 수도 있다. 이렇듯 누군가가 능력을 갖추도록 도울 방법은 많다.

다음으로 루시드는 "실례 좀 하겠습니다"라고 하더니 중지를 들어 의사 200명한테 손가락 욕을 날리면서 활짝 웃었다.

"여러분은 권위자한테 무례하게 굴어도 됩니다."

이 법의 세 번째 원칙은 '어떤 사람이 단지 어리석은 결정을 한다는 이유로 결정을 내리지 못하는 사람 취급을 해서는 안된다'는 것이다. 우리는 모두 어리석은 결정을 해도 된다. 게다가 우리는 어리석을 수 있는 그 권리를 얼마나 잘 행사하는가! 우리는 주스용 믹서기를 주문하거나 눈썹을 밀거나 불륜을 저지르거나 겉만 번지르르한 계획에 투자한다. 우리는 매일 이렇게 어리석은 결정을 수차례 내리지만 아무도 우리한테 그 권리에 대한 의문을 제기하지 않는다. 이것이 가능한 이유는 우리한테 이런 결정을 내릴 능력이 있다고 여기기 때문이다. 우리는 합리적이지 않을 수도 있으나 우리가 무엇을 하는지는 안다.

이 법의 실행 지침에서는 '모든 사람은 고유한 가치, 신념, 선호, 사고방식이 있다'는 이야기를 반복하며, '다른 사람이 보기에 결정이 어리석다는 이유만으로 그 사람한테 결정을 내릴 능력이 부족하다고 여기면 안 된다. 어떤 결정을 두고 가족이나 친구, 의료진, 사회복지사가 불만을 가질 때도 마찬가지'라고 이어 설명한다.

루시드 간호사는 계속 이어갔다. 약지에 낀 결혼반지를 가리키더니 눈을 굴리며 "제 남편 말에 따르면 제 생에 가장 좋은 날이라더군요"라고 말했다. 그러면서 네 번째 원칙은 최대 이익 조항이라는 것을 알려줬다. 관습법 원칙에 따르면 능력이 부족한 사람을 대신해서 행동하거나 결정할 때는 그 사람한테 가장 이익이 되도록 해야 하는데, 이를 공식화한 것이 의사결정능력법이다. 법원은 대리인이나 의료진, 사회복지 팀의 행동을 검토해야 할 때 이 핵심적인 원칙에 기초할 것이다. 분쟁이 발생하면 보통 중점적인 질문은 대리인이나 다른 의사 결정자가 수혜자의 최대 이익을 고려하여 행동했는가가 될 것이다.

마지막으로 루시드는 우리에게 새끼손가락을 흔들었다.

"제 새끼손가락은, 이 가장 작은 손가락은 다섯 번째 원칙을 말해줍니다. 모든 선택지를 가능한 한 열심히 들여다보고 제한이 가장 적은 것을 찾으려고 노력해야 한다는 것이죠. 인간이 지닌 기본권과 자유를 덜 침해하는 대안이 있는지 늘 질문해야 합니다."

이것이 루시드가 다섯 손가락으로 설명해준 다섯 가지 원칙이다. 우리 사회를 돌아가게 하는 규칙은 대체로 고대 그리스 철학, 아리스토텔레스의 윤리 사상의 근간을 이루는 기본 원리에 근거한다. 선행, 무해성, 정의, 자율성에 말이다. 이 중에서도 자율성은 우뚝 솟아 있다. 따라서 개인이 지닌 권리를 존중해야 한다. 이것이 우리에게 투표권과 언론의 자유를 주고, 이것이 우리가 부당한 감금을 당하지 않게 해준다. 여기에는 본인의 의지와 상관없이 억지로 요양원에 들어가는 일도 포함된다.

릴리언 할머니에게 자기가 집에서 계속 살아도 될지 결정할 능력이 조금이라도 있는지는 어떻게 알까?

의사결정능력법에서 견지하는 바에 따르면, 정신이나 뇌가 작동하는 방식에 영향을 주는 손상이나 이상이 있을 뿐 아니라 그 손상이나 이상 때문에 필요한 때에 특정한 결정을 못 내리기까지 해야 능력이 부족한 것이다. 우리는 릴리언 할머니의 상황에도 이런 '2단계 검사'를 적용해야 한다.

첫째, 릴리언 할머니는 정신이나 뇌의 기능에 손상을 입었거나 이상이 있을까?

둘째, 릴리언 할머니는 그 문제 때문에 특정한 결정, 그러니까 이 경우에는 집에서 계속 사는 일에 관한 결정을 제때 내릴 수 없을까?

첫 번째 단계에 대한 답은 100퍼센트 '네'다. 릴리언 할머니는 치매에 걸렸다. 할머니는 수년에 걸쳐 기억력, 지향성, 계획성이 무너졌고, 이는 그저 별난 정도를 훨씬 넘어섰다. 할머니가 각종 검사들을 충분히 받아 우리는 할머니가 무엇을 되돌릴 만한 상태가 아니라는 걸 안다. 할머니에게 아직 공식 진단명이 없는 이유는 단지 할머니가 치매 전담 팀 직원을 아무도 안 보려고 했기 때문이다. 할머니는 치매 진단을 계속 거부했지만, 치매가 맞다.

하지만 치매 자체만으로 릴리언 할머니한테 결정 능력이 없다고 볼 수는 없다. 치매에 걸리고도 계속 가족이나 직원의 도움을 받아 치료에 관한 여러 가지 결정을 이해하고 선택지를 가늠해 한 가지 결정에 다다르는 사람도 있을 것이다. 치매나 비슷한 질환을 앓는 사람들은 토스트냐 시리얼이냐, 어떤 라디오 채널이냐 같은 사소한 결정은 내릴 수 있을지 몰라도 특정한 의료 결정만큼은 다른 사람의 도움을 받는다 해도 내리기 힘들다. 시간과 주제에 따라 달라지기도 한다. 어떤 사람은 저녁에는 결정 능력이 없을 수도 있다. 전통적인 '일몰증후군' 시간에는 치매 환자가 더 혼란에 빠지기 쉽지만 다음 날 아침이면 정신이 명료해지면서 결정을 내릴 수 있을지도 모른다. 마찬가지로 어떤 사람은 재정적인 문제를 두고 누구한테 도움을 받아야 할지는 결정할 능력이 있지만, 자기한테 돈이 얼마큼 있는지, 어떤 계좌에 묶여 있는지, 집 전기, 수도, 가스 등은 어디에서 공급하는지, 집값이 얼마인지는 말하지 못할 수도 있다.

두 번째 단계. 릴리언 할머니는 치매 때문에 결정을 내리지 못할까? 어쨌거나 릴리언 할머니는 결정을 내렸다. 집에 갈 것이라고 결정했으니까 말이다. 하지만 이 결정은 능력을 갖추고 내린 것일까? 어디까지가 '어리석은 결정'이고 어디서부터가 능력 부족일까? 의사결정능력법에 따르면 릴리언 할머니는 결정을 내리는 데 필요한 정보를 이해하고, 그 정보를 계속 염두에 두고, 그 정보를 의사 결정 과정에 사용하거나 저울질하여 자기 결정을 전달할 수 있어야 한다. 하지만 나중에 할머니의 상태를 살펴보니 할머니는 정보를 받아도 이해하지 못하는 것이 분명했다. 자신이 낙상을 입은 적이 있다는 것을 부정하며 내가 말도 안 되는 소리를 한다고 하다가, 다시는 낙상을 당하지 않을 거라고도 한다. 할머니가 어느 날 밤 라디에이터에 기대고 누워 있다가 내가 팔에 입은 화상 얘기를 조심스레 언급하자, 할머니는 그 화상을 무관심하게 힐끗 보더니 손가방에 있는 내용물을 다시 정리하기 시작했다. 할머니는 집에 가겠다는 결정을 내리면서 정보를 사용하거나 저울질하는 기색이 없다.

능력

릴리언 할머니가 자기 집에서 지내길 바란다는 의견에 귀를 기울였던 그 방문 간호사는 할머니한테 결정 능력이 있을 거라고 오판했다. 릴리언 할머니는 병원에서 퇴원할지, 집에서 살지, 요양원에 들어갈지 결정할 능력이 없다. 할머니에게 의견은 있지만, 그건 다른 문제이다. 의견이 있는 사람도 결정 능력이 부족할 수 있다. 중요한 점은 결정 능력이 없는 사람이라도 의견은 있을 수 있다는 것이다.

그날 오후에 릴리언 할머니의 조카 네오마와 이야기를 나눴다. 네오마는 차로 자치구 두 개를 지나 여기에 온 참이었다.

"우리 집에서 릴리언 이모네 집 그리고 여기까지, 이제 길을 따라 바퀴 자국이 생길 지경이에요."

네오마가 설명해주길, 릴리언 할머니는 도움을 거절하고 나서는 요구하는 게 많아져 치료차 오는 방문 간호사, 돌봄 기관, 지역 보건의한테 전화를 걸었다. 이웃인 헬렌한테도 몇 시간마다 전화를 걸고, 시도 때도 없이 비상경보 줄을 당겨서 로비를 불렀다. 신체 능력이 떨어지면서 자기 세상을 자기가 원하는 그대로 유지할 수 있게 다른 사람이 도와줘야 한다고 할머니는 확신했다. 하루에 여섯 번씩 방문하는 돌보미가 나가면 할머니는 문이 닫히자마자 네오마한테 전화를 걸었다. 그럴 때면 돌보미가 TV 프로그램 안내 잡지를 잘못 펴놓았다고 불평하기도 했고, 점점 차분하게 행동하지 못하기 시작했다. 네오마의 얘기를 들으면서 나는 어두운 가을 저녁을 비추는 회전

폭죽이 머릿속에 떠올랐다. 처음에는 불꽃이 몇 번 튀면서 천천히 돌다가 번쩍이는 빛을 뿌리며 빠르게, 더 빠르게 속도를 높이는 회전 폭죽. 지켜보는 사람들은 반사적으로 몸을 뒤로 젖히고 손을 들어 얼굴을 가리게 되는 그 폭죽 말이다.

네오마는 본인이 사회복지사이고 이 문제를 이해한다고 말했다. 릴리언 할머니는 몇 년 전 지속적 대리권을 작성하면서 네오마를 대리인으로 골랐다.

"꽤 놀랐어요. 어머니가 돌아가신 무렵이었는데, 거기에 흔들리신 것 같아요. 이모는 자기가 끝까지 올바른 결정만 하리라고는 믿지 않는다고 하셨어요. 릴리언 이모가 언젠가는 무언가를 잘못할 수도 있다는 자기 약점을 인정하다니, 굉장히 보기 드문 일이었죠."

네오마는 규칙을 안다. 의료 및 돌봄을 위한 대리인으로서 네오마는 릴리언 할머니를 대신하여 결정을 내릴 수 있지만, 그 권한은 제한을 받을 것이다. 지속적 대리권의 수용 권한이 있는 나 같은 사람은 의사결정능력법과 이를 뒷받침하는 실행 지침을 고려해야 하기 때문이다. 네오마는 릴리언 할머니한테 최대한 이익이 되는 결정을 해야 한다. 즉, 릴리언 할머니가 과거와 현재에 바라는 것 본인한테 맞다고 생각하는 것을 고려해야 한다. 릴리언 할머니는 분명 자신의 의견이 있다.

의사결정능력법에 따르면 우리는 가장 덜 제한적인 선택지를 찾아야 한다. 아툴 가완디는 『어떻게 죽을 것인가』에 들어갈 내용을 취재할 당시, 미국에서 노인의 자유를 위해 싸우는 케런 브라운 윌슨과 함께 사람들을 요양원으로 옮기는 결정에 관해 이야기를 나눴다. 그때 케런은 "우리는 우리의 자율성과 사랑하는 사람의 안전을 원한다"라고 설명했다. 릴리언 할머니는 안전에는 거의 관심이 없다. 다만 요양원으로 가면 자유를 빼앗길 것이다. 그러니 우리는 자유를 누릴 권리를 침해하지 않으면서 할머니한테 필요한 것을 해줄 수 있는 방법을 찾기 위해 모든 노력을 기울이는 것이 옳다. 네오마도 그 사실을 안다.

"저는 이모를 위해 정말로 노력했어요."

"이모가 자기 집에서 지낼 수 있도록 모든 사람이 모든 걸 했다고 생각해요."

네오마는 한숨을 내쉬었다.

"이모가 병원에서 행복하지 않다는 걸 알지만, 문제는 이모가 사실 집에서도 불행하다는 거예요. 그러니까 제 생각에 이모는 집에 있으면 행복하지도 안전하지도 않을 테지만, 요양원에서는 행복하지는 않아도 안전할 수는 있을 거예요."

영국에서는 개인의 자유를 엄격하게 존중한다. 관료적으로 보일 수 있는 여러 절차도 사실은 취약계층을 보호하기 위한 것이다. 몇 년 전에 내가 근무하던 병원에서는 자유를 박탈할 수도 있는 규칙과 관련된 문제가 생겼었다. 결정을 내리는 동안 몇몇 환자를 어디에서 돌봐야 하는가를 두고 언쟁이 오가면서 의도치 않게 이 환자들에게 해를 끼쳤다. 나는 의사결정

능력법에서 나타나는 양상을 검토할 책임을 맡은 귀족 의원, 일로라 핀레이 씨에게 편지를 썼고, 상원 의사당으로 초대받아 핀레이 의원을 만났다. 그리고 우리가 처한 어려움을 해결해줄 명확하고 유익한 조언을 얻었다.

최대 이익을 고려하는 의사 결정이 때로는 지나치게 버거울 때가 있다고 내가 불평했을 때, 핀레이 의원은 나를 단호하게 응시했다.

"그렇게 생각하실 수도 있겠습니다만, 이런 의사 결정이 늘 올바르게 이루어지지는 않는다고 말씀드리죠."

핀레이 의원이 안경 너머로 나를 쳐다봤다.

"집단에 있는 것이 어떤지 아시잖아요. 강한 지도자가 한 명 있으면 나머지는 양처럼 행동해야 한다고 느끼죠."

나는 생각을 바로잡았다. 핀레이 의원이 옳았고 나도 그걸 알았다. 의사 결정 능력을 판단함에 있어 실수를 저지른 적이 있다. 다행히 그때 지역 정신병원에서 근무하는 노련한 간호사 덕분에 방향을 바로잡을 수 있었다. 간호사는 이니드 할머니가 정신없이 횡설수설하는 말을 듣고 할머니의 처방전에서 항정신성 약물이 누락됐음을 발견했다. 4주에 한 번씩 투여되는 장기 지속형 약물 주사 1회분이 어째서인지 1차 진료와 2차 진료 사이에서 빠져버렸던 것이다. 이 주사는 할머니의 정신을 잡아주는 데 꼭 필요했다. 내가 환자에게 최대 이익일지도 모른다고 생각했던 것을 강경한 사회복지사들이 막아선 적도 있다. 결국 조사이아 할아버지가 집으로 돌아가는 것이 나을 거라던 사회복지사들의 주장은 옳았던 것으로 드러났다. 조사이아 할아버지는 자신이 사는 거리나 도시 이름은 물론이고 종종 자기 이름마저도 기억을 못 했으며, 전화나 구조 경보기도 사용할 줄 몰랐다. 그런데 매일 집 맞은편에 있는 카페에 가서 제대로 된 아침 식사를 주문했고 집으로 돌아오는 길은 잘 찾았다. 카페 직원은 할아버지가 9시까지 오지 않으면 사회복지사한테 전화를 하기로 했다. 이런 결정들은 보기보다 더 정교한 균형을 이루곤 한다.

하지만 릴리언 할머니에 대해서는 모두가 의견이 같았다. 할머니를 담당하는 사회복지사는 네오마를 만나서 그동안 시도해봤던 모든 일에 관해 전해 들었다. 나는 노인정신병 전문의한테 도움을 구했다. 이 의사는 할머니를 만나고 나서 짧지만 완벽한 편지를 써서 보내왔다.

저는 제이슨 할머니를 진료했습니다. 할머니는 치매에 걸렸습니다. 따라서 돌봄에 관한 정보를 이해하고 가늠하지 못합니다. 설령 도움을 받더라도 자신이 받을 돌봄 방식을 결정할 능력이 없습니다. 할머니는 능력을 되찾을 가망도 없습니다. 할머니를 집에서 돌보기 위해 할 수 있는 노력은 모두 시도해본 것으로 보이며, 이제 할머니에게 최대 이익이라고 할 수 있는 선택은 지켜봐줄 누군가가 있고 상호작용을 하며 혜택을 얻을 수 있는 안전한 환경에서 할머니를 돌보는 것입니다.

며칠 뒤, 우리는 요양원 관리자가 릴리언 할머니를 평가하길 기다리는 중이었다.

"간호사! 간호사!"

무언가가 요란하게 부딪치는 소리가 났다. 릴리언 할머니는 숟가락을 똑바로 세워 탁자를 두드리고 있었다.

"간호사!"

나는 할머니한테 갔다.

"할머니, 괜찮으세요? 무엇을 도와드릴까요?"

릴리언 할머니가 숟가락을 내려놓고 나를 노려봤다.

"이제 당신네가 원하는 게 뭐지?"

17
대리인

나는 엘리자네 밝은 부엌에 앉아 있다. 엘리자네 아이들은 우리 집 아이들과 함께 수영하러 다닌다. 엘리자는 이것저것 거칠게 밀면서 커피포트에 물을 올린다. 엘리자가 말한다.

"아버지는."

쾅, 전기포트 받침대에 주전자를 올린다.

"내가 지속적 대리권이라는 걸 받아줄 대리인이 되길 바라시는데."

머그잔을 찬장에서 내리고 문을 쾅 닫는다.

"내 형제인 샘이 또 다른 대리인이 되길 바라서."

냉장고 문을 아무렇게나 홱 닫자 병들이 짤그랑거린다.

"게다가 아버지는 뭘 원하는지는 말을 안 하실 생각인지

때가 되면 알 거라고만 하셔."

　우유병을 식탁에 세게 내려놓는다.

　"우리가 4년간 서로 한마디도 안 했던 걸 아버지도 아셔."

　끓는 물이 머그잔 테두리로 넘쳐흐른다.

　"캠프용 밴 사건 뒤로 말이야. 빌어먹을!"

엘리자는 의자를 뺀 다음 식탁에 팔꿈치를 괴고 앉아서 양손으로 관자놀이를 뒤로 당긴다. 분열된 가족을 화합하는 도구로 지속적 대리권을 사용하려는 시도는 좋은 생각이 아니다.

　지속적 대리권은 잉글랜드와 웨일스에서 다른 누군가한테, 즉 대리인한테 대신 행동할 권한을 주는 법적 문서다. 이는 2005년에 의사결정능력법이 도입될 당시 도입된 것으로 잉글랜드 영속적 위임장이라는 옛 제도를 보완한 것이다. 영속적 위임장이 있어도 여전히 유효하겠지만 영속적 위임장은 재무 측면만 다루기 때문에 복지와 관련해서는 효력이 없을 것이다.

　잉글랜드와 웨일스에는 지속적 대리권이 두 종류가 있다. 하나는 자산 및 재무 문제와 관련한 재무 지속적 대리권으로, 즉시 효력이 발생하여 여러분이 판단 능력을 잃어도 계속 유지될 수 있다. 다른 하나는 의료 및 복지와 관련한 복지 지속적 대리권으로, 의료 및 돌봄 지속적 대리권이라고도 부르며 개인이 스스로 복지 관련 결정을 내릴 정신적 능력을 잃었을 때 효력이 발생한다. 스코틀랜드에도 이름은 다르지만 비슷한 제도가 있고, 북아일랜드에서는 재무 관련 결정을 내릴 때 잉글랜드 영속적 위임장이 통용되지만, 복지 문제에는 대비하지 못한다.

스스로 특정한 결정을 못 내리게 되고 대리인을 한 명 이상 지정했다면 그 대리인은 '여러분의 입장을 대신'할 수 있다. 여러분이 된 것처럼 결정을 내릴 수 있지만, 2005년 의사결정능력법에서 제시하는 다섯 가지 원칙을 반드시 따라야 하며 사사로운 결정을 내릴 수 없다. 예컨대 대리인 자신의 삶을 더 편하게 하면서 여러분이 바라는 것은 반영하지 않는 결정이 그렇다. 대리인은 여러분한테 최대 이익이 되는 결정을 내려야 한다.

재무 지속적 대리권을 준비하는 사람이 복지 지속적 대리권을 준비하는 사람보다 훨씬 더 많은데, 왜 의료 및 돌봄을 위해 대리인을 지정해야 할까? 물론 대리인이라는 자격이 없어도 가족과 지인은 그 사람이 무엇을 원했을지에 대해 의견을 표명할 권리가 있다. 그들의 의견을 듣고 고려하긴 하지만, 의료 결정은 대부분 명확하므로 의료진은 무엇이 옳은 일인지를 설명할 수 있다.

하지만 그리 명확하지 않은 결정도 많다. 어쩌면 그 사람이 마음속에 간직하면서 아주 가까운 몇몇 사람들에게만 나누었을 가치에 따라 결과가 달라질 수도 있다. 따라서 미래에 내릴 수도 있는 결정을 위해, 균형이 잘 잡힌 결정을 위해, 많은 사람은 자기가 믿고 직접 지명한 사람이 최종 결정권자가 되길 더 바랄 것이다. 의료인을 전적으로 불신하는 일부 사람은 젊고 건강할 때 지속적 대리권을 작성한다. 그렇지 않은 사람은 삶에 어떤 그림자가 드리울 때, 뇌졸중이나 치매 같은 진단으로 연약해질 조짐이 보일 때 복지 지속적 대리권을 작성한다.

누군가에게 이 대리권을 준다면, 여러분이 스스로 결정을 내리지 못하게 됐을 때 상황이 더 매끄럽게 흘러가도록 할 수 있지만, 실제로 무엇이 여러분한테 최대 이익이 되는지는 여전히 논쟁의 여지가 많다. 엘리자의 아버지처럼 서로 앙숙인 대리인을 지명해야 한다면 그들만의 평화 회담을 위한 계획안을 제공할 수 있어야 한다. 무언가를 두고 몇 년 동안 서로한테 동의하지 못했던 대리인들은 여러분에 관해서도 합의에 이르기가 어려울 수 있기 때문이다.

대리인이 지나치게 감성적이거나 다혈질이어서 여러분이 바라는 것을 이야기하기가 불가능하다면 의향서에 의견을 정리한 다음, 대리인이 여러분을 대신해서 일해야 할 때 그 의향서를 어디서 찾을 수 있는지를 알려줄 수 있다. 어떤 문제가 의도치 않게 불을 지필 수도 있는 상황에서 기름이 될 만한 건 치워두는 것이 바람직하다. 물론 대리인과 마주 보고 그 의향서를 검토하는 것이 가장 좋지만 말이다.

지속적 대리권은 응급 상황에서 사용하기 불편한 도구가 될 수도 있다. 응급 상황이 발생해서 지금 당장 신속한 결정을 내려야 하는데, 논쟁이 벌어지고, 노샘프턴에 사는 형제는 전화로 자신이 대리인이라고 하지만 리즈에 사는 형제는 "그렇지 않아요. 저는 거기에 관해 아무것도 몰랐어요"라고 말하는 일이 벌어질 수도 있다. 그러면 의료진은 곤란한 처지가 된다. 공공후견인청에 지속적 대리권이 등록됐는지 문의하면 '5영업일 안에 답이 올 것'이기 때문이다. 5영업일이라니! 응급치료를 위해서는 복지 지속적 대리권에 집어넣은 세부 사항과 양립할 수 있는 응급의료계획이나 치료확대계획이 필요하다. 복지 지속적 대리권 사본을 지역 보건의한테 제출하면 의료 기록에 대리권을 넣을 수는 있지만, 보통 응급 상황에서는 의료 기록에 이 서류가 들어 있더라도 전체를 다 읽어보기가 어렵다. 따라서 지역에서 용인하는 치료확대계획이나 응급의료계획이 더 안전하다. 지속적 대리권을 갱신하면, 지역 보건의가 보관하는 대리권도 갱신해야 하는 것을 꼭 기억해야 한다.

세 번째 문제는 여러분이 바라는 것을 대리인이 모를 때 발생한다. 내가 담당하는 수련의 중 가장 어린 사이다와 함께 급성기내과 병동에 도착했을 때, 한 여자가 병상 발치에 서 있었다. 나는 지역 보건의가 집에 있는 어떤 다른 환자를 걱정하며 걸어온 전화를 이미 받은 상황이어서, 전화기 너머로 그가 하는 이야기를 들으며 비탄에 젖은 그 여자를 쳐다봤다. 이 여자는 핸드백을 병상에 놓았다가 집어 들더니, 다시 놓고서는 양손을 모아 검지 두 개를 입술에 댔다. 그렇게 깊이 숨을 들이마셨다가 손을 벌리고, 숨을 내쉰 다음 손을 다시 모으더니, 손가락으로 입술을 세 번 두드렸다. 어떤 결정 때문에 또는 그 결정에 따른 결과 때문에 괴로운 것이 분명했다. 혼란에 찬 그 모습은 매우 보기 안쓰러웠다.

몇 분 뒤 나는 상태가 매우 심각해 그야말로 죽기 직전인 이반 할아버지를 만났다. 할아버지는 의식 없이 평온한 상태였다. 팔에 꽂은 주사도, 주사를 통해 들어가는 항생제도 알아채지 못했다. 우리는 애비게일을 만났다. 그는 새아버지인 이반 할아버지가 복지 지속적 대리권에서 지정한 대리인이 자신이라고 눈물을 흘리며 설명했다. 애비게일은 그날 아침에서야 요양원에서 걸려온 전화를 받았다. 할아버지가 위독하신데, 할아버지는 이미 지역 보건의와 계획을 세우면서, 건강이 나빠져도 병원에 가지 않겠다고 해두었다는 이야기를 들었다. 애비게일은 양손으로 휴지를 감으며 설명을 이어갔다.

"아버지가 의사한테 진심을 말했다는 건 알아요. 당시에는 그렇게 말했을 게 분명하지만, 제 의무는 아버지를 보호하는 것이에요. 왜냐면 지금 아버지는 자기를 위해 뭘 말할 수 없고, 절 믿으셨고… 아버지는 제가 대리인이 되어주리라 믿으셨어요. 요양원과 전화를 마친 다음에 변호사한테 전화를 걸었는데, 변호사가 말하길 제가 그렇게 하는 게 옳다고 생각한다면 아버지가 지역 보건의와 세운 계획을 무효화할 수 있다길래 그렇게 했어요. 그래서 저는 요양원에 구급차를 불러달라고 했고 아버지는 이제 여기 이렇게 계시는데, 제가 옳은 일을 했는지 모르겠어요."

이 모든 상황에는 풀어야 할 것이 많았다. 우리는 이반 할아버지가 살면서 무슨 일을 경험했고, 할아버지한테는 무엇이 중요하고, 할아버지가 세운 계획이 실제로 옳은 계획이었는지에 대해 애비게일과 대화를 해야 했다. 병원에 가지 않겠다는 결정은 이반 할아버지가 능력을 갖추고 내린 것인지, 이 결정이 애비게일이 생각하기에 틀렸을지라도 존중해야 하는지, 어쩌면 할아버지가 지역 보건의와 대화할 때 의사 결정 능력이 없던 것은 아닐지 확실하게 밝히려고 노력했다. 그래서 나는 해당 의사한테 전화를 걸어 이반 할아버지와 무엇을 논의했고 할아버지가 왜 그렇게 생각했는지를 확인했다. 그리고 애비게일한테는 거의 아무것도 할 수 없는 당시 상황에서 최선을 다한 것이라며 안심시켜주었다.

의료진과 함께 세운 계획, 예컨대 응급의료계획, 치료확대계획, 치료거부사전결정 등과 복지 지속적 대리권 사이에서 발생하는 상호작용에 관한 규칙은 복잡하다. 법적으로 유효한 치료거부사전결정을 내린 다음 누군가를 복지 담당 대리인으로 지명한다면, 엄밀히 따져 그 대리인은 치료거부사전결정을 무효로 만들 수 있다. 반대로 복지 담당 대리인을 지명한 다음에 치료거부사전결정을 내리면 대리인은 뒤따르는 치료거부사전결정을 따라야 한다. 다른 의료 계획, 예컨대 소생술 결정과 응급의료계획 등은 의사결정능력법에서 특별히 다루지 않는다. 이런 계획은 여러분이 바라는 것을 반영하므로 여러분한테 무엇이 가장 이익일지 결정할 때 고려해야 한다. 복지 담당 대리인은 여러분이 무엇을 바라는지 모르는 상태에서는 여러분한테 가장 이익이 되는 행동이 무엇인지 알기 어렵다.

이반 할아버지는 자신이 적극적인 치료를 원치 않는다는 사실을 애비게일이 모르길 바랐을 것이다. 아니면 애비게일이 자기와 계획을 논의하려 들까 봐 두려웠거나, 응급 상황에 대비한 계획과 그 계획이 애비게일에게 미칠 영향을 사실 충분히 생각하지 않았을 수도 있다. 모르긴 해도 결국 따지고 보면 할아버지가 바라는 것을, 특히 응급 상황에 대비한 치료 계획을 애비게일이 알았더라면 더없이 좋았을 것이다. 그러면 애비게일은 할아버지가 원하는 치료와 타협할 시간이 있었을 것이다.

여러분이 정한 대리인은 여러분이 바라는 것을 인지해야 한다. 특히 응급치료는 물론이고 연명의료에 관해 대리인이 결정을 내릴 수 있다고 구체적으로 명시했다면 더욱 그렇다. 이런 결정에는 영양관으로 영양분을 섭취할지, 목숨이 경각에 달릴 만큼 위중할 때 병원에 가야 할지와 같은 결정이 포함될 것이다. 또 대리인은 여러분이 작성한 지속적 대리권을 어디서 찾을 수 있는지 알아야 하며, 지속적 대리권의 내용뿐 아니라 여타 의향서, 치료확대계획 양식, 치료거부사전결정, 관련 있는 사전돌봄계획 등에 담은 여러분의 바람까지 인지해야 한다.

복지 지속적 대리권과 관련하여 마지막으로 남은 복잡한 점은 그나마 수월하게 해결할 수 있을 것이다. 돌봄 비용을 치러야 할 가능성을 인식하고 복지 담당 대리인이 이를 더 쉽게 할 수 있도록 만들어주면 된다. 릴리언 할머니한테 도움이 필요한 순간이 빠르게 찾아오기 시작하자 네오마는 그 속도를 맞추고자 노력했는데, 릴리언 할머니가 네오마한테 의료 및 복지 차원에서뿐 아니라 재무 차원에서도 대리권을 부여한 덕분이다. 재무 지속적 대리권은 증여자가 동의한다면 공공후견인청에 등록하는 즉시 사용할 수 있다(복지 지속적 대리권은 증여자가 관련 결정을 내릴 능력을 상실한 다음에만 효력이 발생한다). 따라서 은행에서도 네오마를 릴리언 할머니의 재무 담당 대리인으로 인지했고 덕분에 네오마는 릴리언 할머니를 위해 온라인에서 물건을 사고 전기, 가스, 수도 요금을 낼 수 있었다. 릴리언 할머니를 담당했던 수많은 돌보미한테 임금도 지불하고, 나중에는 할머니가 사는 집을 팔아서 요양원 비용을 대는 것까지도 승인할 수 있었다. 재무 지속적 대리권이 없었다면 네오마는 법무 관련 수수료와 관료적 사무 절차라는 끔찍하고 팽팽한 그물에 갇혔을 것이다.

나는 근처 마을에 텅 비어 있는 어느 집을 몇 년째 차로 지나다니고 있다. 내가 알기로 한때 그 집에서 살았던 조애니 할머니는 지금 밝은 분위기의 요양원에서 즐거운 나날을 보내고 있다. 그동안 공공후견인청에서 할머니의 재무 상황을 처리할 방식을 신중하게 선별했고, 그 결과 할머니의 시누이 앞으로 고지서가 쌓였다. 시누이가 선뜻 나서서 조애니 할머니의 대행인이 되어주었기 때문이다. 조애니 할머니네 현관이었던 곳 옆으로 잡초가 제멋대로 자라 있었다.

대행인은 대리인과 비슷하다. 다만 누군가가 스스로 결정할 능력이 부족한데, 어떤 이유에서인지 지속적 대리권을 이용해 대리인을 지명하지 않았을 때는 보호 법원(의사 결정 능력이 없는 사람들의 사무를 관할하는 상급 소속 법원 - 옮긴이)이 지명한다. 조애니 할머니의 시누이는 변호사를 고용하고, 빠르게 쌓이는 변호사 비용과 법원 비용을 내야 했다. 그렇게 해야 스스로 결정할 수 없는 조애니 할머니 대신 시누이가 할머니의 일을 관리하기에 적합한 사람이라는 것을 법원에서 합법적으로 인정받을 수 있기 때문이다. 변호사는 비용을 받고 시누이를 조애니 할머니의 재무 관련 대행인으로 만들어줄 것이었다. 하지만 보호 법원은 시누이를 복지 관련 대행인으로 지정하는 것만큼은 주저했다. 의료와 돌봄을 결정할 때 따라야 하는 '최대 이익' 원칙에 근거한 것이다. 그 때문에 시누이는 할머니 대신 의료와 돌봄에 관련된 결정을 내릴 권한은 없고, 의견을 제시할 자격만 얻게 되었다.

재무 지속적 대리권과 의료 및 복지 지속적 대리권에서 같은 사람을 지명할 필요는 없지만, 지명된 사람들은 협업할 수 있어야 한다. 누군가에게 복지 관련 대리권을 부여하면서 이에 상응하는 재무 협의를 하지 않는 것은 대부분 잘못된 일이다. 대리인한테 책임을 얹어주면서 그 책임을 이행하는 데 꼭 필요한 도구는 주지 않는 셈이 될 수도 있다.

나는 샐리에게 전화를 걸었다. 샐리는 대리권, 대행 자격, 신탁, 유언장 집행 등을 매우 자세하게 이해하는 변호사로 사람들의 자산을 처리하는 일도 맡고 있다(보통 공증이라고 하는데, 검인증서를 얻는 것이 유언을 '증명'하는 법적 절차다). 이 분야 변호사한테 교육과 자격을 추가로 제공하는 협회 두 곳에 소속된 회원이기도 하다.

샐리는 한숨을 쉬며 자신이 걱정하는 문제를 설명한다.

"저는 지속적 대리권을 정리하는 일이, 특히 재무와 관련해서는 머리를 자르는 것과 비슷하다고 말해요. 직접 할 수도 있지만 완벽하진 않을 거고, 그래도 잘되면 안 하는 것보다는 낫죠. 엉망으로 해버려서 망친 부분을 전문가가 해결해줘야 할 수도 있고요. 아니면 처음부터 전문가한테 도움을 받을 수도 있어요. 자격을 갖춘 전문 변호사를 고용하면 직접 하는 것보다 비용은 당연히 더 들겠지만, 길게 보면 돈을 절약하는 방법일 수도 있어요. 혼자 하면 상황이 단순하건 복잡하건 틀리기 쉽고 틀리면 비용은 금세 불어날 테니까요. 아주 개인적인 결정이지만 제대로 숙고해야 하는 일이에요."

샐리는 사람들이 쉽게 저지를 수 있는 실수 몇 가지를 지적한다. 첫 번째는 여러 대리인이 결정 방식을 '공동 및 단독'으로 지정할지 아니면 '공동'으로 할지를 정하면서 발생하는 실수이다. 사람들은 보통 '공동'이 좋을 거라 생각한다. 그러면 대리인들이 자기 대신 결정을 내리기 전에 합의라는 과정을 거치기 때문이다. 하지만 샐리는 말한다.

"제대로 된 조언 없이 '공동' 결정 방식을 고르면 재앙을 불러올 수도 있어요. 공동 대리인 중 한 명이 죽거나, 재무 담당 대리인이 파산하면 전체 공동 지명이 취소돼서 나머지 대리인도 당사자를 대신해서 행동할 수 없기 때문이에요. 그러면 이제 사실상 지명된 대리인이 없는 것이나 마찬가지일 수도 있죠. 그래서 '공동 및 단독' 지명이 더 안전하다고 할 수 있어요."

여러분이 어떤 지속적 대리권을 작성하든 대리인한테 바라는 것을 안내해주는 것이 지혜롭고 친절한 일이다. 대리인은 여러분을 대신해서 중요한 결정을 내려야 할지도 모른다. 이런 민감하고 슬픈 가능성을 논의하기가 어려울 수도 있지만, 대리 인이 여러분 대신 행동하기 위해서는 여러분이 무엇을 바라는 지를 반드시 이해해야 한다. 반대로 여러분이 대리인이 되어줄 것을 요청받는다면, 대신 결정을 내려주길 부탁한 그 사람이 무엇을 바라는가에 관해 신중하게 대화를 나누는 것이 합리적 이다. 그렇게 해야만 때가 왔을 때 여러분이 실제로 '그 사람을 대신한다'는 확신이 들 것이다.

　이름에 단서가 있다. 지속적 대리권을 작성하면 여러분을 대신해서 중요한 결정을 내릴 권한을 증여하게 되는 것이다. 권한에는 책임이 따른다. 그러니 용기를 내어 양방향으로 대화 를 시작하고, 가능하면 그 대화를 적어둠으로써 대리인이 여러 분의 바람을 이행할 수 있게 해주어야 한다. 그래야 반대로 여 러분이 대리인일 때도, 여러분이 내리는 결정이 공여자도 원했 던 것이란 것을 알기에 안심할 수 있을 것이다.

18
잃은 것이 아니다

토요일 오후, 아이들은 살을 에는 듯한 3월 바람에 맞서 코트를 꽁꽁 싸매고서 다 닳은 정글짐에 거꾸로 매달려 있다. 긴급 대기 중이 아닌데 내 전화가 울린다. 지역 병원에서 근무하는 리온이다. 리온은 상냥한 목소리로 사려 깊고 공손하게 말한다.

"선생님, 방해해서 죄송합니다만, 환자를 잃었습니다."

심장이 두근대기 시작한다. 지역 병원은 몇 년 동안 방치되었다가 새로 개원했고, 내가 알기로 아직 문에 보안 시스템도 설치하지 않았다. 나는 묻는다.

"누구죠?"

"키스턴 할아버지입니다. 4호실이요."

가여운 할아버지. 내가 마지막으로 봤을 때 할아버지는 무척 노쇠했지만 하루 대부분을 편안하게 잠에 빠져서 보냈다. 무슨 일이 일어났던 것일까? 할아버지가 불안정한 걸음으로 작은 주차장을 빠져나가서 도로로 나가는 모습이 그려진다. 도로에는 차가 지나다녔을지도 모른다. 맙소사, 깊은 배수로도 있다. 진흙, 물. 그리고 날이 무척 춥다.

"어디 찾아보셨어요? 경찰에는 전화하셨고요?"

잠시 침묵이 흐른다.

"아뇨, 선생님. 우리는 할아버지를 잃었어요. 할아버지가 돌아가셨습니다. 평온하게요."

나는 아이들을 바라본다. 아들이 시소 한쪽 끝에서 동생을 허공으로 튀어 오르게 하려고 애쓴다. 신이 나서 꽥꽥 소리를 지른다. 나는 숨을 쉰다. 우리는 클리퍼드 키스턴 할아버지를 잃은 것이 아니다. 할아버지는 사망한 것이다.

캐스린 매닉스 박사는 다정한 목소리로 사려 깊은 말을 한다. 캐스린은 완화치료 상담 의사로 죽어가는 사람들과 함께 일하며 시간을 보냈다. 그의 저서 『내일 아침에는 눈을 뜰 수 없겠지만』에서는 경험으로 채운 자신의 깊은 우물에서 '죽어가는 평범한 사람들'에 관한 연민 어린 이야기를 길어 올려 들려준다. 캐스린은 사람들이 두려움 없이 죽음에 다가가도록 돕는 일을 하고 있다. BBC 방송에서 캐스린은 정상적인 죽음을 묘사했는데, 그보다 잘할 수는 없을 것이다.

"죽음은 탄생과 마찬가지로 과정일 뿐입니다. 사람은 시간이 흐르면서 점점 더 지치고 피곤해지죠. 시간이 지날수록 더 많이 자고 덜 깨어 있습니다. 언젠가 가족이나 돌보미가 약을 주러 가거나 손님이 와서 죽어가는 사람을 깨우러 가보면 그때 그 사람은 그저 잠든 것이 아닐 겁니다. 의식이 없고, 깨울 수가 없죠."

캐스린은 천천히 명확하게 이 점이 왜 중요한지 설명한다. 문장 사이사이에서 잠시 쉬어가며 캐스린이 말한다.

"바로 이때 우리는 변화가 일어났다는 것을 깨닫습니다. 이 변화는 미세해도 무척 중요한데, 그냥 잠든 것이 아니라 일시적으로 의식을 잃은 것이기 때문이죠. 우리는 그 사람을 깨울 수 없습니다."

캐스린은 이 죽음에 가까운 무의식의 경험을 환자가 어떻게 받아들이는지 설명한다.

"그런데 이런 사람은 나중에 깨어났을 때 잘 잤다고 말합니다. 그러니 누군가가 죽어갈 때는 이런 혼수상태가 그렇게 무서운 일이 아닙니다. 우리가 눈치채지 못했을 뿐 이 사람은 의식불명 상태에 빠졌을 수도 있죠. 시간이 갈수록 죽어가는 사람은 깨어 있는 시간은 줄고 더 오래 잠들어 있다가, 마침내 영영 의식을 잃어버립니다."

임종을 지키는 사람들은 정상적인 죽음에 관해 모르고서 이 현상을 무서워하곤 한다. 캐스린은 설명을 이어간다.

"죽어가는 사람은 무척 이완된 상태라 목을 가다듬으려 애쓰지도 않죠. 그래서 목 뒤에 타액이 약간 고인 채로 숨을 들이

마시고 내쉬느라 가래 끓는 소리가 날 겁니다. 사람들은 임종 무렵에 나는 이 가래 끓는 소리를 끔찍한 것처럼 이야기하지만, 저는 이 소리를 들으면 환자가 깊게 이완해서, 깊은 무의식에 빠져서 공기가 폐를 드나들며 타액에 거품이 생겨도 그 간지럼조차 느끼지 못한다는 걸 알아챕니다."

어떤 사람은 삶이 거의 끝에 다다랐을 때 한동안 숨을 얕게 쉰다. 때로는 그렇게 숨을 내쉬고 나서 이제 다시는 들이마시지 못할 것처럼 보일 때가 있다. 그땐 숨을 거둔 것일까? 그러다가 갑자기 또 한 번 깊게 들이마실 수도 있다. 그러고 다시 숨을 쉬다가, 몇 차례 깊이 마시고 내쉬다가, 또 한동안 더 느리고 얕은 숨을 쉬다가 한 번 더 멈출 것이다. 얕은 호흡, 무호흡, 깊은 호흡을 오가는 이 순환이 한참 동안, 짧으면 몇 시간에서 길면 며칠까지도 계속된다. 캐스린은 설명한다.

"그러고 나면 숨을 한 번 들이마실 뿐 더 이상 내쉬지 않습니다. 때로는 그 소리가 너무 작아서 가족도 눈치채지 못하죠."

캐스린의 친절한 설명은 사실이다.

"인간이 정상적으로 죽는 과정은 정말 온화합니다. 우리는 그 과정을 인지할 수 있고, 준비할 수 있고, 해낼 수 있습니다."

죽음이 마냥 단순하다거나 마지막에 통증, 메스꺼움, 호흡 곤란 같은 증상을 겪지 않는다는 말은 아니다. 하지만 이는 질환에 따른 증상이지 죽음 그 자체에 따른 것이 아니다. 이런 증상에는 주의, 전문 지식, 완화책이 필요하다. 죽음에는… 대화가 필요하다.

재닛 할머니, 할머니는 돌아가시지 않을 거예요. 지금 당장, 이렇게는 말이에요.

이런 식으로 죽음을 맞이하지는 않으리라는 사실을 할머니가 알아야 한다. 할머니는 병상 양쪽에 달린 난간에 매달린다. 급성기내과 병동 특별 치료실은 소음이 가득하다. 할머니의 얼굴에 끈으로 고정한 NIV마스크는 맹렬하게 쉭쉭거리고, 두 여자가 서로 부둥켜안고 울고 있다. 4, 50대쯤 되어 보이는 두 사람은 한 명은 코트를 걸쳤고, 한 명은 실내용 가운을 입었다. 아들로 보이는(어쩌면 사위일지도 모르는) 사람은 누군가와 통화하면서 통화 중인 그 사람들이 오는 것을 두고 언쟁을 벌인다. 환자의 상태를 나타내는 화면에는 할머니의 손가락에서 측정한 형편없는 산소 수치가 나오고 끊임없이 삑삑거린다. 나는 소리를 끈다. 수치는 명확하다.

나는 아들을 병실 밖으로 안내하고 두 딸에게 미소를 지으면서 엄지를 치켜든다. 놀란 딸들은 시끄럽게 울기를 멈추고 고개를 돌려 자기 어머니를 바라본다. 재닛 할머니는 숨이 멎을지도 모른다는 두려움과 숨을 쉬려는 노력으로 눈이 튀어나올 지경이다. 모세혈관이 늘어난 얼굴은 빨갛다. 머리카락은 뻣뻣하고 곱슬곱슬하다. 불안으로 가득 찬 병실에서는 땀 냄새가 난다.

"재닛 할머니, 제 말 들리세요? 지금 굉장히 무서우시겠지만, 괜찮아지실 거예요."

내 말에 할머니는 눈이 불거져 나온 채로 고개를 젓는다.

할머니는 괜찮지 않다. 수년 동안 고용량 스테로이드제를 복용한 탓에 어깨가 둥글게 불룩 튀어나와 있고 팔은 가늘다. 주먹을 바깥으로 비틀어 병상 난간을 움켜잡는데, 엄지손톱 주변의 피부가 하얗게 질려 있다. 나는 옆에 있는 난도에게 말한다.

"할머니의 투약 목록에 마약성진통제가 있을 텐데 가져다주시겠어요? NIV를 아는 사람한테 들르라고도 전해주세요."

꼭 맞는 마스크를 이용해서 산소를 고압으로 주입하는 NIV는 내가 전공의 과정을 마친 다음에 등장했다. 실제로 이것을 사용해본 적은 없다. 하지만 지금처럼 시끄러운 소리가 나면 안 된다는 것은 안다.

"재닛 할머니, 제가 이렇게만⋯."

나는 할머니의 손을 비틀어 난간에서 떼어내고, 난간을 아래로 내려서 병상에 걸터앉는다.

"⋯할게요."

내 오른손으로 할머니의 오른손을 팔씨름하듯 꽉 붙잡고서 말한다.

"할머니는 무척 잘하고 계세요."

겁에 질릴 대로 질린 할머니의 눈을 쳐다본다. 딱 붙은 마스크 위로 흐른 눈물이 얼굴을 적신다.

"본인이 죽는다고 생각하고 계시는군요."

할머니는 날 쳐다보며 고개를 끄덕인다. 딸 하나가 끅끅대는 소리가 들리기에 나는 딸들한테로 고개를 돌려 묻는다.

"따님들도 그렇게 느끼셨나요?"

두 사람은 고개를 끄덕이고, 딸 하나가 다른 딸의 손을 꼭 잡는다. 나는 딸들에게 의자를 약간 옮겨서 어머니 머리맡에 앉을 수 있겠냐고 묻는다. 내가 재닛 할머니에게 이야기하면서 딸들도 볼 수 있는 곳에 말이다.

"저는 할머니가 오랫동안 매우 편찮으셨고 폐가 무척 안 좋다는 걸 알아요. 할머니가 그 사실을 알고 텔퍼드 선생님과 이야기해보신 것도 알고요."

할머니는 고개를 끄덕이며 더 가쁘게 숨을 쉰다.

"그러니 할머니와 저는 할머니의 폐가 끝까지 견뎌주지는 않으리란 걸 알죠."

나는 할머니의 손을 꼭 쥐었다.

"지금 할머니가 아주 많이 편찮으신 게 보여요. 이번에는 죽을 수도 있다고 생각하시는 것이 어쩌면 맞을지도 몰라요."

재닛 할머니는 입을 벌려 몇 차례 숨을 헐떡인 뒤에 다시 다물면서 코로 숨을 훅 들이마시고 내뱉고, 들이마시고 내뱉는다. 두 딸은 서로를 향해 더 가까이 의자를 끌고 간다.

"하지만 이렇게 완전히 겁에 질린 채로 돌아가시지는 않을 거예요."

지쳐서 고개를 돌리고 눈을 감았던 할머니는 다시 날카롭게 눈을 뜨고 공기를 더 들이마셔보려 애쓰며 몸을 움직인다.

"할머니께 말씀드리고 싶은 것이 있어요. 그러면 할머니가 더 편안해지실 것 같아서요. 제가 보기에 할머니는 숨을 쉴 때마다 이번이 마지막일 거라고 생각하시는 것 같은데…."

할머니는 나를 빤히 보다 눈을 크게 뜨고 고개를 끄덕인다.

"… 끔찍한 느낌이지만, 일이 그렇게 되지는 않을 거예요."

할머니는 나한테 시선을 고정한다. 기계에서는 쉭쉭거리는 소리가 난다. 나는 할머니의 이마에 붙은 곱슬머리 한 올을 엄지로 부드럽게 쓸어낸다.

"할머니, 그리고 따님들, 우리는 이 마스크가 너무 시끄럽지 않도록 다시 고정할 거고, 할머니께 모르핀을 소량만, 정신을 잃을 정도는 아니고 이 무시무시한 호흡을 완화할 정도로만 드릴 거예요. 괜찮으시죠?"

할머니와 딸들이 고개를 끄덕인다.

"그러면 좀 기분이 나아지실 거예요. 할머니는 숨을 헐떡이며 돌아가시지는 않을 거예요. 할머니께서 숨을 거두실 때가 되면 무슨 일이 일어날지 제가 설명해드려도 될까요?"

재닛 할머니는 다시 고개를 끄덕이며 내 손을 꼭 쥔다. 나는 두 딸에게 고개를 살짝 숙여서 동의를 구하고, 딸들은 서로를 붙잡는다. 나는 설명한다. 마지막이 오면, 어쩌면 이번일 수도 있고 다음일 수도 있으나, 할머니가 준비를 마치고 할머니를 담당하는 의료진들도 치료가 도움이 안 된다고 판단하는 때가 오면, 우리는 꽉 조여놓은 저 마스크를 떼고 이제 아무도 걱정하지 않을 산소 수치 확인을 멈출 것이라고. 일반 산소마스크나 열을 식혀줄 팬으로만 호흡을 도울 것이라고. 할머니는 편해질 수 있고 잠들 수 있으며, 그 잠은 평온할 것이라고. 아마 다시 깨어났다가 조금 더 자다가, 그렇게 깊이 자다가 어느 순간 의식이 없을 때, 아주 조용히 숨을 내쉬고 더 이상 들이마시지 않을 것이라고.

이 대화를 나누던 도중에 집중치료실 전문 간호사 숀이 도착했다. 나는 숀 팀을 대단히 좋아하는데, 역시나 숀이 재빨리 할머니의 턱에 NIV마스크를 편안하게 맞추고 기압을 조정하자 시끄러운 소리가 멈추고 조용하게 쉭 하는 소리가 난다. 그때 난도가 모르핀 극소량을 주사기에 담아서 들어온다. 나는 "지금은 그 절반이면 될 것 같아요"라고 말한다. 할머니의 호흡이 잦아들었고 화면에 보이는 산소 수치도 서서히 올라가고 있기 때문이다. 재닛 할머니는 지금 당장 숨을 거두지는 않을 것이다. 그때가 온다고 해도 아마 몇 차례 이런 대화를 나눈 뒤라면 할머니와 가족은 죽음을 맞이할 준비를 하고 견뎌낼 것이다.

내 생각에, 나이가 아주 많은 사람과 그를 돌보는 젊은 사람이 너무 달라서 죽음에 대해 쉽게 간과하는 것이 하나 더 있는데, 바로 신앙이다. 내 환자 중 여럿은 믿는 종교가 확실하며, 그 종교가 전달하려는 뜻, 종교의식, 찬송가, 성가, 기도 등은 환자들의 정체성과 얽혀 있다. 젊은 사람도 어느 정도 비슷할 수 있지만 부모님이나 조부모님과 비교하면 보통은 그 정도가 훨씬 약하기 마련이다. 그들은 신앙이 아예 없거나 신앙에 반박할 여지가 많다고 확신하기까지 한다. 때문에 많은 사람에게 신앙이라는 것이 비단 일요일에 예배에 참석하거나 특별한 날 유대교 회당이나 모스크를 방문하는 것에 그치는 것이 아니라

○

그들의 삶을 이루는 씨실과 날실 자체라는 사실을 잊어버리기 쉽다. 그리고, 죽음은 삶에서 신앙이 진가를 발휘하는 순간 중 하나이며, 믿음은 모든 신체적 걱정을 초월하고 누군가를 이 세상에서 영원한 세계로 조심스럽고 부드럽게 올려 보내 준다.

우리가 사용하는 생애 말기 돌봄 양식에는 "환자가 종교적인 욕구를 충족했습니까?"를 묻는 항목이 있다. 사람들이 이 질문을 얼버무리고 넘어간다는 사실을 나도 확실히 아는데, 나 역시 겪어봤기 때문이다. 때때로 내가 환자의 가족에게 "아버님이나 어머님이 병원 소속 사제를 만나길 바라실까요?"라고 물으면 나를 이상한 표정으로 바라보곤 했다. 그러면 나는 놀랄 뿐 아니라 당황스럽기까지 했다. 내가 그 가족을 불쾌하게 했는지 걱정이 되기도 해서 어쩌면 다음에는 그 질문을 하지 않거나 내가 아니라 간호사가 해야 하는 척하게 될 수도 있었다.

에드워드 할아버지는 내가 담당하는 병실에 누워 약 일주일 동안 서서히 조용하게 암으로 죽어갔다. 할아버지는 세상에 오직 혼자였는데, 깨어나면 이따금 중얼거리다가도 우리가 할아버지를 괴롭히는 게 무엇인지 알아내려고 할 때면 우리의 어깨 너머를 걱정스럽게 쳐다봤다. 할아버지가 겪는 고통이 점점 더 뚜렷해지고 점점 더 가늠할 수 없어지던 어느 날, 할아버지네 청소부가 교회에서 온 카드가 담긴 우편물을 들고 방문했다. 내가 병원 예배당에 전화를 걸자 사제 한 명이 병동으로 올라와서 에드워드 할아버지와 기도하고 할아버지에게 빵과 와인을 주었다. 그 뒤로 할아버지는 자다가, 조금 더 자다가, 세상을 떠났다. 이 이야기는 사실이다.

마지막 순간에 신앙을 중요시한 사람이 에드워드 할아버지만은 아니었다. 할아버지는 많은 사람 중 하나에 불과했다. 내 할머니도 마지막에는 며칠 동안 서서히 숨결로 남은 생명을 실어 보냈다. 딸들이 모이고 나서도 숨을 조금 더 쉬던 할머니는 어느 날 늦게, 할아버지가 시므온의 노래 "주여, 이제 당신의 종을 평화로이 떠나게… 제 눈이 당신의 구원을 보았습니다"가 포함된 성공회 저녁기도를 낭송해주자 그제야 마지막 숨을 내쉬었다. 이제 다시 들이마시지 않아도 되는 마지막 숨이었다.

나는 종교적 욕구에 관한 질문을 더는 얼버무리지 않는다. 신앙을 무척 중요하게 여기는 사람이 중요한 순간을 놓치게 만드느니 차라리 종교에 신경을 쓰지 않는 사람을 약간 불쾌하게 만들 것이다. 누군가의 종교가 무엇인지는 대부분 가족이 정확히 안다. 부모님이나 조부모님이 더는 예배에 참석하지 않더라도 신앙심은 여전히 존재할 수 있다. 구경꾼에 불과한 우리가 믿기로 하든 아니든 이 신앙심은 존중해야 하고 그 아름답고 평화롭고 애정 어린 역할이 설 자리를 마련해주어야 한다. 가족들은 삶 속에 신이 없다고 느끼더라도 이 점을 고려하도록 유도해야 할 때도 있다.

여기 죽음에 관한 또 다른 일이 있다. 때때로 우리는 죽음을 인지한다고 생각하고서도 틀릴 때가 있다.

오늘 아침, 치료실은 간호사, 작업치료사, 물리치료사, 사회복지사, 퇴원 연락 담당자, 두 수련의, 나로 꽉 차 있었다. 우리가 화이트보드에 쓴 환자 명단과 오늘 해야 할 일(누가 아프고, 누가 새로 입원했고, 누가 집으로 돌아갈 수 있게 도우려면 무엇을 해야 하는지 등)을 살펴보는 동안 병동 담당 간호사인 린다는 우리를 지켜봤다. 중간중간 다른 간호사가 "죄송합니다, 죄송합니다" 하며 비집고 들어와서 약품 찬장에서 무언가를 꺼내 가기도 했다. 특별 치료실에 있는 팻 할머니를 설명할 차례가 되자 린다는 "그 가족이 불만스러워해요"라고 말했다. 고개를 갸우뚱거리는 내게 린다가 설명했다. "간밤에 할머니가 또 위독해 보이셔서 가족을 불렀거든요. 그런데 오늘 아침에 더 생기가 있으세요."

나는 팻 할머니의 가족과 간호사들이 안타깝다고 느꼈다. 작별 인사를 하도록 가족을 부른 것이 이번이 두 번째인데 이번에도 틀렸기 때문이다.

할머니는 치매가 중증에 접어들었다. 1년 가까이 걷지도 말하지도 않았으며 지금은 상태가 아주 좋아봤자 하루 중 대부분을 잠에 빠져 보내고, 일어나면 겨우 수프 한 입, 포리지 한 티스푼을 먹을 뿐이었다. 어떻게 이렇게 살아갈 수 있을까? 할머니는 정말로 안 움직이고 소리도 안 냈지만, 동그란 얼굴을 찡그리며 감사 표시를 한 다음 잠에 빠지곤 했다. 게다가 폐렴까지 오면서 코는 얼음장같이 차가웠고, 입술은 파랗고, 호흡은 거의 없다시피 얕아지기도 했다. 그러다 갑자기 치료도 받지 않고 이 감염증이 사라졌다. 그 작고 용맹한 몸이 칙칙폭폭 작동하면서 난데없이 백혈구를 대량으로 찍어낸 덕에 말이다. 우리는 할머니를 '이불과 커튼이 잘 어울리는' 요양원으로 보내 거기서 생을 마감할 수 있도록 계획을 세웠고 그날 구급차 이송 예약을 잡았다. 하지만 간밤에 할머니가 끝에 다다른 듯 보인 것이다. 호흡이 이어지면서 몇 분에 달하는 긴 시간 동안 숨을 전혀 안 쉬었다. 솔직히 말하면 우리는 할머니가 구급차에서 돌아가시길 바라지 않기에 할머니의 가족뿐 아니라 우리도 모두 기다렸다. 그리고 오늘 아침, 할머니는 설탕을 넣은 차를 서너 모금 마시고, 나이 든 간병인한테 잇몸이 보이도록 웃어주고, 다시 잠들었고, 부드러운 볼은 창백하지만 분홍빛이 돌았다.

나는 모르겠다. 정말로 모르겠다. 보통 우리는 죽음이 다가오는 것을 보고 인지하지만, 때때로 죽음은 늑대 거죽을 쓴 양처럼 빠른 걸음으로 다가오다가 방향을 튼다. 가족 중 누군가는 팻 할머니의 아들처럼 멀리서 직장을 다니는 경우도 있다. 이 아들이 병원의 연락을 받고, 와야 할지 궁금해하면 나는 이렇게 말한다. 어머니한테 못 한 말이 있고 임종을 지켜야 할 이유가 있다면, 지금 오는 것이 나을 것이라고. 여기서 어머니가 회복하는 모습을 보는 것이 멀리서 어머니가 세상을 떠났다는 말을 듣는 것보다 낫기 때문이라고 말이다. 때로는 내가 틀려서 함께 쓸쓸한 미소를 지을 수도 있다. 누군가가 죽지 않아서 사과하는 내 모습을 발견할 수도 있다. 이 아들은 가장 왜소한 할머니가 가장 데려가기 힘든 것 같다며 다정한 농담을 던질지도 모르는데, 어쩌면 그 생각이 맞을 수도 있다.

일부 암 환자에게는 죽음이 임박한 징후로 극심한 쇠약, 식욕 감퇴, 졸음 등이 나타나지만, 이는 매우 노쇠한 사람한테서는 일상적으로 나타나는 특징이다. 혼란스러워하거나 조용해지고, 사람들의 말이나 음악, 가족의 얼굴에 반응하지 않는 것 등은 최근까지 활기찼던 환자한테서 새롭게 나타나는 징후일 수 있다. 또 죽음이 다가오고 있다는 암시일지도 모른다.

하지만 아주 노쇠한 데다가 특히 치매까지 있는 사람은 위독한 상태가 상당히 오래 지속될 수도 있다. 어쩌면 아주 노쇠한 사람이야말로, 하늘과 땅 사이에 오래 머물렀던 사람이야말로, 우리를 곤란하게 하며 조금 더 서성이는지도 모른다.

"제 말을 들으실 수 있을까요?" 어느 보호자가 묻지만 나는 모른다고 답할 수밖에 없다. 캐스린 매닉스가 말하듯, 종종 죽어가는 사람은 의식불명 상태였을지도 모르는 깊은 수면 중에 일시적으로 깨어나며 꿈이나 괴로운 생각도 기억하지 못하고, 음악이나 목소리도 듣지 못한다. 하지만 죽어가는 동안 그저 지쳐서 눈을 감고 쉬는 것이라면 당연히 들을 수 있다. 그래서 나는 병실에 들어가려다가 누군가 함께 사는 이야기, 바보 같으면서도 행복한 일, 망친 요리나 여행, 나무에서 떨어졌던 일을 말하는 낮은 목소리가 들리면 미소를 짓는다.

현실적인 질문도 생긴다. "제가 신체를 일부라도 기증할 수 있을까요?" 아니면 "제가 너무 늙었나요?" 정답은 "아니요, 너무 늙지 않았습니다" 그리고 "네, 나이가 어떻든 기증할 수 있습니다"이다.

사람들이 기증한 신체로 연구를 하는 의학전문대학원의 한 연구실에 문의해본 결과, 가장 나이가 많은 기증자는 105세, 다른 연구실에서는 103세였다.

이 과정을 진행하려면 미리 계획을 세워야 하며 가족이 있다면 당연히 동참해야 한다. 나이가 기증을 하는 데 걸림돌이 되지는 않지만 결핵 같은 질환들은 그럴 수도 있다(결핵균은 수십 년 동안 휴지기 상태로 존재할 수 있기 때문이다).

영국에서 장기기증은 '안 한다고 선택하지 않으면 하는 것으로 간주하는' 절차를 밟고 있다. 하지만 모든 기증은 여전히 가족한테 최종 결정권이 있기 때문에 바라는 것을 가족한테 확실하게 알리는 것이 현명하다. 장기기증 팀은 조그만 신체 부위를 기증받아도 유용하게 사용할 수 있으며 뼈, 피부, 안구를 기증하는 데는 나이 제한도 없다. 따라서 기증 의사를 밝힌 사람이 사망하면 빠르게 장기기증 팀에 알려야 하고, 이때는 병원 직원, 가족, 친구 등 누구나 전화를 걸 수 있다. 하지만 아무리 누군가가 신체 전체나 일부를 기증하겠다는 의사를 밝히더라도 상황은 잘못될 수 있다. 실망스러울 수도 있지만, 기증 장기 수령처 중 하나인 파킨슨영국뇌은행에서는 이 점에 대해 "누군가가 기증한 장기를 받지 못하는 상황이 되더라도 기증하려는 뜻, 기증해낸 정신, 기증자가 바라는 것을 이루고자 가까운 가족들이 들인 노력의 가치가 줄어드는 것은 아니다"라고 친절히 설명한다.

사망한 이후에 시신이 되어버린 사람을 돌볼 책임은 보건부에서 법무부로 넘어간다. 담당 기관이 바뀌는 바로 이 지점에서 유가족은 견디기 어려울 수 있다. 내 환자인 제임스 할아버지는 62년 동안 결혼 생활을 함께한 부인이 사망한 뒤에, 더 이상의 충격을 원치 않을 바로 그때, 검시관 사무소에서 아내가 어떻게 사망했는지 질문하는 전화를 받아 충격을 받았다. 검시관은 '부자연스럽다'고 할 만한 사망에 관심이 있으며, 우리가 생각하기에 부자연스러울 수 있는 것은 법무부가 생각하는 것과 상당히 다르다. 할아버지의 아내인 엠 할머니는 장을 보다가 발을 헛디디는 바람에 넘어지면서 도로 경계석에 다리를 긁혔다. 피가 조금 났지만 할아버지와 함께 피를 닦아낸 뒤 반창고를 붙였다. 그러고 나서 일주일 남짓 흘렀을 때 엠 할머니는 불편한 찬장에서 냄비를 꺼내다가 손을 긁혔고, 거기에도 작게 딱지가 앉았다. 이전부터 할머니는 심각한 정도는 아니었지만 신장이 좋지 않았고 심장 때문에도 다소 기력을 잃었다. 또, '품질관리'를 제대로 못 하는 골수 때문에 만성통증이 생기는 문제도 겪었는데, 골수에서 나오는 적혈구에 이상이 있는 데다가 충분히 생성되지도 않았고, 감염증과 싸워야 하는 백혈구 역시 제 기능을 다하지 못했다. 그런 엠 할머니가 어느 날 오후에 덜덜 떨며 창백한 안색으로 낮잠에서 깨어나자 제임스 할아버지는 곧장 구급차를 불렀다. 구급차는 신속하게 도착해 할머니를 병원으로 데려갔다. 병원에서 의료진은 할머니의 이야기를 들으면서 항생제를 주사했다. 하지만 치명적인 감염증 앞에서 할머니의 심장, 폐, 신장, 뇌, 마침내 생명 자체까지 도미노처럼 쓰러졌다. 감염증이 어디서 왔는지는 불분명했다. 폐렴이나 요로감염일 수도 있지만 다리나 손을 긁힌 상처 중 하나에서 비롯됐을 수도 있다.

몸이 노쇠한 사람이 갑작스레 심각한 감염증에 걸려 사망하는 일보다 더 자연스러운 죽음은 없다. 하지만 예컨대 낙상 같은 사고에서 입은 피해나 외상이나 신체 손상을 포함한 모든 피해나 … 최소한이거나 무시할 만하거나 사소한 수준 이상으로 사망을 유발하거나 일으키거나 초래한다면, 이런 모든 죽음은 검시관한테 알려야 한다.

엠 할머니의 죽음은 결국 '자연사'가 아니라 '사고사'라는 발표가 나왔다. 제임스 할아버지는 이 사실에 속상하기 그지없었다. 사고라는 말은 늘 피할 수 있었다는 것처럼 들리는 구석이 있어 어쩐지 할아버지가 엠 할머니가 발을 헛디디지 않게 잡아주거나 할머니 대신 직접 그 냄비를 꺼낼 수도 있었음을 암시하는 것처럼 보였기 때문이다.

세 방향으로 팽팽하게 당겨지는 실과도 같다. 사망진단서는 정확해야 하는데, 이런 필요성은 의료에서 우리가 바라는 것보다 더 자주 나타나는 불확실성과 반대로 실을 당긴다. 그리고 뒤에 남겨져 무슨 일이 일어난 것인지 이해하려고 애쓰는 남편이나 아들, 친구가 지닌 우려는 또 다른 방향에서 실을 당긴다. 진단서에 누가 무엇을 넣을지는 병원마다 그 체계가 다르며 곧 검시관의 판정도 뒤따르게 되지만 설령 그렇더라도 사실에는 해석의 여지가 있다.

다른 사람이라면 엠 할머니가 다른 감염원 때문에 사망했다고 여겼을 수도 있다. 그러면 자연사가 되어 검시관에게도 문제가 될 것이 전혀 없었을지도 모른다. 어떤 사람이 나이가 매우 많고 매우 노쇠했다면 사실상 어떤 원인으로 죽었는지도 늘 명확하지는 않다. 어떤 의사는 사망진단서에 '노쇠'라고 적는 것을 용납할 테지만, 다른 의사는 가장 가능성이 큰 원인을 추측해야 한다고 주장하면서 허혈성심장질환이나 심근경색 등을 적을 것이다. 죽음이 그보다 더 복잡하거나 단순할 수도 있음을 알아도 말이다.

내 새아빠는 내가 이 책을 쓰는 중에 세상을 떠났고, 그 코스타리카 여행은 새아빠가 마지막으로 떠난 장기 해외여행이 됐다. 매년 6월이면 넓고 텅 빈 해변에 둘러싸인 노르망디에 있는 캉에 가긴 했지만 말이다(그곳은 아버지가 19세이던 1944년에 비행기가 하늘을 새까맣게 뒤덮고 해변은 공포에 잠기고 아버지가 타고 있던 군함을 지나쳐 노르웨이 군함을 침몰시키러 물속을 빠르게 이동하는 어뢰의 모습을 보았던 곳이자, 아버지가 총을 능숙하게 다루며 포화를 쏟았던 땅이었다).

아빠가 세상을 뜬 뒤, 책상에는 나중에 있을 일을 깔끔하게 적어둔 A4용지 만한 공책이 남아 있었고, 그 안에는 변호사의 이름과 유언장이 있는 곳이 나와 있었다. 그리고 전기, 가스, 수도 회사에 각각 사용하는 계좌번호와 같은 은행 업무와 관련된 것들, 집에 배관이 터졌을 때 사용하는 중앙 수도꼭지의 위치,

아빠가 지원했던 자선단체들이 있었다. 아빠가 고른 장의사, 목사와 교회 이름도 있었다. 엄마도 이것을 알았지만 아빠가 비용을 다 지불했다는 것까지는 전혀 몰랐다. 아빠가 맨 처음 승선했던 그 배에 복무한 사람들이 속한 협회장이자 매년 동료 선원 모임을 마련하는 분의 연락처도 있었다. 아빠의 동료는 이제 모두 세상을 떠나 그곳은 더 젊은 남녀가 모인 단체가 됐지만, 여전히 아빠를 반겼더랬다. 공책 뒷부분에는 친구의 장례식 안내장에서 잘라낸 찬송가, 성서 발췌문, 기도문이 딱풀로 붙여져 있었다.

아빠는 자기 죽음이 초래할 혼란을 예상하고 우리가 슬픔에 부딪칠 곳에 부드러운 완충재를 설치해둔 것이다. 친절한 일이 아닐 수 없었다. 장례식 일정 곳곳에는 아빠가 친구한테 헌정하는 듯한 흔적이 있었다. 젊은 조문객은 그저 나이가 아주 많은 할아버지를 애도하고자 참석했을 테지만, 94세라도 누군가는 젊은 시절 친구를 애도하러 조문할 수 있다고 아빠는 여겼기 때문이다. 나이가 아주 많은 사람이라도, 상실은 상실로 남는다.

19
우승 기념
경기장 순회

"그 사람한테 제가 사랑한다고 전해주세요. 만나본 적은 없지
만 이미 사랑해요."

해리엇이 말한다. 내가 노인정신과 전문의인 해리엇한테
조지 콕슨의 이야기를 해주던 참이었다. 나는 그날 늦게 조지
콕슨이 운영하는 요양원에서 그와 회의를 할 예정이었다. 조지
네 요양원은 치매 환자를 전문으로 돌보며, 거주자가 안전하게
지낼 수 있는 모든 조건을 갖추어 가장 최근 점검에서 '뛰어남'
판정을 받기도 했다. 위험 요소를 평가하고 약품을 잘 관리하
는 것은 물론 직원을 신중하게 채용하여 훈련하며, 점검 보고
서에 나온 말에 따르면, 전 직원이 '취약한 사람을 보호할 책임'
을 인지한다.

보호 수단은 이미 충분히 갖추어 소속 직원과 의료진은 거주자를 완벽하게 보호하지만, 사실 조지에게는 그것만으로 부족했다. 조지는 즐거움을 지켜내는 데 관심이 있었다.

그날 오후, 나는 요양원에 도착했다. 외벽은 페인트가 벗겨지고 쓰레기통과 공유 주차장 자갈 사이로 잡초가 자라 있었다. 초인종에 응답하는 '또 다른 조지'는 자기를 소개한 다음 나를 내부로 안내했다. 잰은 나를 만나자 차를 우려주었다. 좁은 복도에 책, 장난감, 트로피, 그림, 주사위, 테니스공, 마라카스 같은 것들이 사방에 널려 있었고 사진에는 제목이 있었다. 컵 쌓기 대회에서 우승한 아이비 할머니. 마로니에 열매 까기 챔피언 데이비드 할아버지. 나이가 아주 많은 할머니가 돈치기 판에 집중하면서 한 아이를 쳐다보는 사진도 있었는데, 판에는 동전 대신 아기 모양 젤리가 있었다. 발레리나 그림에 붙은 꼬리표는 이렇게 묻고 있었다. 이 그림은 에드가 드가가 그렸습니다. 드가는 독일, 프랑스, 네덜란드 중 어느 나라 사람일까요? 닭 두 마리가 뛰어다니고 토끼장이 있는 작은 정원도, 야유회와 기념일을 알리는 수제 포스터도 있었다. 그중에는 톰 킷우드한테 헌사를 보내는 포스터도 있었다.

톰 킷우드는 사회과학자이자 노인심리학 교수로, 치매와 살아가는 사람을 대상으로 하는 '인간 중심' 접근법을 개척했다. 킷우드는 돌보미가 직관적이고 감정적으로 대응하는 능력을 길러서 자신이 대우받고 싶은 방식으로 다른 사람을 대우하는 것을 자연스럽게 느끼도록 격려한다. 공교롭게도 톰 킷우드는 노인학이라는 분야에서 탄생한 또 다른 영웅인 톰 커크우드와 이름이 거의 비슷한데, 나는 커크우드 교수의 연구도 좋아한다. 뉴캐슬에 사는 나이 든 주민을 대상으로 진행했던 그의 유명한 연구에 따르면 85세인 사람 중 78퍼센트는 자신이 동년배와 비교해서 건강이 좋거나, 매우 좋거나, 훌륭하다고 평가했다. 커크우드 교수는 방대한 자료에서 근거한 이 결과를 두고 "통계적으로 불가능한 이 기분 좋은 수치는 초고령이 되면 건강이 나빠져 삶이 비참해질 것이라는 일반적인 시각을 뒤집는다"라고 보고했다.

요양원의 또 다른 벽에는 큰 글씨로 이런 공지가 붙어 있었다. 이제 수영복을 생각할 때입니다. 여러분은 이런 수영복이 있었나요, 아니면 이런 수영복이 있었나요? 1950년대 수영복은 훌륭했다. 뼈대와 짜임새가 있고, 꽃으로 뒤덮인 수영모가 매력적이다. 올여름에 찍은 사진도 한 장 있었다. 잠수복 차림을 한 젊은이 두 명이 바퀴가 빵빵한 휠체어에 탄 두 사람을 데리고 거품이 이는 바다를 향해 쌩 달려가는 모습이었다. 평상복 차림으로 휠체어에 탄 사람은 맨발을 내밀고, 꿈도 꾸지 못한 힘을 발휘하면서 차가운 파도에 발이 닿지 않게 버티고 있었다. 흰머리가 뒤로 날린다. 사진 속에서는 모두가 시끄럽게 떠드는 듯했다. 감탄사를 내뱉거나, 웃거나, 소리치거나. 흥겨운 분위기다.

언젠가 어느 젊은 여자의 이야기를 들었다. 이 여자는 남편과 함께 크리스마스에 온 가족을 초대하는 것이 처음이라 제

대로 해내리라 마음먹었다. 열정적으로 팔을 걷고 나서서 칠면
조를 주문하고, 푸딩을 만든 다음 박박 문질러 닦은 동전을 밀
어 넣고, 커다란 돼지 넓적다리를 사서 굽기 전에 뼈를 잘라달
라고 남편한테 부탁했다. 적당한 도구를 찾느라 한바탕 소란이
일었고, 뼈를 썰기 시작한 남편은 보기보다 어려운 나머지 욕
을 내뱉고선 허리를 펴고 말했다.

"내가 지금 왜 이걸 하는 거야?"

여자가 대답했다.

"엄마가 늘 뼈를 잘라내셨거든. 그게 돼지 넓적다리를 요
리하는 방법이야."

"아닐걸, 장모님께 여쭤보자."

그렇게 둘은 여자의 엄마한테 전화했고, 엄마는 말했다.

"돼지 넓적다리는 항상 뼈를 잘라내야 해. 우리 어머니도
뼈를 잘라냈어."

이 부부는 아이들에겐 증조할머니인 자기 할머니를 방문
할 예정이었다. 할머니가 지내는 요양원에 가서 어린아이들이
그곳을 뛰어다니는 동안 부부는 나이가 아주 많은 할머니 앞에
앉아 물었다.

"할머니, 왜 돼지 넓적다리에서 뼈를 잘라내야 해요?"

나이가 아주 많은 그 사람은 눈을 가늘게 뜨고 회상하다가
미소를 지으며 말했다.

"그게 말이다, 내가 젊어서 처음 결혼했을 적에는 우리 집
오븐이 아주 작았단다."

'내가 지금 왜 이걸 할까?'라는 질문은 훌륭하다. 나는 이 질문을 스스로 반복해서 묻는 법을 오래전에 배웠다. 어느 현명한 의사는 단어를 하나하나 강조하면서 조언했다. '내가 지금 왜 이걸 할까?', '내가 지금 왜 이걸 할까?' 이 의사는 현재 상황에 이의를 제기하라고 했다. 지침에 의문을 가지라고. 이 치료가, 이 일반적인 수술이, 이 반사적인 대응이 내 환자한테, 그 개인한테, 그 사람한테 알맞은지 생각하라고 말이다.

우리는 다 같이 장수와 관련된 이 질문을 스스로에게 묻기 시작하면서, 자기 자신을 극복함으로써 창의적이고 기발하게 고령에 접근한다. 직장과 지역사회뿐 아니라 재미와 모험과 신나는 일에서 격리될지도 모르는 노인 차별을 알아챌 때 우리는 '우리가 지금 왜 이걸 할까?' 생각한다. 장수라는 것이 운 좋게 떨어진 과실처럼 뜻밖에 얻은 즐거움이거나 귀중하게 여기고 즐겨야 하는 무언가여야 한다는 사실을 깨달으면서, 우리는 '어떻게 다르게 해볼 수 있을까?' 질문한다.

나는 장을 보는 중이었다. 장 볼 목록에 있는 것(할루미치즈, 렌틸콩, 쿠민씨앗)과 함께 엄마에게 가져다드릴 물건(슬라이스햄, 복숭아 통조림, 종합비타민)을 집자 계산대에서 앨런 할아버지가 물건 담는 것을 도와주겠다고 했다. 단정한 정장 차림을 하고 미소 짓는 할아버지의 옷깃에는 에나멜로 만든 물망초가 달려 있었다. 우리는 할아버지의 일에 관해 이야기했다.

"선생님도 알겠지만, 내가 치즈 제조를 그만두긴 했는데 은퇴할 수는 없었어요. 그래서 이렇게 고객 서비스 일을 구했지. 이 일이 좋아요."

나는 할아버지의 옷깃에 달린 배지를 보고 감탄했다. 알츠하이머병협회 표지였다. 할아버지가 말했다.

"치매 교육에서 받았어요. 제니가 교육을 담당했고요."

할아버지는 고개를 까딱이며 옆 계산대에서 일하는 제니를 가리켰다. 제니가 능숙한 손놀림으로 물건을 빠르게 스캐너로 찍어 넘길 때마다 손에서 커다란 반지가 반짝였다. 앨런 할아버지가 말을 이어갔다.

"나는 많은 걸 알아냈어요. 선생님도 이해가 갈 거예요. 하루에 세 번씩 오는 어떤 남자가 있는데 그 사람은 늘 처음에는 신문과 빵, 두 번째엔 샌드위치, 나중에는 차에 곁들일 것을 사러 와요. 아내한테 말했더니 아내는 '모르겠어? 그 사람은 장을 보는 게 아니야. 가게를 방문하는 거지. 거기서 일하는 당신 같은 사람을 방문하는 거라고'라더군요. 그래서 남자한테 말을 걸었어요. 알고 보니 그 사람은 아내가 치매에 걸렸더라고요. 아내는 안 나올 테지만 본인은 밖에 나가서 사람을 봐야 했던 거죠. 요즘 그 사람은 아내를 위해 뭘 사는지 매일 저랑 이야기해요. 언젠가는 시내 중심가에 있는 기억력 놀이 카페에 아내를 데려갈지도 몰라요."

앨런 할아버지가 말을 마치자 나는 다른 도시에서 만났던 한 남자의 이야기를 해주었다. 그 남자는 전두측두엽치매에 걸려서 말을 전부 도둑맞다시피 하는 바람에 "잘했어, 잘했어"라고밖에 말할 줄 몰랐다. 항상 아내와 장을 봤던 남자는 아내가 세상을 떠난 뒤에도 여전히 매일같이 혼자서 장을 보러 갔는데, 어슬렁거리며 슈퍼마켓에 들어가 달걀샐러드샌드위치, 초콜릿쌀푸딩 등 좋아하는 것을 고른 다음 돈을 내지 않고 다시 어슬렁거리며 나갔다. 그래서 그곳에서 일하는 직원이 그 남자를 알아보고는 담소를 나누며 그 남자가 사는 물건을 자연스럽게 계산했고, 그러면 매주 토요일마다 그 남자의 딸이 도시에서 와서 영수증을 해결했다. 이 이야기를 듣자 앨런 할아버지는 웃더니 제니한테 들려주어야겠다고 말했다.

우리는 장수를 기회로 인식하는 쪽으로 길을 찾는다. 앨런 할아버지는 법정 은퇴 나이를 넘겼지만, 점점 더 많은 사람들이 그렇게 하듯 일하기를 원했고, 그렇게 할 기회를 얻었다. 할아버지는 자기 시간과 재능(앨런 할아버지는 재능이 있다. 다른 사람한테 관심을 쏟고 다른 사람이 누리는 복지를 중요하게 여기는 재능 말이다)을 이용하는 앙코르 커리어를 찾은 것이다. 고용주 역시 나이 든 노동자가 축적된 지식을 제공할 수 있음을 깨닫는 중이다. 동시에 우리 사회가 나이가 아주 많은 사람, 노쇠한 사람을 어떻게 받아들여야 하는지를 우리는 더 잘 이해하기 시작한다.

나는 조지 콕슨(콕슨은 조금 늦게 도착했는데, 숨을 헐떡이며 인사를 하고 양손을 들어 미안함을 표시했다)과 회의를 마친 뒤, 내가 휘갈겨 쓴 메모를 살펴봤다. 여러 단어들이 몇 페이지에 걸쳐 쓰여 있었다. 호기심, 동기부여, 공감, 상호작용, 존중, 설렘, 웃음, 흥분, 위험. 조지는 무모하지 않았다. 조지는 '위험을 피하기보다는 인지하는 일'에 관해 말했으며, 자기 접근법을 고집하기보다는 격려하고 설득해야 함을 알고 있었다. 요양원에 거주하는 누군가가 "나는 87살이고, 온종일 탬버린을 흔들 수는 없어요"라고 충고했듯 말이다. 조지네 요양원은 오후에는 쉬는 시간도 있고, 흥겨운 분위기에서 한 걸음 물러설 공간도 있다.

나중에 내가 조지네 요양원이 어떤지 엄마한테 설명하자 엄마는 얼굴을 찡그렸다.

"내가 그런 곳을 좋아할지 모르겠다."

엄마의 말에 내가 물었다.

"어떤 곳이 더 좋으세요?"

"조용한 곳이 좋겠구나. 내가 책을 편히 끝낼 수 있는 곳."

나는 엄마가 옳다는 것을 안다. 과거에는 모험을 즐겼지만 엄마는 이제 지쳤고, 사색과 알케밀라잎에서 빗방울이 반짝이는 모습을 중요하게 여긴다. 엄마는 요양원이 필요하게 될 때 가고 싶은 곳을 이미 골라놨는데, 수도원 같은 곳이었다.

"그리고 친절한 돌보미"라고 엄마는 덧붙였다. 나는 조지가 자기네 직원에 관해서 해준 말을 엄마한테 들려주었다. 요양원 점검 보고서에서 좋은 평가를 받았던 '직원 계발 투자'가 무엇인지 설명해달라고 조지를 압박하자 조지는 내부에서 운영하는 교육 프로그램과 교육을 전부 이수한 사람끼리 크리스마스에 나눠 갖는 상여금, 지역 요양원 간 직원 교류, 돌보미가 자기 일을 뿌듯하게 여기도록 돕고 더 자신감 있게 일할 방법을 모색하는 '긍정 탐구' 과정을 자세하게 설명해줬다.

자기네 요양원 직원은 '자부심이 있고, 친절하고, 열정적이고, 흥미를 느끼고, 쾌활하고, 배려심이 있어야 한다'고 조지가 세워둔 원칙도 엄마한테 들려주었다. 그때 조지는 직원과 거주자가 진짜 '대화'를 나누는 시간을 어떻게 마련했는지 설명하며 '발견의 대화'를 묘사했다. 이에 따라 직원도 한 명 한 명이 더 나은 자격을 갖추고자 노력한다고 했다. 시간을 내어준 전문가한테는 물론이고 서로한테도 배우며 자기가 돌보는 사람한테서도 늘 배운다. 기꺼이 배우려는 마음, 상황을 바꿀 수 있다는 다짐이 그들에게 있다고 했다.

조지는 자기가 영감을 얻은 사람을 나열한 목록을 줬는데, 나한테도 익숙한 이름이 많았다. 지역사회, 요양원, 사회복지사 사무소, 의원, 대학, 자선단체, 병원 등 셀 수 없이 많은 곳에서 상황을 바꾸고자 노력하는 사람들이었다.

한 신문 기사에 나온 이야기가 있다. 어느 학교에서 한 고등학생이 부인을 떠나보내고 외롭게 지내는 할아버지를 초대해 구내식당에서 점심을 먹었는데, 이제 그 할아버지는 매주 거기서 점심을 먹는다고 한다. 마음이 따뜻해지는 이야기지만, 왜 이것이 이야깃거리일까? 모든 학교에서 매주 외로운 사람들을 모아 이렇게 할 수 있다. 나이가 아주 많은 사람을 젊은이, 아이, 유아와 분리할 필요도 없고 요양원을 지을 때 같은 건물

의 새 유치원을 넣어서 정원과 연못을 공유할 수도 있다. 그러면 요양원 직원은 일하는 동안 자기 아이를 안전하게 유치원에 맡길 수 있으며, 아이들은 새 모이통을 채우거나 담벼락에 버스와 우주인을 그릴 수도 있다.

우리는 모두 노인 수습생이다. 노인을 위한 조처는 모두한테 더 나은 상황을 만드는 것과도 같다. 난방비가 최소한으로 드는 획기적이고 편안한 주택을 공급하면, 한정된 연금으로 아끼며 생활하는 노부부뿐 아니라 소득이 적어 힘겹게 사는 가족한테도 좋다. 검사를 받으려면 여러 번 가야 하고 결과를 보러 또 한 번 방문해야 하는 병원 체계는 시력이 나빠져 더는 운전할 수 없는 누군가한테만큼이나 직장과 협의해서 휴가를 받아야 하는 중년 혹은 학교를 결석해야 하는 아이한테도 골칫거리다. 따라서 기술적으로 검사를 간소화하고, 상식적으로 판단해서 원치 않는 진료는 전화나 문자로 대신하고, 명확한 언어로 결정을 논의하는 등 치료를 전달하는 과정 역시 가장 나이가 많고, 가장 움직이기 어렵고, 가장 복잡한 환자한테 맞추면 모두가 혜택을 볼 수 있다. 보행 보조기가 필요한 사람이 믿을 만하게 이용할 수 있는 대중교통은 어린아이를 데리고 유아차를 끄는 젊은 부모한테도 도움이 된다. 우리는 도시 속에 녹지가 있으면 행복감을 느낀다. 나는 소리 없이 활짝 웃으며 '헤도노미터Hedonometer'를 읽곤 한다(헤도노미터는 실제 계량기는 아니고 컴퓨터 알고리즘으로 소셜미디어 메시지에 사용된 말로 행복감을 측정하는 것이다). 당연하지만 이 헤도노미터로 발견한 바

○

에 따르면 공원이나 전원지대에서 보낸 메시지에 긍정적인 문구가 훨씬 더 많이 들어 있다. 그러니 나이가 아주 많은 사람이 이런 장소에 가서 안전하게 머무를 수 있다면, 녹지는 우리 아이들한테 할당된 행복 한도까지도 높여줄 것이다.

모든 방면에서 나이가 아주 많은 사람한테 더 나은 상황을 만들면 우리 모두한테 더 나은 상황이 된다. 우리는 할 수 있다. 의료 정보 체계를 고쳐서 꼭 필요한 세부 사항을 여러 기관이 안전하고 확실하게 공유할 수 있다. 우리는 형제가 호주에 있든 옆 동네에 있든 웃는 모습을 보여줄 수 있는 정교한 장치를 받아들일 수 있다. 회담, 회의, 파티 장소로 이동할 때 도움이 될 기술을 이용할 수도 있다. 우리는 스스로 혹은 서로가 바라고 두려워하는 것에 관해 사랑하는 사람과 섬세하고 진솔하게 대화할 수 있으며, 결정의 영향을 받는 당사자한테 선택권을 넘길 수 있다. 우리는 힘을 합쳐서 사회적 돌봄을 대담하고 공정하게 바꿀 수도 있는데, 그러면 이런 돌봄을 받는 사람뿐 아니라 하는 사람도 혜택을 볼 것이다. 더 정서적인 보상을 주는 직장, 더 나은 지원, 더 나은 교육, 더 나은 급여와 환경 등으로 말이다. 조지네 요양원에 걸려 있던 해변 휠체어 파도타기 행사 사진 속에서는 미는 사람도 즐거워 보인다. 휠체어를 미는 사람은 아마도 10대, 아니면 20대 초반 같았는데, 그들의 얼굴은 기쁨으로 빛나고 있었다.

내 친구인 비비언 할머니는 역사학회 회의를 위해 공책을 챙기면서 걱정했다.

"나는 짐이 되고 싶지 않아. 가치 있는 사람이 되고 싶지."

나는 왕립기금에서 나온 보고서 「관습에 얽매이지 않는 의료 및 돌봄」을 읽으면서 비비언 할머니가 한 말을 떠올렸다. 저자인 벤 콜린스는 차별화된 방식으로 일하는 기관 다섯 곳에 관해 희망찬 연구를 진행했다. 이들 기관은 대체로 세파에 쫓기는, 사회적으로 결핍되고 혼란한 상황에 놓인 젊은 사람들에 집중했다. 보고서에 나온 표현들은 조화로운데, 잠재력을 드러낸다는 관습적인 시각은 요구만 할 뿐인 삶에서 가치를 인식한다는 공통적인 주제가 있기 때문이다. 어느 젊은 사람은 자신이 '그저 무언가를 받으러 온 서비스 이용자'에 그치지 않기를 얼마나 바라는지 설명하며 자신이 참석한 정신 건강 자선단체에서 진행하는 워크숍을 묘사한다. 이 단체는 도움받는 사람을 설득하여 봉사자나 지도자 역할, 창의성과 해결책을 내놓는 일종의 정보원 역할을 맡도록 격려한다. "저는 여기에 오면 무언가를 줄 수 있는 사람으로 인정받아요. 저는 부족한 것도 있지만 힘과 능력이 있어요. 줄 것이 있어요"라고 그는 말한다.

내가 노인의학 전문의로 살아온 시간을 돌이켜보면 내 환자들은 가치 있는 사람들이었고, 그들은 '줄 것'이 있었음을 깨닫게 된다. 나는 이들이 주는 선물을 받는 사람이었기 때문이다. 나는 시선과 편지와 토닥이는 손길을 받았다. 체리과실주, 노래하는 멋진 눈사람, 딱총나무꽃 담금주를 받았다. 옷을 칭찬받았으며 책상에 앉아 눈물을 줄줄 흘리게 만드는 이메일을 받았다. 백합꽃다발, 카드, 쾌활하게 춤추는 어느 여자 사진, 웃음, 미소, 앵무새 그림, 어깨에 아기 토사물이 묻었다는 충고, 속바지에 치마가 끼었다고 넌지시 알려주는 말, 가벼운 입맞춤, 포옹, 설탕을 입힌 아몬드, 나무, 책, 압화만큼이나 뚜렷하게 보이는 사랑을 담아 접은 쪽지, 유리구슬에 들어 있는 치유력에 관한 글, 시선집, 1943년 미얀마에서 일어난 암울한 사건에 관해 손으로 쓴 글을 받았다. 다정하고 공손한 제안을 받았다. 어이없는 농담과 재미있는 이야기도 들었다. 거기엔 비밀도 있었다. 함께 일했던 사람들한테서도 나는 배우고 또 배웠다.

지역 병원에 있을 때였다. 나는 캐슬린 할머니가 머무는 병실을 지나갔다. 캐슬린 그레이엄 할머니는 낙상을 당해 아주 오랫동안 불확실한 회복의 여정을 보내고 몇 달이 지났지만, 할머니는 여전히 여기서 아플리케 장식이 박힌 운동복을 입고 화이트와인을 한 모금씩 마시면서 천천히, 천천히 골절상을 입은 한쪽 다리와 다른 쪽 다리를 회복하는 중이었다.

문 위에서 주황빛이 깜빡이고 경보기가 울리기에 나는 노크하고 그 안을 들여다봤다. 간호사 리브가 캐슬린 할머니와 있었다. 도움을 요청하는 벨은 팔꿈치로 누른 것 같았다. 병상과 의자 사이에서 옷을 입으려다가 서로 뒤죽박죽 엉켰던 모양이다. 캐슬린 할머니는 잠시 당황했지만, 이제 병상의 회전식 난간에 매달려 서 있었다. 리브가 한쪽 팔로 등을 감싸서 붙잡고 안심시켰다. 캐슬린 할머니는 지금 쓰러지면 병상과 의자 사이로 떨어질 수 있어 그대로 매달려서 균형을 다시 잡아야 했는데, 고통스러운 것 같았다. 눈을 질끈 감고 있고, 난간을 쥔 손이 하얀 것을 보니 다친 다리가 아픈 것이 분명했다. 하지만 반대편에 손을 얹기만 하면, 지탱할 필요도 없이 그저 가져다 대기만 하면 할머니는 힘을 되찾아 숨을 쉬고, 리브는 난간을 조금 돌려서 할머니가 안전하게 의자에 다시 앉도록 할 수 있었다. 하지만 그 전에 리브가 말했다.

"균형을 잡으세요, 할머니. 잠시만 서 계시면 속바지를 올려드릴게요."

리브가 말하는 옷을 보니 눈에 띄고 튼튼한 것이 누가 보아도 속바지였다. 상아색 천에 솔기가 넓게 맞물려 있었다.

"이 속바지를 개려면 두 사람은 필요하겠어요."

리브가 놀리자 캐슬린 할머니는 으르렁거리듯 말했다.

"헛소리."

우리는 꼼지락거리며 할머니의 속바지를 입혔다. 그 옷에는 서부 개척 시대에 다니던 지붕 덮인 마차 같은 무언가가 있었다. 개척자 정신과 인내를 말하는 무언가가 말이다. 나는 그때 용기에 관해 또 배운 것이다.

나는 자만심에 관해서도 수없이 많이 배웠다. 불현듯 깨달아 섬세하고도 만족스러운 진단을 내렸던 날이 있다. 하지만 바로 그날 그 진단의 의미, 그러니까 나쁜 소식을 서투르고 경솔하게 전했다는 사실을 깨닫고 부끄러웠다. 희귀한 약물 부작용을 발견하여 자축한 뒤에 대체 약의 복용량을 잘못 적기도

했다. 내가 고른 새 약을 먹으며 환자가 나아지는 모습이 보상처럼 느껴진 적도 있었는데, 알고 보니 환자는 분홍색이 싫어서 그 약을 전혀 안 먹었으며 전적으로 다른 사람이 개입한 덕에 회복했음을 알았다. 에드나 할머니한테 흉부대동맥류가 가망이 없을 정도로 눈에 띄게 악화되고 있어 남은 시간이 별로 없다고 설명했지만, 그 뒤로 수년 동안 외래 환자 진료실에서 6개월마다 할머니를 맞이했다. 할머니가 17번째로 얻은 손주에 관한 이야기를 나누고, 할머니가 가장 좋아하는 약 11가지를 얼마큼씩 먹을지 조정했다. 나는 많은 실수를 저질렀다.

나는 나쁜 행동에 관해서도 배웠다. 평생 지녀온 나르시시즘과 통제 성향이 걱정스러울 만큼 강하게 드러나고, 이기적이고, 탐욕스럽고, 무례한 면모까지 가진 환자를 봤다. 삶이 막바지에 다다른 사람이 걱정하는 것보다 자기가 걱정하는 것을 더 우선시하는 가족도 봤다. 떠나보내는 것을 못 하는 가족도 봤다. 어느 아들은 나한테 "선생님, 저는 어머니를 보낼 준비가 안 됐어요"라고 말했고 그 어머니는 삶이 다하는 와중에조차 아들을 붙잡고 위로해야 했다. 하지만 나는 가족이 왜 때때로 노쇠한 부모를 도울 준비를 사람들이 기대하는 것만큼 못 하는지를 이해하는 데 충분한 정보를 얻었다. 그리고 왜 누군가가 죽음을 축하받고 그래야 마땅한지에 대한 답이 담긴 교훈도 얻었다.

나는 다른 교훈도 얻었다. 충직함에 관한 것이다. 수련의 시절에 나는 런던에서 보즈웰 할아버지를 만났는데, 할아버지는 암에 잠식당하는 도라 할머니가 집에서 죽음을 맞이할 수 있게 할머니를 집에 데려다주기로 했다. 할아버지가 혼자고, 여위었고, 일어설 때마다 뼈가 삐걱거리는 것은 상관없었다.

"도라네 어머니는 내 어머니한테 부탁해서 도라가 댄스 파티에 갔다가 집에 안전하게 오는지를 나더러 지켜봐달라고 했어요. 도라는 열일곱, 나는 열아홉이었지. 그때부터 나는 줄곧 도라가 안전하게 집에 오는지 지켜봤어요. 그걸 지금 그만둘 이유가 없지요."

우정에 관한 교훈도 있다. 배리 할아버지는 읽지도 쓰지도 못하는 제럴드 할아버지와 진료소에 온다. 배리 할아버지는 제럴드 할아버지와 수년 동안 환경미화원으로 함께 일했다. 그는 다른 동료들과 함께 제럴드 할아버지를 보살피는 중이며 앞으로도 계속 그럴 것이라고, 그러니 제럴드 할아버지가 진료소에 와야 할 때면 자기나 다른 동료가 데려올 것이라고 말했다. 그 맹세에 제럴드 할아버지는 감정이 북받쳐 대답은 못 하고 주먹으로 무릎을 치며 손등으로 눈을 훔쳤다.

태연한 농담에 관해서도 배웠다. 내가 만나는 프루던스 할머니는 최근에 또 다른 장례식에 참석해서 옛 친구를 한 명 더 떠나보냈다. 거기서 할머니는 오랜만에 보는 피터 할아버지한테 반갑게 인사했는데, 피터 할아버지는 놀라서 할머니를 쳐다보더니 "프루던스, 나는 작년에 분명히 네 장례식에 갔어. 맹세할 수 있어"라고 말했다.

나는 독창성, 결단, 용인, 품위에 관해서도 배웠다. 배우고 또 배웠다. 우리 지역 병원에서 일하는 수간호사는 롱포드 할머니가 보낸 편지를 나한테 전해줬다. 할머니의 남편은 골절상을 회복하던 중에 갑자기 세상을 떠났다. 나는 수년이 지난 지금도 그 편지를 보관하고 있다. 롱포드 할머니는 멋지게 구부러진 고른 글씨체로 할아버지를 돌봐준 직원한테 감사 인사를 하고, 할아버지가 그토록 빨리 핼쑥해지다가 세상을 떠났을 때 곁에 있었던 젊은 간호사를 걱정했다. 롱포드 할머니는 이렇게 적었다.

나는 그 간호사를 안심시키려고 했어요. 왜냐하면 수개월 동안 남편이 말하길 자기는 충분히 살았으니 떠나고 싶다고 했고… 나는 남편이 고통을 겪지 않아서 무척 안도했어요. 사랑스럽고, 정중하고, 매력적인 나의 윌리엄이 유머 감각을 잃지 않고 여러분의 병원에 환자로 있었다는 것에 만족해요. 64년 동안 행복한 결혼 생활을 했으니 당장은 상실감이 들긴 하지만, 그래도 내가 더 오래 살아서 기뻐요. 나는 93세이지만 우리한테는 자식도, 살아 있는 친척도 없으니 남편이 이번 생에 혼자가 될 일 없이 지금 평온하게 잠들어서 좋아요.

롱포드 할머니가 쓴 편지를 이미 많이 읽었지만, 자신이 겪을 외로움은 대수롭지 않아 하면서 윌리엄 할아버지가 먼저 죽어 외롭지 않기를 바라는 그 이타적인 소망에 매번 숨이 턱 막힌다.

나는 회의에 가는 길이다. 자동차 라디오에서 선박에 이름을 붙이는 일에 관한 프로그램이 나오고 있다. 진행자는 2차 세계대전 때 활약했던 해군 함정에 매료돼서는 가장 좋아하는 함정, 그 취역식과 선원, 운용 내용을 설명한다. 많은 함정이 살아남지 못하고 자유라는 대의명분 아래 사라졌지만 함정에 붙인 이름만큼은 무척 매력적이다. 열정함, 용기함. 신속함과 돌진함. 무적함, 성공함. 쾌활함, 용맹함, 대담함.

운전하는 동안 들리는 그 이름들이 부드럽게 머릿속으로 들어온다. 그때 앞쪽으로 빨간 정지등이 늘어서고, 도로가 폐쇄된다. 사고가 난 듯하다. 나는 방향을 돌려 다른 길을 찾으려 한다. 시간은 계속 흐르고, 이제 나는 처음 와보는 좁은 길로 들어서게 된다. 오른쪽으로 짧게 늘어선 주택이 나온다. 첫 번째 집 테라스에 하얗게 칠한 금속 표지가 박힌 것을 보고, 나는 그곳이 지역 병원에서 매우 오랜 시간을 보낸 뒤 몇 달 전에 퇴원한 캐슬린 할머니의 집이라는 것을 깨닫는다. 시계를 보니 이미 회의가 절반가량은 끝났을 터라 나는 차를 세우고 문을 쾅 닫으며 내린다.

6월이지만 간밤에 비가 내려 날이 계속 쌀쌀하다. 작은 대문 아래에는 물웅덩이가 있어 그 주변을 돌아서 걷는다. 먼지투성이인 현관문은 안 쓰는 것처럼 보인다. 자갈이 섞인 크림색 벽을 왼쪽에 끼고 돌아서 뒤편으로 가자 부엌문이 나온다. 문을 가볍게 두드린다. 바구니에는 우산이 하나 들어 있고 선반에는 짙은 빨간색 유리 꽃병, 흰 도자기 꽃병 등 여러 가지 빈

꽃병을 올려져 있다. 뒤쪽 현관을 지나서 거실로 들어간다. 거실에는 침대와 의자, 그리고 캐슬린 할머니가 있다. 할머니는 고개를 끄덕이며 말한다.

"선생님이시네. 내가 어떻게 지내는지 검사하러 왔군."

나는 검사하려는 것이 아니라 그저 지나가는 길이었다고 할머니를 안심시킨다. 우리는 이런저런 일을 이야기한다. 돌보미는 어떻고 할머니는 어떨까? 집은 전기난로를 켜두어서 안락하고 따뜻하다. 아침 식사에서 토스트 냄새가 나고, 물방울무늬 비키니를 입은 작은 소녀 조각상이 난로 위에 있는 선반에서 춤추고, 텔레비전 위에서는 머리카락이 물결치듯 휘날리는 남자가 여전히 파이프를 문 채 소형 보트를 운전한다.

캐슬린 할머니가 증손자의 사진을 보여주는데, 태권도복을 입고서 듬성듬성한 이를 드러내며 활짝 웃는 모습이다. 주변을 둘러보니 의자 옆에 끼워둔 보행 보조기, 짙은 파란색 양모 방울이 달린 슬리퍼, 에어매트와 난간을 설치한 병원 침대가 눈에 들어온다. 밖에서는 하늘하늘한 살구색 장미가 바람결에 흔들리며 창문을 탁탁 두드리고, 캐슬린 할머니는 개 모양 아플리케가 박힌 그 운동복을 입고서 손가락으로 의자 옆 탁자를 톡톡 친다. 한 번, 두 번. 그리고 말한다.

"좋아요. 전부 다 좋아."

캐슬린, 의연함.

우리 병원에서 사용하는 코로나바이러스 검사기 한 대에 이상이 생겼다. 언제부터인지는 아무도 확실히 모르는 듯하지만 2주가량, 어쩌면 그 이상 동안 기계는 틀린 결과를 내놓았다. 나도 완벽한 검사가 없다는 것을 안다. 코로나바이러스에 걸려도 양성 판정이 안 나오는 사람이 많기 때문에 우리는 가짜 음성 판정에 익숙하다. 이럴 때는 바이러스가 폐 깊숙이 숨어 있어서 코와 목에 면봉을 넣어 채취하려고 하면 안 닿지만, 흉부 엑스레이, 혈액검사, CT 촬영 등으로 전체 그림을 보면 코로나바이러스가 확실해 다른 것으로 착각할 수가 없다.

하지만 이번에는 검사기에서 반대의 오류가 발생했다. 약물 과다 복용, 심근경색, 요로감염 등 다른 문제로 온 사람한테서 통상적인 검체 채취를 했을 때는 없는 바이러스가 있다고 감지했다. 겉보기에는 그리 심각한 문제 같지는 않다. 어쩌면 "환자분이 바이러스를 보유하신 줄 알았는데 아니었습니다"라고 말할 수 있어 좋을지도 모른다. 하지만 누군가한테는 이런 일이 괜찮을 수도, 안심될 수도 있지만 누군가는 피해를 볼 것이다. 틀린 검사 결과에 기초해서 치료했다는 것은 이로 인해 어쩌면 손상이 진행 중이어서 내렸어야 할 다른 진단을 못 내리고, 감염된 사람은 수술하기가 위험하다는 이유로 해야 할 수술을 하지 못하게 된 것일 수도 있다. 보호해야 하는 사람이 있는 집이라면 그 가족은 자기 중 한 명이 바이러스를 옮겼다고 믿으면서 죄책감과 책망에 시달릴 수도 있다. 외로운 사람은 더 외롭게 병원을 떠나, 불필요한 자가 격리 기간을 보내러 집에 갔을 수도 있다. 이렇게 영향을 받은 많은 사람이 가짜 양성이었는지 아니면 진짜였는지를 지금은 알 수가 없다. 피해는 크고 다양할 것이다.

이런 오류가 발생했다는 사실에 나는 분개했다. 이 음울한 유행병에서 나타나는 모든 혐오스러운 양상을, 젊은 사람과 나이 든 사람한테 미치는 영향을, 이미 약자인 사람을 꼼짝달싹 못 하게 하는 구역질 나고 불공평한 힘을 다 참작하더라도 이번 사건은 도를 넘은 것 같다. 열불이 난다.

급히 간부 회의를 소집했는데, 내가 지난 몇 주 동안 보살폈던 환자들을 회상하려니 너무 화나고, 너무 걱정됐다. 책임자는 사건을 시간순으로 정리하여 어떻게 결함을 감지했는지를 설명하려고 노력했지만, 나는 가만히 듣기는커녕 노발대발하며 따져 물었다. 마스크 뒤에서 입을 움직이는 것은 보이지만 그 말이 귀에 와닿지 않았다. 그러다 갑자기 내 팔에 무언가 닿는 느낌이 들었다. 우리 부서 관리자인 클레어가 내 뒤에서 몸을 앞으로 숙여 잠시 내 팔에 손을 얹었기 때문이다. 그제야 나는 말하기를 멈추고, 듣기 시작했다. 회의를 계속하면서 우리는 무슨 일이 벌어졌는지 파악했다. 무엇을 알고, 무엇을 더 알아내야 하고, 무엇을 결코 알 수 없는지 논의했다. 어떻게 피해를 줄일 수 있고, 유사한 문제를 방지하려면 무엇을 해야 하고, 이번 사건과 계획을 환자와 가족에게 어떻게 설명할 수 있는지 알아냈다.

퇴근 후 개를 데리고 산책하면서 분노에 관해 생각한다. 나는 이 바이러스를 증오한다. 무엇이 옳은 대응 방법일까? 전 세계가 분노와 두려움과 불확실성을 경험하는 이 상황에서 우리 각자는 어떻게 앞으로 나아갈까? 클레어가 내민 손, 회의 시간에 날 멈추게 했던 그 손은 경고보다 더 많은 뜻을 전했다. 그저 경고일 뿐이었다면 아마 나는 계속 화를 냈을 것이다. 그 가벼운 접촉은 다른 의미를 전했다. 내 분노와 초조함에 공감해주었고, 공통된 가치와 신뢰에 관해 알아주었다.

이런 시험대 위에 놓인 우리는 최선을 다해 뭉치고 있다. 많은 의료진과 연구자가 자원과 능력을 모으고, 어마어마한 다국적 데이터베이스를 설립해서 우리가 결정을 내리는 데 도움이 되는 정보를 수집한다. 우리는 매우 빠르게 배워나가며 지식을 쌓는다. 바이러스를 구성하는 원자 하나하나를 설명하고, 바이러스가 우리 몸에 침투하는 방식을 연구하고, 바이러스가 지닌 약점을 찾아낸다. 바이러스가 어떻게 전파되는지 알아내고, 수많은 증상을 목록으로 만든다. 실험을 진행하고, 효과가 있는 치료와 없는 치료에 관해 아는 내용을 공유한다. 여러 훌륭한 학술지가 유료라는 벽을 무너뜨려 이제는 누구나 중요한 연구를 읽을 수 있고, 다른 팀이 내놓은 결과가 자신들의 연구에 어떻게 영향을 미칠지 분석할 수 있다.

영국 백신태스크포스의 의장인 케이트 빙엄은 러시아가 연구를 훔치려 한 혐의가 있는데 어째서 성공한 백신에 접근할 수 있게 허용해야 하는지 그 이유를 설명해달라는 요청을 받았다. 케이트는 단호했다.

"이 유행병은 세계적이며, 우리가 영국만 보호하고 다른 나라는 무시할 만한 사건이 아닙니다. 우리는 전 세계에서 코로나바이러스에 걸릴 위험에 처한 모든 사람이 백신을 맞는 것이 기본이 되도록 보장해야 합니다. 여러분이 러시아에 있든 팀북투에 있든 상관없이 우리 영국은 세계를 대상으로 공헌해왔으며 앞으로도 계속 그래야 합니다."

여기에는 자국의 이익을 추구하는 면도 있다. 영국은 은빛 바다에 세워졌을지라도 이제 더는 섬이 아니니까 말이다. 하지만 케이트 빙엄이 낸 성명은 가치, 헌신, 공정함에 관한 것이기도 하다. 이런 질병과 싸워 이기려면 전 세계가 협력해야 한다.

나는 내 앞에서 강을 따라 펼쳐지는 개 경주를 보면서 앞으로 사람들 개개인이, 노인들과 그 가족들이 보일 반응을 생각한다. 새롭고 불확실하고 위협적인 이 상황에 부닥칠 때 우리 각자는 무엇을 할 수 있을까? 나는 무척 화가 나고 환자가 걱정됐던 그 회의를 떠올린다. 정보를 모으고 개개인이 처한 사회 상황과 의료 상황을 면밀하게 조사해야 올바르게 대응할 수 있다는 것을 어떻게 정확히 알게 되었는지를 다시 떠올린다. 최대한 많은 사실을 모아 그것에 기반해서 접근해야 하며, 절망적인 불확실성 속에서 결정을 내려야 하는 것이 그만큼 분명했다. 이런 상념에 잠겨서, 이 바이러스를 둘러싼 오해와 착오에 관해서도 생각한다. 나는 여기서 아주 조심스럽게 발을 디뎌야 한다. 이런 주제들은 정치화되어 한쪽 파벌에서 가볍게 여기는 것이 다른 쪽 파벌에서 강조되는 것일 수 있고, 어느 가족한테는 감정을 자극하는 무척 민감한 것일 수도 있기 때문이다. 말은 오해받고 의도는 잘못 해석될 수 있다. 상황은 하루가 다르게 변한다. 어제 진실이었던 것이 내일은 더는 진실이 아닐 수 있으며, 좋은 조언은 시대에 뒤처지는 것이 된다. 나는 생각하려 한다. 무엇이 좋은 정보이고, 어떤 정보를 내 환자와 그 가족이 알아두면 유용할까? 나는 흐르는 모래 위를 걸으면서 확실성이라는 군도를 찾는 기분이다. 내가 보기에 그 튼튼하고 중요한 군도는 믿음직한 정보를 모을 수 있는 만큼 모아 우리 각자가 삶에서 바라는 것에 단단히 엮을 수 있다.

두려움과 치사율에 관해 현재 우리가 아는 것을 우선 생각해보자. 우리는 잠시 물러서서 뉴스 보도, 사실이지만 끔찍한 집중치료실의 전경, 신문 사진, 노소를 망라하되 대부분 나이가 많은 희생자를 매일 밤 보면서 받는 인상에 대응할 수 있어야 한다. 두 여자가 요양원 밖에서 비탄에 젖어 있는 모습이, 무언가 끔찍한 일이 생긴 듯한 그 모습이 담긴 참혹한 사진이 주는 인상에 대응할 수 있어야 한다. 내 많은 환자와 그 가족은 이런 광경을 보고 이 질병이 나이가 아주 많은 사람한테는 예외 없이 치명적이라는 인상을 받는다. 그렇지 않은데도 말이다.

돈은 입원 병동에 전화해서 아버지인 유진 유스터스 할아버지에 관해 물었다.

"그 바이러스인가요?"

돈이 묻기에 나는 폐 한쪽에 감염된 부분이 보이는 걸로 보아 확실한 폐렴이며 코로나바이러스 검사는 음성(코로나바이러스 감염 징후가 없으므로 나는 이 결과가 옳다고 확신한다)이라고 말했다. 돈이 크게 숨을 내쉬는데, '폐렴일 뿐'이라는 데서 비롯된 부적절한 안도의 한숨이었다. 특히 유진 할아버지 같은 경우에는 이런 폐렴으로 사망할 확률이 코로나바이러스에 걸렸을 때와 비슷하며, 코로나바이러스에 걸렸다 해도 돈이 생각하는 것만큼 치명적일 가능성은 낮다. 이 사실을 어떻게 설명할지, 설명을 하긴 해야 하는지, 알려주는 것이 돈한테 도움이 될지 모르겠다는 생각이 들었다. 돈은 자기 아버지가 코로나바이러스에 걸리면 살아남지 못하리라 생각하지만 이는 잘못된 정보다. 유진 할아버지는 80대이고 입원할 만큼 건강이 나빠지기도 했지만, 생존 가능성은 아주 괜찮을 것이다. 이 점은 중요하다. 사실이 명확할 때는 이 바이러스에 두려움을 느끼는 것이 상당히 안 좋기 때문이다.

이 책을 쓸 당시에 나온 증거에 따르면 코로나바이러스에 걸리면 8, 90대 환자 중에서는 약 20퍼센트가 사망한다. 큰 숫자다. 하지만 다섯 명 중 네 명이 살아남을 것이며, 대다수는 병원 치료도 필요 없을 것이다. 이런 사실은 중요한데, 나이 든 많은 사람이 이미 잘못된 인상을 받았기 때문이다. 그리하여 코로나바이러스에 감염되면 무척 심각하게, 예컨대 산소마스크가 필요할 정도로 앓고 죽음을 피할 수 없으리라 생각한다. 그러니 집에 가만히 있는 것이 제일 낫다고 말이다. 내과 질환이 몇 가지 없고 봉쇄 조치가 내려지기 전까지 잔디 볼링을 칠 만큼 건강한 유진 할아버지 같은 사람이라면 안 그렇겠지만, 이미 다른 이유로 삶의 끝자락에 더 가까워진 사람이라면 어떤 치료를 하든 코로나바이러스가 사실상 마지막 질병이 될 가능성이 아주 크다. 구급차로 이송해도 도움이 되지 않을 것이다. 어떤 사람은 병원에서 치료를 받는 것이 오래 사는 데 도움이 될 수 있음을 알더라도 병원에 가지 않는 쪽을 택할 것이다. 이런 사람은 병원에 가는 선택지는 원치 않는다고 진작 결정해두었을지도 모른다.

나이 든 많은 사람이 코로나바이러스를 이겨낸다는 사실이 이 질병을 사소하게 만들거나 이 질병이 불러오는 상실과 고통의 수준을 격하시키지는 않는다. 하지만 그들과 그 가족한테 이 바이러스나 아예 관련 없는 다른 질병을 치료받으러 병원에 다니지 말라는 인상을 준다면 이는 불합리하다. 많은 사람이 코로나바이러스에 걸려서든 코로나바이러스와 관련해서든 불필요하게 고통받을 것이기 때문이다.

우리는 나이가 들면서 나타나는 여러 양상을 이전에는 마치 희뿌연 유리 너머에 있는 것처럼만 보려고 했는데, 이 바이러스 때문에 이제 그 양상 자체에 집중하게 됐다. 이 새로운 경험은 지식을 공유하고, 모르는 것에 솔직해야 하고, 정직해야 한다는 것을 강조했다. 게다가 우리 각자에게 무엇이 중요한지, 무엇이 가장 문제인지를 툭 터놓고 이야기할 필요성을 자세히 알게 했다.

페레즈 할아버지는 찡그리면서 내 말을 알아들으려고 애썼다. 앙상하고 멍이 든 오른손을 움직여서 코 양쪽에 연결된 부드러운 플라스틱 산소관을 건드렸다. 왼손은 옅은 파란색 담요 위에 뒀고, 검은 털이 난 손목에는 금시계를 찼다. 검지에는 산소농도계를 달고 있으며 매끄러운 얼굴에는 큰 커피색 주근깨가 있었다. 눈썹이 아주 멋졌고, 보청기를 하고 있었다.

"좀 나아 보이세요!"

나는 마스크 뒤에서 눈 아래가 따듯해지도록 외쳤지만, 할아버지는 고개를 저었다. 나는 할아버지가 못 듣는 것인지 나를 못 믿는 것인지 알 수가 없어서 엄지를 두 개 다 치켜들고, 가능한 한 활짝 미소를 지어 마스크 위로 내 눈에 주름이 생기는 것을 볼 수 있도록 했다. 하지만 할아버지는 고개를 숙이고 시선을 떨어뜨렸다. 무척 지치고 겁에 질려 있었다.

사실 할아버지는 정말로 나아지는 중이고 할아버지도 그 사실을 알기를 바란다. 산소 수치가 정상으로 돌아왔고 혈액검사 결과도 괜찮아졌다는, 우리가 아는 그 사실을 말이다. 나는 할아버지가 병상을 벗어나 식사하는 것에 관해서(할아버지는 무엇을 좋아할까?)는 물론이고, 할아버지의 회복을 바라며 몇 번 전화를 걸어오기도 했던 딸들에 관해서도 이야기하고 싶다. 아주 오래된 책의 부서지기 쉬운 낱장을 다루듯 조심스럽게 대화를 나누고 싶다. 우리가 할아버지의 딸들과 세운 계획을 아는지, 안다면 거기에 동의하는지를 확실히 하고 싶다. 하지만 이 일은 어려울 것이다. 우리의 대화를 확실치 않게 만드는 것은 마스크 이상의 무언가이기 때문이다.

데이비드 올리버는 영국노인의학회 전임 회장으로, 몇 년 동안 영국에서 노인 서비스를 위한 국민임상위원장으로 일했다. 행복하고도 바빴던 어느 해에 우리는 런던에서 함께 교육을 진행했고, 나는 노인에게 더 나은 삶을 선사하기 위해 무척 외곬으로 노력하는 사람을 몇 명 만났다.

데이비드는 노인의학 전문의인 동시에 진지하고 열정적으로 글도 쓴다. 그러면서 노인 차별에 이의를 제기하고, 캠페인을 벌여 의료 및 사회적 돌봄 서비스를 개선하고, 긴 삶에서 오는 즐거움과 어려움을 더 잘 이해하고자 한다. 데이비드는 자신이 말하고자 하는 바를 정확히 안다. 2020년 5월에 《영국 의학저널》에 게재한 논문에서는 예전 뉴스에 관해 썼다. "보건 전문가한테는 세계에 유행병이 돌기 전부터 명백했던 여러 사안이, 의료 전문 발행물 밖에서 관심을 끌어오고자 갖은 노력을 한 뒤에 이제야 뉴스거리가 됐다는 사실이 정말로 놀랍다."

데이비드가 말하길, 보건 의료 정책을 잘 아는 여러 기관에서 문제를 반복해서 강조했는데도 주류 매체에서는 대부분 이를 무시했다. 유행병에 대한 준비 부족 문제, 상대적으로 부족한 영국 내 응급환자 병상 및 집중치료 병상 문제, 사회적 돌봄과 관련한 여러 고질적인 문제, 국민보건서비스의 지역사회 사업에서 일관적으로 지원을 받지 못하는 요양원 문제 등을 말이다. 데이비드는 유행병이 퍼지면서 어떻게 이런 문제가 갑자기 1면으로 나왔는지에 주목한다. 노인복지를 신경 쓰는 사람들한테만큼은 이 음울한 바이러스가 빛처럼 느껴질 수 있고, 우리한테는 다시 생각하고 변화를 일으킬 기회를 제공한다.

하지만 이와 동시에 데이비드가 걱정하는 것이 있다. 데이비드는 유행병이 돌기 전의 좋은 실행 요소들이 어떻게 자리를 잡았거나 자리를 잡아가는 중이었는지를 설명한다. "환자 및 가족과 소생술을 논의하고, 더 체계적으로 사람이 중심이 되는 계획을 세우고… 생애 말기 돌봄을 개선하고, 자연사를 과도하게 치료하지 않는 것은 이미 좋은 생각이었다."

데이비드의 설명에 따르면, 코로나바이러스가 발생하기 전에도 의료진은 매우 노쇠한 누군가를 요양원에서 2차 병원이라는 혼잡한 환경으로 보내지 않으려고 노력해야 했는데, 이는 옳았다. 병원 치료가 도움이 되고 그 사람이 치료를 받기를 바라는 것이 아니라면 말이다. 또 환자한테 익숙한 환경에서 완화치료를 포함하여 가능한 한 많은 치료를 제공하도록 노력했는데, 이것 역시 옳았다. 매우 좋은 의도의 병원 치료조차 나이가 많은 사람한테는 어느 정도 위험이 따를 수 있다는 점을 노인과 가족이 아는 만큼 데이비드도 안다.

데이비드는 집중치료실 병상과 산소마스크라는 가장 민감해진 주제를 논문에서 걸고넘어지며, 의료진이 그동안 어떻게 집중치료실 입원을 결정해왔는지(입원을 결정하는 것과는 완전히 별개다) 그 개요를 설명한다. 대충 태어난 순으로 나이를 따지거나 건강상의 불편이나 삶의 질을 주관적으로 판단하는 방법과는 비교도 안 되는, 증거 기반 채점 체계를 이용해 환자가 혜택을 받을 능력이 있는지를 더 정교하게 평가하고 이를 기초로 판단한다. 환자에게 도움이 안 되는 치료는 받지 않는 것이 보장될 때 이 과정이 얼마나 옳은 일인지 설명한다. 하지만 사전돌봄계획을 세우고, 사람을 선별해서 집중치료실로 보내야 한다는 것이 어쨌거나 나쁘고 불명예스럽기까지 하다는 말이 언론 곳곳에서 나온다. 데이비드는 이를 걱정하면서 "이 유행병이 퍼지기 전에 근본적으로 선한 의도로 행해지던 주된 관행을 이제는 나쁘게 묘사한다"라고 했다.

우리가 길고 긴 삶을 살며 해야 하는 섬세한 대화와 결정을 두고 어떻게 상반되는 두 가지 말이 나왔을까? 나는 페레즈 할아버지와 그 딸들을 떠올린다. 그 사람들한테는 내가 자기들과 비슷한 가치를 추구하며 함께 일한다고 확신하기가 얼마나 어려운지를 생각한다. 코로나바이러스가 발생하기 전이라 우리 넷이 마스크를 안 쓰고 함께 앉아 있다고 해도, 내가 그 가족이 힘들어하는 징후를 아주 세세하게 포착할 기회를 누린다 해도 이런 대화는 엉망이 될 수 있다.

○

나는 이와 관련된 화가 나고 슬픈 이야기들을 읽은 적이 있는데, 그것들이 다 실화라는 것을 안다. 이런 이야기에는 공통되는 주제들이 있다. 예고 없이 끄집어낸 대화, 심지어 우편으로 도착한 서류, 전화 통화, 소생술 거부에 동의를 얻겠다는 한 가지 목표에 몰두하는 듯한 낯선 이방인, 병원에서 돌아오는 길에 여행 가방에서 발견한 사전돌봄계획. 여기에는 생명에 가치가 없고 자원이 한정적임을 암시하는 암류가 계속 흐른다. 이런 보도는 고의적인 비방이나 방해가 아니다. 다양한 이유로 몰이해하고 전전긍긍하고 무심했던 실제 상호작용을 보여주는 것이다. 이처럼 민감한 주제를 두고 불쾌하게 대화하는 일은 코로나바이러스가 발생하기 이전에도 있었지만, 이 전염병 이후로 속도가 붙었다. 코로나바이러스가 우리에게 두려움과 조급함을 불러일으켰고, 우리는 이런 대화에서 어느 쪽에 있든 준비를 못 한 상태다.

환자와 가족과 언론인 모두는 논의하고 있는 것, 즉 알리기 조심스러운 사실을 제대로 알아야 할 권리가 있다. 의사와 간호사는 자기들이 돌보는 사람한테 이런 논의가 얼마나 조심스럽고, 얼마나 민감한지를 더 잘 인지해야 한다. 지금이 그 어느 때보다 이런 대화를 나눠야 할 때다. 이런 대화는 제대로 나누면 무언가를 빼앗기거나 삶을 거부당하는 일을 이야기하는 것이 아니기 때문이다. 그보다는 선물이자, 희망과 두려움을 이야기할 기회이자, 진솔함과 친절함을 나누는 시간이다.

우리는 한 사회로서 이 전염병에 어떻게 대응할까? 나는 봉쇄 조치, 격리를 떠올리고 혼란에 빠진다.

낙상 사고로 고관절이 부러진 마조리 할머니는 요양원에 사는데, 나는 그곳의 돌보미인 린다가 하는 이야기를 듣는다. 린다는 봉쇄 조치 이후로 할머니가 산책할 의욕도 줄어들고, 음식도 남기곤 한다며 상태가 얼마나 나빠졌는지 설명한다.

"할머니는 쾌활하고 사랑스러운 사람이었는데, 그냥 뭐랄까… 조용해지셨어요. 제 생각에는 빌 때문인 것 같아요. 빌은 바람이 부나 해가 쨍쨍하나 찾아오곤 했거든요. 할머니한테는 빌이 일상 속 천국이었던 것 같아요."

나는 셜리가 하는 이야기를 듣는다. 전화로 진료를 보는데 케네스 할아버지도 환자 명단에 있다. 셜리는 나와 대화할 수 있게 케네스 할아버지를 깨웠지만, 할아버지는 혼란스러워하고 듣지를 못한다. 셜리의 목소리가 전화기 너머로 들린다.

"의사 선생님이에요, 할아버지. 의사 선생님이요. 아니요, 그렇게 하면 안 좋아요, 더 가까이 잡으세요."

케네스 할아버지가 불평하는 소리가 들리고, 셜리가 다시 전화를 받아서 상황이 어떤지 이야기한다. 셜리는 말한다.

"저는 이 봉쇄 조치가 좋아요. 장을 볼 때 특히 안심이에요. 이전에는 할아버지의 폐가 늘 걱정이었거든요. 제가 가게에서 걸려 와서 할아버지한테 옮길까 봐요. 이제는 모두가 더 조심하니 전보다 안전하게 느껴져요. 우리한테는 잘 맞는 것 같아요."

나는 엄마의 옛 친구인 제인 아주머니가 하는 이야기를 듣는다. 두 사람은 오래전부터 알고 지냈다. 아주머니는 "아주 따분하구나"라고만 하고 더는 말하지 않는데, 외롭더라도 절대로 불평하는 법이 없기 때문이다. 대신 우리는 사육장에 있는 새끼 당나귀 이야기를 한다.

고든 할아버지는 "운을 시험해보죠"라고 말은 하지만 실행한 적은 없다. 고든 할아버지는 오히려 격리 규칙을 잘 따랐기에 리타는 장을 봐서 할아버지네 현관에 놓아뒀다.

누군가는 손편지도 쓴다.

생활을 계속할 수 없다면 계속 살고 싶지도 않습니다.

나는 환자, 가족, 친구, 동료한테 묻는다. 무엇이 앞으로 나아가는 길일까? 격리가 가져올 수도 있는 치명적인 결과와 그야말로 목숨을 앗아갈 수 있는 바이러스를 통제할 필요성 사이에서 어떻게 균형을 잡을까? 얼굴을 찡그리고, 어깨를 으쓱이며 사람들의 대화는 돌고 돈다. 전쟁을 거치면서 "우리는 그 시절을 지나왔어"라는 말을 하게 됐고, 대형마트에 붙은 커다란 포스터에 "함께하면 해낼 수 있습니다"라고 쓰여 있는 것을 보면 미소가 나온다. 수많은 노인들이 '함께'가 아니라는 점을, 그들만큼은 떨어져 있다는 점을 제외하면 말이다.

마지막 장에서 일종의 포용론을 주장하면서 이야기했던 유치원이 있는 요양원을 다시 떠올리니 지금은 그 생각이 얼마나 비현실적인지, 얼마나 순진한지 모르겠다. 나는 '노인들('들'

이 눈에 띈다)'을 사회에서 선별해 장기적으로 격리해야 한다고 주장하는 여러 기사를 읽었다. 하나는 《이코노미스트》지에 실렸고 다른 하나는 의료윤리 관련 잡지에 실렸다. 후자는 윤리학 교수가 썼는데, 나는 그 교수가 더 잘 알 거라고 생각해서 다른 주제에 관해서는 어떤 의견인지 찾아봤다. 나와는 윤리적 틀이 다르다는 것을 깨달았다. 그 교수는 유용성을 토대로 윤리적 틀을 세웠다. 따라서 불완전한 사람, 비이성적이라서 아름다운 사람, 인간다움으로 마음이 가득 찬 사람을 위한 공간을 남겨 두지 않는다.

그렇다고 파티를 이어가듯 수백만 명이 사망하도록 놔두어서 이 상황을 끝내야 한다고 말하는 사람한테 동의하는 것도 아니다. 코로나바이러스로 사망하는 사람 중 다수는 어쨌거나 이미 삶이 거의 끝나가고 있던 사람들이고, 이렇게 매우 노쇠한 사람은 코로나바이러스로 사망할 때 두렵기보다 평안하다는 것도 사실이다. 하지만 그중에는 나이가 아주 많은 사람을 포함해서, 이렇게 금방 끝을 맞이하리라고는 예상하지 못했던, 다른 계획이 있었던, 살아갈 날이 남아 있던 사람도 많다.

나는 이 극단주의자들보다 우리가 더 잘할 수 있다고 믿는다. 나는 노인을 그저 격리해야 하는 불편한 '타인'이라고 생각하지 않으며, 우리 대다수가 그렇게 믿는다고도 생각하지 않는다. 잠시 멈추어보면, 우리는 현재의 노인이 미래의 우리 자신임을 깨닫게 된다.

동시에 우리에게는 보호본능이 있다. 고든 할아버지는 '운을 시험해보겠다'고 했지만 실행하지는 않았는데, 그건 무서워서가 아니라(할아버지는 사실 두려워하는 게 별로 없다) 자기 운을 시험하겠다고 다른 사람의 운까지 시험하고 싶지는 않았기 때문이다. 우리는 다른 사람을 걱정할 뿐 아니라 기지를 발휘할 줄 알고, 혁신적이고 유연한 사고를 가졌다. 우리는 어떻게 하면 조금씩 자유를 되찾을 수 있는지도 알아낼 것이다. 되찾기 전에 잃긴 할 테니 실망할 준비도 해야 할 테지만 말이다. 우리는 백신을 찾을 것이지만, 동시에 이 바이러스와 함께 사는 법도 배울 것이다. '공평한' 대우가 '똑같은' 대우를 의미하지는 않는다. 우리는 개개인이 처한 위험을 수치화하는 데 필요한 지식을 모으는 중이다. 이는 지역 단위 감염률에도 적용시킬 수 있고, 다른 사람과 안전하게 가까이 있을 방법을 사람들이 깊이 이해하는 것에도 적용할 수 있다. 우리 각자는 이 위험을 어떻게 할지 결정해야 할 것이다. 무엇이 가장 중요한지를 생각해야 할 것이다. 그러려면 나이가 든다는 것이 어떤 의미인지, 그건 사실상 인간이 된다는 것이기도 한데, 그렇다면 인간이 된다는 것이 또 어떤 의미인지를 이야기해야 한다.

봉쇄 조치가 최고조에 달했을 때, 내 부모님의 무척 친한 친구인 80대 부부한테서 편지와 이메일을 여럿 받았다. 이 부부는 나를 아기 때부터 봐왔고, 그래서인지 그 내용에는 활기와 격려가 넘쳐났지만 갈망도 있었다.

손주들을 어찌나 안아주고 싶은지. 우리가 바라는 건 친구들이 다들 우리 집 식탁에 팔을 올리고 둘러앉아 있는 거란다.

나도 얼마나 그 식탁에 팔을 얹고서 앉아 있고 싶은지! 나는 수다를 듣고, 누군가가 몸을 앞으로 내밀며 강하게 자신의 이야기를 하는 모습을 지켜보고 싶다. 팔을 들며 웃는 모습을 보고, 조용히 듣는 사람은 어떤 표정인지 알아채고 싶다. 일어서서 친구들의 잔에 와인을 콸콸 따라주고, 커다란 냄비에서 버터를 바른 감자를 떠오고 싶다.

이제 그 어느 때보다도 대화해야 할 때가 왔다. 나이가 들어간다는 사실에 솔직해져야 할 때가 왔다. 우리가 바라는 것을 알리고 존중받을 수 있도록 함께 계획을 세워야 할 때가 왔다. 누구도 빠짐없이 모두가 가장 충만한 삶을 살 수 있도록 사회구조를 재평가해야 할 때가 왔다.

마이클 메인은 중병에 걸려 오래 살 수 없다는 것을 인지한 시점에 『오래 이어지는 선율The Enduring Melody』이라는 책을 썼는데, 여기서 그는 셰익스피어 작품인 『템페스트』의 종반부에 늙어가는 주인공 프로스페로가 "지금부터 세 번에 한 번씩은 내 무덤을 생각할 것이다"라고 맹세하는 대사를 인용한다. 미국 작가인 존 업다이크는 이 대사를 이렇게 해석한다. "다른 두 가지 생각은 지상에서 즐겁게 지내기 위해 남겨두자. 다른 사람을 사랑하고 오늘을 즐기기 위해."

나는 이 책을 쓰는 동안 무언가를 알게 되었다. 누군가 이 책이 무슨 내용이냐고 물어서 나이를 먹는 일에 관한 내용이자 우리가 이야기하고 싶어 하지 않는 일에 관한 내용이라고 대답하면 그때마다 그 사람이 미소를 짓는다는 점이다. 늘 미소를 짓는다. 기뻐서일 수도, 불안해서일 수도, 어쩌면 유감스러워서일 수도 있지만 사람들은 늘 미소를 지으며 말한다.

"좋은 주제네요. 우리는 그것에 관해 이야기해야 하죠."

지은이 루시 폴록Lucy Pollock

케임브리지대학교 의과대학을 졸업하고 약 30년간 노인의학 전문의로 일했
다. 2001년부터는 서머싯 고령 환자 전문 진료소에서 일하고 있다. 루시 폴
록은 코로나바이러스가 크게 유행했던 기간에 자발적으로 코로나 병동에서
환자를 돌보며, 환자 및 보호자는 물론 의료진들의 버팀목이 되어주었다.
『오십부터 시작하는 나이 공부』는 노인의학 전문의로 지내온 저자의 풍부한
임상 경험을 녹여낸 책으로 삶과 죽음에 대한 깊은 성찰을 담아냈다.

옮긴이 소슬기

서강대학교 물리학과를 졸업하고 동 대학원에서 경제학 석사학위를 취득했
다. 졸업한 뒤 경제 분야 연구소에서 일했지만, 데이터를 다루는 일보다는
우연히 IPCC 기후변화 보고서를 번역했던 일이 더 즐거워 진로를 수정해 현
재는 전문 번역가로 활동하고 있다. 호기심이 많아 다양한 분야의 책을 번역
해보는 것이 꿈이다. 옮긴 책으로 『처음 읽는 행동경영학』, 『러브크래프트
컨트리』, 『베블런의 과시적 소비』, 『여성의 권리 선언』, 『브랜드 경험 디자인
바이블』 등이 있다.

오십부터
시작하는
나이공부

펴낸날 초판 1쇄 2022년 7월 15일
　　　 초판 2쇄 2022년 8월 9일
지은이 루시 폴록
옮긴이 소슬기
펴낸이 이주애, 홍영완
편집장 최혜리
편집4팀 이정미, 박주희, 장종철
편집 양혜영, 박효주, 유승재, 문주영, 홍은비, 강민우, 김혜원, 김하영, 이소연
디자인 윤소정, 박아형, 김주연, 기조숙, 윤신혜
마케팅 김예인, 최혜빈, 김태윤, 김미소, 김지윤, 정혜인
해외기획 정미현
경영지원 박소현
펴낸곳 (주)윌북 **출판등록** 제 2006-000017호
주소 10881 경기도 파주시 회동길 337-20
전화 031-955-3777 **팩스** 031-955-3778
홈페이지 willbookspub.com **전자우편** willbooks@naver.com
블로그 blog.naver.com/willbooks **포스트** post.naver.com/willbooks
페이스북 @willbooks **트위터** @onwillbooks **인스타그램** @willbooks_pub
ISBN 979-11-5581-497-0 03330

* 책값은 뒤표지에 있습니다.
* 잘못 만들어진 책은 구입하신 서점에서 바꿔드립니다.